Norbert Reppel

Mon père, une famille, la guerre...

Lettres d'un Malgré Nous

Destin d'un Alsacien
(1943-1945)

Jérôme
Do Bentzinger Editeur

*Aux frères et à la sœur de mon père,
à sa mère, à maman,
à tous ses camarades alsaciens et lorrains du front,
à ceux qui ne sont pas rentrés,
à toute la famille,
et spécialement à nos enfants et petits-enfants.*

Préface

Tardivement mais fort opportunément, les témoignages des Malgré Nous se sont multipliés ces dernières années. Après un long et douloureux silence, la parole, de nouveau, s'est libérée. Il se faisait tard en effet et l'on risquait de voir disparaître, les uns après les autres, les victimes de cette abomination que fut l'incorporation de force. Longtemps, ils avaient estimé vain d'en parler. A quoi bon ? A quoi bon ressasser le passé, à quoi bon parler d'une histoire qui, si elle fut douloureuse, ne fut jamais belle ? Les gens n'aiment pas beaucoup les histoires de perdants. Ils préfèrent de loin celles des héros auxquels ils aiment s'identifier. Le camp qui plaît a toujours été celui des vainqueurs. Malheur aux vaincus ! En outre, l'histoire des Malgré Nous dérange. Déjà en Alsace ce ne fut jamais simple. Lors des commémorations, des fêtes nationales comme des armistices, que pèse un Malgré Nous face à un résistant dûment estampillé ? Il ne sert à rien d'être héroïque dans une armée maudite. Mais à l'intérieur, en vieille France, l'incompréhension est restée totale. Le concept même de Malgré Nous est pour un esprit cartésien une radicale incongruité. On ne comprend absolument rien à cette histoire singulière. De plus, elle n'entre pas dans les schémas de la mythologie nationale. Ne serait-ce pas là, expression bien française, querelle d'Allemand ?

Ils ont pourtant tenu bon, ils ont même fini par parler de ce qu'ils ont vécu, aidés en cela par les organismes qu'ils avaient constitués ou rejoints et parfois par leurs proches, leurs enfants notamment. C'est pour eux souvent qu'ils avaient accepté d'en reparler ou même de prendre la plume. Et parfois, ce sont les enfants qui ont tenu la plume pour raconter l'histoire de leurs pères.

Norbert Reppel est de ceux-là. Il publie, en partie ou en totalité, 275 lettres parmi les 360 que son père Maurice a écrites à son épouse Jeanne pendant les 25 mois ou les 769 jours de son incorporation, du 19 avril 1943 au 27 mai 1945. Pour l'historien, la démarche est exemplaire. Point ici de témoignages écrits a posteriori quand la mémoire devient infidèle et que le souvenir embellit ou altère la réalité. Non, les documents sont de première main. Il s'agit de lettres écrites au front qui ont toutes été conservées, à la demande même de son auteur. Des lettres qui ont croisé d'autres lettres, toutes disparues et pour cause, qui constituaient autant de réponses aux premières.

Nous sommes là en présence d'un matériau brut que Norbert Reppel a classé, traduit, étudié et finalement présenté. Un matériau pour l'histoire, une série continue, du pain béni pour les historiens. Dans leur répétition, leur quasi quotidienneté, leur banalité même, elles nous disent avec une étonnante vigueur ce que fut l'âpre réalité de la condition des incorporés de force. Soumises à la censure, ne pouvant tout dire, elles nous en disent assez et nous révèlent même en creux l'interdit imposé par la censure en nous donnant suffisamment de clefs pour que le non-dit, comme une révélation, devienne subitement dicible. Découvrez l'astuce qui au revers de l'enveloppe ordinaire sert à renseigner sur l'exacte géographie de l'itinéraire qu'emprunta Maurice Reppel d'Allemagne en Pologne, puis de Pologne en Russie.

Incomplètes par définition, ces lettres nous disent abondamment l'horreur de la guerre, le mal du pays, l'éloignement de la famille, la solitude du combattant, sa souffrance morale, sa fatigue, son épuisement, ses peurs, ses doutes et sa foi. Son héroïsme aussi, son humanité et sa dignité, valeurs que l'horreur de la guerre mit à mal le plus souvent. Mais elles nous révèlent davantage encore :

Dans l'horreur absolue, on pouvait conserver son humanité. On pouvait douter et s'inquiéter sans pour autant perdre la foi, cette foi d'Alsacien, solide et profonde aussi éloignée de la foi du charbonnier que de l'exaltation mystique. On se sentait prêt à accepter la mort si tel devait être le destin : *Ich habe keine Angst davor, wenn's dazu kommen soll !* On gardait pourtant espoir de retrouver un jour la petite *Heimat*, cette terre natale où fleurissait le printemps quand l'hiver russe se prolongeait encore. On restait perpétuellement en contact avec elle, n'omettant pas de continuer à piloter à distance, par des conseils avisés, les travaux des champs, l'éducation de l'enfant voire même les relations entre épouse et belle-mère. On pouvait être fidèle à une épouse malgré les tentations. La guerre vraiment était une horreur et on se promettait, si on survivait, de tout mettre en œuvre pour devenir un artisan de paix.

Maurice Reppel n'est pas un héros au sens habituel du terme. Comme des milliers de ses contemporains, il est plus que cela : il est un homme qui survécut à l'horreur mais qui, au plus fort de celle-ci, n'oublia jamais de rester pleinement et dignement humain. Un homme qui aimait suffisamment la vie pour accepter qu'il puisse la perdre. Qui la respectait à la manière d'Albert Schweitzer : « *Ich bin Leben, das leben will, inmitten von Leben, das leben will* ».

Destin d'un Alsacien, destin d'Alsaciens. La mère de Maurice se retrouve subitement seule à faire face. Il n'y a plus d'hommes à la maison pour les travaux des champs. Elle n'a plus qu'Hélène, sa fille âgée de 13 ans. Elle a six fils dont Maurice. Ils sont tous à la guerre. Les uns du côté français, les autres du côté allemand : destin d'Alsaciens ! Il faut sans tarder lire ces lettres. Elles écrivent notre histoire.

Gabriel Braeuner

INTRODUCTION

Janvier 2011. Me voilà donc devant la grande table en chêne de la salle à manger. Devant moi, ouverte, une vieille valise en carton durci par ses soixante-dix ans d'âge, la fermeture bloquée. Deux épaisses piles de lettres, toujours la même adresse écrite en allemand, au crayon ou à l'encre. Je vais donc enfin m'y attacher, classer ces lettres, les lire, toutes.

Mon père, Maurice Reppel, né le 04 janvier 1916, nous en avait souvent parlé, les avait parfois sorties de l'armoire pour nous les montrer, nous les laisser toucher quand nous étions enfants. Nous, ses enfants, Gérard né en 1939, Bernadette née en 1954, et moi-même, Norbert, né en 1946. Il nous en avait aussi lu les plus poignantes, les larmes aux yeux, puis les avait de nouveau respectueusement rangées dans la valise refermée, comme on range un livre ancien, unique. Pas comme on range les souvenirs d'un voyage lointain ou d'une aventure extraordinaire, non point. Mais avec une infinie attention pour ces témoignages douloureux d'une histoire tragique, celle de l'incorporation de force des Alsaciens et Mosellans dans l'armée allemande, la *Wehrmacht*, incorporation décidée pour l'Alsace le 25 août 1942 par le *Gauleiter* Robert Wagner qui était en charge de l'administration civile depuis le 20 juin 1940, au lendemain de la défaite. Ainsi 21 classes d'âge furent mobilisées en Alsace, de la classe 1908 à la classe 1928. En Moselle, 14 classes, de 1914 à 1927, furent envoyées dans la Wehrmacht par le Gauleiter Josef Bürckel, après la signature du décret d'incorporation de force le 19 août 1942.[1] Il faut encore et toujours rappeler cette horrible injustice faite à l'Alsace et à la Moselle, de même qu'au Luxembourg, en violation de la Convention de La Haye qui interdit l'utilisation des populations des zones occupées à des fins militaires. Ils furent ainsi 130 000 incorporés de force, environ 100 000 Alsaciens et 30 000 Lorrains de Moselle. La plupart furent envoyés sur le front russe, loin de leurs familles. Parmi eux 32 000 sont morts et 10 500 portés disparus. Et 32 000 revinrent blessés dont 10 000 grièvement, souvent mutilés.[2] 15 000 furent prisonniers des Russes et subirent un traitement cruel dans leurs camps ; beaucoup n'en revinrent pas non plus. Tous les survivants gardent à jamais les marques de ces blessures physiques et morales causées par l'acte ignoble du régime totalitaire du 3ème Reich.

---
[1] L'Ami hebdo, *Numéro hors - série, Comprendre l'incorporation de force, Les jeunes d'Alsace et de Moselle dans l'Armée allemande,* Ami du Peuple, Strasbourg, 2005, pp. 11, 12.
[2] Marie Brassart - Goerg, *Soldats du IIIème Reich malgré leur volonté* in *Les Saisons d'Alsace N°44, L'Alsace sous la botte nazie 1940-1945,* DNA, Strasbourg, DNA, 2010, p. 77.

Mon père et ses deux frères Julien et Edmond en étaient ; ils faisaient respectivement partie des classes 1916, 1917 et 1921. Julien dut laisser sa vie dans le secteur de *Königsberg*, croit-on savoir, enclave allemande entre la Pologne et la Lituanie, en 1945 quand la fin du *Reich* était proche. Edmond et mon père eurent la chance de revenir, quoique blessés, de l'enfer du terrible front russe.

Ainsi mon père a laissé deux ans de sa jeunesse là-bas, à l'Est, à 3 000 kilomètres de l'Alsace, exactement 769 jours entre le cruel départ le 19 avril 1943 et son retour le 27 mai 1945. Combien de fois a-t-il frôlé la mort, désigné avec d'autres camarades d'infortune, envoyé au sacrifice pour débusquer l'ennemi russe, craignant plus que tout de ne jamais revoir sa femme Jeanne, son fils Gérard, sa mère - Mama - veuve depuis 1936, toute la grande famille, le village, l'Alsace ? Combien de fois sa vie n'a-t-elle tenu qu'à un fil alors qu'une balle venait de le frôler de si près ? D'où lui venait cette farouche volonté de ne pas y laisser sa vie, ce désir ardent de rentrer coûte que coûte ? A quelle source a-t-il puisé l'énergie nécessaire qui décuplait sa force de résistance au fil des mois pour vaincre la peur qui le tenaillait tous les jours ?

Les 360 lettres qu'il a écrites à sa femme durant ces 25 mois nous permettent un peu mieux de comprendre... Il avait demandé à maman dès le début de les conserver toutes, pourquoi ? (Quelques-unes écrites à sa mère et ses beaux-parents furent aussi conservées.)

J'ai donc commencé le lundi trois janvier le classement de cette mémoire écrite par mon père, mémoire sacrée à ses yeux. Pourquoi ne l'ai-je pas fait plus tôt ? L'aurait-il seulement souhaité, voulu, alors que durant les années immédiates de l'après-guerre, il s'est appliqué à développer sa petite exploitation agricole et s'est engagé de suite en 1945 pour servir la collectivité ? Avec une énergie toute neuve et sûrement pour tenter d'oublier cette cruelle époque.

Mais pouvaient-ils oublier, tous ces hommes qui n'avaient rien de héros, mais qui ont seulement eu la chance d'être de ceux qui en sont revenus ?

Né en avril 1946, dix mois après le retour de papa, je n'ai pas connu cette terrible époque, je fais partie de cette génération née après-guerre qui n'a heureusement plus vécu de tels affrontements en Europe de l'Ouest. Alors que nos parents se tournaient vers un avenir qu'ils espéraient meilleur et travaillaient à la réconciliation, au rapprochement des peuples et à la construction d'une Europe nouvelle, nous vivions dans l'insouciance des années de paix retrouvée et de prospérité durable. Inconsciemment j'ai repoussé cette quête du passé de mon père jusqu'à ma propre retraite en 2006. Papa avait alors quatre-vingt dix ans ; avec mon épouse Marylène, mon frère Gérard et son épouse Bernadette, ma sœur Bernadette et son mari Jean-Marc nous l'avons accompagné avec beaucoup d'attentions et de tendresse durant les dernières années de sa vie jusqu'à la mort paisible le 26 septembre 2009 dans sa 94ème année. Mais je n'étais pas encore prêt ; mes enfants m'ont demandé de réaliser de suite l'album - photos de la famille. Ce n'est un secret pour personne : quand un être cher vous quitte, quand il était l'aîné, le doyen estimé dans la famille, alors les souvenirs reviennent spontanément, douloureux parfois, le passé resurgit soudain. Cet album a donc été « transmis » en 2010.

Ce matin 25 avril 2011, lundi de Pâques, ma décision est arrêtée. En trois mois j'ai classé la totalité des lettres - il en reste une dizaine sans date précise - je les ai lues toutes, j'ai lu certaines avec mon épouse et nous avons découvert un visage nouveau de papa, de volonté, de bonté et d'infinie confiance dans la Providence. Et même s'il lui était interdit de faire mention dans ses lettres d'informations d'ordre militaire tel que le lieu des combats car la censure veillait, je pouvais reconstituer son parcours, deviner ses angoisses et lire la détresse des soldats pendant ou après les engagements. J'ajoute que quelques feuillets rédigés occasionnellement par mon père rendant de rares témoignages dans la presse lors de commémorations ultérieures m'ont été un précieux secours.

Ce sera donc une chronique familiale. Je ne suis pas historien, ceux-là ont écrit et écriront encore, à l'occasion de la commémoration du 70ème anniversaire de l'incorporation de force, le fruit de leurs recherches approfondies sur cette période douloureuse de notre histoire, c'est leur métier. N'ayant pas davantage de formation littéraire, ce serait trahir l'histoire ainsi que la mémoire de mon père que d'ajouter ma touche personnelle. Cette chronique comporte ainsi 180 lettres reproduites en totalité, ou en partie seulement selon leur importance ; écrites toutes en allemand, elles sont traduites le plus fidèlement possible. Des extraits traduits, tirés de près d'une centaine d'autres lettres, complètent la chronique. J'ai conservé les noms des habitants et de ses camarades du village ou d'autres localités d'Alsace qu'il a cités, c'est leur rendre hommage également. Quelques photos et cartes avec les noms des lieux de combats les plus durs ou simplement repérés sur les chemins, polonais, biélorusses, lituaniens, estoniens ou russes, donnent une dimension plus réelle encore.

Edmond et Julien sur le front, René dans la résistance en zone occupée, les autres frères, Marcel parti en zone libre et plus tard occupée, Robert au RAD, la jeune sœur Hélène occupent souvent les pensées de papa dans ses lettres, de même que sa maman, les beaux-parents et leurs enfants Georgette, Germaine et Seppel (Joseph).

Je ne pouvais manquer d'ajouter en annexe l'histoire personnelle des frères et sœurs pendant cette période sombre, telle qu'ils l'ont écrite eux-mêmes ou relatée oralement.

Pour ma part, je suis aujourd'hui convaincu que ça valait la peine de sortir ces lettres de l'oubli, par devoir filial envers mon père d'abord, parce que je m'y étais engagé de son vivant, par devoir aussi envers toute ma famille qui a beaucoup souffert, comme tant de familles d'Alsace et de Moselle.

Les générations passent. Ces 360 lettres seront-elles un jour déposées dans un musée ? Une nouvelle couche de poussière les repoussera-t-elle vers l'oubli définitif ?

Pour que nos enfants et petits-enfants n'oublient pas cette époque tragique de l'histoire de l'Alsace qui est aussi une page de l'histoire de la France, il fallait l'écrire.

Norbert Reppel

1ᴱᴿᴱ PARTIE

-

1936 - 1943

JUILLET 1936

19 JUILLET 1936 : CONSTERNATION AU VILLAGE

Dimanche, un dimanche d'été ordinaire. Les hommes ont arrêté les travaux des champs. Les femmes s'affairent au foyer. La messe le matin, les vêpres l'après-midi, la prégnance de la religion. Le village se repose, les travaux ont éprouvé les corps. C'est le temps des moissons, saison bénie de l'année, saison festive qui procure à l'homme le pain quotidien.

Dimanche soir. La mort frappe, absurde, elle l'est toujours. René Reppel père, le boulanger de 51 ans, malade depuis quelque temps, s'est éteint à Colmar où il était hospitalisé. Ses sept enfants ont entre sept et vingt-deux ans. Le village est consterné.

René Reppel est né en 1885 à Paris dans le 18ème arrondissement, de François-Joseph lui-même né à Bergbieten dans le nord de l'Alsace en 1857, boulanger à Paris venu s'installer à Mussig en 1905, et de Mélanie Breitel, née en 1858 à Saint-Hippolyte dans le Haut-Rhin.

La boulangerie familiale et Reppel René père en soldat de l'armée allemande en 1905.

Il s'est marié en 1913 à Itterswiller avec Élise Schwartz née en 1886 et a repris la boulangerie en août 1925. Il a obtenu son diplôme de maître boulanger le 2 mai 1934. Ayant déjà six enfants, tous garçons, en 1928, il est démobilisé définitivement le 10 août 1928. Hélène née en 1929, sera leur septième enfant.

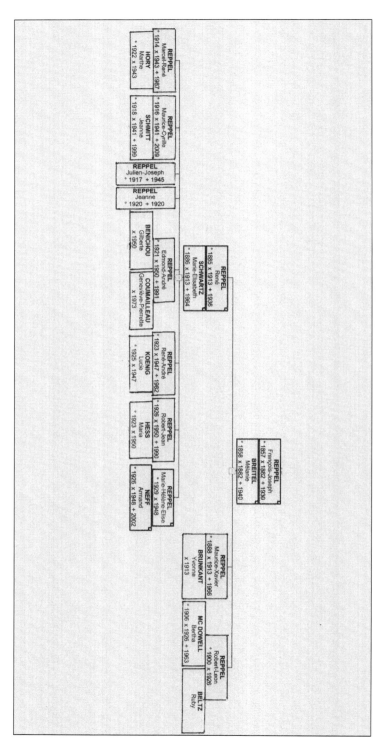

Généalogie de la famille Reppel

Mercredi 22 juillet

10 h. Le temps est couvert, le soleil même ne se montre pas. Les cloches se taisent, elles ont appelé la population aux obsèques… Ils sont tous là, entourant Élise la veuve bouleversée qui aurait certainement voulu crier sa douleur ; près d'elle, la petite Hélène et la grand'mère Mélanie qui porte aussi le chagrin, le deuil et le poids de ses presque 80 ans. Les fils sont près d'elle, les cousins, oncles et tantes venus d'Itterswiller, de Schiltigheim, de Saint-Hippolyte, de Mulhouse… Et toute la population, de noir vêtue. Tous ont abandonné leur travail et se sont endimanchés en noir.

Un long cortège part vers l'église après la levée du corps ; derrière la croix et la bannière noire, suivent le drapeau et une délégation du Souvenir Français dont René Reppel était délégué et médaillé. Puis la chorale, les servants de messe et le curé Roos, les hommes, enfin les femmes. C'est ainsi en 1936. Ce sera encore ainsi après la guerre, au milieu de ce vingtième siècle qui causera encore tant de deuils et de souffrances aux peuples.

La messe des funérailles est chantée en latin, c'est immuable, les paroissiens connaissent les chants par cœur, même si leurs épais missels bilingues les accompagnent toujours.

Au cimetière où tout le monde se presse autour de la tombe béante, un *Kyrie eleison / Seigneur prends pitié*, une oraison et un dernier *Requiem / Donne-lui Seigneur le repos éternel* cèdent enfin la place à l'aspersion d'eau bénite du cercueil par tous les paroissiens.

Alors tombe un grand silence, le cercueil est inhumé et disparaît à la vue des personnes présentes ; les femmes, les hommes et les enfants pleurent une dernière fois celui qu'ils viennent de quitter.

Il est midi passé, la famille est rentrée, lentement, à la boulangerie. C'est l'heure de déjeuner, simplement. Ils sont tous restés pour témoigner encore leur affection à Élise, aux enfants, à la grand-mère Mélanie. On se serre autour de la table, les plus jeunes sont installés dans le fournil. On évoque à table les souvenirs que chacun a vécus avec le défunt. Et puis, lentement, la douleur paraît moins, quelques-uns osent même un vague sourire, presque gêné. Nul ne se laisse abattre. Après l'épreuve, l'apaisement. La douleur profonde reste, silencieuse, en chacun.

Lendemain, 23 juillet

Le soleil a réapparu. Le fournil est de nouveau en éveil, les fils ont cuit le pain. Il y a là l'aîné Marcel, 22 ans, qui fait son service militaire actuellement et a obtenu une permission, Maurice, 20 ans qui est déjà parti aux champs chercher le fourrage nécessaire pour les bêtes, Julien le boulanger, 19 ans. Il s'active au fournil. Edmond, René et Robert sont plus jeunes, respectivement 15, 13 et 10 ans. Hélène qui n'a pas encore sept ans est là aussi et ne quitte pas sa maman. La vie continue, chacun tirant son énergie dans la dureté du travail quotidien. La grand'mère Mélanie vient encore donner un coup de main, elle sait se rendre utile malgré son âge. Comme Élise, elle a connu la 1ère guerre mondiale et son cortège de souffrances, elle a perdu son mari boulanger, François-Joseph, c'était en 1930.

La mère Élise.   Les enfants d'Élise en 1933 lors d'une fête familiale, rangés d'après la taille, de g. à d. : Marcel, Maurice, Julien, René, Edmond, Robert et Hélène.

Et puis, au fond d'elle, Élise sait que d'autres événements douloureux viendront, inévitablement, l'histoire est en train de les écrire. Il ne faut pas être un politique éclairé pour se rendre compte qu'en face, Hitler a des ambitions, que 14-18 n'était pas la dernière guerre entre les deux peuples français et allemand, pourtant voisins. Une autre est en train de se préparer. L'Allemagne écrasée en 1918 veut sa revanche, comme la France voulait la sienne en 1914. Ainsi en décident les politiques.

1939 - 1940

Soldat du 42ème R.I.F., sur la Ligne Maginot

Préliminaires

21 mai 1935 : Hitler, qui a pris le pouvoir en 1933, introduit le service militaire obligatoire, *die Wehrpflicht*, c'est le début du réarmement de l'Allemagne.

7 Mars 1936 : Hitler réoccupe militairement la Rhénanie. Celle-ci devient de fait la base de l'offensive lancée en 1940 contre la France et la Belgique. La France n'intervient pas.

À peine huit jours plus tard, la mère Élise mesure déjà la gravité de la situation. Dans une lettre adressée à son fils Marcel elle exprime sa crainte :

« Mon cher fils, nous nous portons encore bien, bien que la situation internationale soit tendue. Certains en font une montagne, pour d'autres c'est sans importance. Nous avons confiance en notre armée. La France ne peut compter que sur elle-même. Locarno et la S.D.N. sont du bluff, les nôtres finiront par s'en rendre compte… »[1]

Partie de la lettre de Élise à Marcel

Au cours des années qui précèdent la guerre, Marcel, Julien et mon père effectuent deux années de service militaire dans l'armée française.[2]

Pour mon père, le livret militaire précise : « Classé service armé par le Conseil de Révision du Bas-Rhin en 1936. Arrivé au corps et incorporé le

---
1 Le Traité de Locarno signé en 1925 par la France, la Belgique, la Grande-Bretagne, l'Allemagne et l'Italie devait garantir la paix. Il est rompu par Hitler avec l'occupation de la Rhénanie.
La S.D.N. ou Société des Nations fut créée en 1919 par le Traité de Versailles. Basée à Genève, elle avait le même objectif d'œuvrer pour le maintien de la paix. Après la guerre de 39-45, elle fut remplacée par l'ONU. L'Allemagne s'en est retirée le 14 octobre 1933.
2 Cf. Annexes 1 et 2.

2.9.1936 a/c du 1.9.1936. Renvoyé dans ses foyers le 18.8.1938. Rappelé à l'activité le 25.9.1938. Arrivé au corps le dit jour. Renvoyé dans ses foyers le 3.10.1938…»

Il est affecté au 172ème Régiment d'Infanterie de Forteresse, stationné à la caserne Schweisguth[3] de Sélestat. Ce régiment reste à Sélestat jusqu'en 1940.

Mon père est 3ème à partir de la droite, dans la 4ème rangée, sur la photo du 172ème RIF. Détail marquant de la photo : les soldats portent encore deux bandes molletières et sont coiffés de bérets. Ils portent aussi la fourragère. Les deux mortiers au 1er plan paraissent assez primitifs.

La tension internationale ne cesse de s'aggraver : en 1937, Hitler réoccupe la Sarre, le 14 mars 1938, il annexe l'Autriche au *Reich*. La France mobilise partiellement le 26 septembre. Avec les accords de Munich en septembre 1938 et le démembrement de la Tchécoslovaquie accordant le territoire des Sudètes à l'Allemagne d'Hitler, la France et la Grande-Bretagne croient encore une fois avoir sauvé la paix. L'avenir prouvera cruellement le contraire.

La Bohème - Moravie est à son tour envahie le 15 mars 1939. Il n'y a

---

3 Symbole de l'époque wilhelminienne (1871-1918), la caserne Koenig Karl Kaserne construite entre 1876 et 1880 est devenue caserne Schweisguth en 1918. Le Commandant Charles Schweisguth défendit farouchement la place forte de Sélestat en 1814 contre les troupes du Général bavarois von Pappenheim.
Voir : Gabriel Braeuner, *Sélestat à l'époque wilhelminienne*, in *Annuaire des Amis de la Bibliothèque Humaniste de Sélestat*, 2011, p.126 ; *Sélestat* DNA, Strasbourg, 2000, p.111 ; Jean Pons, *Troubles révolutionnaires et gloire impériale*, in *Sélestat*, Strasbourg, DNA p.63 ; Robert De Bary, Histoire abrégée de Charles Schweisguth, in : *Annuaire des Amis de la Bibliothèque Humaniste de Sélestat*, 1990, pp. 137-146.

plus d'espoir de paix, d'autant que le pacte germano-soviétique signé avec Moscou le 23 août 1939 laisse les mains libres à Hitler.

Heureux événement pourtant dans la famille au début de l'été 1939 : le 10 juillet naît Gérard, fils de Maurice et Jeanne Schmitt. La jeune maman, ma mère, Jeanne, est la fille de Georges Schmitt et Catherine Schreiber qui habitent à 100 m de la boulangerie et exploitent un petit train de culture. Elle est née le 13 octobre 1918 et a deux sœurs Georgette et Germaine nées en 1921 et 1934, ainsi qu'un frère, Joseph, appelé aussi Seppel, né en 1929.

Mais l'orage éclate en cette fin d'été 1939 :
- vendredi 1er septembre : l'Allemagne envahit la Pologne.
- samedi 2 septembre : la France décrète la mobilisation générale.
- dimanche 3 septembre : la France et la Grande-Bretagne déclarent la guerre à l'Allemagne.

En Alsace, l'évacuation de Strasbourg et des villages de la zone 1 vers le sud-ouest et le centre du pays est effective les 2 et 3 septembre. Les hommes sont rappelés à l'armée.

Des troupes françaises arrivent au village, des tranchées sont creusées à l'entrée sud du village et la population voit avec étonnement des ballons aériens surveillant en permanence la frontière du Rhin à l'est.

La drôle de guerre s'installe. Les enfants retournent à l'école à partir de novembre.

Papa, déjà rappelé à l'activité le 15 juillet 39, est reparti au service le 2 septembre. Il est affecté au 42ème R. I. F. stationné le long du Rhin, chargé de défendre les blockhaus de la Ligne Maginot sur les berges du Rhin, au sud de Marckolsheim dans le secteur d'Artzenheim, au lieu-dit Sponeck.

Marcel et Julien sont également rappelés de septembre 1939 à Juillet 1940, le premier dans la Somme, Julien dans la région de Sedan et Verdun.

Ils se retrouvent lors d'une permission, tous les trois en uniforme de l'armée française.

Marcel debout à droite, Maurice debout à gauche et Julien assis.

L'hiver passe dans un indescriptible climat d'attente qui se prolonge, mêlée d'inquiétude. En avril 1940 le 44ème Régiment d'artillerie s'installe et des barrages anti-chars sont érigés dans le village. Le 11 mai des avions allemands passent et lâchent 24 bombes à l'ouest et au nord du village.[4]

Dans la famille, le deuil s'est encore installé, s'ajoutant à l'incertitude et l'angoisse. La grand-mère Mélanie Reppel née Breitel est décédée le 9 avril, elle avait 82 ans.

Alors que les Allemands lancent l'offensive contre la Belgique, les Pays-Bas et le Luxembourg le 10 mai, une seconde vague d'évacuation de la population alsacienne s'effectue à partir du 17 mai 1940 pour les villages de la zone 2 en Alsace. Après la capitulation des Pays-Bas le 15 mai et celle de la Belgique le 28, Hitler se tourne vers la France le 5 juin et attaque sur la Somme. Paris est occupée le 14 juin, les armées françaises sont menacées d'encerclement à l'est.

Juin 40

Jeudi 6 juin est annoncé l'ordre d'évacuation pour les villages de la zone 3, dont le nôtre. Destination Ribeauvillé. Le bétail est évacué le vendredi 7 et la population abandonne le village samedi le 8 juin.[5]

Face à l'Alsace, les Allemands attaquent sur un front large d'environ 60 km, entre Rhinau et Heiteren. Nous sommes le samedi 15 juin, il est neuf heures. Le temps est calme et les brumes matinales ont retardé l'offensive. Le secteur de Marckolsheim est proche du centre du dispositif, un déluge d'artillerie s'abat sur les rives françaises du fleuve.

Roger Bruge écrit[6]:

«Côté français, entre Rhinau et Heiteren... cela ne fait jamais que 15 000 hommes... De l'autre côté, la VIIème Armée du Général Dollmann rassemble un peu plus de 150 000 hommes... Sept divisions contre neuf bataillons. Les Français vont se battre à un contre dix... De plus le Général Dollmann peut aligner près de 300 pièces d'artillerie sur la rive droite... Pour les combattre la division de Colmar aligne 18 canons sur le Rhin.»

Mon père fait alors partie des dix-sept fantassins du 42ème R.I.F. qui occupent l'ouvrage 40-1, dit du Sponeck-Nord, sur l'axe Artzenheim-Colmar, sous le commandement de l'Adjudant Schmitt. De nombreux soldats originaires des environs sont affectés au 42ème et au 28ème. C'est un ouvrage sur berge avec vue directe sur le Rhin et la rive allemande, de même que l'ouvrage du Sponeck-Sud. Ils sont épaulés par une multitude de petits blockhaus et

---
[4] Section Patrimoine et Histoire locale, et la Municipalité, *Mussig de 1939 à 1945, de l'Occupation à la Libération*, 2005.
[5] Cf. Annexes 4, 5, 6.
[6] Roger Eruge, *Histoire de la Ligne Maginot, Offensive sur le Rhin*, Fayard, 1981, pp. 97, 98.

protégés par des réseaux de mines. Dans un article paru au journal « L'Alsace » le 10 juin 1990, il relate ces événements :

« Jusqu'à ce matin, nous n'avions jamais tiré un coup de feu. La veille au soir le commandement nous avait fait savoir que nous étions dorénavant autorisés à nous servir du mortier de 60 dont on nous avait dit qu'il était une arme secrète. Au petit matin du 15 j'ai remarqué que la claie de roseau qui masquait depuis toujours le bunker d'en face avait disparu, ce dont j'ai rendu compte à mes chefs. Subitement les Allemands ont ouvert le feu : un déluge d'obus de PAK (Panzer-Abwehr-Kanone = canon-antichars) dont les coups au but ébranlaient le béton et nos nerfs. L'ouvrage tremblait sur ses assises, le béton se fissurait et ruisselait le long des murs ; nous étions envahis par la fumée. À neuf heures, la cloche d'acier qui coiffait l'ouvrage était percée. Un de nos camarades gisait à nos pieds, gravement touché. Le feu avait pris dans les matelas d'un coin de couchage et la fumée nous suffoquait ; notre armement était hors d'usage. De toute façon le nuage de fumée, ou de brouillard artificiel - je ne sais - qui enveloppait le blockhaus était si dense que nous n'aurions pas su sur qui ou quoi tirer. Nous n'avons jamais vu nos assaillants. Du PC du régiment l'ordre nous a été donné de tenir coûte que coûte ; une contre-attaque allait suivre, avec l'appui de chars et d'avions. Du vent ! La situation était devenue intenable et nous avons évacué l'ouvrage pour nous replier. »

Notons encore[7] :

« Le 15 juin à 10 heures les bombardements commencent. « La brutalité de l'attaque par les feux surprend. » Les ouvrages de berge sont réduits au silence et le franchissement du Rhin par l'ennemi commence. Jusqu'à la nuit on se bat dans la forêt du Rhin.

Le 16 juin l'ennemi débouche de la digue. Toute la journée on se bat autour des P.A. Le soir l'ordre de repli est donné, mais des P.A. se battront encore le lendemain.

Le 17 le repli s'effectue sur l'Ill, puis sur Kaysersberg et enfin ordre est donné aux éléments du 42 de se porter par le Bonhomme sur Xonrupt dans les Vosges.

Il faut défendre la crête des Vosges au Nord et au Sud de la Schlucht.

Cependant dans la nuit du 19 au 20 les infiltrations de l'ennemi sont signalées en divers points des crêtes. Le 42 est alors au Col de Surceneux au Nord-Est de Xonrupt.

Il est attaqué le 20 par les Allemands qui menacent de débordements les défenseurs du col. Nouveau repli sur le Saut des Cuves et finalement sur Gérardmer où le 22 juin à dix heures sonne le « Cessez le feu ».

Le drapeau du 42 échappera à l'ennemi. Confié à un habitant de Gérardmer, il passera plus tard en France Libre.

---

7 In : *Historique sommaire du 42ème RI*, Colmar, 1955, pp. 28, 29.

Ainsi se termine pour notre régiment cette funeste campagne qui n'est cependant que le début d'une guerre qui durera cinq ans. Submergé par le nombre comme par la supériorité des feux, victime d'une fausse conception purement statique, rivé au béton, le 42 comme son frère d'armes le 28, n'en a pas moins, au cours des dures journées des 15 au 17 juin, administré la preuve de son courage et de son esprit de sacrifice. »

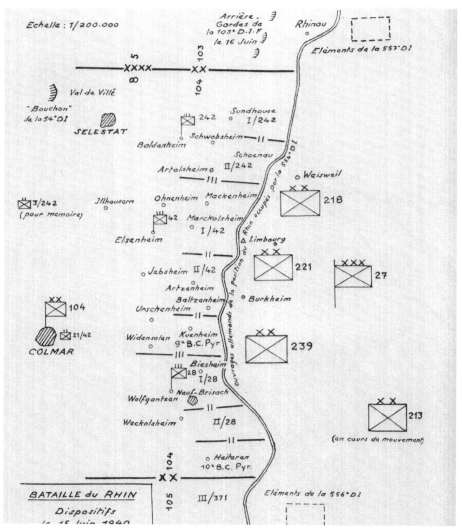

Dispositifs des troupes le 15 juin 1940.[8]

---

8 In : *Mémorial de la Ligne Maginot*, Marckolsheim, Bas-Rhin, 1973.

La casemate 35-3, ouvrage fortifié de la 2ème ligne, proche de Marckolsheim, est aujourd'hui transformée en Musée - Mémorial de la Ligne Maginot, perpétuant le souvenir des combats de juin 40. Mon père, à gauche sur la photo, est en compagnie de son camarade d'armes Xavier Kieny[9] du village voisin Ohnenheim, qui a compté parmi les défenseurs de la 35-3. Plus tard, au cours des années 1990, les survivants du 42ème ont confié à mon père la présidence de leur Amicale qui comptait encore 71 adhérents en 2000. Photo : mai 1990, commémoration des combats, 50ème anniversaire.

L'offensive allemande, fulgurante, se poursuit par la prise de Colmar le 17 juin, celle de Mulhouse le 18 et de Strasbourg le 19. La 218ème DI allemande avait ordre dès le 18 de foncer vers le Col du Bonhomme, la 221ème par Munster vers le Col de la Schlucht.

Mon père est fait prisonnier à la Bresse ou au Col de la Schlucht le 21 juin.

Le lendemain 22, l'Armistice est signé. Dans la forêt de Rethondes, à la demande de Hitler, là - même où l'Allemagne avait signé sa capitulation en 1918. Terrible retour des événements. L'Alsace et la Moselle, annexées au Reich, redeviennent allemandes.

Élise avec ses enfants et toute la population du village retournent chez eux.

Les prisonniers de guerre alsaciens sont libérés et autorisés à retourner dans leurs familles à partir du deux juillet. Papa rentre le cinq juillet. Julien et Marcel sont également libérés.

---

9 Après avoir combattu sur le front du Rhin en 1940, Xavier Kieny, de la classe 1930, a encore été appelé en 1944 dans la *Wehrmacht* qui l'a affecté aux travaux dans une ferme en Pays de Bade à *Allmannsweier*. Il est décédé en février 2000.

1940 - 1942

DE L'ANNEXION À L'INCORPORATION DE FORCE

L'Armistice est signé le 22 juin 1940.

Comme un crime prémédité, l'ordre de l'Allemagne hitlérienne s'abat sur l'Alsace et la Moselle annexées. L'administration allemande va bousculer immédiatement la vie publique et privée des Alsaciens - Lorrains, à coup d'ordonnances.

02 juillet 1940 : les rues, places et noms des villes et villages sont germanisés ; Sélestat devient *Schlettstadt,* la rue de Sélestat *Schlettstadter Strasse.*

27 juillet 1940 : les enseignes publiques, celles des commerces, artisans et entreprises, prennent des dénominations allemandes ; la boulangerie familiale devient *Bäckerei,* la mairie *Bürgermeisteramt.*

16 août 1940 : l'allemand devient langue officielle unique en Alsace ; ainsi tout document officiel ou d'état civil est dorénavant rédigé en allemand. Maurice, Julien, René, Jeanne s'appellent *Moritz, Julius, Renatus, Johanna...* Interdiction aux Alsaciens de parler ou écrire en français !

Dans la poste aussi, service public particulièrement visible, la marque du nouveau régime se met en place : les timbres de service portent l'effigie du Maréchal Hindenburg avec la surimpression « *Elsaß* », il en est ainsi en Moselle et au Luxembourg.

Les nouveaux timbres

Deux mois seulement se sont écoulés depuis l'Armistice.

Y a-t-il encore des réfractaires ? Pour les convaincre, le sinistre Gauleiter Robert Wagner qui s'est vu confier par Hitler le 20 juin la responsabilité de l'administration civile en Alsace, devenue effective le 16 juillet, va mettre en place, dès le 17 juillet 1940, le camp d'internement et de rééducation - *Sicherungslager - Erziehungslager* - de Schirmeck. Les premiers réfractaires y sont envoyés à partir du 02 août.

Même l'Église est directement mise au pas : les curés et pasteurs ne sont plus payés, l'Ascension, l'Assomption et la Toussaint ne sont plus fêtées et deviennent jours non fériés à partir de 1941.

Simultanément le système policier du régime destiné à surveiller et contrôler les paroles, faits et actes de la population, se met en place. La délation est encouragée. À la campagne, la gendarmerie, composée de fonctionnaires allemands ou alsaciens favorables au régime veille à l'application des nouvelles directives. Tous les actes officiels sont visés et contrôlés par le responsable local du parti - *der Ortsgruppenleiter* -, voire le responsable d'arrondissement - *der Kreisleiter* -. Au besoin la police secrète d'État - *die Gestapo* - intervient. Conséquence de la mise en place de ce système policier répressif : la population est classée en catégories.

Jean-Marc Thiébaut écrit[1] :

« *Chapitrée en permanence (lors des discours, par voie d'affichage, dans la presse confisquée par les nazis), surveillée et menacée, la population est rapidement classée en trois catégories : ceux qui sont « dignes de confiance » (3% de la population), les « douteux » largement majoritaires et les « hostiles et irrécupérables » (10, 20 voire 30% selon les communes).* »

Est-il encore nécessaire de préciser, dans ce contexte de germanisation à outrance, que la famille Reppel, dont le père était délégué du Souvenir Français, est considérée comme politiquement non fiable / *politisch unzuverlässig*.

L'écoute des radios étrangères est interdite le 07 septembre 1940. Les enseignants sont envoyés à partir de septembre, si nécessaire, en Pays de Bade pour leur rééducation / *Umschulung*. On fait appel à des enseignants allemands dans l'enseignement qui reprend en automne 1940 et qui se fait exclusivement en allemand, l'usage du français étant interdit dans les cours de récréation.

Quant au franc français, symbole majeur de l'État français, il cède progressivement la place au *Reichsmark* allemand qui devient la seule monnaie délivrée par les banques à partir du 25 octobre 1940. La conversion est d'ailleurs très défavorable aux Alsaciens puisqu'elle se fait à raison d'un mark pour vingt francs, alors que le taux de change officiel est de un pour huit !

---

1 Jean-Marc Thiébaut, *L'administration sous contrôle*, in : *Saisons d'Alsace*, n°44, *op. cit.*, p. 18.

Ce régime totalitaire classe aussi la population selon l'origine raciale, procédant dès juillet 1940 à une véritable épuration ethnique de l'Alsace et de la Moselle en expulsant les Juifs, les Tsiganes, les étrangers, les francophones... Ainsi l'acte de mariage de mes parents Maurice et Jeanne daté du 27 novembre 1941 précise dans la rubrique *Rassische Einordnung* / classement racial, la mention *Deutschblütig* / de sang allemand !

Cette sombre période de notre histoire connaît au village quelques épisodes pénibles[2] :

« - 08 août 1941 : Ramassage obligatoire, sous peine de contravention, des doryphores qui ont envahi les cultures de pommes de terre. Une contravention de 10 Reichmarks, majorée d'une taxe d'un Mark, est dressée le 28 août à l'encontre de Keller Joseph qui a refusé de participer au ramassage.

- septembre 1941 : Lors du battage chez Alphonse Meyer, sous l'effet de l'alcool Louis Schappler se lance dans un discours contre l'occupant. Toute la bande entonne la Marseillaise. Suite à une dénonciation, Jules Haug et Antoine Losser sont internés à Schirmeck. Louis Schappler a réussi à fuir dans les Vosges. Les autres sont relâchés en janvier 1942.

- Mai - juillet 1942 : Charles Pfaltz est interné à Schirmeck. »

Les personnes évoquées dans ces récits connaîtront des fortunes diverses lors des années de guerre :

- Louis Schappler, né en 1914, est parti de suite à Lyon, prévenu qu'il

---

[2] Patrimoine Histoire locale et Municipalité, *Mussig de 1939 à 1945, de l'Occupation à la Libération*, 2005.

serait convoqué à la mairie. Il a échappé à l'incorporation de force et sa famille n'a pas subi de représailles. Il est décédé à Rilleux-la-Pape le 22 août 1997.

- Jules Haug, aîné d'une famille de quatre fils dont trois laisseront la vie au cours de cette guerre, est né en 1910 et mort en 1970. Il a fait partie de ces jeunes qui furent encore appelés en novembre 1944 et ne sont plus partis.

- Antoine Losser, de la classe 1932, a été incorporé en 1944. Blessé à l'oreille dans une gare en Allemagne, lors d'une attaque aérienne, il obtint une permission pour Kehl et put rejoindre l'Alsace. Revenu à Mussig le 23 novembre 1944, il est resté caché jusqu'à la Libération. Est décédé en 1993.

- Alphonse Meyer, de la classe 1939, a été incorporé le 23 décembre 1943 à *Königsberg* en Prusse Orientale. Transféré en Italie en avril 1944, il a combattu à Monte - Cassino où il est passé chez les Alliés. Il a servi au Service de Presse Allié après le débarquement en Provence, puis à la cuisine des officiers. Avec les troupes alliées remontant la vallée du Rhône et le Jura, il a pu rejoindre l'Alsace, puis est passé au Palatinat et a été enfin démobilisé à Constance. Est revenu au village le 15 mai 1945.[3] Décédé le 26 décembre 2006.

- Charles Pfaltz, né en 1897, avait tenu des propos insultants à l'égard de *Hitler* dans un restaurant du village voisin Baldenheim, il a été interné de mai à juillet 1942 au camp de Schirmeck. Est décédé en janvier 1943.

RAD et INCORPORATION de FORCE.

Mais c'est certainement l'introduction du RAD[4]/ *Reichsarbeitsdienst*, puis l'incorporation de force, qui auront les conséquences les plus dramatiques pour les populations annexées d'Alsace, de Moselle et du Luxembourg. L'organisation paramilitaire du RAD est déjà effective en Allemagne depuis 1935 pour les hommes de 18 à 25 ans et pour les femmes à partir de 1939. Elle fait obligation d'effectuer six mois de service du travail avant le service militaire pour les hommes et un an pour les femmes. Décidé et introduit en Alsace à partir du 8 mai 1941 et en Moselle à partir du 23 avril 1941, ce service est durci et ramené à trois mois pour les hommes.

En préliminaire du RAD, l'encadrement par le parti s'applique déjà aux jeunes de 10 à 18 ans. En effet l'adhésion volontaire des garçons à la Jeunesse hitlérienne[5] / *Hitler Jugend* et des filles à l'association des filles allemandes[6] / *BDM-Bund Deutscher Mädel* - n'ayant rencontré que peu d'écho

---
3 Patrimoine et Histoire locale, *Nos « Malgré Nous »*, cahier n° 3, 2000, pp. 23 à 25.
4 Gabriel Braeuner, Lexique, in : *Saisons d'Alsace n°44*, *op. cit.*, p.111.
« Le RAD ou *Reichsarbeitsdienst* est le service national du travail introduit en Alsace pour les garçons comme pour les filles par une ordonnance du 8 mai 1941. Formation paramilitaire constituant l'un des deux éléments de la *Wehrpflicht* (devoir militaire) avec le *Wehrdienst* (service militaire). »
5 *ibid*. p. 110.
« La jeunesse hitlérienne ou *HJ Hitler Jugend* est l'organisation nazie d'embrigadement pour les garçons de 14 à 18 ans, instituée dès septembre 1940 en Alsace et rendue obligatoire par l'ordonnance du 2 janvier 1942. »
6 *ibid*. p. 110.
« *Le BDM, Bund Deutscher Mädel* est l'association d'embrigadement des jeunes filles allemandes, âgées de 14 à 18 ans, équivalent pour les filles de la Hitler Jugend. »

favorable, le *Gauleiter* Wagner rend ces adhésions obligatoires à compter du 2 janvier 1942. Au village une dizaine de filles de la classe 1923 sont appelées au RAD dès novembre 1941 et employées le plus souvent dans des familles ; certaines sont rappelées en novembre 1944 dans la *Wehrmacht* et affectées à la surveillance nocturne des vols d'avions alliés aux abords des villes allemandes.

Le fanatisme et la détermination farouche de Wagner ainsi que le besoin en troupes de l'armée allemande sur les fronts de l'est vont précipiter les décisions les plus tragiques pour la jeunesse des régions annexées : l'ordonnance du 23 août 1942 attribue la citoyenneté allemande aux habitants de ces régions. Deux jours plus tard l'ordonnance du 25 août 1942 instaure le service militaire obligatoire pour les jeunes gens alsaciens. Quatre jours plus tard, l'ordonnance sera publiée également en Moselle. C'est le début de l'incorporation de force. Ainsi seront appelés dans la *Wehrmacht* les jeunes gens des classes 1931 à 1945, et les Alsaciens des classes 1928, 1929, 1930, 1946 et 1947 chez les *Waffen - SS* ; les dates d'incorporation des différentes classes figurent au tableau suivant,[7] la mention « classe 1928 » désignant les jenues gens nés en 1908.

DATES D'APPEL DES ALSACIENS-LORRAINS DANS LE *RAD* ET LA *WEHRMACHT*

CLASSES	RAD Alsaciens et Lorrains	Incorporation dans l'armée allemande		Lorrains
		Alsaciens		
1928 à 1930	/	Avril 1944	SS d'office	/
1931 à 1933	/	Janvier 1944	*Wehrmacht*	/
1934 à 1939	/	Avril 1943	*Wehrmacht*	Juin 1943
1940	Octobre 1942	Janvier 1943	*Wehrmacht*	Janvier 1943
1941	Octobre 1942	Janvier 1943	*Wehrmacht*	Janvier 1943
1942	Octobre 1941 (6 mois)	Octobre 1942	*Wehrmacht*	Octobre 1942
1943	Avril 1942	Octobre 1942		Octobre 1942
1944	Avril 1942	Octobre 1942		Octobre 1942
1945	Janvier 1943	Mai 1943		Mai 1943
1946	Octobre 1943	Février 1944	SS d'office	Février 1944
1947	Juillet 1944	Novembre 1944	SS d'office (sans exception)	Novembre 1944

Se soustraire à l'incorporation de force sera d'ailleurs impossible, puisque l'ordonnance du 1er octobre 1943 instaurant la « *Sippenhaft* » (Sippe=clan, famille) associe la responsabilité collective de toute la famille à

---
[7] Eugène Riedweg, *Les Malgré-Nous*, Editions La Nuée Bleue, 1995, p. 95.

celle du déserteur. Les parents, enfants, frères et sœurs sont menacés de déportation en Allemagne et les biens confisqués.

Au village, deux cas notoires de réfractaires sont rappelés dans le cas spécial consacré aux incorporés de force.[8]

- Irénée Meyer, frère d'Edmond et de Lucie, épouse Joseph Horny, était au RAD jusqu'en janvier 1943. A ce moment, il n'est pas reparti et est resté caché à son domicile dans le foin du fenil du 16 janvier 1943 à la Libération. Malade et manquant de soins, il a été hospitalisé à Strasbourg à l'arrivée des Français. Mais il était trop tard, il est mort à Strasbourg le 28 mai 1945.

- Raymond Steinmetz de la classe 1942, a eu plus de chance : s'étant soustrait au rassemblement à la gare de Sélestat, il a rejoint le village de nuit et s'est caché chez des amis. Ceci lui a permis d'échapper à la *Gestapo* qui a emmené et soumis la famille à plusieurs interrogatoires, procédant aussi à des fouilles répétées de la maison. Il s'est enfin caché dans le grenier de la chapelle rue de Hessenheim, où il recevait la nourriture durant la nuit. Rentré pendant l'hiver 1944 à la maison, il eut la chance d'échapper encore à un contrôle inopiné de la *Gestapo,* caché dans le trou aménagé sous le fond amovible d'une armoire. A la Libération, par prudence, il est resté encore caché quelques jours. Raymond est décédé à Riedisheim le 18 avril 1977.

Oncle Edmond, né en 1921, est le premier de la famille à connaître le funeste sort réservé aux Alsaciens-Lorrains et Luxembourgeois. Appelé au RAD en octobre 1942, il est envoyé à la *Wehrmacht* en janvier 1943.

Mon père et son frère Julien le suivront en avril 1943.

Rappelons ici qu'entre temps, la guerre s'est étendue à toute l'Europe, des Balkans occupés dès le printemps 1941, aux Pays Baltes en été après que la Wehrmacht eut déclenché l'opération Barbarossa le 22 juin 1941 et envahi l'Union soviétique, fonçant ensuite vers Moscou, avant d'être bloquée par l'hiver, le froid (- 40°) et la contre-offensive russe du 6 décembre. L'année 1942 sera marquée à l'est par la 1ère bataille de Stalingrad livrée par la 6ème armée allemande sur la Volga en automne, plus tard son encerclement à Stalingrad du 19 au 23 novembre, avant sa capitulation le 2 février 1943.[9] Sur un front de plusieurs milliers de km, la *Wehrmacht* a besoin de troupes. Pour l'industrie de guerre qui nécessite une main d'œuvre nombreuse et qualifiée, le STO, Service du Travail Obligatoire, est instauré le 16 février 1943 en France désormais totalement occupée depuis le 11 novembre 1942.

---

[8] Patrimoine…, *op. cit.*, pp. 51 et 52.
[9] Sous la direction de Claude Quetel, *La seconde guerre mondiale*, (Coll. L'œil des archives), Larousse/ Editions Mémorial de Caen, 2007, p. 520.

2ÈME PARTIE

-

PARCOURS DE

MAURICE REPPEL

INCORPORÉ DE FORCE

19 AVRIL 1943 - 27 MAI 1945

CHAPITRE 1

Incorporé de force dans la Wehrmacht le lundi 19 avril 1943.
Premiers jours.

Mon père, de la classe 1936, est parti de Sélestat / *Schlettstadt* le lundi de la Semaine Sainte, 19 avril 1943, en compagnie de nombreux autres Alsaciens et habitants du village, dont son frère Julien de la classe 1937. L'incorporation des classes 1934 à 1939 a été décidée le 22 janvier 1943. Via Strasbourg et *Karlsruhe* le train les emmène jusqu'à *Chemnitz* en Saxe. De là, ils repartent rapidement en Pologne.

L'autre frère, Edmond, de la classe 1941 avait déjà été affecté en octobre 1942 dans le RAD, le « *Reichsarbeitsdienst* », à *Hessisch-Lichtenau* dans la région de *Kassel* en Hesse. Renvoyé dans son foyer en décembre 1942, Edmond fut incorporé vers mi-janvier 1943 dans l'armée allemande. Il se trouvait à cette époque en Tchécoslovaquie à *Brünn* / Brno.

Voilà ce qu'a écrit Edmond, en évoquant leurs adieux :
« Je veux d'abord parler de Maurice et Julien. Ils furent tous les deux incorporés de force dans la *Wehrmacht* le 19 avril 1943.

La veille ils avaient partagé un repas d'adieu auquel assistait notre cousine Maria appelée Mimi Schwartz de Strasbourg, sœur de Jeannette, toutes deux filles de Marcel Schwartz, frère de maman. Y assistaient aussi le futur beau-père de Marcel, M. Alexis Hory, ainsi qu'une allemande réfugiée de la *Ruhr* que maman avait été obligée d'héberger avec sa fille. Pendant le repas, on a eu le tort de parler politique, qui plus est même en français, en présence de cette allemande... On disait évidemment que les Allemands allaient perdre la guerre... Maman, prudente, ne disait rien, elle essayait au contraire de mettre fin à ces discussions. Elle se doutait de ce qui allait arriver. En effet, dès le lendemain, l'allemande dénonça tout le monde. Mes frères qui n'avaient pas dit grand-chose, ont dû partir pour l'armée et M. Hory pour Metz. Ma cousine Mimi fut arrêtée et déportée à Schirmeck, puis au Struthof. Elle fut toutefois libérée au bout de quelques mois.

Ma mère, elle, fut « cuisinée » par la *Gestapo*, mais ils n'ont pas pu lui reprocher grand-chose et ses deux fils venaient juste de partir à la guerre. Elle fut donc laissée en liberté, mais sous caution. Après tout cela, l'allemande n'a quand même pas eu le culot de rester chez maman et quitta Mussig.

Maurice et Julien ont donc dû partir pour l'armée allemande, c'est-à-dire la guerre.»

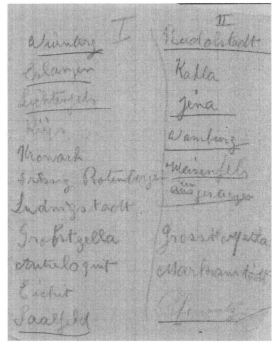

Mon père écrit sa première lettre le lendemain de son départ de Mussig.

Mardi 20 avril, gare de *Chemnitz*, minuit

„Liebe Frau, gerade sind wir angekommen. Es ist 12 Uhr nachts und wir sitzen im Wartesaal an einem Bier. Haug ist bei mir. Wie es scheint ist die Kaserne voll, und kein Platz mehr für uns. Wir haben eine lange müde Reise hinter uns. Ich habe seit heute Morgen, als wir von Nürnberg / Nuremberg fortgingen, die größten Städte aufgezeichnet… Die Gegend ist schön, besonders das Bayerische. Nichts als Bergen und Tannen. Will schließen mit dem vierten Bier, also auf Wiedersehen und gute Nacht, au revoir Gérard."

« Chérie, nous voilà arrivés. Il est minuit et nous sommes dans la salle d'attente devant une bière. Joseph Haug[1] est avec moi. Il semble que la caserne soit pleine. Le voyage fut long et pénible. Depuis notre départ ce matin de Nuremberg, j'ai noté les noms des principales villes traversées. Le paysage est beau, surtout en Bavière. Que des montagnes et forêts de sapins. Je m'arrête, devant ma quatrième bière. Bonne nuit et au revoir Gérard. »

---

1 Patrimoine et Histoire locale, *Nos « Malgré nous »*, cahier n°3, avril 2000, p.60. Joseph Haug, de la classe 1937 et que mon père appelle souvent Sepp dans les lettres ultérieures, est incorporé le même jour que lui. Ils resteront ensemble jusqu'en novembre 1943 avant qu'il soit envoyé dans les Balkans. Son nom reviendra dans de nombreuses lettres. Tombé à Bakou, près de la mer Caspienne, le 2 avril 1944, il était le frère de Eugène et Marcel. Eugène de la classe 1935 est tombé à Bobruisk, près de Minsk, en Biélorussie, le 1er juillet 1944. Papa mentionnera encore une permission d'Eugène dans ses lettres au mois mai 1944, puis l'absence de nouvelles le 25 juillet 1944. Marcel, de la classe 1933, est tombé à Berlin le 30 novembre 1944. Il avait travaillé auparavant en Allemagne comme boucher. Tous trois étaient frères de Haug Jules, interné à Schirmeck de septembre 1941 à janvier 1942. (Cf. aussi ch. 1940-1942). Bobruisk est situé 150 km au sud-ouest de Minsk, cf. carte 3, ch. 4.

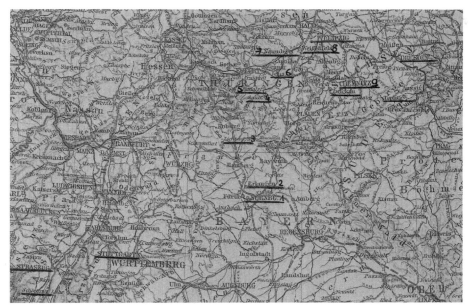

Carte I : y figurent les noms de certaines localités traversées et citées dans la lettre : *Nürnberg* (1), *Erlangen* (2), *Lichtenfels* (3), *Saalfeld* (4), *Rudolstadt* (5), *Jena* (6), *Naumburg* (7), *Weißenfels* (8) et *Chemnitz* en Saxe (9).[2]

Le cœur lourd   Mercredi 21 avril, *Chemnitz*, 9h et demie

„ Liebe Frau und Gérard, wir sind gestern Abend doch noch von der Bahn fort zur Kaserne. Nirgends war Platz. Es war noch ziemlich weit vom Bahnhof weg. Ich hatte ein nasses Hemd, und als wir hier ankamen, mussten wir noch lange in der Kaserne stehen. Gegen vier Uhr sind wir dann in eine Baracke gerückt. Auf dem Strohsack, ohne sonst etwas. Alle hatten kalt.* Man hat sich noch nicht um uns bekümmert. Der Kaporal kommt und sagt uns, daß wir in eine andere Kaserne kommen. Ein jeder macht ein dummes Gesicht... Der Koffer ist zu schwer, ganz allein hätte ich nicht alles tragen können. Das ist der vierte Brief schon, den ich schreibe: der eine in Karlsruhe, in Nürnberg und gestern Abend im Bahnhof an der Ankunft. Julien hab ich zum letzten Mal gesehen in Nürnberg... Was sagte Gérard, als du heimgekommen bist? Ich hatte dich auch noch an der Odilia-Straße gesehen. Wir sind halt arme Kerl hier... Hunger hab ich nicht viel, denn das Herz ist schwer... Viele Küsse, und mach dir nicht so viel Kummer. Ich muss mich auch fügen. Es ist traurig aber wahr. Herzliche Küsse, bonjour Gérard."

Adresse :   Grenadier Moritz Reppel
              Ersatz Bataillon 102
              Stamm. Kompanie   CHEMNITZ, Planitz Straße

---

[2] Dr H. Haack, *Stielers Handatlas*, Gotha : Justus Perthes, 10ème édition, 1942, p.6. (Bibliothèque Humaniste de Sélestat (Fr., Bas-Rhin), Da 1548).

« Ma chère femme, cher Gérard, nous sommes quand même encore partis hier soir de la gare à la caserne et c'était assez loin. J'avais la chemise trempée et à l'arrivée, nous devions encore attendre debout. Il n'y avait nulle part de place. Vers quatre heures nous nous sommes pressés dans une baraque, sur un sac de paille. Tout le monde avait froid et personne ne se souciait de nous. Un caporal est venu nous dire que nous serons transférés dans une autre caserne. Nous avions tous une mine contrariée… Mon coffre est trop lourd, je n'aurais jamais pu le porter tout seul. Voilà déjà la quatrième lettre : la première à *Karlsruhe,* la deuxième à *Nürnberg* et la troisième à l'arrivée en gare hier soir. J'ai vu Julien pour la dernière fois à *Nürnberg*. Qu'a dit Gérard quand tu es rentrée ? Je t'ai encore aperçue dans la rue Ste-Odile. Ici nous sommes vraiment des pauvres gars… Je n'ai pas d'appétit, car le cœur est trop lourd… Je t'embrasse, ne te fais point tant de soucis. Moi aussi, il faudra que je me plie. C'est bien triste, mais c'est la réalité. Je vous embrasse.»

Note : Homme de la terre et non homme de lettres, mon père use fréquemment d'expressions empruntes de son parler quotidien alsacien. Ainsi dira-t-il « *Alle hatten kalt* -Tous avaient froid » au lieu de « *Allen war es kalt* ». Il utilisera même la double négation inconnue en allemand « *Niemand hat keinen Biβ Brot mehr* - Personne n'a plus un seul bout de pain ».

Ces « alsacianismes » ont été volontairement conservés tout au long de cet ouvrage dans un souci d'authenticité. Ils témoignent de l'identité profonde des Malgré Nous restés alsaciens ou lorrains, non allemands, identité dont la composante essentielle est le dialecte d'origine germanique (4ème et 5ème siècles) propre à la région.

Né en 1916, mon père est scolarisé en 1922 à l'âge de six ans, jusqu'en 1930, les garçons quittant l'école à 14 ans, les filles à 13 ans. D'après la circulaire de 1920 dite Charléty, l'enseignement de l'allemand est supprimé dans les communes de langue française, mais dans les communes germanophones les enfants alsaciens et mosellans bénéficient de trois heures hebdomadaires d'enseignement d'allemand à partir de la 3ème année scolaire (8-9 ans) et de quatre heures d'enseignement religieux obligatoire en allemand également. À partir de 1927, l'allemand est enseigné dès le 2ème semestre de la 2ème année scolaire (7-8 ans) en vertu de la circulaire dite Poincaré – Pfister, ce qui donne aux jeunes quittant l'école des compétences certaines dans les deux langues. Parallèlement, le dialecte reste le mode d'expression orale d'usage. Par la suite, à 16 ans, mon père suit encore durant deux saisons, les cours de l'École d'Agriculture d'hiver de Sélestat, die Winterschule, installée depuis sa création en 1895 et jusqu'au début de la seconde guerre mondiale, dans les locaux de l'ancien orphelinat qui donne sur la Place du Marché aux Choux et la rue du Marteau. Ce sera de l'automne 1932 au printemps 1933, puis de l'automne 1933 au printemps 1934. Les cours, tantôt en allemand, tantôt en français comme le prouvent ses deux cahiers aujourd'hui conservés, lui permettent d'acquérir de solides compétences en agriculture et élevage. (Source : Eugène Bauer, l'*École saisonnière d'Agriculture*, in : *Vitalité de Sélestat et de sa région*, 1970, p. 174).

Mais en écrivant, le 5 décembre 1943, « *Hier ist alles öde und leer* - Une immense solitude nous entoure ici », il témoigne aussi du contact permanent avec la langue allemande au sein de la Wehrmacht.

Lamentations Vendredi 23 avril, *Chemnitz*, après-midi

„*Karfreitag Mittag und schönes Wetter. Wir wurden heute Morgen vereidigt, es war eine kurze Zeit. Hab von ihnen noch nichts gegessen… Heute Mittag geht's ins Kino, jeder ein Mark. Sonst nicht viel für heute. Sie lassen uns wenig Zeit zum ruhen. Habe auch eine Karte der Mama geschrieben. Man darf sich halt nicht viel darüber aufhalten. Ich denke viel an Gérard, der arme Tropf. Traurige Zeiten für uns, kann aber doch nichts ändern. Ich bin nicht der einzige Elsässer mit Kindern. Der Metzger vom Rauscher ist auch in der Stube neben mir. Macht, dass ihr zuhause übereins kommt, denn ich habe genug hier zu tun. Hilf dem Robert und nicht soviel herumstehen… Und was sagt Gérard am Abend im Bett? Betet er? Kannst du schlafen, allein? Ich kann mir den Morgen am letzten Tag gar nicht mehr vorstellen, es ging so schnell… Ich will schließen und die Stationen im Büchlein beten, das ist doch die einzige Hoffnung noch… Schick mir gleich Kopfwehpulver, denn die Kachel auf dem Kopf macht Weh… Küsse dich recht herzlich sowie Gérard.*".

En uniforme allemand avec la « casserole » sur la tête, mon père au 1ᵉʳ plan, couché à droite.

« Vendredi-Saint, beau temps.

Nous avons prêté serment ce matin, c'était bref. Je n'ai pas encore mangé de leur nourriture… Nous irons au cinéma cet après-midi, un mark par personne. À part cela, rien de neuf. Ils nous laissent peu de repos. J'ai envoyé une carte à maman. Inutile de s'apitoyer sur notre sort. Je pense beaucoup à Gérard, le pauvre petit. Les temps sont bien tristes pour nous, mais nous n'y changerons rien. Je ne suis pas le seul Alsacien ici père de famille. Le boucher de la boucherie Rauscher de Sélestat est dans la chambre voisine. Demeurez unis à la maison, moi j'ai suffisamment de soucis ici. N'hésite pas à venir en aide à mon frère Robert, ne reste pas inactive. Et que dit Gérard le soir au lit ? Est-ce qu'il prie ? Et toi, peux-tu dormir seule ? Je ne peux même plus me représenter ce dernier matin, tout alla tellement vite… Je m'arrête là et vais prier les Stations dans mon missel, voilà le seul espoir qui nous reste… Envoie-moi des comprimés contre les maux de tête, car cette « casserole » sur la tête fait mal… Je t'embrasse ainsi que Gérard. »

Fröhliche Ostern / Joyeuses Pâques   Dimanche 25 avril, 10 heures

„ *Es ist Ostersonntag, morgen. Wir sehen leider nicht viel von Ostersonntag. Will heute zum ersten Mal essen bei ihnen. Ich hab fast den ganzen Leib Brot noch, sowie den ganzen Kugelhopf, und noch keine Croquettes gegessen. Im Kino war es schön gewesen. Der Marsch durch die Stadt hin und her war lang. Die Stadt ist schön. Heute und Morgen wird nicht gearbeitet. Na, wir gehen in die Kantine, und wir Elsässer treffen uns immer beisammen. Kann immer noch nicht verstehen, dass ich da sein muss. Die Offiziere sind gut mit uns. Sie verstehen unsere Lage. Gérard wird heute den Osterhasen holen und wird an Papa denken, der in der weiten Ferne weilt. Auch dieser Schmerz wird vorübergehen... Der erste Brief wird wahrscheinlich morgen Montag ankommen. Nachts schlaf ich so ziemlich gut, natürlich allein, es sind halt die französischen Betten nicht. Und dann, was gibt's bei euch? Kommt ihr der Arbeit nach, und die Karotten, kommen sie?... Was schreibt Julien? Schick mir seine Adresse. Es geht aber alles vorüber, wenn es noch so schwer ist. Vertrauen auf Gott, und es wird gehen. Ihr habt sicher großen Feiertag in der Kirche, wir werden keine mehr sehn. Wünsche dir eine fröhliche Ostern sowie dem armen Gérard, der mir fehlt.*"

« Matin de Pâques. Malheureusement nous n'en voyons pas grand-chose. Je mangerai pour la première fois chez eux aujourd'hui. J'ai encore presque toute la miche de pain, ainsi que le Kougelhopf entier. Et je n'ai pas encore touché aux croquettes. Au cinéma, c'était bien. Mais la traversée de la ville à pied fut longue. Une belle ville. Nous serons au repos aujourd'hui et demain. Bon, nous irons à la cantine où les Alsaciens se retrouvent toujours. Je ne m'explique toujours pas ce que je fais ici. Les officiers se montrent corrects. Ils comprennent notre situation. Gérard ira chercher son lièvre de Pâques et pensera à son papa qui est loin. Ces chagrins passeront aussi... Je dors assez bien la nuit, seul évidemment, ce ne sont bien sûr pas les lits français. Et quoi de neuf chez vous ? Arrivez-vous à suivre avec les travaux ? Les carottes sont-elles sorties de terre ? Avez-vous des nouvelles de Julien ? Envoie-moi son adresse. Tout passera, même si c'est pénible. Pâques est sûrement fêtée avec solennité à l'église. Nous n'aurons pas de fête ici. Je te souhaite de Joyeuses Pâques ainsi qu'à Gérard qui me manque beaucoup.»

Lundi 26 avril, 15 heures

„*Ostermontag, Nachmittag. Die ganze Stube ist voll Zivilpersonen. Das hätte ich nicht geglaubt. Die ganze Kaserne ist voll Zivil. Alles Eltern und junge schöne Mädchen aus der Umgebung. Die jungen Soldaten, die alle hier sind, kommen aus der Umgebung. Gestern Mittag war die Stube vollbesetzt, aber keine Elsässer. Wären wir in Straßburg oder im Badischen, wäre es mit uns auch anders. Gestern haben die ersten Elsässer Briefe erhalten, für mich war keiner dabei. Heute gibt es keine Post, weil Feiertag ist. Heute Morgen durften wir auch in die Kirche gehen, aber nur geschlossen. Gestern bin ich auch zum ersten Mal zur Suppe gegangen. Es war noch gut. Grüne Erbsen, Karotten, warme Wurst, mit Kartoffeln, und der Wein, der ist zuhause im Keller! ... Wo warst du heute Mittag mit Gérard? ... Wir schreiben hier auf dem Bett, der Haug Sepp auch. ... Ich glaube, dass der Koffer morgen fort muss. Es wird viel gemunkelt vom fortgehen, wahrscheinlich auch nach Böhmen. Wir werden sicher nicht hier ausgebildet. Sie sagen, es kommen andere Rekruten am Ostermontag, Nachmittag. Ist Edmond auf Urlaub oder nicht? Es sind schon acht Tagen her, dass wir uns getrennt haben... Betet Gérard am Abend ? Horcht er auf dich ? Fragt er auch nach mir ? ..."*

« Lundi de Pâques, après-midi. La chambre est remplie de civils. Je n'aurais pas imaginé cela hier. La caserne entière est pleine de civils. Des parents et de jolies filles des environs. Les jeunes soldats, ici, viennent des environs. Hier après-midi déjà, la chambre était pleine, mais aucun Alsacien. Ah si nous autres étions à Strasbourg ou au Pays de Bade, ce serait bien différent pour nous. Des Alsaciens ont reçu leurs premiers courriers hier, je n'en faisais point partie. Et aujourd'hui, jour férié, pas de courrier. Ce matin on nous a autorisés à aller à l'église, groupés. Hier je suis allé pour la première fois à la soupe, et c'était encore bon. Petits pois, carottes, saucisses chaudes, avec des pommes de terre. Quant au vin, on peut l'imaginer dans sa cave chez soi... Où étais-tu avec Gérard cet après-midi ?... Allongés sur notre lit, nous écrivons, Joseph Haug et moi... Je crois que mon coffre partira demain, on parle beaucoup de notre départ, en Bohème probablement. Notre instruction ne se fera pas ici. De nouvelles recrues doivent arriver le 1er ou deux mai. Edmond est-il en permission ? Voilà huit jours que nous sommes séparés... Est-ce que Gérard prie le soir ? Est-il toujours obéissant ? Me demande-t-il ?... »

Censure du courrier Mardi 27 avril, soir

„Heute Dienstag Abend, die ersten zwei Briefe erhalten. Hab gelesen, dass es noch so geht bei dir, bis auf den Gérard. Ich hoffe, dass es nicht schlimm ist. Gib Acht zu ihm... Hatten heute Abend eine Theorie, der Leutnant sagte, dass wir nach Polen kommen zur Ausbildung, wann weiß niemand. Jedenfalls, sagte er, gibt es 48 Stunden Bahn... Ich hatte auf Ostern auch Karten geschickt, deinen Eltern, der Mutter, Marcel und nach Mülhausen. Habe sie aber heute wieder von der Kompanie erhalten, denn ich habe zuviel geschrieben. Eine Warnung..."

« Mardi soir. J'ai reçu les deux premières lettres. Je lis que tu te portes encore assez bien, mais pas Gérard. J'espère que ce n'est pas grave, prends bien soin de lui… Avons eu un cours théorique ce soir. D'après le lieutenant, nous partirons en Pologne pour l'instruction, mais nul ne sait où. En tous cas, ça fera deux jours de train… J'ai envoyé plusieurs cartes pour Pâques, à tes parents, ma mère, Marcel, à Mulhouse. Mais la compagnie me les a rendues sous prétexte que j'ai « trop » écrit. Un avertissement… »

Par avertissement, il faut entendre que le courrier ne devait pas comporter d'informations d'ordre militaire. En conséquence sa lettre du mardi 27 postée le jour suivant fut ouverte et contrôlée par la censure militaire.

Enveloppe avec indication : Ouverte pour contrôle, cachet et signée par le lieutenant supérieur, chef de compagnie.

Courrier rapide et mise au pas Jeudi 29 avril, *Chemnitz*, soir

„Hab heute Mittag zwei Briefe erhalten sowie die Karte von Dusenbach. Sie sind geschrieben von Ostermontag und Dienstag. Es geht besser beim Gérard, ich bin froh. Habe gestern auch das Paket erhalten; aber du weißt doch was ich dir sagte. Brauchst keine schicken. Wir haben den Koffer gerüstet zum Fortschicken, sowie die Kiste, denn ich kann sie nicht gebrauchen. Wir können von einem Tag auf den anderen fortkommen, und dann hat man alles auf dem Rücken und kein Platz für solches. Ich schicke meine Wäsche zurück: wir haben drei Hemden, Unterhosen, drei Paar Chaussetten, jede Woche wird gewechselt, alles ist neu, sowie ein guter neuer Pullover. Ich musste gerade wieder zwei Stunden unterbrechen. Es gab Lohnung, 17 RM. Gerade kommt schon der Brief vom Mittwoch, es geht schnell. Gebe Acht mit

dem Tabak, du musst immer den Ammoniak abspritzen, wegen Verbrennung. Sie machen uns so ziemlich gleich. Gestern Nachtmanöver bis 12 Uhr und heute Morgen um halb fünf auf zum Scharfschießen. Ich habe gut geschossen. Wehe den, die schlecht hatten, wir müssen am Sonntag wieder. Sie bringen alle zahm. Habe gestern Nacht auf dem Heimweg einen ganzen Rosenkranz gebetet. Morgen Freitag wieder Impfung und Nachtmarsch. Ich schreibe nicht schön, bin müde, aber alles geht vorüber, ich bin ja ziemlich gewohnt. Ein Elsässer hat heute dem Kommandant einen Brief geschrieben wegen Urlaub. Das ist streng verboten, er musste sich schämen vor der ganzen Kompanie. So weißt du Bescheid, denn du bist alles imstande... Küsse euch herzlich."

« J'ai reçu deux lettres cet après-midi ainsi que la carte de Dusenbach[3]. Elles sont datées de dimanche et lundi. Je me réjouis que Gérard aille mieux. J'ai également reçu hier le paquet, tu sais donc qu'il ne faut plus en expédier. J'ai préparé le coffre et la caisse, je ne peux plus les garder, nous partons d'un jour à l'autre et je ne pourrai porter tout cela. Je renvoie mes sous-vêtements ; ils nous ont donné trois chemises, des caleçons et trois paires de chaussettes. On change chaque semaine, tout est neuf ; j'ai également reçu un bon pull. Nous venons d'obtenir notre solde de 17 marks. Le courrier de hier mercredi est arrivé, il est rapide. Sois prudente avec l'ammoniaque sur le tabac[4], arrose toujours pour éviter qu'il brûle. Ici, ils nous mettent au pas. Manœuvre nocturne hier jusqu'à minuit et réveil ce matin à 4 h et demie pour un exercice de tir. J'ai bien tiré, mais malheur à ceux qui n'ont pas réussi. Et nous remettrons cela dimanche. Ils parviennent à nous plier tous. Hier sur le chemin du retour, j'ai prié un chapelet entier. Pour demain ce sera vaccination et marche de nuit. Mon écriture n'est pas belle, je suis fatigué, mais tout passe, j'endure beaucoup. Un Alsacien de la compagnie a adressé une demande de permission au commandant, ce qui est formellement interdit. Honteux, il dut s'excuser devant toute la compagnie. Te voilà renseignée... Je vous embrasse.»

Après cette première quinzaine dans l'armée de Hitler, papa eut une permission ; il ne la passa pas en Alsace, le strict règlement de l'armée allemande ne le permettant pas encore aux nouvelles recrues. Ainsi fut-il accueilli dans la famille Worm *à Chemnitz* où maman l'a rejoint en train. Sur le trajet du retour, maman a écrit trois lettres dont papa fait mention dans les deux courriers qui suivent.

---

[3] La référence au pèlerinage de Dusenbach à Ribeauvillé n'est pas surprenante, car il était de tradition pour bon nombre d'Alsaciens avant et encore longtemps après la guerre, d'effectuer une excursion, vers un lieu de pèlerinage, souvent à vélo, le lundi de Pâques.
[4] Quant aux jeunes plants de tabac, papa y portait une attention particulière ; il s'était formé à l'utilisation des engrais lors des cours à l'école d'agriculture. Le tabac était sa fierté et il y voyait déjà une source de prospérité. Cette fierté s'est confirmée après la guerre par des engagements professionnels de délégué local et cantonal des planteurs de tabac.

Retour de permission Mercredi 5 mai, *Chemnitz*, 19h

„Habe gerade deinen Brief erhalten aus Frankfurt. Frau Worm war noch mit dir gegangen, das war ja schön von ihr. Denk nun auch an sie. Du wirst jetzt zuhause sein. Sei nur froh, dass du hier gewesen bist, denn ab morgen Donnerstag Abend, sind wir marschbereit. Wohin ist jedoch unbekannt. Es war gestern und heute viel wärmer gewesen… Wir haben Nachtmanöver und morgen früh um halb fünf wieder Schießen. Aber nur Kopf hoch und beten, was die einzige Rettung ist. Schreib mir auch was Gérard gesprochen hat, als du heim kamst. Grüsse alle, auch deine Eltern, ich komm ja nicht zum Schreiben. Habe auch einen Brief von Mimi von Labaroche erhalten. Und alle wollen doch Antwort, und du auch jeden Tag."

« Je viens de recevoir ta lettre de Francfort. Madame *Worm* t'a raccompagnée, c'est gentil de sa part. Ne l'oublie pas. Tu dois être rentrée à présent. Sois contente d'avoir pu venir, car nous sommes sur le départ. Destination inconnue. Il fait nettement plus chaud depuis hier… Encore une manœuvre nocturne et un exercice de tir à quatre heures et demie demain matin. Mais gardons la tête haute et prions, c'est notre unique secours. Et Gérard, qu'a-t-il dit quand tu es rentrée ? Donne le bonjour à tout le monde, à tes parents[5] aussi, je ne peux pas écrire à tous. J'ai reçu une lettre de Mimi de Labaroche. Tout le monde réclame des nouvelles, toi aussi chaque jour.»

Jeudi 6 mai, Chemnitz

„Habe deinen Brief von Strassburg bekommen, sowie auch einen von Julien. Habe ihm auch gleich geschrieben. Wir sind heute Morgen marschbereit und morgen 7 Uhr geht's los. Julien schreibt auch, dass er marschbereit ist… Gerade kommt noch ein Brief aus Schlettstadt. Es geht schnell mit der Post. Du bist gut dorthin gekommen. Ich werde jetzt einige Tage keinen Brief erhalten. Habe auch heute und gestern den ganzen Tag gegessen, damit ich alles andere mitnehmen kann. Alles muss auf den Rücken. Ich werde dir auf der Reise schreiben, wenn's geht. Bin froh, dass du noch hier warst. Also Küsse…"

« J'ai reçu ta lettre de Strasbourg, ainsi qu'une autre de Julien, je lui ai répondu de suite. Nous partons demain matin. Julien aussi est sur le départ… Voici encore ta lettre postée à Sélestat, le courrier va vite, tu es donc bien

---

5 Papa n'oublie jamais les beaux-parents Georges Schmitt et Catherine née Schreiber nés respectivement en 1882 et 1896. Le frère de maman Joseph / *Seppel* né en 1929, les sœurs Georgette née en 1921 et Germaine née en 1934 reviennent souvent dans les lettres : « J'ai envoyé du chocolat pour Gérard et Germaine (26 / 12 / 43), j'espère que tu as gâté Germaine (01 / 01 / 44), je te prie Georgette d'aider ma femme (12 / 10 / 44). » Georgette s'est mariée en 1946 avec Jules Haug (Cf. note 1 Ch. 1 et note 2 Ch. 40-42). Elle est décédée le 21 mai 1963.

rentrée. Je serai sans nouvelles durant quelques jours. Hier et aujourd'hui j'ai beaucoup mangé pour alléger mon paquetage à porter sur le dos. Je t'écrirai en cours de route si c'est possible. Je suis heureux que tu aies encore pu venir et vous embrasse.»

Ainsi s'achève la première étape du tragique départ de papa en compagnie de nombreux autres Alsaciens vers le front de l'est, dans un uniforme qui n'était pas le leur et en violation de toutes les lois et conventions internationales. Hitler en avait décidé ainsi.

Chapitre 2

Destination Pologne, la longue attente

Embarqué dans un train de marchandises (!) en compagnie de nombreux camarades de Mussig, mon père est en route vers l'est, en cette fin de première semaine du mois de mai qu'il souhaitait certainement vivre de façon plus heureuse dans sa famille et son village natal. Il ne manque pas de noter au passage les noms jusqu'alors insoupçonnés des localités de Silésie et de Pologne.

Vendredi 7 mai, *Dresden*

„*Liebe Frau und Gérard. Wir sitzen gerade hier in Dresden und haben Aufenthalt hier. Wir haben Simler Virgile an der Bahn angetroffen. Auch er kommt nach Polen. Wir sind heute Morgen fortgefahren. Es ist eine Bummelei in diesen Güterwagen. Wie der Unteroffizier sagt werden wir am Montag ankommen, in Jaroslav / Jaroslau in Südpolen. Ich habe es auf der Karte gesehen. Es ist ziemlich weit. Nur die Elsässer sind fort gekommen. Frau Worm und ihre Tochter Inge waren gestern Abend noch bei mir. Das war schön von ihnen gewesen. Auf dem Marsch zur Bahn strömte der Schweiß… Ich werde dir morgen wieder irgendwo schreiben, wenn's geht. Auf Wiedersehen.*"

« Mes chers. Nous sommes à l'arrêt ici à *Dresden*. J'ai rencontré Virgile Simler[1] à la gare, en route pour la Pologne également. Nous sommes partis ce matin ; quelle lenteur, ce train de marchandises ! D'après le sous-officier, nous arriverons lundi à *Jaroslau* / Jaroslav, en Pologne du sud d'après la carte. Seuls les Alsaciens sont partis et c'est assez loin. Mme Worm et sa fille sont encore venues me voir hier soir, j'ai beaucoup apprécié. En marchant vers la gare, nous étions en sueur… J'écrirai demain, de quelque part, si c'est possible. Au revoir. »

Samedi 8 mai

„*Habe dir gestern von Dresden aus geschrieben, und kaum war der Brief fort, habe ich dort Julien sowie Virgile Simler und Albert Steinmetz*

---

[1] Patrimoine… n° 3, *op. cit.*, p. 62. « Virgile Simler, frère de Julia, de la classe 1935, est mort à Tambov en Russie le 8 décembre 1944. » Son nom revient dans deux courriers des 26 mai et 10 octobre 1944.

angetroffen. Alles im selben Zug nach Polen. Am 10 Uhr abends ging's in Dresden fort. Hatten gerade Aufenthalt in Breslau. Es war 8 Uhr. Haben uns gewaschen und haben Kaffee und Suppe bekommen. Paul Roesch war auch dabei. Während der Nacht sind auch wieder Waggons an den Zug gekommen, und alles nur Elsässer, darunter Eugène Losser, René Schneider, Paul Schappler. Wir sind alle im selben Zug und treffen einander immer, wenn der Zug hält. Es ist ein langer Zug mit fast nur Elsässer. Überall rufen uns Kameraden zu. Hier sind nur große Güter, viele Zuckerrüben und schon schöne Kartoffeln. Wie Julien sagt, kommen sie nach Krakau. Er hatte auch nichts mehr zu rauchen, ich habe ihm fünf Pakete gegeben. Ich habe in der Nacht auch etwas geschlafen. Der ganze Zug ist geziert mit Sträuchern. Es wird auch französisch gesungen... Jetzt fahren wir über Brieg. Große Rapsfelder. Wir sind in Oppeln angekommen, bei den großen Zementwerken Portland vorbei, und auch Kalkwerken. Jetzt sind wir in Hindenberg... nun in Ratibor und bekommen warme Suppe. Wie der Zugführer sagt, haben wir noch vier Stationen im Reich zu fahren. Es regnet in Strömen. Grüßt meine Eltern und deine, auch von Julien aus."

« Je t'ai écrit hier de *Dresden*. À peine la lettre partie, j'ai rencontré Julien, Virgile Simler et Albert Steinmetz[2]. Tous embarqués dans le même train, vers la Pologne. Nous sommes à l'arrêt à *Breslau*, il est 8 h. Nous nous lavons et recevons du café et de la soupe. Paul Roesch aussi est parmi nous. Pendant la nuit, d'autres wagons ont été raccrochés au train. Que des Alsaciens, parmi lesquels Eugène Losser, René Schneider, Paul Schappler[3]. Nous nous retrouvons toujours lors des arrêts. C'est un convoi très long, presque exclusivement d'Alsaciens. Des camarades appellent de partout. Dehors on aperçoit de grands domaines, des betteraves sucrières et déjà de beaux champs de pommes de terre. D'après Julien, leur destination est *Krakau* / Cracovie. Il n'avait plus de cigarettes, je lui ai donné cinq paquets. Le train est décoré de branches. On y chante aussi en français. Nous passons à *Brieg*. D'immenses champs de colza. Nous arrivons à *Oppeln*, passons devant les vastes

---

[2] *ibid.* p. 57. « Albert Steinmetz, frère de Monique épouse Marcel Appelhans, de la classe 1938, était avec René Schneider en Pologne. Il a perdu une jambe au front russe à Minsk. Hospitalisé à Allenstein en Prusse orientale, il a été transféré à Strasbourg et libéré. Est décédé à Colmar le 17 mai 1975. »

[3] *ibid.* pp. 42, 43, 44, 45, 55, 61. S'agit-il de Eugène Losser, cousin de René et Maria Schreiber, de la classe 1934, mort à *Münsterschwarzach* en Bohême le 18 mai 1945, dont mon père parle dans plusieurs lettres ? (voir aussi note 1 chapitre 6) Ou alors de Eugène Losser, frère de Antoine et Fernand, de la classe 1937, qui était à Tambov où il a croisé René Schneider et Louis Stocky ? René Schneider, de la classe 1939, a été incorporé le même jour que mon père. A combattu à Minsk, Smolensk, Vitebsk et fut fait prisonnier par les Russes et transféré au camp de Tambov le 29 mars 1945. Libéré en septembre et rentré au village en octobre 1945. Son nom reviendra dans plusieurs courriers ultérieurs.
Paul Schappler de la classe 1941, est revenu de la guerre et s'est installé à Mertzwiller dans le nord de l'Alsace. Est mort à Haguenau le 28 août 1954.
Paul Roesch, de la classe 1941, a été incorporé en octobre 1942 à Hessisch-Lichtenau, puis enrôlé dans la Wehrmacht en avril 1943. Il a revu Julien une dernière fois à Noël 1943, puis a été envoyé sur le fleuve Dniepr. Blessé à la tête, il est soigné en Roumanie. Après une permission, il est reparti en Roumanie où il est fait prisonnier par les Russes. Transféré en Russie pour travailler dans une mine de charbon, il est arrivé au camp de Tambov le 1er décembre 1944. Il y est resté jusqu'à fin août 1945, quittant le camp avec l'avant dernier convoi. Arrivé à Strasbourg fin octobre, il est encore soigné durant un mois pour une pleurésie avant de revoir sa famille. Il est décédé à Mussig le 19 août 2012.

cimenteries *Portland,* les fours à chaux. Nous voici à *Hindenberg… à Ratibor*, on nous sert de la soupe chaude. Il resterait quatre stations avant la Pologne. Il pleut à verse. Donne le bonjour à mes parents et aux tiens, de la part de Julien aussi. »

La carte postale suivante a été écrite à l'arrivée à Jaroslav, district de *Krakau* / Cracovie, lundi matin 11 mai à 4h (!), dans la salle d'attente de la gare. Au dos, le timbre manque, arraché après guerre par les enfants pour leur « collection », mais la date est lisible. Elle représente l'ancien Bastion vu depuis la Porte Florian.

Pauvreté en Pologne Lundi 10 mai, *Jaroslau* / Jaroslav, 11h

„*Wir sind hier in der Kaserne angekommen und haben alles schon ausgepackt. Alles schreibt. Habe heute Morgen an der Bahn geschrieben, wir waren im Wartesaal, man wusste nicht wohin mit uns. Der Zug hatte überall viel Aufenthalt. Es sind 220 Kilometer von Krakau weg. An Suppe hatte es nirgends gefehlt… Im Durchschnitt ist es ein armes Land. Die ganze Strecke gestern waren die Leute mit dem Vieh auf der Weide, schönes und auch elendes. Nirgends sah man viel vom Sonntag. In Reichshof hatte es schön geläutet… Man hat sehr viel Häuser mit Strohdächern gesehen, und die Leute laufen verkümmert herum… Niemand mehr von uns hat keinen Biss Brotmehr. Den Speck habe ich noch ganz. Wir haben hier keine Feldpostnummer, mithin kann man etwas schicken, aber alles mit Verstand… Haug Sepp ist auch wieder im Zimmer bei mir… Ich möchte auch wissen, wie die Heilige Kommunion vorüber ging bei euch, und was Gérard macht. Hier auch meine neue Adresse…*"

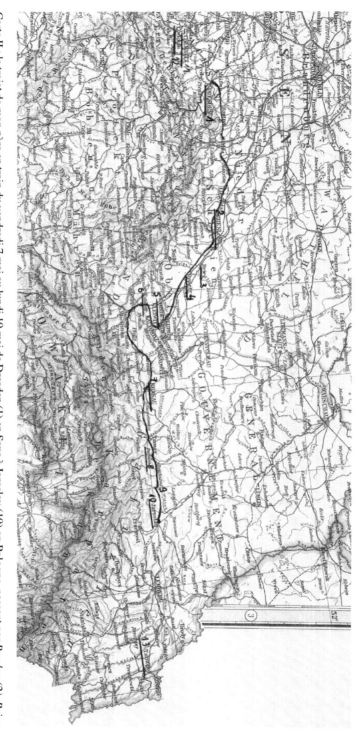

Carte II : le trajet de mon père en train du vendredi 7 mai au lundi 10 mai de Dresden (1) en Saxe à Jaroslav (10) en Pologne, passant par *Breslau* (2), *Brieg* (3), *Oppeln* (4), *Hindenberg* (5), *Ratibor* (6), *Krakau / Cracovie* (7), Debica (8) *et Reichshof* (9)[4].

4 Dr. H. Haack, *op. cit.*, 1942, p.6.

« Nous voilà arrivés à la caserne et nous avons déjà tout déballé. Tout le monde s'est mis à écrire. J'ai écrit ce matin en salle d'attente à la gare alors qu'on ne savait que faire de nous. Le train avait du retard partout. Nous sommes à 220 kilomètres à l'est de Cracovie. La soupe ne manquait pas... Ce pays est apparemment bien pauvre. Hier sur tout le trajet, on pouvait voir les bêtes dans les pâturages, de belles bêtes, mais également de bien misérables. Du dimanche nous n'avons pas vu grand-chose. Mais à *Reichshof* j'ai apprécié le tintement des cloches... De nombreuses maisons sont couvertes de toits de chaume et la population paraît bien pauvre... Nous n'avons plus une bouchée de pain ; par contre j'ai encore tout mon lard. Ici nous n'avons pas de secteur postal, ainsi pourras-tu m'expédier des paquets, mais avec modération. Je partage de nouveau la chambre avec Haug Joseph... Donne-moi aussi des nouvelles de la Communion solennelle chez vous, et de Gérard...

Voici ma nouvelle adresse :
Grenadier Reppel Moritz
Res. Inf. Pi. Kp. 56 (Reserve Infanterie Pioniere, Kompanie 56)
Adolf Hitler Kaserne
JAROSLAU Distrikt KRAKAU »

Mardi 11 mai, *Jaroslau*, 19h

„Wieder ein Tag vorbei, der für uns gut abgelaufen war... Wir hatten auch Unterricht über die Familienunterstützung. Jeder Verheiratete wird erhalten. Wir haben heute auch wieder Löhnung bekommen. Es gab 30 Zlotys, macht 15 Mark. Wir erhalten 1RM 50 pro Tag, weil alles etwas teurer ist. Es ist auch eine Kantine hier, mit Bier und Schnaps. Wir dürfen in der nächsten Zeit noch nicht hinaus... Zuerst gibt's Infanterie-Ausbildung und dann Pionier-Ausbildung. Denn wir sind auch Pioniere geworden, was ja nicht so schlimm ist... Schreib mir die Adresse von Julien..."

« Encore une journée qui s'est bien terminée pour nous. Nous avons été informés du soutien aux familles pour les hommes mariés. Chacun en bénéficiera. Aujourd'hui, la solde nous a été remise, 30 Zlotys, soit 15 Marks. Ici la vie est plus chère et nous recevons 1 Mark 50. À la cantine, il y a de la bière et du schnaps. Pas de sortie encore les prochains temps... Nous suivrons d'abord la formation d'infanterie, puis la formation pour pionniers. Nous sommes en effet pionniers, ce qui n'est pas grave... Envoie-moi l'adresse de Julien... »

Mercredi 12 mai, 18h30

„Bis jetzt können wir nicht klagen. Die Offiziere sind gut mit uns. Die

Kantine ist nur Mittwoch, Samstag und Sonntag offen. Wenn du ein Packet schickst, mach Zucker dazu, aber nur keine Wahren, die verderben auf der Reise. Bis jetzt hat noch keiner Post erhalten. Ich habe gerade gegessen, zwei frische Eier. Ich habe guten Appetit und schlafe sehr gut hier, besser als in Chemnitz. Wie die Unteroffiziere sagen, so haben wir mindestens 16 Wochen Ausbildung, dann Urlaub. Schreib mir, woran du bist mit den Feldarbeiten…"

« Aucune raison de nous plaindre jusqu'à présent. Nos gradés sont corrects avec nous. La cantine est ouverte les mercredi, samedi et dimanche. Quand tu enverras un paquet, mets-y du sucre, mais surtout pas de denrées périssables. Nul n'a encore reçu du courrier. Je viens de dîner, deux œufs frais. J'ai bon appétit et je dors très bien ici, mieux qu'à Chemnitz. D'après les sous-officiers nous aurons 16 semaines d'instruction, suivies d'une permission. Où en es-tu avec les travaux des champs ?… »

Extrême pauvreté Jeudi 13 mai, 19h30

„…Wir sind noch immer ohne Post. Wir waren heute auf dem Übungsplatz; es ging durch die Stadt, aber welch eine armselige Stadt, nur arme Leute, welche mit ihren Kühen auf die Weide gehen. Es sind meist schöne schwarzweiße. Es war ziemlich heiß heute, und der Wein fehlt hier. Mit Sepp waren wir in der Kantine gestern Abend, wir haben jeder vier Schnaps getrunken, gemischt mit Pfefferminz, was nicht schlecht war. Ich habe auch Tinte, Rasierklingen und ein Zahnbürstchen gekauft. Will schließen und zu Bett gehen. Letzte Nacht habe ich auch von Zuhause geträumt…"

« Nous sommes toujours sans courrier. Aujourd'hui nous étions au terrain d'exercice. Il fallut traverser la ville, mais quelle ville misérable. Que des gens dans la misère, qui accompagnent leurs bêtes à la pâture, essentiellement des vaches blanches et noires. Il a fait assez chaud ce jour et le vin me manque ici. À la cantine hier soir, Joseph H. et moi avons bu quatre schnaps, mélangés à de la menthe, ce n'était pas d'un mauvais goût. J'ai également pu m'acheter de l'encre, des lames à rasoir et une brosse à dents. Je m'arrête et vais me coucher. La nuit dernière, j'ai rêvé de notre foyer… »

Les chagrins de maman Samedi 15 mai, 19h30

„Habe heute Abend die erste Post erhalten, seit wir hier sind. Die Briefe sind vom Sonntag 9. und Montag 10. In keinem nichts von deiner Ankunft zu Hause… Sepp hat keinen erhalten. Er bekam ein Päckchen, welches aber schon ausgeplündert war, wie es schien. Wie du schreibst, machst du dir viel Kummer, was doch keinen Wert hat und nichts dazu hilft. Mach dich nicht

krank, 105 Pfund das ist kein Gewicht mehr. Es fehlt doch nicht am Essen bei dir. Es geht ja mir nicht besser und ich muss mich auch danach fügen. Ich bin doch immer besser hier als an der Front wie viele andere. Die Woche ging gut vorüber, wenn nur die Kost besser wäre, es ist bedeutend schlechter als in Chemnitz. Ich bin ziemlich gewohnt, aber raues Sauerkraut am Abend geht mir doch nicht. Ich habe noch ein schönes Stück Speck... Heute sind wieder Junge gekommen von 17-18 Jahren. Wir Elsässer wurden verteilt, aber wir sind doch noch 7 auf 18 Mann. Sepp und ich sind noch beisammen. Ich habe auch die Photos von uns drei am Dusenbach in den Kasten gehängt, damit ich euch immer vor Augen habe. Der Gérard ist ja so gelungen auf dem Photo..."

« J'ai reçu ce soir les premières lettres depuis notre arrivée ici. Elles datent du dimanche 9 et lundi 10 mai. Aucune pourtant ne fait mention de ton retour à la maison... Sepp n'a pas eu de lettres, il a eu un paquet, en apparence déjà ouvert. Ainsi que tu l'écris, tu te fais d'énormes soucis. C'est insensé et ne sert à rien. Cinquante deux kilos et demi, ce n'est plus un poids. Pourtant tu ne manques de rien. Mon sort ici n'est pas meilleur et il faut bien que je m'adapte. Mieux vaut encore être ici qu'au front comme bien d'autres. La semaine écoulée s'est bien passée, si seulement la nourriture était meilleure ! Elle est nettement plus mauvaise qu'à *Chemnitz*. Je supporte beaucoup, mais pas la choucroute froide le soir. J'ai encore un beau morceau de lard... De nouvelles jeunes recrues de 17-18 ans sont arrivées ce jour. Nous les Alsaciens avons été dispersés, nous sommes encore 7 sur 18. Sepp et moi sommes restés ensemble. J'ai accroché dans mon armoire les photos de nous trois à Dusenbach, ainsi je vous garde près de moi. Gérard est tellement drôle sur la photo... Je vous embrasse. »

Tout est très cher Dimanche 16 mai, *Jaroslau*, 13h

„Es ist heute der erste Sonntag, den wir in Jaroslau verbringen. Es ist natürlich einen anderen Sonntag als den wir in Chemnitz miteinander verbrachten. Man sollte nie klagen vorher... Es werden Preise in der Stadt bezahlt, die nicht zu glauben sind: 180 Zlotys, also 90 Marks für ein Pfund Butter, 5 Marks für ein Ei, oder 600 Zlotys für ein Paar Schuhe... Möchte gern das Feld sehen momentan bei euch..."

« Premier dimanche à *Jaroslau*, bien différent de celui passé ensemble à *Chemnitz*. On ne devrait jamais se plaindre… En ville les prix sont excessifs : 180 Zlotys soit 90 Marks pour une livre de beurre, 10 Zlotys pour un œuf ou encore 600 pour une paire de chaussures, soit 300 Marks… J'aimerais bien voir les champs chez vous en cette période… »

Multiples tourments Lundi soir 17 mai, 19h

„Mit Erstaunen habe ich den ersten Brief erhalten, adressiert an hier, geschrieben vom Samstag. Das ging gewiss schnell… Ihr habt Runkelrüben gesetzt, was macht der Klee? Es gibt sicher kein Futtermangel mehr. Hat Robert noch Heu übrig gehabt? Er soll dem Fuks (Ross) immer etwas Heu geben. Geben die Kühe ziemlich Milch? Wie du schreibst, wollen die Karotten nicht wachsen. Macht also Tabak in das Stück Feld. Wie sind die Wiesen im Durchschnitt?… Macht, dass ihr gut übereins kommt miteinander. Und mach der Mama kein Kummer, denn sie hat genug Arbeit und Sorgen. Arbeite so gut du kannst, es ist eben unser Schicksal. Ich möchte auch ein Photo von Marcel…"

« J'ai reçu avec étonnement le premier courrier adressé ici et expédié samedi. Rapide certes. Ainsi vous avez planté des betteraves fourragères, et que devient le trèfle ? Vous ne devriez plus manquer de fourrage. Reste-t-il du foin à Robert ? Qu'il en donne toujours à la jument. Et les vaches donnent-elles assez de lait ? Plantez du tabac à la place des carottes si elles peinent à pousser. Comment sont les prés dans l'ensemble ?… Tâchez de bien vous entendre et ne cause pas de soucis à maman. Elle n'en manque d'ailleurs pas, ni de travail. Travaille aussi bien que tu le peux ; notre destin en a décidé ainsi. Je voudrais aussi une photo de Marcel… »

Les jours suivants, mon père écrit quotidiennement :

- mercredi 19/05 : « Joseph Haug a reçu son 1er courrier ; Eugène est incorporé également, qu'en dit Louise[5] ? Je dors bien, nous sommes fatigués. Je prie tous les soirs. »

- jeudi 20/05 : « J'ai reçu le paquet avec le Kougelhopf (!). Comment sont les vignes ? Je ne peux pas parler du service, mais Chemnitz était un jeu d'enfant en comparaison. Les nuits sont courtes, de 10 h à 4 h 1/2. Nos supérieurs sont corrects avec nous, ce n'est pas le cas chez les autres. Inutile de chercher la planque. »

- vendredi 21/05, soir : « Je reviens d'un beau concert donné par

---
[5] Louise Perrin, était la fiancée de Eugène Haug. Mariée après la guerre avec Ernest Engel.

l'orchestre de notre régiment. Cela nous rappelle les belles fêtes que nous avons connues au village ! As-tu des nouvelles de Julien ? »

- samedi 22/05, 21 h : « Encore du changement chez nous. Tous les Alsaciens qui ont effectué auparavant du service dans l'armée française ont été regroupés dans un autre détachement. Personne n'en connaît la raison, nous ne serons plus pionniers. Tous sont gais et espèrent la fin prochaine de la guerre (!). »

- lundi 23/05 : « Deux lettres datées des 21 et 22 mai sont arrivées. Et tu as encore expédié une miche de pain alors que la dernière n'est pas entamée. As-tu perdu la raison ? Mme Worm de Chemnitz m'écrit qu'elle aussi est réquisitionnée pour le travail à l'usine. »

- Jeudi 27/05, 9h30 : « Efforce-toi de t'entendre avec tout le monde. J'ai également écrit à maman. Il faut bien en prendre son parti, comme nous ici. Nous recevons du beurre tous les jours et je ne manque de rien, si ce n'est de la liberté et de ta présence. »

- lundi 31 mai : « Nous avions encore du repos aujourd'hui ; ça ne me paraît pas très sérieux. J'ai reçu du courrier d'Edmond et de Julien : les deux semblent devoir suivre une instruction sévère. D'après Julien, maman a l'intention de fermer l'épicerie. Il en a assez… Je vais écrire à Edmond, fais de même, c'est toujours réconfortant pour le soldat d'avoir du courrier. »

- mardi soir 1er juin : « Un paquet vient d'arriver, avec œufs, gâteau, lard, fromage et miel. Tout est en bon état. Où trouves-tu le miel ? Il est efficace contre la toux. J'ai bonne mine, je ne manque que de liberté. La solde de 36 Zlotys est versée aujourd'hui en même temps que les cigarettes ; j'échange celles-ci chez les agriculteurs contre des œufs : trois cigarettes pour un œuf… Les Alsaciens ont passé la visite médicale aujourd'hui ; vu l'état de nos dents, la plupart ont été écartés sans autre examen. Et mon dentier supérieur n'est pas bien fixé… »

Mama est aigrie　　　　　　　　　　　　　　　　　Dimanche 6 juin, 21h

« … J'ai reçu hier une lettre de ma mère. Elle se plaint qu'elle est débordée de travail, que les carottes et pommes de terre ne sont pas encore binées. D'autre part elle ne voit pas souvent Gérard, parfois deux ou trois jours de suite. Je veux espérer que tu vas leur venir en aide, sans rechigner, et envoyer Gérard chez ma mère, ne serait-ce que pour dire bonjour le matin… Avec Joseph, nous étions au cinéma. Un beau film sentimental… Les belles filles croisées en ville n'ont même pas un regard pour nous… Je prie souvent, même le soir quand je suis épuisé ou sur le chemin du retour après nos longues marches… »

Ne pas se laisser décourager   Lundi 7 juin, 19h30

„…*Wir müssen in den nächsten Tagen zum Zahnarzt… Es fahren momentan Alte auf Urlaub, welche 18-19 Wochen Dienst haben. Aber lieber kein Urlaub und nicht an die Front. Einige Kameraden waren zwei Tage auf einer Scharfschiessen-Übung. Ich darf nicht mehr schreiben. Sepp und ich brauchten nicht mit. Sie hatten was gesehen und mitgemacht. Ich bin ziemlich müde, denn es war scharfer Dienst. Ich mache aber mit. Der eine aus Hessenheim weinte dabei. Wenn es noch so hart ist, Kopf hoch, es geht ja alles vorüber. Es verleidet einem manchmal in schweren Stunden, wir machen uns dann wieder Mut, und am Abend, wenn ein Brief kommt von daheim, geht's wieder besser. Wir Elsässer sind immer das fünfte Rad am Wagen. Bekümmere dich wegen der Unterstützung, es sind bald zwei Monaten…*"

« Des camarades partent en permission après 18-19 semaines de service. Ce sera notre tour avant de monter au front. Certains des nôtres étaient durant deux jours en exercice de tir à balles réelles ; je ne peux pas en dire davantage… Sepp et moi étions exempts. Mais ils en ont enduré. Je suis fatigué, le service est dur, je m'y résigne. Le camarade de Hessenheim était en pleurs. Mais gardons la tête haute, cela passera. Dans les heures pénibles, quand le découragement nous saisit, nous nous regroupons entre Alsaciens pour nous redonner courage. Et quand arrive une lettre le soir, c'est du réconfort… Nous autres Alsaciens sommes toujours la cinquième roue de la charrette. Renseigne-toi pour le soutien aux familles, cela fait bientôt deux mois… »

- Jeudi 10/06, soir : « J'apprends par ton courrier qu'Edmond est en permission. Qu'il en profite, car après ce sera le front. Ces permissions ne me réjouissent pas tant. Edmond a rapporté un petit fusil, un jouet à Gérard, je verrai ce que je pourrai lui trouver à mon tour. Vient la belle fête de Pentecôte et nous sommes séparés de 2 000 kilomètres, nous pourrons quitter la caserne, mais serons également de garde… »

- Vendredi 11/06 : « Pas de dentiste, il est malade, seulement la vaccination. »

- Dimanche de Pentecôte, 13/06, 20h30 : « Trois lettres me sont parvenues ce midi… Nous rentrons de la ville, étions au cinéma voir un film sentimental. On se serait cru chez soi. Nous étions chez le photographe pour des photos en carte postale avec mes deux camarades de Bootzheim… Nous ne pouvions aller à la messe ce matin, je ferai encore mes prières ce soir. Demain lundi, jour férié, je sortirai de nouveau ; rester enfermé me rend fou ici. N'envoie plus de paquets, l'armoire déborde… »

À la messe, puis exercice   Lundi de Pentecôte, 14 juin, 13h

„*Wir bereiten uns zum Ausgang. Heute Morgen waren alle Elsässer in der Kirche, es ist ein wunderschönes Kirchlein. Es war sehr angreifend, die Leute sind fromm, noch frommer als bei uns. Am Ausgang war ein Ständchen mit Sachen zum Verkauf, natürlich alles teuer. Ich habe ein kleines Kreuz für 7 Zlotys und eine Medaille gekauft. Es wird ein Andenken sein an Pfingsten 1943 in Jaroslau… Gerade pfeift es, Elsässer austreten, Ausgang gesperrt für die meisten. Ich bin dabei. Alles fertig machen zu einer Scharfschiessen Übung wie die anderen letzte Woche. Es betrifft nur die BESTEN! Du brauchst aber keine Angst zu haben, ich habe gut gebetet heute Morgen. Wir wurden noch ausgelacht, weil wir in die Kirche gehen. Welch ein Pfingstmontag, alles geht aber vorüber…*"

« Nous nous préparons pour sortir en ville. Ce matin nous étions à la messe, tous les Alsaciens, dans une charmante petite église. C'était très touchant, les gens sont encore plus fervents que chez nous. Un stand à la sortie proposait des petits objets, chers bien sûr. J'ai acheté une petite croix à sept Zlotys et une médaille, souvenirs de la Pentecôte à *Jaroslau* en 1943 !... On sonne le rassemblement à l'instant. Les Alsaciens à l'appel ! Sortie supprimée pour la plupart. J'en fais partie. Préparation immédiate pour l'exercice de tir à balles réelles, comme la semaine précédente pour nos camarades. Bien sûr on prend LES MEILLEURS ! N'aie pas de crainte, ma prière était profonde ce matin. On a bien ri de nous quand nous sommes allés à l'église. Quel lundi de Pentecôte. Mais tout passe… »

Mon père à droite sur la carte postale en uniforme allemand, à *Jaroslau* avec ses deux camarades de Bootzheim : au centre Adalbert Guidemann, surnommé Berthi, de la classe 1939, rentré après la guerre et décédé en 1970. A gauche peut-être Michel Redelsperger, selon mon père ; aucun renseignement sur les registres d'état-civil n'a pu être trouvé à son sujet. Il a peut-être vécu temporairement à Bootzheim. Non inscrit comme victime de guerre sur un monument aux morts.

Nouveaux soucis pour Mama Mardi 15 juin, soir

„*Wie du siehst bin ich schon von der Übung zurückgekommen. Es ist leider nichts Schönes… Gerade sind zwei Pakete angekommen, das eine mit Speck, Gesundheitskuchen und mit dem guten Käse. Wo soll ich mit dem allen hin. Jetzt mach doch endlich halt, du bist verrückt !… Am meisten ist mir das Herz wieder schwer, weil uns daheim wieder eine Frau zugewiesen wurde. Ich habe doch nie gesagt, dass sie eine nehmen werde. Mama ist doch nicht auf der Liste der Freiwilligen, sondern auf der, welchen die Zimmer zwangsweise enteignet werden, wie noch viele solche haben. Es sind 78 Zimmer von denen, dazu noch 38 freiwillige. Ich werde es an die Kreisleitung schreiben…*"

« Me voilà de retour de l'exercice. Ce n'est pas bien réjouissant, malheureusement… A l'instant arrivent deux paquets, avec du lard, du gâteau et le délicieux fromage dans le second. Que dois-je donc faire de tout ceci ? Il faut arrêter les envois. Es-tu donc folle ?… Mais je suis très peiné d'apprendre que les Allemands ont de nouveau placé une femme chez maman, alors qu'elle ne figure pas sur la liste des volontaires. Mais sur celle des chambres réquisitionnées, qui en compte 78. A cela s'ajoutent 38 sur une liste de volontaires. Je vais en référer à la Direction d'arrondissement… »

Ces exercices de tirs à balles réelles s'avéraient particulièrement éprouvants pour ces hommes, ainsi que l'écrit papa le 7 mai : « le camarade de Hessenheim était en pleurs » et le 16 mai : « l'exercice s'est bien passé, je n'ai touché personne. »

Dimanche 20 juin, 21h

„*… Ich war heute auch wieder beim Zahnarzt, ich bekomme die Neuen noch nicht, denn die Wunden sind noch nicht geheilt. Was den Urlaub betrifft, weiß ich noch nichts… Gute Nacht mein Schatz. Bonjour Gérard, bleib brav, papa kommt wieder zurück.*"

« … J'étais chez le dentiste ce matin, je n'aurai pas encore les nouvelles dents car les plaies ne sont pas refermées. Quant à la permission, je n'ai pas de nouvelles… Bonne nuit mon trésor. Bonjour Gérard, reste bien gentil, papa reviendra. »

Mardi 22 juin, soir

„*… Sepp hat auch keine Post von Eugen, seit er fort ist… Das Wetter war heute heiss. Die Kirschen werden rot hier, die Kartoffeln blühen, die Natur ist auch schön. Ich würde gern unser Feld sehen momentan.*"

« … Sepp n'a pas de nouvelles d'Eugène (son frère) depuis qu'il est parti. Aujourd'hui il a fait chaud, les cerises rougissent, les pommes de terre fleurissent, les champs sont beaux. Ah, que j'aimerais voir les nôtres actuellement. »

Le vœu de partir en permission est enfin exaucé ; papa revoit enfin la famille en ce début de l'été 1943, jusqu'au vendredi 9 juillet.

Bon de transport en train de voyageur 3ème classe pour le retour de permission de *Schlettstadt Elsass* / Sélestat à *Jaroslau*, établi le 24 juin 1943.

Au retour de permission, il poste une lettre à *Breslau* le matin du 10/07 suivie d'une carte de *Krakau* / Cracovie le dimanche 11. (voir page suivante)

Un courrier du mardi 13 signale son retour à la caserne, à Mielec, dans le même district de Cracovie, où il retrouve ses camarades avec une nouvelle adresse :

Obergrenadier Reppel Moritz, 2. Res. Gren. Bataillon 171, MIELEC II *Distrikt Krakau* (Mielec figure sur la carte II, au début du chapitre, sous le nom de Majdan, environ 20 km an nord de Debica.)

Mardi 13 juillet, soir

„*Lieber Gérard,*

Gerade kommt mir der Gedanke ein, dass du, mein lieber Gérard, 4 Jahre erreicht hast. Obwohl die Karte etwas verspätet ankommt, wünscht dir dein lieber Papa trotzdem viel Glück und Segenswünsche zu deinem Fest, dass du brav bleibst und immer betest für deinen Papa. Ich küsse dich herzlich, dein Papa."

Carte postale, postée à *Krakau* 2 le 11/07/1943 représentant une jeune fille en costume traditionnel de *Lindhorst (Schaumburg-Lippe)*. En quelques lignes, papa écrit. « Arrivé à Cracovie, tout va bien. Si cela pouvait être réciproque. J'aimerais autant. Sois sans crainte, tout finit par arriver. Je vous embrasse, bonjour Gérard. »

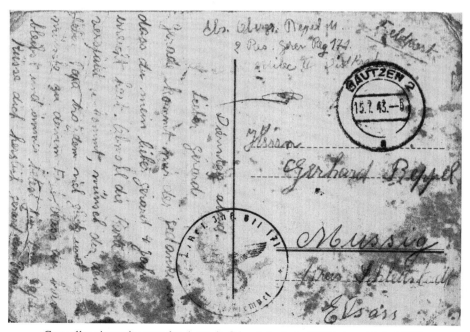

Carte d'anniversaire pour les 4 ans de Gérard, écrite le 13/07 et postée le 15/07, cachet de *Bautzen* 2.

« Cher Gérard,

À l'instant, je pense à ton anniversaire, mon cher Gérard. Cette carte t'arrivera bien sûr avec du retard, mais ton cher papa t'adresse les meilleurs vœux de bonheur pour ta fête, reste bien sage et prie pour lui. Je t'embrasse très chaleureusement, ton papa ».

Sans pitié pour le blessé en permission   Mercredi 14 juillet, 18h. Mielec

„*Es ist ja ziemlich besser als in Jaroslau. Die meisten sind hier marschbereit…Wir werden ganz zerrissen. Ich habe noch immer Glück gehabt… Die anderen sind noch da ; soviel ich weiß, geht's heute los nach Osten. Wir werden die nächsten sein… Schick nur keine Pakete, denn wir können keine Koffer mitnehmen wenn 's fort geht, und das kommt von einem Tag auf den anderen. Heute Morgen ist der Bootzheimer zurückgekommen. Wie er sagt, hatte er keine Chance gehabt. Kaum war er zu Hause, als ihm ein Stoss Holz auf die Füße fiel. Er hat gleich dem Arzt telefoniert und das schlettstadter Spitalauto hat ihn zum Revier geholt. Er sollte am Montag fort. Da hat man ihn geröntget und zu ihm gesagt, dass er für sechs bis acht Wochen hat. Am Dienstag Morgen kam der Chefarzt mit den Röntgenplatten und sagte zu ihm um 11 Uhr, dass er fort muss und dass der Zug um halb zwei fährt. Er wurde ganz bleich, denn er konnte fast nicht laufen, zudem hatte er nichts zu essen bei sich. Er nahm den Zug schließlich am Abend, den Schnellzug. Die Kameraden mussten ihm überall helfen, sogar das Rote Kreuz. Er hatte jetzt gar nichts mitgenommen, der Sepp muss ihm alles bringen. Ich denke, dass der Sepp wieder gesund hierher kommt…*"

« Les conditions sont bien meilleures ici qu'à *Jaroslau*. La plupart sont sur le départ. Nous serons tous séparés… La chance m'a toujours souri… Les autres sont encore là, je crois que leur départ pour l'Est est prévu aujourd'hui. Nous serons les prochains… N'envoie plus de paquets, car nous ne pourrons pas emmener de coffre, et le départ peut être imminent. Ce matin le camarade de Bootzheim est revenu. Il n'a pas été bien heureux. Il était à peine rentré chez lui, lorsqu'une pile de bois lui est tombée sur les pieds. Il a de suite prévenu le médecin et a été transporté à l'infirmerie. Il devait repartir lundi. Après avoir passé les radiographies, on lui a dit qu'il en aurait pour six à huit semaines. Mais le lendemain mardi le médecin-chef, après examen des radios, lui a prescrit l'ordre de départ immédiat par le train de 13h30. Il est devenu tout pâle, ne pouvait pas marcher et de plus il n'avait rien mangé. Finalement il a pris le train rapide du soir. Partout il dut se faire aider par ses camarades et même la Croix-Rouge. Il est donc reparti sans ses affaires, Sepp devra les lui rapporter. J'espère que Sepp reviendra en bonne santé… »

Mal du pays   Dimanche 18 juillet, 14h
Cachet de Strasbourg - Robertsau du 22/07

„… *Es ist heute Sonntag und ich habe ziemlich Heimweh nach unserer Heimat. Und noch die Sache bei euch mit den Gendarmen dazu. Ich glaube aber nicht, dass sie Mama was tun, wenn schon drei bei der Wehrmacht sind… Ich habe nicht gut geschlafen, denn ich habe wieder Zahnfrost. Jetzt komme ich aber in Behandlung. Morgen Montag um 5 Uhr geht's von hier ab mit dem Zug nach Reichshof zur Zahnstation, ich werde am Dienstag wieder zurückkommen. Bin froh, wenn ich sie erhalte… Man will mich rund wegnehmen, um einen Kursus für Scharfschützen mitzumachen mit fünf anderen Elsässern. Keiner hat aber Lust dazu. Der Kursus würde sechs Wochen dauern…"*

« … C'est dimanche et j'ai le mal du pays. S'ajoutent à cela chez vous les problèmes avec la gendarmerie ! Mais je ne pense pas qu'ils causeront des soucis à maman qui a déjà trois fils à la Wehrmacht… Je n'ai pas bien dormi, à cause de mes maux de dents. Je vais enfin être soigné. Demain matin à 5 heures je prendrai le train pour la station dentaire de *Reichshof*, je serai de retour mardi. Je serai content de recevoir mes dents… On veut absolument m'envoyer, avec cinq autres Alsaciens, suivre une formation de tireur d'élite. Aucun de nous n'en a envie et la formation durerait six semaines… »

Rien ne presse   Lundi 19 juillet, 11h

„*Ich sitze in Reichshof im Soldatenheim und warte auf das Mittagessen. Wir sind heute Morgen nicht mehr zur Behandlung gekommen an der Zahnstation, wir werden heute Mittag sehen. Wir können ja einen anderen Tag wieder kommen, wir haben ja nicht zu pressieren… Es ist 9 Uhr abends und ich bin in Debica im Wartesaal. Ich bin beim Zahnarzt um Mittag nicht angekommen. Wir wollten ja nicht mehr. Am Freitag wieder…"*

« Je suis au foyer militaire à *Reichshof* en attente de mon repas. Nous n'avons pas pu être soignés à la station dentaire ce matin, nous verrons cet après-midi. Nous pourrons bien revenir un autre jour, rien ne presse… Il est 9 heures du soir dans la salle d'attente de Debica et je n'ai pas été reçu chez le dentiste cet après-midi. Nous ne demandions pas davantage. On reviendra vendredi… »

Toujours pas de soins   Lundi 26 juillet, 17h30

„ *Ich sitze hier in Debica im Soldatenheim, wo ich letzten Montag schon war. Ich habe Joseph heute Morgen am Bahnhof angetroffen, mit dem großen Paket. Ich habe wohl nicht lange mit ihm gesprochen. Er hat mir den Brief gegeben. Wir wollen hoffen, dass die Sache für Mama doch gut vorübergeht, wenn man Söhne in der Wehrmacht hat. Was Mama immer Kummer haben muss! Mach nur, du Jeanne, deine Arbeit immer zuhause. Ich war um 9 Uhr in Reichshof, es waren aber zu viele dort. Und ich bekam gleich Bescheinigung für nächsten Freitag. Es war noch einer bei mir. Wir sind bis um 15 Uhr in der Stadt herumspaziert, haben gegessen und getrunken..."*

« Me voilà de nouveau au foyer à Debica comme lundi dernier. J'ai rencontré Joseph ce matin à la gare, avec ton gros paquet. On ne s'est pas parlé longuement. Il m'a également remis ta lettre. Espérons que l'affaire se règle bien pour maman qui a ses fils à l'armée. Pourquoi donc lui cause-t-on toujours des soucis ? Toi, Jeanne, je te confie notre chez-nous. J'ai été à 9 h à *Reichshof*, mais il y avait trop de monde. De suite on m'a remis une nouvelle convocation pour vendredi. Nous étions à deux et nous nous sommes promenés en ville jusqu'à 15h, et bien sûr avons mangé et bu... »

Retour de permission, le cœur lourd Dimanche 8 août, 9h

„Ich bin um 8 Uhr hier in Debica angekommen. Ich sitze im Wartesaal und habe keine Verbindung nach Mielec vor 14 Uhr... Es ist eine sehr schlechte Verbindung. Ich habe ein schweres Herz und keinen Appetit... Bin allein und ohne Kamerad, das ist auch schwer. Der Abschied war schwer, schwerer als der letzte, ist aber leider nichts zu ändern. Ihr habt heute Fest und werdet für ein baldiges Wiedersehen für immer beten. Es kommen mir Tränen in die Augen, wenn ich an den Gérard denke und an den heutigen Sonntag..."

« Je suis arrivé à 8h ici à Debica et j'attends la prochaine liaison pour Mielec à 14h. La liaison est très mauvaise. Le cœur lourd, je n'ai aucun appétit... Je suis seul et sans camarade, voilà qui est également pénible. Le départ fut dur, bien plus que le dernier, mais il n'y a rien à faire. Chez vous c'est la fête patronale et vous priez tous pour un prochain retour définitif. Les larmes me viennent, quand je pense à Gérard et à ce dimanche... »

La malchance Lundi 9 août, 20h

*„Liebe Frau und Gérard,
Der erste Tag ist wieder gut vorüber gegangen, nur ganz wenig Arbeitsdienst in der Küche und zwei Stunden Wache. Einer von der Schreibstube hat mir gesagt, dass sie heute das Telegramm von dem Nachurlaub zurück erhalten haben. Der Nachurlaub war genehmigt, das Telegramm blieb irgendwo liegen und kam heute zurück zur Kompanie. Ich*

weiß nicht, wie viele Tage es waren, aber nicht weniger als sieben. Das ist wirklich Pech, wäre ich jetzt die ganze Woche noch zu Hause. Ich hätte da wieder einmal Glück gehabt. Das Glück will mir, nur war es zu spät. Du hast es vielleicht doch zu spät gemacht. Es ist aber nichts zu ändern. Wir sind nur einige Männer in der Kompanie und ich glaube nicht, dass wir fortkommen von hier, denn es steht ein Bataillon schon acht Tage bereit..."

« Ma chère femme, mon cher Gérard,
Le premier jour s'est de nouveau bien passé, avec peu de service à la cuisine et deux heures de garde. Un camarade du secrétariat m'a informé du retour du télégramme de prolongation de permission. Celle-ci était accordée, mais le télégramme est resté quelque part en instance, puis est revenu à la compagnie aujourd'hui même. Je ne sais combien de jours, mais pas moins de sept. Voilà vraiment de la malchance, et dire que je serais encore toute la semaine chez nous à la maison. Une fois de plus la chance était de mon côté, mais avec du retard. Tu as peut-être déposé ta demande trop tard. Mais on n'y change plus rien. Nous ne sommes pas nombreux à la compagnie et je ne crois pas à un départ imminent, d'autant qu'un bataillon est prêt à partir depuis une semaine... »

« Un miracle ? » Vendredi 13 août, 21h

„*Es ist zwar spät, ich will aber doch noch einige Worte schreiben, bevor ich ins Bett gehe. Ich war im Kino gewesen bis jetzt, denn ich fühle mich allein in der Kompanie, es sind nur noch zwei Männer. Nächste Woche werden wieder die ersten kommen. Das Marschbataillon ist heute Abend fort gegangen. Es sind viel Elsässer dabei. Ich habe heute drei Briefe von dir erhalten, vom Sonntag und Montag und der eine mit dem Wunder. Es ist ja gut, wenn es so sein soll. Jedenfalls kommt noch etwas, das sagen alle. Die Stimmung ist gut. Wenn es nur so ist, wie du meinst. Mit dem Fortgehen von hier brauchst du keine Angst zu haben, sonst wäre ich heute auch fort. Ich habe mit meinen Zähnen noch für einen Monat zu tun. Ich will mal sehen, was sie in Reichshof dazu sagen. Ich will mal sehen mit dem Wunder, jedenfalls bete ich immer momentan. Also gute Nacht und auf Wiedersehen.
Wenn es nur so kommt!"*

« Bien qu'il soit déjà tard, voici encore quelques mots avant de me coucher. J'ai été au cinéma jusqu'à maintenant, me sentant bien seul dans la compagnie, à peine deux hommes. De nouvelles recrues viendront la semaine prochaine. Le bataillon s'est mis en marche ce soir et comprend de nombreux Alsaciens. Trois lettres sont arrivées aujourd'hui, celles de dimanche et lundi et celle dans laquelle tu évoques le miracle. Ce serait fort bien s'il pouvait en être ainsi. Tout le monde est d'avis que quelque chose se produira encore. L'ambiance est bonne. Pourvu que tes espoirs se réalisent ! Il n'y a pas de crainte à avoir pour mon départ, sinon j'aurais été de la partie aujourd'hui. Les problèmes de dents me laissent un mois de délai. Attendons de voir ce qu'ils pensent à *Reichshof*. Nous verrons ce qu'il en est du miracle, en tout cas je prie beaucoup. Alors bonne nuit et à bientôt. Puisse-t-il en être ainsi ! »

Le « miracle » dont il est question dans cette lettre ne pouvait que traduire le débarquement des forces alliées en Sicile le 10 juillet 1943, toute note à caractère strictement militaire étant formellement interdite. Ces informations contribuaient forcément à entretenir l'espoir chez les Alsaciens incorporés. La confirmation de cet épisode suivra dans la lettre du 17 août, date de la libération totale de la Sicile.

Mardi 17 août, 18h

„… *Mit dem Wunder will ich sehen, was der Kintzheimer spricht, er kommt heute. Ich bin froh, wenn wieder einer da ist… Gerade sagen sie, dass Sizilien planmäßig geräumt ist. Wenn es so fort geht, weiß ich nicht, wie es mit unserer Armee im nächsten Monat geht. Aber Kopf hoch und das Beste hoffen… Auf der Schreibstube sagten sie, dass mein Nachurlaub noch auf dem Bataillon liegt zur Genehmigung, und dass es wahrscheinlich angenommen wird. Das wäre ja ganz schön. Ich will aber nicht frohlocken, nur beten und es wird schon gehen. Hab heute in Mielec Äpfel gekauft, 6 für 7 Zlotys. Ich war an der Bahn, um Gewehre auszuladen. Ich küsse dich herzlich, gute Nacht chérie.*"

« … Pour ce qui est du miracle, j'attendrai le retour du camarade de Kintzheim. Je serai content de retrouver quelqu'un… À l'instant j'entends que la Sicile a été systématiquement évacuée. Si cela continue, je ne sais pas ce qu'il adviendra de notre armée le mois prochain. Gardons confiance… Au secrétariat on m'a signalé que ma permission est en instance d'examen au bataillon et qu'elle sera probablement accordée. Ce serait formidable. Mais je ne me réjouis pas trop tôt, je continue de prier. J'ai acheté des pommes à Mielec aujourd'hui, 6 pour 7 Zlotys. J'étais de service au déchargement de fusils à la gare. Je t'embrasse, bonne nuit chérie. »

Un lapin dans le paquet Mercredi 18 août, 20h

„*Will schnell wieder schreiben, bevor ich Wache um 9 Uhr antrete. Der Kintzheimer ist gestern Nacht um 12 Uhr zurückgekommen. Er liegt in meinem Zimmer. Du hast ihm doch ein schweres Paket mitgegeben, du hast doch keinen Verstand, ich hätte es nicht mitgenommen. Es ist alles noch gut gewesen und ich muss zuerst den Hase essen… Die Affäre mit Bulber ist keine Kleinigkeit für alle vier Familien und auch für Dick Emil… Der Guth aus Epfig, der immer bei mir war, liegt in Bayern im Lazaret…"*

« Rapidement encore quelques mots avant de prendre la relève de la garde à 21h. Le camarade de Kintzheim est revenu hier à minuit, il partage ma chambre. Le paquet que tu lui as remis était vraiment lourd, tu n'es pas raisonnable, moi je n'aurais pas accepté de l'emmener. Le contenu était bien conservé, je mangerai en premier lieu le lapin… L'affaire Bulber n'est pas une mince affaire pour les quatre familles et pour Emile Dick[6]… Le camarade Guth de Epfig[7], qui était avec moi depuis le début, est actuellement hospitalisé en Bavière… ».

Terrible chaleur   Samedi 21 août, 21h

„Wieder eine Woche vorbei, und noch immer hier in Mielec. Wie man hört kommen in der nächsten Zeit keine Bataillone fort. Rekruten erwarten wir heute oder morgen. Wir sind heute in andere Stuben gekommen, die Alten alle zusammen… Es herrscht momentan so schreckliche Hitze, wo man auch keinen Appetit hat… Wie du schreibst, scheint mir, dass Meyer René gefallen ist und der Charles Fahrner hat jetzt auch Ordre. …Hab gestern die Karte erhalten von Georgette, von Marienthal….".

« Encore une semaine de passée et nous voici toujours à Mielec. Selon nos informations il n'y aurait pas de prochains départs de bataillons au front. De nouvelles recrues sont attendues aujourd'hui ou demain. Nous avons changé de chambres et les anciens sont regroupés… Il règne une chaleur torride qui nous coupe l'appétit… D'après ta lettre, il me semble que René Meyer[8] soit tombé au front et que Charles Fahrner[9] soit sur le départ… La carte que Georgette a écrite à Marienthal m'est parvenue hier… ».

Au village les Allemands emmènent du bétail   Dimanche 22 août, 19h

„Ich sitze gerade hier in Debica im Soldatenheim und habe zwei

---

[6] Emile Dick, bravant l'interdiction par la gendarmerie, avait tué le cochon au noir chez la famille Bulber (Henri, Charles, René, Jean, André et Maria fiancée de Georges Keller). La gendarmerie de Sélestat a surpris une livraison de viande à vélo par un des frères. Georges Keller (né en 1909 et décédé à Mussig le 02 août 1994) est alors envoyé au camp de Schirmeck d'octobre 1943 à février 1944. Il ne fut plus incorporé.
[7] Martin Guth, de la classe 1935, né à Triembach au Val, s'est marié en janvier 1942 à Epfig ; il est décédé le 19 janvier 2010 à Epfig.
[8] Patrimoine… n°3, *op. cit.*, p. 61. « René Meyer, frère de Marcel, de la classe 1943, est tombé à Stalino près de la mer d'Azov en Russie le 2 août 1943. » Il avait 20 ans !
[9] *ibid.* p. 55. « Charles Fahrner, de la classe 1934, était en Sibérie et n'est rentré au village qu'en novembre 1945 ». Mon père citera encore son nom trois fois au printemps 1944 (à propos d'un accident (?) et d'une permission en mai. Il est décédé à Mussig le 03 mars 1986.

Portionen gegessen und bin auch schon am fünften Bier, denn im Lager Mielec wird es mangeln… Es gibt ziemlich Neues immer bei euch. Vieh holen sie auch im Dorf. Das ganze Dorf scheint in Aufruf zu sein momentan, traurige Geschichte… Wie du schreibst, so machst du Karotten aus und sie sind auch schön. Es ist Sonntag und die Gedanken sind den ganzen Tag bei euch. Schreckliche Hitze in diesem Land. Als ich heute Mittag von Mielec fort ging, sind die Rekruten in die Kompanie gekommen. Es sollen Elsässer, Lothringer und Luxemburger sein, die werden was mitmachen in diesem Land. Ich habe heute Morgen auch dem Julien geschrieben. Wie du schreibst, ist auch ein Gisselbrecht aus Baldenheim gefallen. Ich hatte zwei bei mir, Edgar und Dolfi… Ich küsse dich herzlich, Gute Nacht Gérard."

« Me voilà à Debica au foyer, j'ai mangé deux portions et suis devant ma cinquième bière, car à Mielec elle manquera… Il y a pas mal de nouveautés chez vous. Voilà qu'ils se mettent à chercher du bétail. Tout le village semble en émoi. Triste… Tu m'écris que tu récoltes de belles carottes en ce moment. C'est dimanche et mes pensées vont vers vous. Ici règne une très forte chaleur.

En quittant Mielec, j'ai vu arriver les nouvelles recrues. Des Alsaciens, des Lorrains et des Luxembourgeois, paraît-il ; ils ne seront pas de la fête. J'ai écrit ce matin à Julien. Tu m'écris aussi qu'un Gisselbrecht de Baldenheim est tombé, J'en avais deux avec moi, Edgar et Dolfi[10]… Je t'embrasse tendrement, bonne nuit Gérard. »

Mon père en Pologne en uniforme de la *Wehrmacht*.

---

[10] Adolf Gisselbrecht dit Dolfi, de la classe 1935, est décédé le 1er juin 1973 à Sélestat. Edgar Gisselbrecht, également de la classe 1935, est décédé à Glasunowka en Russie le 18 juillet 1943. Il est possible qu'il ait déserté la Wehrmacht.

Lettre à Julien Dimanche 22 août, après-midi

„Lieber Julien,
Da ich nun Zeit habe, will ich dir auch wieder mal schreiben. Es geht mir noch immer gut, und ich hoffe das gleiche von dir. Ich bin noch immer hier in Mielec, aber viele von meinen Kameraden sind schon vorne. Hätte ich meinen Zahnersatz gehabt, wäre ich letzte Woche auch mit dem Marschbataillon fort gekommen. Ich bin momentan in Behandlung und bekomme eine neue obere Zahnlade. Wie du nach Hause schreibst, geht es dir dort nicht am besten, ich kann bis heute nicht klagen, nur herrscht eine schreckliche Hitze momentan. Und fast kein Bier und auch manchmal kein Wasser. Ich habe gerade einen Brief von daheim bekommen. Es geht ihnen noch immer gut. Mit dem Verraten im Dorf werden sie dir es auch schreiben. Einer verrät den anderen wegen dem Schwarzschlachten. Na, das alles wird bald ein Ende nehmen, denn man kann gute Hoffnung haben momentan. Du wirst auch Bescheid wissen. Nur mit dem Urlaub hast du keine Chance. Die Elsässer, die hier sind, hatten alle Urlaub; es darf keiner ohne Urlaub abgestellt werden. Kommst du jetzt in eine Bäckerei ? Bekommst du auch das Rauchmaterial, welches sie dir schicken, die Postverbindung ist schlecht. Sonst weiß ich nicht viel, Jeanne wird dir die Neuigkeiten von daheim auch schreiben. Wir hoffen, dass wir uns alle wieder gesund in unserer Heimat treffen werden. Auf Wiedersehen. Maurice".

« Cher Julien,
Comme le temps me le permet, je vais te donner de mes nouvelles. Je vais toujours bien et j'espère qu'il en est de même chez toi. Je suis encore à Mielec, de nombreux camarades cependant sont montés au front. Si j'avais obtenu mes nouvelles dents, je serais certainement parti la semaine dernière avec le bataillon. Je suis toujours en traitement pour obtenir une prothèse dentaire. Ainsi que tu l'écris à maman, tu ne vas pas pour le mieux, moi je n'ai pas de raison de me plaindre, si ce n'est cette chaleur atroce. Nous n'avons presque pas de bière et parfois même pas d'eau. Je viens de recevoir un courrier de la maison, toujours des problèmes avec les dénonciations d'abattage de bêtes au noir. Cela prendra bien fin, on peut l'espérer ces jours-ci. Ta demande de permission n'a pas été accordée, pas de chance. Chez nous aucun Alsacien ne part sans permission préalable. Seras-tu affecté dans une boulangerie ? La poste va mal actuellement, reçois-tu les cigarettes ? Sinon rien de neuf, tu as certainement des nouvelles par Jeanne. Espérons que nous nous retrouverons tous en bonne santé chez nous. Au revoir, Maurice ».

La question relative à l'affectation dans une boulangerie s'explique ainsi : Julien né en 1917 et troisième de la famille, avait suivi la formation de boulanger et devait reprendre la boulangerie familiale. Par ailleurs, il apparaît dans plusieurs lettres que papa envoyait à sa mère les cigarettes reçues à l'armée afin qu'elle les réexpédie à Julien.

Le courrier suivant est daté du mercredi 8 septembre, de retour de permission.

Des nouvelles par la radio Vendredi 10 septembre, midi

„… *Ich hoffe, dass ich die Zähne bis in 10 Tagen bekomme. Auf Urlaub möchte ich jetzt nicht mehr, bevor der Krieg zu Ende ist, denn es geht jetzt schneller, mit der Sache von Italien. Wir sind ziemlich auf dem Laufenden was vorgeht. In Russland klappt auch nichts mehr. Bin gespannt wo das alles hinführt. Ich habe gerade die Nachrichten am Radio gehört. Sie sagen, so einen Verrat hat es noch nie gegeben. Ich kann jeden Abend und Mittag das Radio hören in der Kantine. Werde um 4 Uhr wieder Wache nehmen. Hatte gestern Nacht 4 Stunden, man kann schon den Mantel tragen…*"

« … J'espère recevoir mes dents dans 10 jours. Je ne voudrais pas retourner en permission avant la fin de la guerre, car les affaires s'accélèrent maintenant du côté de l'Italie. Nous sommes assez bien informés actuellement. En Russie également cela va mal. Je me demande où cela nous mène. J'entends la radio en ce moment ; ils disent qu'une telle trahison ne s'est jamais produite. Nous écoutons la radio midi et soir à la cantine. À 16h je reprendrai mon service de garde. J'y étais durant 4h la nuit précédente, et déjà on supportait un manteau… »

Effectivement les hostilités se sont accélérées en Italie : nouveau débarquement allié en Calabre le 3 septembre et capitulation italienne le 3 révélée le 8. Etait-ce la trahison dont parlait la radio, afin de ne pas démoraliser les troupes ? Le moral de papa devait encore être bon, puisqu'il espérait une fin prochaine et n'avait pas encore été envoyé au front.

Edmond est parti de Tchécoslovaquie Vendredi 17 septembre, midi

„… *Ich hatte gestern einen Brief von Edmond. Wie er schreibt, ist er jetzt von Brünn fort gekommen und hat Feldpostnummer. Er ist in einem Bataillon, das 80% Elsässer und natürlich auch gute Stimmung hat. Ich glaube nicht, dass er nach dem Osten kommt, denn er schreibt, dass das Bataillon z. b. V. ist, das heißt zur besonderen Verwendung… Bin heute Morgen beim Zahnarzt nicht angekommen, es war nicht fertig zum Anprobieren, muss um drei Uhr wieder hin. Noch einmal und dann wird Schluss sein…*"

« … Hier j'ai reçu une lettre d'Edmond. Il a quitté *Brünn* / Brno et son adresse est un secteur postal. Son bataillon comporte 80% d'Alsaciens, l'ambiance est bonne. Je ne crois pas qu'il part vers le front Est, car il écrit que le bataillon aura une affectation spéciale… Je n'ai pas vu le dentiste ce matin, la prothèse n'était pas terminée et l'essai impossible. Je devrai retourner à trois heures. Puis une dernière fois… »

Contrairement aux espoirs de papa, Edmond fut bien envoyé sur le front russe ainsi qu'en témoigne l'extrait suivant de ses mémoires :
« Cela arriva pourtant, il fallait s'y attendre. Le 8 septembre 1943, « tous comme nous étions », nous fûmes mutés à la 1. Kp. Marschbataillon 242 et ce fut le départ, en train, pour ce front russe tant redouté. Après deux ou trois jours, nous arrivâmes à Kiev. Là nous apprîmes que le train qui nous avait précédé était allé au-delà du Dniepr et était entré en plein dans le front russe. Les Russes avaient percé le front et étaient subitement arrivés en face de Kiev. »

Mardi 21 septembre, midi

„… Ich bin über Ludwigshafen und Mannheim gefahren und habe die Trümmer gesehen. Habe gar nicht an meinem Namenstag gedenkt. Bis jetzt ist auch noch nichts mit dem Marschbataillon. Es wird nur so davon gemunkelt. Letzten Sonntag haben sie wieder Freiwillige zur Kriegsmarine verlangt. Es hat sich niemand gemeldet… Der Unteroffizier Hikel, der Elsässer, hat auch ein Telegramm erhalten. Das fünfte Kind ist geboren und er hat gestern Abend gut bezahlt. Er wird 10 Tage Urlaub erhalten. Er ist gerade so alt wie ich und hat jetzt schon fünf Kinder, mir wäre es doch zuviel. Du hast Zeit mit dem Tabak, bei diesem Regenwetter bleibt er frisch. Die Kartoffeln werden auch an die Reihe kommen, die Arbeit kommt. Mach, dass du ihnen hilfst. Ich küsse euch herzlich".

« … J'ai traversé *Ludwigshafen* et *Mannheim* et vu les ruines des bombardements. Je n'ai pas pensé à ma fête. Rien de neuf concernant notre bataillon de marche, ce ne sont que des bruits. Des volontaires pour la marine de guerre ont été demandés dimanche dernier, personne ne s'est présenté… Hikel[11], le sous-officier alsacien, nous a annoncé la naissance de son cinquième enfant et nous avons bien arrosé l'évènement. Il aura une permission de dix jours ; cinq enfants, à notre âge ! Ce serait trop pour moi. Tu peux patienter avec la récolte de tabac, par temps de pluie il restera frais. Viendra également le tour des pommes de terre, le travail ne manquera pas. Tâche de venir en aide à la famille. Je vous embrasse tendrement.»

---

11 Ernest Hickel, né en 1915 à Soufflenheim en Alsace du nord, habitait Sélestat dans le quartier de la Redoute. Un garçon prénommé Hubert est effectivement né au courant de l'été 1943. Ernest est resté longtemps lié d'amitié avec mon père après la guerre, lorsqu'il était chef - cantonnier à Sélestat, où il est décédé le 14 avril 1990. Plusieurs lettres le mentionneront encore, jusqu'en janvier 1944.

Les villes de *Ludwigshafen* et *Mannheim* ont subi de violents bombardements de la part des forces alliées dans la nuit du dimanche 5 au lundi 6 septembre ; d'autres villes avaient subi les bombardements destinés à détruire le potentiel industriel et atteindre le moral des populations civiles, ainsi Cologne les 30 et 31 mai, les villes de la Ruhr industrielle de mars à juin et Hambourg durant toute une semaine à partir du 24 juillet.[12]

Mercredi 22 septembre, 20h

„*Will euch gleich wieder einige Worte schreiben, bevor die Wache wieder beginnt, von 10 bis 12. Hab heute nichts gemerkt von meinem Namenstag. Hab noch keinen so erlebt bis heute, will aber hoffen, dass es auch der letzte ist…*"

« Je vous écris encore ces quelques mots avant mon tour de garde, de 22h à minuit. Je n'ai rien vu de ma fête, la Saint-Maurice aujourd'hui. Je n'en ai jamais vécu de pareille et j'espère bien que c'est la dernière ici… »

Suivent trois courtes lettres :

- une seconde lettre du mercredi 22/09, 21h : « Ce fut encore une fois mon jour de chance. Ils m'ont convoqué au bureau et examiné mon livret militaire. Constatant mon retour de permission, il fut décidé de me faire partir aujourd'hui même. Ma surprise fut totale, mais j'ai répondu de suite que je suis en traitement à *Reichshof*. Les papiers sont ici, vérifiez ! En secouant la tête ils durent se rendre à l'évidence qu'il leur était impossible de me faire partir… J'envoie le tabac à Julien et un paquet de bonbons à Gérard… »

- jeudi 23/09 : « il fait déjà très froid (*verdammt kalt*)… »

- une autre lettre du jeudi 23/09 : « Ils m'ont encore appelé au bureau ce soir pour un nouveau contrôle de mes états de permission et m'ont signalé que j'ai eu mon compte jusqu'au 1er octobre… Dans ma chambre sont aussi évoqués les terribles bombardements de Hambourg, les nombreuses victimes civiles, femmes et enfants fauchés au sol par les avions volant à vingt mètres seulement au-dessus d'eux… La ligne que j'ai empruntée la semaine dernière par Stuttgart et Nuremberg est dangereuse aussi en ces temps-ci… »

Enfin mes dents ! Vendredi 24 septembre, 20h

„ *Komm gerade von Reichshof und ich kann sagen, es war ein schöner Tag. Den ganzen Tag gut gegessen und getrunken. Ich habe die Zähne erhalten und ich glaube, dass sie gut passen. Ich habe auch gute Patisserie-Küchlein*

---

[12] Claude Quetel, *op. cit.*, pp. 324-325.

gegessen, sowie ein schönes Stück Hammelfleisch mit Kartoffeln und fünf gute Liköre getrunken. Alles war fein. Habe heute meine Sorgen vergessen und ganz andere Gedanken gehabt. Ich war in der Kirche in Reichshof und in Debica. Wunderschöne Kirchen, wie man keine bei uns sieht... Den ganzen Tag sind Leute in den Kirchen, Männer und Frauen. Kerzen brennen immer..."

« Je rentre de *Reichshof* où j'ai passé une agréable journée. Nous avons mangé et bu durant toute la journée. J'ai enfin obtenu mes dents et je crois qu'elles vont bien. J'ai mangé de délicieuses tartelettes de pâtisserie, un beau morceau de viande de mouton servie avec des pommes de terre et bu cinq bonnes liqueurs. C'était raffiné. J'ai oublié mes soucis et pensé à autre chose. J'ai été dans les églises de *Reichshof* et Debica, de belles églises comme on n'en voit pas chez nous. Des hommes et des femmes les fréquentent toute la journée durant, des cierges sont constamment allumés... »

Des Alsaciens ne rentrent plus de perme Dimanche 26 septembre, 20h

„Liebe Frau und Gérard... Du schreibst, dass du momentan am Tabak bist und dass er auch schön ist. Wir hatten heute Morgen Dienst auf dem Schiessplatz bis ein Uhr, es war aber nicht schlimm. Wir Elsässer sind momentan schlechter angesehen. Der Schauner hat wieder getrunken und dem Feldwebel ziemlich gesagt. Er wird bestraft und mit uns wird es strenger werden. Es sind nämlich auch schon einige Elsässer nicht mehr von Urlaub zurückgekommen, was nicht gut für uns ist. Sie haben es dem Hikel gesagt, als er auf Urlaub fortging... Die Lage ist sonst nicht schlecht, am Freitag haben wir wahrscheinlich Kameradschaftsabend..."

« Mes bien chers... Tu m'écris que tu travailles dans la récolte du tabac et qu'il est beau. Nous étions ce matin jusqu'à 13h au champ de tir, mais c'était sans danger. Nous les Alsaciens sommes mal vus en ce moment. Le camarade Schauner[13] avait de nouveau bu et l'adjudant en a pris pour son grade. Il sera sanctionné et la discipline renforcée pour nous tous. De plus, déjà plusieurs Alsaciens ne sont pas rentrés de permission, ce qui n'est pas bon pour nous non plus. Hikel a été prévenu avant son départ... Par ailleurs nous allons plutôt bien, vendredi prochain nous aurons notre soirée de camaraderie dans la compagnie... »

En représailles des défections des Alsaciens non rentrés de permission, les Allemands, ont bien vite trouvé la parade : ils ont menacé de déportation les membres de leurs familles.

---

13 Papa n'a pas donné d'autre précision permettant de retrouver trace de son camarade.

Encore deux semaines de répit Samedi 2 octobre, 20h

„... *Es sind heute etliche von uns abgestellt worden zum Marschbataillon, das nächste Woche fortgehen wird. Ich bin auch heute in den Stall gekommen, um einen Kameraden für 16 Tagen zu ersetzen, er ist auf Urlaub gefahren. Solange werde ich auch hier bleiben. Es sagen alle, dass ich Chance hab. Ich küss dich recht herzlich, gute Nacht chérie. Gute Nacht dir, Gérard*".

« ... De nombreux camarades ont été désignés aujourd'hui pour le bataillon qui se mettra en marche la semaine prochaine. Moi-même j'ai été affecté durant 16 jours aux écuries afin d'y remplacer un camarade parti en permission. Je resterai donc encore ici et mes camarades m'estiment bien chanceux. Je t'embrasse tendrement, bonne nuit chérie, et toi aussi Gérard, bonne nuit».

Ainsi papa a pu passer plus de cinq mois à l'arrière du front, d'abord brièvement en Allemagne dans l'attente d'une affectation, puis en Pologne dans le district de Cracovie.

La Providence lui a été favorable.

La chaleur de l'été polonais s'estompe et les premiers froids de l'hiver se manifestent, surtout le matin. Dans sa lettre du 1er octobre papa demande des gants et un protège - tête. Combien de temps restera-t-il encore en Pologne, avant le terrible front russe tant redouté ?

Chapitre 3

L'attente se prolonge

Gérard s'est blessé Mardi 3 octobre, 20h

„Liebe Frau und Gérard, wie ist es denn passiert mit Gérard, dass er das Schlüsselbein auseinander hat? Du schreibst mir nicht **was** passiert ist. Haug Sepp kommt vielleicht auch noch heute Abend, denn sie kommen erst Morgen fort. Zum Glück werden wir nach Jaroslau zum 514. Infanterie Regiment versetzt, wo viele Elsässer, Lothringer und Luxemburger sind. Alle Alten von hier kommen fort. Was wir dort machen werden, wissen wir nicht… Hast du das Paket mit den Bonbons erhalten? Also keine Angst, ma chérie, es geht alles vorüber…"

« Mes bien chers, comment cela est-il arrivé que Gérard se soit cassé la clavicule ? Tu ne m'écris rien des circonstances. Joseph Haug passera peut-être encore ce soir, ils ne partent que demain matin. Heureusement que tous les anciens d'ici seront transférés à *Jaroslau* où se trouvent déjà de nombreux Alsaciens, Lorrains et Luxembourgeois. Nul ne sait ce qui adviendra de nous… Le paquet de bonbons est-il bien arrivé ? Sois donc sans crainte pour moi, ma chérie, tout cela passera… »

Un paquet pour l'oncle Cyrille d'Itterswiller Mercredi 6 octobre, 20h

„Nur einige Worte wieder, hatte keinen Brief heute und immer noch kein Paket. Ich glaube, dass sie dem Angriff auf Frankfurt zum Opfer gefallen sind. Sepp sitzt da und liest die Zeitung. Er hat lange Zeit. Wie Sepp mir sagt, bekommen sie die Winterausrüstung und gute Verpflegung für die Reise, einen Pfund Zucker, einen halben Liter Schnaps und 150 Zigaretten. Ich habe auch heute ein Paket gemacht mit Rauchwaren für den Onkel Cyrille in Itterswiller. Wir waren gerade in der Kantine, da ist auch Betrieb, wo man hinschaut sind nur Elsässer, und alles ist gut gelaunt. Ich hatte heute ziemlich Dienst mit den Fuhrwerken und dem Stroh auszuladen. Gestern Nacht hatte ich Stallwache. Natürlich war es dort im Stall nicht so kalt wie draußen. Ich habe dabei einen Rosenkranz gebetet. Das Wetter ist wieder schön, die Polen sind überall an den Kartoffeln und säen."

« Juste quelques mots ce soir, je n'avais ni lettre ni paquet aujourd'hui. Je pense qu'ils ont fait les frais de l'attaque sur *Francfort*. Sepp lit le journal à côté de moi et a le temps long. Il me dit qu'ils obtiendront l'équipement hivernal avec suffisamment de ravitaillement pour le voyage, une livre de sucre, un demi-litre de schnaps et 150 cigarettes. J'ai préparé un paquet avec tabac et cigarettes pour l'oncle Cyrille. Nous revenons de la cantine, c'est très animé là-bas, des Alsaciens de tous côtés, et de bonne humeur. J'ai eu beaucoup à faire ce jour-ci avec les attelages et le déchargement de la paille, et la nuit dernière j'étais de garde à l'écurie. Il y fait plus chaud que dehors. J'ai prié mon chapelet pendant tout ce temps. Le temps est redevenu beau et partout les Polonais sont occupés à la récolte des pommes de terre ou aux semailles. »

La saison des récoltes Mardi 5 octobre, 13h

„Hatte gestern zwei Briefe von dir, vom Mittwoch und Donnerstag. Heute hatte ich auch zwei, von Freitag und Samstag. Du hast nun den Tabak fertig, wenn ich nur zu Hause bin, um ihn abzuliefern. Momentan ist bei euch alles am Obst und am Herbst. Mach nur Äpfel zusammen, der Winter ist lang. Nüssen sind auch immer gut, und du kannst sie schicken. Und das Dorf muss auch noch Schweine abliefern, das muss noch alles kommen, und was noch? Während des Tages herrscht hier Wärme wie im Sommer, die Nächte aber sind kalt…"

« Les deux lettres de mercredi et jeudi sont arrivées hier lundi. J'ai reçu deux autres aujourd'hui datées de vendredi et samedi. Tu as terminé la récolte de tabac, pourvu que je sois à la maison pour la livraison. Et c'est le temps des vendanges et de la cueillette des pommes. Fais bonne provision de pommes, car l'hiver est long. Et ramasse aussi des noix, elles sont les bienvenues, tu peux m'en envoyer. Ainsi le village doit aussi fournir des porcs, et quoi encore ? Ici il fait chaud comme en plein été, mais les nuits sont froides…»

On s'étonnera de la rapidité du courrier entre l'Alsace et la Pologne, du moins pour les lettres. L'acheminement des paquets était plus lent, surtout si leur poids dépassait deux kilogrammes.

Joseph Haug est parti Samedi 9 octobre, 21h30

„Ich komme gerade aus der Kantine und habe Abschied genommen von meinen Kameraden, die morgen Sonntag fortgehen. Sie sind nicht mehr so lustig wie gestern Abend. Ich muss dem Sepp den Koffer heimschicken… Auf die Pakete warte ich immer noch vergebens. Wir haben auch wieder 50

Zigaretten bekommen und ich habe gleich einem 20 davon für ein Päckchen Saccharin gegeben, denn der Zucker ist weg. Ich denke jeden Abend an meine Kameraden, die draußen im Schützengraben liegen. Wir haben doch noch ruhige Nächte und sonst auch wenig Arbeit. Gute Nacht chérie, Gérard bleib brav."

« Je viens de la cantine où j'ai pris congé de mes camarades qui partent demain dimanche. Ils sont moins joyeux qu'hier soir. Je me charge de renvoyer le coffre de Joseph… J'attends en vain les paquets que tu as envoyés. Hier nous avons reçu 50 cigarettes et j'ai immédiatement échangé vingt contre un paquet de saccharine, car le sucre est épuisé. Je pense toutes les nuits aux camarades qui sont dans leurs tranchées. Ici les nuits sont calmes et nous avons peu de travail. Bonne nuit chérie, reste bien sage Gérard. »

Le froid s'installe Lundi 11 octobre, Mielec, 13h

„Schnell einige Worte bevor es losgeht von Mielec. Den Koffer von Haug Sepp habe ich jetzt auch fertig gemacht zum Fortschicken. Ich hoffe, dass er ankommt, er hat nicht viel darin. Wir fahren heute Abend um drei Viertel sechs und werden Morgen um zwei dort sein, alles besser als im Marschbataillon. Jedenfalls haben wir noch ruhige Tage hier verlebt. Der Unteroffizier Hikel geht auch mit uns. Wir sind noch acht Elsässer. Der aus Bootzheim ist immer noch im Revier, er wird diese Woche weiter in ein Lazarett verschickt. Die Kälte kommt schon, gestern und heute Morgen war alles weiß draußen mit drei Grad unter Null. Also hoffen wir das Beste."

« Quelques mots brefs avant notre départ de Mielec. J'ai achevé de préparer le coffre de Haug Sepp, il est prêt pour l'envoi et j'espère qu'il arrivera à destination. Il ne contient pas grand-chose. Nous partons d'ici ce soir à 17h45 et arriverons à deux heures demain matin. C'est toujours mieux que le bataillon de marche. Nous avons passé des journées paisibles ici. Hikel, le sous-officier, nous accompagne aussi, mais le camarade de Bootzheim reste encore à l'infirmerie avant son transfert en hôpital militaire la semaine prochaine. Le froid s'installe, tout est blanc le matin, par des températures de moins trois degrés. Espérons le meilleur. »

Retour à Jaroslau Mardi 12 octobre, *Jaroslau*, 18h

„… Es ist heute der erste Tag wieder hier in Jaroslau. Wir sind um zwei Uhr heute Morgen angekommen. Es war verdammt kalt im Zug. Es werden noch andere erwartet. Jedenfalls gibt es besser zu essen als in Mielec. Das Soldatenheim liegt nur 100 Meter von der Kaserne weg. Ich wurde heute

Morgen aufs Büro gerufen; man fragte mich gleich, wann ich das letzte Mal Urlaub hatte und sagte, dass es nicht in Frage kommt. Ich hatte Chance bis heute, trotzdem, und denke, dass der liebe Gott mich weiter beschützen wird. Ich bete jede Nacht um die göttliche Hilfe..."

« ...Nous voici de nouveau de retour à *Jaroslau*, arrivés ce matin à deux heures. Il faisait terriblement froid dans le train. On en attend d'autres encore. La nourriture ici est certainement meilleure qu'à Mielec et le foyer est seulement distant de cent mètres de la caserne. J'ai été convoqué de suite au bureau pour vérification de la date de ma dernière permission, il n'est bien sûr pas question d'une nouvelle. Pourtant la chance m'a souri jusqu'à présent et j'implore tous les soirs la protection divine...»

C'est l'anniversaire de maman Mercredi 13 octobre, 13h

„Liebe Frau und Gérard,
Zu deinem heutigen Geburtstag, chérie, wünsche ich dir viel Glück und Segenswünsche, dass du immer deine Arbeit machst. Ich hab dir gestern schon einen Brief geschrieben, vielleicht kommt dieser noch früher an. Heute fährt wahrscheinlich der von Sermersheim auf Urlaub, er nimmt die Briefe mit. Du kannst zu ihm, um nachzufragen, wie es hier geht, wenn du willst; er heißt Luzian Reibel. Ich schreibe morgen wieder. Auf Wiedersehen."

« Mes bien chers,
Pour ton anniversaire, ma chérie, je t'adresse mes meilleurs vœux de bonheur. Puisses-tu faire toujours ton travail, en mon absence. Je t'ai déjà écrit une lettre hier, celle-ci arrivera peut-être avant. Le camarade de Sermersheim part en permission aujourd'hui, il emporte les lettres. Si tu le souhaites, tu peux aller le voir et prendre de nos nouvelles d'ici ; il s'appelle Lucien Reibel[1]. J'écrirai de nouveau demain, au revoir. »

Nouvelle adresse :   Obergrenadier Reppel Moritz
                    2. Reserve Grenadier Bataillon 154
                    Südkaserne
                    Jaroslau / Distrikt Krakau

Déjà six mois Lundi 18 octobre, 20h

„Da Morgen einer aus dem Kreis Zabern auf Urlaub fährt, will ich einen Brief schreiben, den er bis Strassburg mitnimmt. Es geht uns zwar nicht

---

[1] Lucien Reibel était de la classe 1939. Il a quitté Sermersheim après la guerre et est décédé à Strasbourg le 20 septembre 1954.

schlecht, nur den ganzen Tag keine Ruhe und immer das Gebrüll. Wie werden behandelt wie Rekruten. Wir machen aber mit. Es ist Morgen der 19. Oktober, und der 6. Monat somit. Hätte man das geglaubt am 19. April! Aber zum Glück sind wir immer noch ein Stück von der Front weg…"

« J'écris encore cette lettre qu'un camarade de l'arrondissement de Saverne partant demain en permission pourra poster à Strasbourg. Nous n'allons pas mal, mais sommes traités comme des recrues. Pas de repos et ces cris incessants. Mais nous nous en accommodons. Demain cela fera six mois que nous sommes partis, qui aurait pu le croire le 19 avril ? Mais par bonheur nous sommes encore en retrait du front…»

Les paquets de vivres arrivent   Jeudi 21 octobre, 13h30

„Liebe Frau und Gérard,
Mit Freude habe ich heute Mittag die ersten zwei Pakete abholen können, die von Mielec hierher kamen. In einem war der Wecken Brot mit Äpfeln und Nüssen, das war noch gut. Im anderen waren Birnen, Nüssen, Speck und Gesundheitskuchen. Die Birnen waren kaputt, das andere war alles gut. Gott sei Dank lässt sich das halten. Ich bin froh um dieses im Moment, ein schönes Stück Speck, ich habe ihn gleich abgewaschen. Es herrscht wunderschönes Herbstwetter. Schade, dass man hier sein muss. Aber es geht alles vorüber, bin nur froh, dass ich wieder Speck habe… Sei herzlich gegrüßt, chérie und auf Wiedersehen, Maurice."

« Ma chère femme, mon cher Gérard,
C'était une grande joie pour moi de recevoir aujourd'hui deux paquets que la poste a fait suivre depuis Mielec. Le premier contenait le pain avec les pommes et les noix, le tout bien conservé. Le second contenait les poires, les noix, le lard et le gâteau. À l'exception des poires, tout était bon, Dieu soit loué. Un joli morceau de lard que j'ai lavé de suite, voilà qui me contente actuellement. Le beau temps automnal s'est installé, dommage d'être ici. Mais tout passe, ah que je suis heureux d'avoir de nouveau du lard !... Je t'embrasse tendrement, chérie, au revoir, Maurice. »

Entre-temps, une demande de permission agricole pour effectuer les travaux d'automne a été introduite par sa mère Elise, veuve René Reppel / *Witwe Reppel Renatus*. « Souffrant des jambes, âgée de 58 ans, il lui était très pénible de tenir seule le ménage, la jeune Hélène de 14 ans devant s'activer partout, y compris dans l'épicerie. Elle ne peut que rarement être aux champs, l'essentiel des travaux incombant au jeune Robert âgé de 17 ans». Les renseignements figurant sur la demande, notamment la nature de l'exploitation agricole et la liste des personnes présentes au domicile ainsi que les motifs invoqués, sont certifiés par le maire de la commune, Joseph Will, et le représentant des agriculteurs locaux Eugène Neff.

À noter que papa figurait comme chef d'exploitation sur cette demande. L'exploitation familiale est décrite dans les moindres détails avec une superficie totale de 7 hectares, dont 4,65 de terres, 2,10 hectares de prés et 25 ares de tabac. S'ajoutent le nombre de bêtes et la nature des différentes cultures, selon l'inventaire *(die Hofkarte)* de toutes les exploitations, décidé le 29 avril 1941 par les autorités allemandes. Personne n'a semble-t-il remarqué l'erreur d'avoir noté 20 hectares de vignes au lieu de 20 ares !

Demande de permission agricole datée du 19 octobre.

La demande a été accordée et papa a obtenu sa permission : un télégramme expédié de *Jaroslau* le 23 octobre à 17h14 le confirme : „ *Komme in den nächsten Tagen* - Je rentre les prochains jours. »

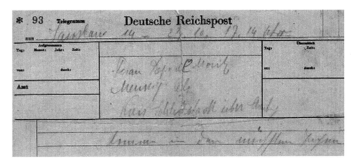

Retour de permission   Dimanche 14 novembre, *Jaroslau*, 9h

„Bin gut in Jaroslau am Samstag Morgen um 5 Uhr angekommen, aber nur etwas spät. Vier Stunden weniger als zwei Tage… Bis Breslau hatten wir im Zug geschwitzt, so heiß war es. Die Kompanie war nicht da. Um 7 Uhr haben wir uns beim Spieß gemeldet, der dann sagte, er glaubte, er muss uns holen lassen. Ich sagte, so weit lassen wir es doch nicht kommen. Das war alles, kein schlechtes Wort. Ich glaube nicht, dass jemand was sagt. Ich sollte am Donnerstag Abend schon Wache haben, das heißt am Dienstag fort fahren, denn der 11. war schon zusätzlich… Ein Brief von Edmond aus Kiev war da, und einer von Julien. Julien schreibt, dass es ihm gut geht, er war im Ernteeinsatz. Er hatte einen Brief dabei von Marcel für mich, du kannst ihn lesen…"

« Je suis bien rentré à *Jaroslau* samedi matin à 5h, avec un léger retard. Un long voyage, 4h de moins que deux jours… Il faisait tellement chaud que nous avons sué dans le train jusqu'à Breslau. La compagnie n'était pas à la caserne. Nous nous sommes présentés à 7h chez l'adjudant qui croyait bien devoir nous faire chercher. Je lui ai répondu que cela ne sera jamais nécessaire. Ce fut tout, aucune parole déplacée. Je pense qu'il n'y aura pas de sanction. Je devais déjà monter la garde jeudi soir, c'est-à-dire repartir dès mardi, jeudi est déjà compté comme journée supplémentaire… J'ai trouvé une lettre d'Edmond de Kiev, ainsi qu'une autre de Julien, il écrit qu'il va bien et qu'il a été engagé pour la moisson. Sa lettre contenait un courrier de Marcel que je te donne à lire… » (cf. Annexe 1, mémoires de Marcel)

Notons ici que papa découvre cette lettre tardivement, étant en permission du 23 octobre au 10 novembre. La blessure d'Edmond dans la région de Kiev le 13 octobre non encore signalée, a probablement été son salut, puisque Kiev a été libérée le 6 novembre.

La permission a pris fin le mercredi 10, mais papa n'est reparti que le jeudi 11 novembre.

Suivent encore plusieurs lettres de *Jaroslau* :

- Mercredi 17/11, 20h : « Deux paquets sont arrivés aujourd'hui, avec un bocal de viande, des pommes, du gâteau, des noix, de la confiture, des cigarettes et du lard, le tout bien conservé. Je ne sais plus où ranger tous ces vivres. Hestin de Villé[2] part demain à Tarnopol, combattre les partisans. Je suis seul ici et Lucien Reibel est à l'infirmerie, les autres Alsaciens en permission. »

- Jeudi 18/11, 18h : « Déjà 8 jours depuis mon départ de la maison. Comme le temps passe vite. Hestin est parti, tout son Schnaps a été bu et nous en avons reçu encore, une bouteille pour deux ! J'ai réchauffé une partie de la viande du bocal et ajouté un peu de beurre, c'était très fin. Elle s'est bien conservée... Nous attendons l'ordre de départ, sans fusil, et pour une destination inconnue. Quelle chance d'avoir encore obtenu une permission. Nous sommes quatre Alsaciens. Demande à Gérard de signaler à toute la famille que je n'ai pas d'adresse momentanément... Sois bien gentil, Gérard, et prie toujours, papa reviendra. Je vous embrasse tendrement, Maurice. »

- Vendredi 19/11, 18h30 : « Ces quelques mots brefs pour te dire que nous avons préparé notre départ toute la journée durant. Ce sera demain matin. Il semble que nous reculons vers *Zwickau,* près de *Chemnitz,* en vue de la composition d'un bataillon. On nous dit aussi que nous irons peut-être vers l'ouest, ou le sud, l'Italie, la Grèce ou la Yougoslavie. Nous avons reçu du ravitaillement pour trois jours. J'ai préparé un coffre à vous envoyer, car Edmond m'a écrit qu'il est interdit d'emmener des affaires personnelles. N'aie pas peur et garde confiance. Il fallait que cela vienne un jour. »

- Dimanche 21/11, 15h30 : « Encore rapidement ces lignes car nous quittons *Jaroslau* à 18h. Il n'y a plus de courrier en provenance d'Alsace. Quel dimanche en comparaison de celui que nous avons passé ensemble voilà deux semaines. Peut-être resterons-nous un certain temps à *Zwickau,* aurons-nous une permission ou bien pourras-tu venir ? Si possible, je t'enverrai un télégramme. Nous serons affectés au Bataillon de Grenadiers de Réserve n°185. »

Lundi, 22 novembre, *Zwickau*, 21h30

„Bin um 3 Uhr hier in Zwickau angekommen. Du brauchst dir jetzt keine Gedanken zu machen wegen meiner Abstellung, denn einmal kommt's

---

[2] Charles Hestin de la classe 1935, est mort en Russie le 9 février 1944. Il ne peut s'agir de Marcel Hestin, de la classe 1938, mort le 4 avril 1942, avant l'incorporation de force, dont le nom figure également sur le monument aux morts de Villé et pour lequel l'Etat civil de Villé comporte la mention : « *Berufssoldat ausser Dienst, gestorben am 04/04/1942.* Soldat de métier, démobilisé. »

doch. Es ist Zwickau Schädewitz, nicht weit von Chemnitz. Kann aber nicht sagen, du sollst kommen, denn wir bleiben sicher nicht lange da. Jedenfalls fahren wir nach dem Osten. Ich werde die Kiste von hier heimschicken. Die Post kommt jetzt schlecht, die letzten Briefe von dir, chérie, sind vom 12. November. Es wird so kommen, bei dir auch. Aber den Kopf nicht sinken lassen und immer beten. Ich hatte ja noch immer Chance. Also chérie, keine Angst, ich weiß, was ich zu tun habe. Gut' Nacht und ich küsse dich herzlich, bete Gérard."

« Je suis arrivé à Zwickau à 3h. Ne te fais pas de soucis à cause de mon départ, cela devait arriver. Nous sommes à *Zwickau Schädewitz,* non loin de *Chemnitz*. Tu ne pourras certainement pas venir ici, nous ne resterons guère longtemps. Nous partirons vers l'est et je ferai partir mon coffre d'ici. Le courrier circule mal, tes dernières lettres sont datées du 12 novembre. Il en sera ainsi chez toi aussi. Gardons la tête haute et prions. La chance ne m'a jamais quitté. Sois sans crainte, chérie, je sais ce que je dois faire. Bonne nuit, je t'embrasse chérie. Gérard, prie. »

La nouvelle adresse est précisée, malgré l'imminence du départ :

Obergrenadier Moritz Reppel
Gener. Marschkompanie IV/87/18
Zwickau Schädewitz (Lindensäle)

Les étapes précédemment citées apparaissent sur la carte au chapitre 2, de droite à gauche : *Jaroslau, Reichshof, Debica, Krakau*/Cracovie, *Breslau, Dresden, Chemnitz* (11). *Zwickau* (12) est située 30Km au sud–ouest de *Chemnitz* et à 700 Km à l'ouest de *Jaroslau* ! Tarnopol (13) citée dans la lettre du 17/11 est à l'extrême est de la Pologne, en Galicie.

Soirée d'adieu Mercredi 24 novembre, une heure du matin

„Liebe Frau und Gérard,
Komm gerade vom Abschiedsabend zurück, denn es ging zu wild her bei solchen Zeiten. Wenn du hier gewesen wärest, wäre es noch was anders gewesen, denn viele hier haben ihre Verwandten da und können auch hinaus bis morgen. Es wäre schön gewesen, es ist mir aber lieber so, denn der Abschied würde dir zu schwer fallen. Bei diesen Frauen da habe ich keine Tränen gesehen, obschon es nicht zur Kilbe geht. Wir glauben, dass es vielleicht Morgen losgeht. Wir sind 20 Elsässer und Lothringer auf 200 Männer. Alles ist besoffen im Saal. Hab heute die Kiste fertig gemacht zum Heimschicken mit allerhand, denn wir bekommen genug von allem. Ich mache

dir auch Zigaretten dazu, kannst sie vielleicht dem Marcel schicken, frag mal nach. Soviel ich weiß, sollen wir nach dem Abschnitt Welikije Luki kommen, es ist aber verboten, das zu schreiben. **Ich schreib dir es in den Brief. Schaue mal die andere Briefscheide an, sie wird doch zugeklebt ab nur das kleine Band, das übrig blieb. Wenn du den Brief öffnest, musst du ihn mit einem Bleistift aufrollen. Ein Unteroffizier hat mir es so gesagt, pass auf. Die Kontrolle macht nur ganz oben auf.** Mit Ski und Schlitten wird ausgerückt. Mach dir keine Sorgen, du weißt, dass ich es durchhalten will, wie andere auch. Betet. Gut' Nacht chérie, je t'aime. "

« Ma chère femme, cher Gérard,

Je reviens de la soirée d'adieu, bien trop débridée en de telles circonstances. Si tu avais été ici, cela aurait été bien différent. De nombreux camarades ont accueilli leurs proches et pourront même sortir demain. Mais je préfère ainsi, car la séparation aurait été trop pénible pour toi. Ces femmes-là n'ont pas versé de larmes, bien que nous ne serons pas à la fête. Nous pensons que ce sera pour demain. Sur 200 partants nous sommes 20 Alsaciens ou Lorrains. J'ai achevé de remplir le coffre pour le renvoyer avec toutes sortes d'affaires, nous serons suffisamment chargés. J'y joindrai des cigarettes, tu pourras les envoyer à Marcel, renseigne-toi. **Je crois que notre destination est le secteur de Welikije Luki, la censure nous interdit de l'écrire. Je te le préciserai dans le courrier. Regarde l'autre enveloppe, elle est collée par le petit rabat. Quand tu ouvres l'enveloppe, enroule le rabat autour d'un crayon. Un sous-officier m'a donné l'astuce, sois alors prudente aussi. Le contrôle ne se fait qu'en haut de l'enveloppe.** Nous emmènerons skis et traîneaux. Ne te fais pas de soucis, je supporterai cette épreuve, comme d'autres aussi. Il faut persévérer dans la prière. Bonne nuit chérie, je t'aime. »

Dans la seconde partie de la lettre, papa précise « l'astuce » qui permettra de reconnaître les destinations. Ainsi que le confirmeront les lettres datées du trois au six décembre, papa a précisé sous le rabat supérieur la destination de son bataillon, c'était bien Welikije Luki. Le risque était énorme de communiquer ces informations, autant pour lui-même que pour le sous-officier allemand.

Deux jours passent encore avant le départ, au cours desquels papa écrit quatre lettres ; on y perçoit maintenant la peur grandissante au fil des heures.

- Jeudi 25/11, 18h : « Nous disposons d'un bon équipement pour l'hiver, des vêtements entièrement fourrés et une protection supplémentaire, de nouvelles chaussettes ainsi que des genouillères pour nous réchauffer les genoux. Les traîneaux nous accompagnent. Je ne reçois plus de courrier depuis

10 jours. J'emmène tout le lard. J'appréhende certes ce départ, mais je garde confiance, je rentrerai certainement. Priez, ne vous disputez pas… J'écrirai dès que possible. »

- Vendredi matin 26/11, lettre à sa mère : « Chère Mama, chers frère et sœur, rapidement quelques mots car nous partirons d'ici ce soir. À la soirée d'adieu, beaucoup de soldats originaires de Saxe se sont bien amusés, leurs familles étaient présentes. Les Alsaciens se sont mis à l'écart. Nous sommes bien équipés pour affronter l'hiver. Je crois que nous partons pour *Witebsk* et *Welikije Luki*, d'abord en train à bestiaux durant quelques jours. Tout cela passera bien. Je vous embrasse tous. »

- Vendredi 26/11, 15h : « Il ne nous reste que peu de temps, nous venons de porter nos havresacs au train et les places nous sont attribuées. Chaque wagon est équipé d'un poêle. Ils comptent quatorze jours de trajet. J'ai encore fait provision de pain frais ce matin au marché et j'ai suffisamment de nourriture. Mon missel aussi est dans mon manteau. J'ai assuré notre coffre pour 100 Marks et je t'envoie le reçu pour réclamation s'il ne t'arrive pas. Tu sauras aussi lire ce qui est caché. J'ai encore acheté de quoi lire sur ce long parcours… Je n'aurai certainement pas de courrier avant Noël. Sois sans crainte, j'ai confiance en mes camarades, ils te préviendront s'il m'arrive malheur. Mais je pars confiant, la chance était toujours de mon côté… Dieu me protègera, fais ton devoir, donne le bonjour à tes parents. »

- Vendredi 26/11, 20h : « Je reviens de la cantine, l'ambiance monte du côté des Alsaciens qui chantent en français. Je me suis retiré. Certains partent demain matin, parmi eux Huber[3] et Joseph Haug, les autres cette nuit, en direction de l'est. Les uns chantent, d'autres ont l'air abattu, mais à quoi bon, c'est ainsi. Les paquets de *Jaroslau* ne sont plus arrivés jusqu'ici. »

Maman avait encore écrit six lettres à papa, quatre envoyées à *Jaroslau* entre le 15 et le 22/11, deux autres à *Zwikau* le 27/11 ; elles ont été renvoyées à Mussig. Papa a pris la direction du front russe tant redouté, le vendredi 26 novembre à 21h30. Là-bas, de terribles épreuves attendent les soldats de la *Wehrmacht*.

---

3 Aucune indication ultérieure n'a permis de connaître une identité précise.

Lettre envoyée par maman lundi 22/11 à *Jaroslau*, réexpédiée à *Zwikau* et revenue à Mussig - *Kreis Schlettstadt* avec la mention : « *Zurück an Absender, neue Anschrift abwarten.* - Retour à l'expéditeur en attente de nouvelle adresse ».

    Cet été 1943 fut aussi particulièrement éprouvant pour la mère. Après les premiers interrogatoires de *la Gestapo* consécutifs à la soirée d'adieu du 18 avril, elle dut subir la fermeture de la boulangerie à partir du 31 mai. Elle sera seulement réouverte le 1er décembre 1945. L'épicerie restera ouverte. A-t-elle connu d'autres ennuis en juin et juillet ? L'enquête de la gendarmerie a-t-elle été particulièrement longue et approfondie, en raison de l'engagement francophile reconnu du père ? Une enquête antérieure à son sujet, datée du 21 février 1943, en vue de la fermeture de la boulangerie, l'avait reconnue francophile, non engagée politiquement, non membre du « *Opferring* »[4], entêtée (*verstockt !*), mais active, polie, intelligente et autonome (*fleißig, anständig, intelligent und selbstständig*), et globalement « politiquement non fiable / *politisch unzuverlässig* ». Par ailleurs n'oublions pas que M. Hory, qui avait assisté à la soirée d'adieu et qui a permis la fuite du fils aîné Marcel en mai, a été arrêté dès le 10 mai. Papa parle de « problèmes avec la gendarmerie » dans sa lettre du 18 juillet et dans celle du 26 juillet il « espère que l'affaire se règle bien pour Mama qui a trois fils à l'armée ».

---

[4] Les Saisons d'Alsace, n° 44..., *op. cit.*, p. 110 : « L'*Opferring* est le Cercle de l'offrande, appelé par les Alsaciens « Cercle des victimes » par dérision. Organisation propre à l'Alsace, elle fut créée le 1er octobre 1940 pour être l'antichambre du parti nazi. Son organisation était calquée sur ce dernier. Adhésion quasi obligatoire pour les fonctionnaires. »

Loin de se régler l'affaire allait connaître son épilogue le 16 août 1943 avec une ordonnance à l'encontre d' Élise, établie par la Police de sûreté, Police secrète d'État / *Gestapo* / *Geheime Staatspolizei*, Commandement extérieur de Colmar, fixant le dépôt le jour même d'une caution de 500 RM.

Elle stipule : « Le dépôt d'une caution de 500 RM est fixé à l'encontre de Reppel Maria Elisabeth, née Schwartz, gérante (chef de famille ?). Le montant est à régler à la Caisse d'épargne de Colmar, rue Richard Wagner. Le compte est établi au nom de Reppel Maria Elisabeth. Il est bloqué par la Police d'État jusqu'à nouvel ordre. Si le comportement de Reppel Maria Elisabeth née Schwartz demeure politiquement irréprochable jusqu'au terme du 16 août 1946 (!), le déblocage sera prononcé, et le titulaire du compte pourra alors disposer librement du compte, y compris les intérêts acquis jusqu'à cette date. Par contre, en cas de nouveaux manquements à l'attitude à tenir, la totalité de la somme sera versée à la NSV[5]. N° du compte : 105 257.

Colmar, 16 août 1943. »

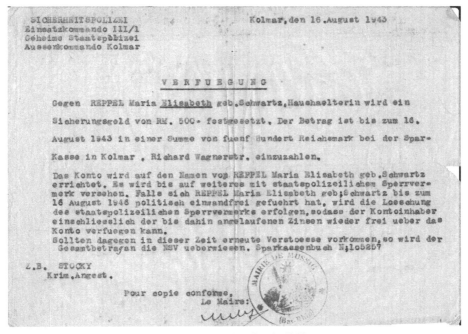

L'ordonnance du 16 août 1943.

Cruelle période de souffrances morales pour une veuve dont cinq des six garçons sont partis.

---

5 Les Saisons d'Alsace n° 44…, *op. cit.*, p. 110 : « NSV, *NS-Volkswohlfahrt* : solidarité populaire nationale socialiste. »

Chapitre 4

C'est la guerre

Le baptême de feu n'allait pas tarder. Trois heures s'étaient à peine écoulées dans la froide nuit polonaise que le train était en flammes.

C'est mal parti, et la neige s'installe Samedi matin 27 novembre, 10h

„Stehen gerade mit dem Zug in Dresden. Es gab Kaffee und Suppe. Es war eine unruhige Nacht. Der Zug ging um halb 11 los und um halb 2 stand schon ein Wagen mit 30 Männer in Flammen ohne, dass der Zugführer etwas merkte. Alles musste in voller Fahrt herausspringen. Es gab Verwundete und schwere. Vier sind überhaupt nicht mehr herausgekommen. Es gab eine starke Verspätung und die anderen mussten auf der Strecke aufgesucht werden, 3 Km zurück. Von den vielen Verwandten, die beim Abschied waren gestern, habe ich keine einzige Träne gesehen. Es beginnt auch schon gut zu schneien. Kann gut werden. Ich schreibe morgen wieder. Es geht mir gut. Also küsse ich dich herzlich chérie. Auf Wiedersehen, Maurice."

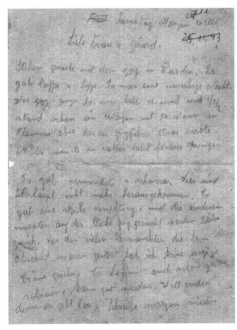

Lettre de *Dresden* après la première nuit.

« Notre train est à l'arrêt à *Dresden*. On nous a servi du café et de la soupe. Ce fut une nuit agitée. Le train est parti à 22h30 et déjà à 1h30 un wagon avec 30 hommes à bord était en flammes sans que le conducteur du train ne s'en aperçoive. Tous durent sauter du train à pleine allure, il y eut des blessés, certains graves. Quatre de nos camarades ne purent même plus sortir. Le train a pris beaucoup de retard car il fallut rechercher les autres à l'arrière, sur 3km. Parmi les personnes présentes hier à la soirée d'adieu, je n'ai vu aucune verser une larme. De plus il se met à neiger. Cela s'annonce bien. J'écrirai de nouveau demain, je vais bien. Je t'embrasse tendrement, au revoir. Maurice.»

Mon père envoie chaque jour une lettre au cours de cet interminable trajet qui dure une semaine entière depuis leur départ le samedi 27 novembre jusqu'au samedi 4 décembre à Welikije Luki au nord de *Witebsk* / Vitebsk, en Russie. Remarquons qu'il utilise toujours l'orthographe allemande de *Witebsk* (avec W).

- Dimanche matin 28/11, 10h, 1er dimanche d'Avent : « Nous sommes arrêtés à *Litzmannstadt*. Nous ne manquons de rien. C'est le 1er dimanche de l'Avent et je pense à ce même dimanche de 1941, où nous étions loin d'imaginer chose pareille. Je prie beaucoup, le temps ne nous manque pas et les nuits sont longues. »

Litzmannstadt est localisée sur la carte III à 115 km environ au sud-ouest de Varsovie. Papa devait certainement penser souvent au 27 novembre 1941, date de leur mariage.

- Lundi 29/11, 11h30 : « Il neige depuis ce matin et nous ne verrons probablement plus d'autres paysages. Hier à 16h nous étions à Varsovie. La gare est immense. Nous avons reçu une demie livre de saucisse et du beurre, je ne manque de rien. Dommage pour toutes ces cigarettes. Peut-être pourrais-je les échanger contre des œufs à notre arrivée.

Les lettres sont souvent parties plusieurs jours après avoir été écrites. Exemple la lettre oblitérée le 30. 11. 43, avec la mention manuscrite écrite par ma mère : « écrite le 21 nov., reçue le 8 déc. ».

- Mardi 30/11, 9h : « Je ne sais pas si toutes les lettres te parviennent. Durant ces 15 derniers jours, j'ai écrit quotidiennement, et si c'est possible je continuerai de le faire. Envoie-moi les nouvelles de la maison quand tu auras ma nouvelle adresse. Ah, que j'ai bien fait d'être resté deux jours supplémentaires avec vous lors de la dernière permission. Te souviens-tu des belles journées, voici deux ans ? Sur ce trajet je ne manque pas de temps pour y penser ; surtout le soir, quand paisiblement les paupières me tombent et que de douces pensées vont vers vous. *„Erst jetzt werden die Gefühle kommen, was Heimat und Familie ist. Und die langen Abenden."* C'est maintenant seulement que les sentiments de mal du pays et de nostalgie de la famille nous envahissent. Et ces longues soirées. Reste gentille, chérie et ne fais de tort à personne. »

Nous approchons de l'hiver russe　　　　　　Mercredi 01/12, 9h1/2. Minsk

„Da wir in einer größeren Stadt angekommen sind und Pause machen, will ich an euch denken. Wir rücken so langsam dem russischen Winter zu… Mach diese Briefe nur gut abseits, es sind Erinnerungen für später. Wir sind gespannt, nach welcher Richtung wir von hier fahren, nördlich oder östlich?… Wo werden wir auch das Weihnachtsfest feiern?… Gérard bleib brav, denn der Sankt Nikolaus kommt zu dir und bringt dir etwas… Wir sind in Minsk."

« Comme nous traversons une grande ville et que nous sommes à l'arrêt, mes pensées s'envolent vers vous. Nous nous rapprochons de l'hiver russe… Conserve soigneusement ces lettres, ce sont de précieux souvenirs. Dans quelle direction partirons-nous d'ici, le nord ou l'est?… Où fêterons-nous Noël?… Gérard, sois bien gentil, Saint-Nicolas passera bientôt et t'apportera quelque cadeau… Nous sommes à Minsk. »

Un petit sapin sur le wagon　　　　　　　　Jeudi 02/12, 13h. Orscha

„Wir machen kurz halt. Ich habe gerade gegessen, es war gut. Hab Wurst auf dem Ofen mit Zwiebeln gebraten. Fett haben wir genug, Schweinefett und auch Margarine und Butter sowie feister Speck. Schnaps ganze Flaschen. Gestern Abend ging es wieder lustig zu bei manchen. Es hat heute Morgen auch wieder geschneit. Ich glaube, dass es nach Witebsk geht. Ich sehe bald wie ein Wilder aus mit meinem Bart? Gewaschen haben wir uns jeden Tag. Ein kleines Tannenbäumchen ist am Wagen, Zeichen der kommenden Zeit. Also, chérie, es geht wieder los, ich küsse dich herzlich."

« Nous marquons un bref arrêt. Je viens de manger et c'était bon. Sur le poêle j'ai fait rôtir de la saucisse avec des oignons. Nous avons assez de graisse, du saindoux, de la margarine et même du beurre, ainsi que du lard gras. Et des bouteilles de schnaps. Hier soir certains d'entre nous étaient bien gais. Ce matin il a de nouveau neigé et je crois que nous allons vers *Witebsk*. J'ai presque l'air d'un sauvage avec ma barbe, mais nous faisons notre toilette quotidienne. Un petit sapin est dressé sur notre wagon, Noël approche. Nous repartons, chérie, je t'embrasse. »

Bravant la censure, papa a ajouté au coin de la page et en petits caractères, à la fin de chaque lettre, le nom de la ville traversée, nous permettant ainsi la reconstitution de son périple au jour le jour.

L'immense forêt russe Vendredi 03/12, 9h

„*Nun gibt's wieder eine kleine Pause, denn wir sind in einem größeren Bahnhof angekommen. Den Namen darf ich dir nicht schreiben **im Brief**, du weißt Bescheid darüber. Es geht noch alles gut bis jetzt. Von hier aus noch 70-80 Km mit der Bahn… Wir sind jetzt schon acht Tage unterwegs. Es ging schnell vorüber, denn um 3 Uhr wird's Nacht bis morgens 6 Uhr. Wir haben schon 4 Tage nichts wie Wald gesehen, nur wenige Dörfer, und was für Häuser, und die Menschen. Wir glauben nicht, dass wir noch Post bekommen vor Weihnachten. Ich würde schon zufrieden sein mit einem Brief für das Weihnachtsfest. Sonst nichts Neues, es ist finster in diesem Stall. Auf Wiedersehen.*"

« Encore une petite pause à l'arrivée dans une grande gare dont je ne peux pas t'écrire le nom **dans la lettre**. Tu sais. Jusqu'à maintenant tout va bien. À partir d'ici, il restera 70 - 80 km à parcourir en train. Cela fait huit jours que nous sommes partis. Les journées passent vite car la nuit tombe dès 15h et jusqu'à 6h du matin. Nous ne voyons que des forêts depuis quatre jours, peu de villages, et quelles maisons ! Et les populations ! Nous ne pensons pas recevoir du courrier avant Noël ; une seule lettre me donnerait déjà beaucoup de bonheur. A part cela, rien de neuf, il fait nuit dans cette étable. Au revoir. »

Après la guerre papa nous avait souvent décrit les contrées traversées, vastes étendues de forêts en Pologne, de forêts et marécages en Russie. Il demeura marqué toute sa vie durant par l'extrême pauvreté de ces populations. D'ailleurs il en reparlera à plusieurs reprises dans les lettres.

Secteur de Welikije Luki en Russie Dimanche soir, 05 décembre 1943, 19h

„*Da ich nun endlich in einer Unterkunft bin, will ich dir auch gleich die neue Adresse schicken. Gestern habe ich nicht geschrieben, denn es war ein schwerer Tag für alle. Kamen am Morgen 5 Uhr mit der Bahn an, dann mit Sack und Pack 5 Km, dann die Einteilung, und nochmals aber ohne Sack 20 Km im Schnee, und Wege wie der Hessenweg zu Hause, nur schlechter. Zum Glück ist es gefroren, denn es ist lauter Sumpf hier. Es ging heute wieder los mit Marsch, und nun sind wir soweit. Gut, dass ich alles heimschickte, was hier überflüssig ist, denn es geht Morgen in den Graben und da hat man nur wenig auf sich. Edmond wird es wissen. Der Abschnitt hier ist aber ziemlich ruhig, heißt es. Ich habe gerade die Wäsche gewechselt, habe beide Finettes an und auch Pullover, sowie gute Knieschoner, ganz gute Kopfschützer und das ganze Pelzkleid mit Filzstiefeln. Es darf schon ziemlich kalt werden. Wir sind in einer warmen Baracke, und ich bin froh darüber. Es war heute Sonntag und ich habe den ganzen Morgen gebetet. Wir drei Elsässer haben uns zusammen gemacht in einer Kompanie, sowie etliche Lothringer.* **Hier ist alles öde und leer.** *Ich bin froh, schlafen zu gehen, ich bin müde heute Abend. Der 4. Dezember gedenkt mir. Ich schreib dir morgen oder übermorgen von der Stellung aus. Mach dir keine Sorgen und bete, es ist die einzige Rettung. Grüsse deine Eltern. Lasse Gérard auch hinüber gehen. Bleib brav Gérard, was macht der Diane? Gut' Nacht chérie, Maurice."*

« Me voilà enfin dans un abri et je t'envoie de suite mon adresse. Je n'ai pas pu écrire hier, car la journée a été très dure pour tous. Nous sommes arrivés à 5h par le train et avons marché 5 km avec notre paquetage. Puis, répartis dans les différentes unités, nous avons encore marché 20 km, sans nos sacs, dans la neige sur des chemins pires que le chemin de Hessenheim. Heureusement le sol est gelé car il y a des marécages partout. Aujourd'hui encore nous devions marcher et nous voilà arrivés. Il est bon d'avoir renvoyé tous les articles superflus à la maison, car à partir de demain nous serons dans la tranchée. Edmond doit savoir. On nous dit que ce secteur est relativement calme. Je viens de me changer, j'ai mis mes deux sous-vêtements et les pulls, ainsi que les protège-genoux et de bons passe-montagnes, mon manteau de fourrure et les bottes feutrées. Me voilà équipé. Nous sommes dans une baraque chauffée et j'en suis bien content. Aujourd'hui dimanche j'ai prié toute la matinée. Nous sommes trois Alsaciens rassemblés dans la même compagnie avec quelques Lorrains. **Une immense solitude nous entoure ici**. Je suis fatigué et content d'aller me coucher. Je me souviendrai de ce 4 décembre. Ne te fais pas de soucis, notre unique salut est dans la prière. Donne le bonjour à tes parents et laisse Gérard aller chez Mama. Sois gentil, Gérard, comment va notre chien Diane ? Bonne nuit, chérie, Maurice. »

Dans notre abri, enfin Lundi soir 06 décembre, 2h

„Liebe Frau und Gérard,
Bin nun in meiner Stellung angekommen. Gott sei Dank, dass wir endlich da sind, und mit knapper Not doch zwei Elsässer zusammen geblieben. Wie die Kameraden sagen, sind wir in ziemlich ruhiger Stellung. Besser als wenn ich nach Kiev oder Smolensk gekommen wäre. Ich habe die letzte Nacht gut geschlafen, und hier ist es auch warm. Wir haben Feuer. Ich glaube, dass wir nicht schlecht gefallen sind, wenn es doch so sein soll. Natürlich darf man hier nichts Besseres verlangen, ich weiß halt nicht, wo wir das verdient haben. Aber du weißt, ich bin mit allem zufrieden. Gute Kameraden und schon geht's, und eine warme Hütte, nur noch die Post. Meine Löhnung bekommst du zugeschickt, wir bekommen sie nicht hier, es gibt etwa 2,20 RM pro Tag.

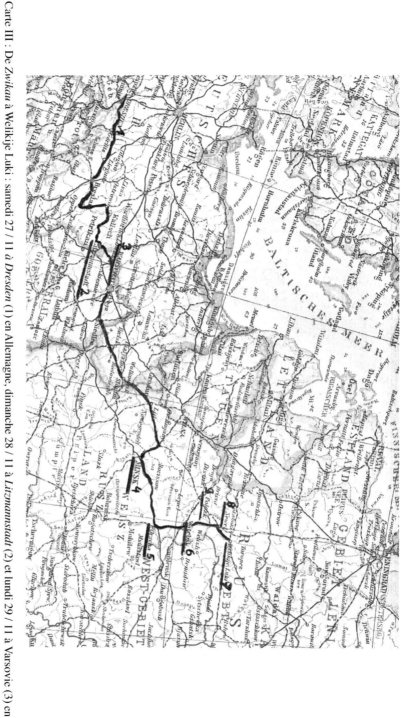

Carte III : De *Zwikau* à Welikije Luki : samedi 27 / 11 à *Dresden* (1) en Allemagne, dimanche 28 / 11 à *Litzmannstadt* (2) et lundi 29 / 11 à Varsovie (3) en Pologne, mercredi 01 /12 à Minsk (4), jeudi 02 / 12 à Orscha (5), vendredi 03 /12 à *Witebsk* (6) en Biélorussie / *Weissrussland*, Russie Blanche, samedi 04 / 12 à Welikije Luki (7) et *Newel* (8) en Russie. Polozk (9) en Biélorussie figure également sur la carte.[1]

1 Dr. H. Haack ..., 1942, *op. cit.*, p. 42.

Schreib mir auch die Adresse von Edmond. Leider haben wir Mäuse hier, ich muss machen, dass der Speck wegkommt. Will schließen, denn die Wache beginnt um 4 Uhr im Graben. Die schöne Schrift ist nebensächlich. Ich küss dich herzlich."

« Ma chère femme, mon cher Gérard,
Me voilà enfin dans ma position, Dieu merci. Nous sommes encore deux Alsaciens. D'après nos camarades, la position est relativement calme. C'est toujours mieux que d'être à Kiev et Smolensk. J'ai bien dormi la nuit dernière et l'abri est chauffé. C'est peut-être pas trop mal, puisqu'il le faut. **Je n'attends pas mieux et ne sais vraiment pas où nous avons mérité ceci.** Tu sais que je me contente toujours de mon sort, de bons camarades et un abri chauffé. Reste le courrier à venir. Ma solde d'environ 2,20 RM ne nous est pas remise ici, elle te sera envoyée. Malheureusement des souris ont trouvé refuge chez nous, il est temps que je mange mon lard. Je termine car je prends mon tour de garde à 4h. Tant pis pour la belle écriture. Je t'embrasse tendrement. »

Trois lettres envoyées de Witebsk et Welikije Luki avec les indications des lieux sous le rabat des enveloppes :
- bonsoir chérie, je t'aime, et priez toujours, Weliki Luki, je t'aime toujours. (Le lecteur remarquera l'erreur dans l'orthographe de Welikije Luki)
- *Küss dich, chérie, Witebsk, geht so, chérie* / je t'embrasse, chérie, Vitebsk, ça va, chérie.
- *bei Weliki Luki* / près de Welikije Luki.

Carte de la Poste aux armées / *Feldpost* expédiée le lundi 06 / 12 signalant sa nouvelle adresse :
Soldat Moritz Reppel, 26399D.
Précisons que toute autre mention telle que Schütze / Chasseur, Reiter / Cavalier, Kanonier / Canonier, Pionier / Pionnier, Funker / Télégraphiste entraînait le rejet de l'envoi. Seules étaient autorisées les mentions de grades tels que Soldat / Soldat, Gefreiter / Caporal, Unteroffizier / Sous-officier, Feldwebel / Capitaine, Leutnant / Lieutenant.

Dans la tranchée depuis hier soir. La guerre Mardi 07 décembre, 10h

„*Hab dir gestern geschrieben, aber der Brief ist nicht mehr fort gegangen, er ist jetzt dabei. Ich bin noch gesund und munter. Seit gestern Abend im Graben, wie es mir gefällt, wirst du wissen. Es ist Krieg. Es herrscht seit gestern Tauwetter, und alles ist nass und schmierig. Und Regen dabei. Es muss aber trotzdem gehen, und geht auch. Keine Angst chérie... Ich will schließen, denn ich will mich etwas hinlegen, bin noch kaputt von dem letzten Marsch. Also auf Wiedersehen.*"

« Je t'ai écrit hier soir, mais la lettre n'est plus partie. Je la joins à celle-ci. Je suis encore en bonne santé et dispo. Je suis dans la tranchée depuis hier soir, tu peux t'imaginer mon moral. C'est la guerre. Dehors c'est le dégel, tout est mouillé et boueux. De plus il pleut. Mais il faut l'accepter. N'aie de crainte, chérie… Je termine, je vais m'allonger un peu, encore épuisé par la dernière marche. Au revoir. »

Le même jour 07 / 12, papa écrit à sa mère et ses frère et sœur Robert et Hélène. La lettre est partie avec le cachet du 12 / 12. Il y reprend la description de la tranchée et du paysage de collines et marécages, totalement inhabité, d'où émerge rarement une baraque vide. Papa n'a plus de courrier depuis le 12 novembre et regrette de n'avoir plus qu'un seul camarade alsacien avec lui. Tous ont été séparés. Il est dans la tranchée depuis la veille. C'est le dégel, il pleut et tout est boueux. Le calme est relatif, le schnaps et le vin ne manquent pas. Il pense qu'Edmond est en permission et que le tour de Julien viendra bientôt. Il espère des nouvelles pour Noël, prie beaucoup et veut rester confiant.

Les jours suivants, papa écrit encore trois lettres :

- Mercredi 08 / 12 : « Envoie-moi des bonbons contre la toux, tu en trouveras certainement au magasin, ce serait heureux d'avoir quelque fois un bonbon à sucer durant ces longues nuits ou gardes. J'attends des nouvelles de notre village, si possible avant Noël. »

- Vendredi 10 / 12 : « Nous avons reçu des bottes fourrées toute neuves, elles nous protègent bien du froid. J'ai une bonne paire et voudrais bien la ramener chez moi. Je pense souvent à ces belles journées et soirées qu'on pourrait maintenant passer ensemble, avec du vin à la cave, les bonnes pommes frites et soupes, et tout le reste. C'est à pleurer, quand on y songe. Je prie presque des nuits entières dans les tranchées. J'ai toujours le missel et le chapelet avec moi. Je suis prudent, même si l'ennemi ne nous tire pas toujours

Lettre du mardi 7 / 12 à la mère.

dessus quand il nous a repérés. Deux de nos camarades lorrains de 18 ans se sont déjà bien manifestés lors des attaques. »

- Samedi 11 /12, 11h. : « Je viens d'écrire à Marcel, car Noël approche. Le froid est encore supportable et je n'ai pas beaucoup à écrire. D'ailleurs je ne veux pas te faire de la peine. Je t'embrasse, ton chéri qui t'aime. »

Mon père ne pouvait évidemment pas évoquer l'état de guerre qu'on pressent dans les lettres, les nuits entières dans les tranchées, les camarades lorrains au combat, la prudence, les Russes qui nous voient... c'est la guerre... La semaine suivante allait être terrible. Nous ne disposons d'ailleurs plus de courrier jusqu'à la date du 22 / 12.

Quarante années plus tard, en décembre 1983, dans un article écrit en allemand et publié dans l'hebdomadaire alsacien « L'Ami du Peuple », papa a relaté avec une extrême précision ce douloureux mois de décembre.

« Décembre 1943 sur le front de l'Est.

À l'intention des lecteurs de l'Ami du Peuple, je veux relater ici mon premier mois en Russie, comme incorporé de force.

Le 27 novembre nous traversions *Zwickau* en Saxe en chantant et notre bataillon de marche fut embarqué à la gare dans des wagons pour bestiaux. Nul ne savait la destination, mais il devint bien vite évident que c'était vers l'Est. Le 3 décembre, nous fûmes déposés près de *Newel*[2] au nord de Vitebsk et répartis dans différentes unités. Aucune compagnie ne pouvait compter plus de trois Alsaciens. L'hiver était bien installé et la couche de neige atteignait un mètre lorsque nous avons rejoint nos tranchées. Notre moral fut bien vite ébranlé quand les occupants des tranchées s'étonnaient de notre arrivée en renfort, alors que l'encerclement était sur le point de se refermer sur eux. Et le soir, chacun dans son trou, à la lumière d'une bougie, s'empressa d'écrire à la maison pour donner sa nouvelle adresse. Presque chacun avait femme et enfant et c'était aussi mon cas.

De l'ennemi en face nous arrivait un immense vacarme, car il y avait des Mongoles dans leurs rangs. Les jours suivants, nous fûmes souvent attaqués. L'encerclement se refermant toujours davantage, ordre nous fut donné le soir du 15 de rassembler toutes nos affaires et de nous retirer vers l'avant-poste de commandement de la compagnie. À notre arrivée c'était la confusion totale et tout était en flammes. Nous dûmes tout abandonner et brûler, car à une heure du matin, nous devions rompre l'encerclement. Disposés en files indiennes, il fallut passer à l'attaque après une violente préparation d'artillerie. Très vite, nous entendions les cris des premiers camarades fauchés par les mitrailleuses. Les orgues de Staline tiraient dans notre direction, causant beaucoup de victimes. Il n'y avait plus de refuge, pas d'infirmier, aucun secours, que de la neige, des morts et des blessés autour de nous. Chacun ne pouvait plus compter que sur soi-même. À l'aube vers trois heures, nous avions enfin taillé une brèche dans l'encerclement. La terreur prit fin et l'on entendit soudain, en pleine campagne, les survivants chanter tous ensemble *« Grosser Gott, wir loben dich /* Grand dieu, nous te louons ». Tout était encore sens dessus dessous au lever du jour, lorsque les chefs des compagnies

---

[2] Sur la carte, *Newel* apparait entre Welikije Luki et *Witebsk*, à environ 100 km de la Lettonie / *Lettland*.

rassemblèrent leurs hommes sous un hangar, de notre compagnie il en resta seize. Lorsqu'il me repéra, il m'appela et me fit part de son étonnement de me voir revenu, lui qui pensait que j'allais filer chez les Russes, étant déclaré politiquement non fiable. Nous devions alors nous replier quelque peu afin de reconstituer les défenses près du front. Mais il n'était pas question d'espérer du courrier, bien que celui-ci fût vivement attendu car Noël était arrivé entre temps et nous étions le 24 décembre. Notre compagnie organisa une petite fête de Noël, nous avons reçu du gâteau de Noël et une bouteille de champagne Eugène Cliquot pour deux. Le soir, nous étions regroupés autour de la même table et chacun écrivait chez lui. J'ai glissé dans ma lettre une petite branche de sapin ainsi que l'étiquette de la bouteille de champagne que nous conservons toujours avec les 375 lettres envoyées. Quelle immense joie aussi lorsque je reçus le même jour la première lettre de ma famille, chacun pleura et embrassa cette lettre, d'autant plus que c'était la veille de Noël.

Mais les évènements allaient se bousculer et le lendemain matin à 9 heures c'était déjà le branle-bas de combat, le bruit circulant que les Russes auraient percé. Nous fûmes chargés sur des camions et déposés sur le front. Un silence total régnait dans le camion, la plupart priaient et pensaient à leurs familles qui fêtaient Noël à l'église. Trois heures plus tard nous étions déposés en rase campagne, tout blanc vêtus. Nous devions nous enfoncer dans la neige et attendre l'ennemi. Heureusement que les Russes ne vinrent pas, le lendemain on vint nous rechercher. Quelques-uns d'entre nous avaient déjà les pieds gelés. Nous nous sommes regroupés dans une vieille maison abandonnée par les Russes, non loin du front. Les jours suivants furent assez calmes et chacun put se reforger un peu le moral.

Etiquette de la bouteille de champagne Eugène Cliquot : une bouteille pour deux soldats distribuée le 24/12/1943. Elle porte la mention : « Réservé à la Wehrmacht, achat et revente interdits, WEHRMACHTSMARKETENDERWARE IM FREIEN HANDEL VERBOTEN »

C'est à la Saint-Sylvestre qu'il y eut du nouveau. À l'appel du matin le capitaine demanda des volontaires afin de constituer une troupe de choc pour le soir. Ils devront rechercher le contact avec l'ennemi. Il n'y eut évidemment aucun volontaire et 15 hommes furent désignés. La liste fut affichée à midi et j'en fis partie. Je pensais que cette fois-ci tout était fini et je m'allongeais dans la paille pour prier. Lorsque le capitaine passa, il me dit simplement que cela ne servirait à rien. On nous annonça qu'il n'y aura plus rien à manger, pour le cas où quelqu'un serait blessé au niveau du ventre.

Nous devions rendre toutes nos affaires et ne gardions sur nous que le fusil, les munitions et les grenades. Nous sommes donc partis à 9 heures du soir, dans la nuit silencieuse, enfoncés dans la neige. Le capitaine partit devant, suivi de la mitrailleuse. De temps en temps fut tirée une balle éclairante pour tromper l'ennemi. Nous avions aussi emmené un traîneau afin de ramener les éventuels blessés. Nous entendions à présent très bien l'ennemi en face, mais aucun coup de feu ne fut tiré. Soudain une mine explosa et trois d'entre nous furent projetés en l'air. Nous nous trouvions dans un champ de mines et l'alerte fut déclenchée aussitôt chez les Russes. Ils tirèrent des fusées éclairantes et leurs mitrailleuses ratissèrent toute la zone. Chacun se tapit profondément dans la neige, il fallut attendre. Le capitaine était blessé et le mitrailleur mort. Il était de Hanovre et devait partir en permission le 1er janvier comme blessé de guerre. Tard dans la nuit, quand le calme fut revenu, nous nous faufilions de nouveau vers l'arrière, emportant sur le traîneau le camarade mort et le capitaine blessé. Plusieurs lettres envoyées entre le 22 et le 31 décembre font état de ces combats et laissent deviner leur violence. La journée de 16 / 12 est aussi signalée par les autorités allemandes comme *Nahkampftag* / Journée de combat rapproché, à Choljawki.

Il était 3 heures du matin, nous étions épuisés et nos pensées vides. »

Vœux de Noël et Nouvel An Mercredi 22 décembre

„Liebe Frau und Gérard. Da das Weihnachtsfest naht sowie das neue Jahr, wünsche ich dir, chérie und Gérard viel Glück und Segenswünsche, sowie

deinen Eltern, denn das Briefpapier fehlt. Werden das Weihnachtsfest hier in Ruhe feiern, denn wir sind es bedürftig. Bete und danke Gott, dass der erste Sturm so vorbei ging, ohne göttliche Hilfe hätte ich es nicht überstanden. Schade für die Kameraden, die nicht mitgekommen sind..."

« Ma chère femme, mon cher Gérard. Comme Noël et Nouvel An approchent, je vous souhaite beaucoup de bonheur et de bénédictions. Transmets ces vœux à tes parents, car le papier à lettre manque ici. Nous allons fêter Noël dans le calme, nous en avons bien besoin. Prie toujours et remercie Dieu de m'avoir épargné durant ce premier assaut. Sans l'aide divine, je ne l'aurais pas surmonté. Je suis peiné pour les camarades qui n'en sont pas revenus... »

J'ai pleuré de fatigue lors de l'assaut du 16 décembre.   Vendredi
24 décembre, midi

„Ich komm gerade von der ersten Feier. Ich war beim Bataillon als Gast zum Weihnachtsfest. Es waren nur wenige. Rote Kreuz-Schwestern waren da und es gab alles, Schnaps, Brötchen und Zigarren. Hatte ein Buch darin, und Briefpapier, Bonbons genug. Um 4 Uhr geht die Feier in der Kompanie los. Da gibt's noch mehr. Und jetzt habe ich mit Freude drei Briefe von dir chérie erhalten, mit Tränen in den Augen aus lauter Freude, denn ich habe doch noch nicht daran gedacht. Ich habe dir 2 Karten geschrieben. Ich habe schwere Tage mitgemacht, denn ich war bei Newel in einem Kessel. Wir haben uns gut durchgeschlagen, ich dachte schon Weihnachten bei den Russen zu feiern. Viele Kameraden sind zurückgeblieben, denn es lag Schnee bis an die Knien hoch, Tropfen sind gefallen, Schweiß, und ich habe immer Schnee gegessen aus lauter Durst. Wenn ich wieder daheim zum Weiher komme, trink ich ihn aus bis ich umfalle. Zwei Tage ohne Tee und Wasser. Bin froh, dass der Magen es ausgehalten hat und dass ich wieder Briefpapier habe. Geküsst habe ich die ersten Briefe heute. Leider geht's Morgen wieder fort, aber Kopf hoch, chérie und nicht gleich verzagen. Habe das Versprechen gemacht, dass, wenn ich gesund zurück komme, ich jeden Monat die Heilige Kommunion empfange. Soeben kommen Flaschen Champagner, eine Flasche pro Mann und auch Wein. Ich bleibe aber immer beim Verstand. Ich habe es gesehen bei dem Angriff, viele hatten Flaschen Schnaps, kamen aber nicht weit damit. Ich habe während dem Angriff gebetet, obwohl ich manchmal aus lauter Müde weinte. Die Taschen sind voll Bonbons und Schokolade, aber dabei das Messbuch und den Rosenkranz. Ich denke an euch heute Abend, du wirst doch dem Gérard ein Bäumchen gemacht haben. Ich mache ein Tannenästchen von unserem Baum dazu, halte es in Ehren. Grüsse auch deine Eltern."

Vœux de Noël de la part des Sœurs de la Croix-Rouge.

« Je rentre de la première fête de Noël. J'étais invité au bataillon. Nous n'étions pas nombreux. Les sœurs de la Croix-Rouge étaient présentes et nous ne manquions de rien, du Schnaps, des petits gâteaux et des cigares, un livre, du papier à lettre et des bonbons. À 16 heures démarre la fête dans notre compagnie. Nous serons encore gâtés davantage. Et voilà que j'ai reçu trois lettres de toi chérie, j'ai pleuré de bonheur car je ne les attendais pas encore. Je t'ai adressé deux cartes. J'ai passé des journées très dures car nous étions encerclés par l'ennemi près de *Newel*. Nous nous sommes bien battus, mais je pensais déjà qu'on allait fêter Noël chez les Russes. Avec de la neige jusqu'aux genoux, beaucoup de nos camarades n'en sont pas revenus. Nous avons sué et de soif j'ai dû manger de la neige. Quand j'aurai l'occasion de retourner à notre étang, chez nous, je le viderai entièrement jusqu'à perdre connaissance. Deux jours sans thé ni eau, je suis heureux que mon estomac ait supporté cela. Enfin j'ai de nouveau du papier pour écrire. De bonheur j'ai embrassé les lettres. Dommage de devoir repartir dès demain, mais garde confiance et ne désespère pas. J'ai fait vœu d'aller communier tous les mois si je reviens vivant d'ici. À l'instant arrivent les bouteilles de champagne, une par personne et d'autres vins. Mais je reste raisonnable. Je l'ai bien constaté lors de l'assaut, nombreux étaient ceux qui avaient leur bouteille de schnaps, mais elle ne leur fut d'aucun secours. Au cours de l'attaque j'ai prié, tout en pleurant parfois de fatigue. Mes poches sont remplies de bonbons et de chocolat, avec le missel et le chapelet. Je pense à vous ce soir, tu as certainement dressé un sapin pour Gérard. Je joins une petite branche de notre sapin à cette lettre, conserve-la. Donne le bonjour à tes parents. »

Sans position fixe, du côté de *Witebsk*   Lundi 27 décembre, midi

„*Habe nur wenig Zeit zum Schreiben, denn wir haben keine feste Stellung, wir sind jeden Tag irgendwo anders. Ich habe gestern Abend drei Briefe von dir erhalten, sie sind vom Freitag und Samstag 17. und 18. Das Tabakgeld hast du erhalten, 140 RM. Kauf mit dem Geld was es für den Hof gibt. Beim oberen Tabak gibt's mehr… Habe am 24. ein Paket fortgeschickt mit Rauchwaren und eine Tafel Schokolade für Gérard und Germaine. Ich hoffe, dass es ankommt, denn die Schokolade hätte ich auch gern selber gegessen… Bonbons brauchst du mir keine zu schicken, ich habe den ganzen*

Beutel voll. Ein Fläschchen Alcool de Menthe Ricqulès vielleicht. Hatte ein wenig von einem Kamerad, es ist sehr gut, wenn es einem schwach vor den Augen wird. Gib die Zigaretten der Mama, sie soll sie dem Marcel schicken. Ist unser Weizen auch noch vor dem Winter in die Höhe gekommen? Wir sind in der Nähe von Witebsk, wir haben keinen sicheren Ort, aber die Feldpost Nummer bleibt immer dieselbe. Keine Angst wenn die Post nicht kommt, denn es ist nicht mehr die Kaserne…"

« Je n'ai que peu de temps pour écrire, car nous n'avons pas de position fixe et sommes tous les jours ailleurs. Trois lettres datées des 17 et 18 me sont parvenues hier. Je lis que le tabac a déjà été payé, 140 RM. Si tu le peux, achètes un équipement pour la ferme. La vente des feuilles supérieures rapportera davantage. Le 24 j'ai expédié un paquet avec du tabac et une tablette de chocolat pour Gérard et Germaine. J'espère qu'il arrivera, j'aurais aimé garder le chocolat pour moi… Ne m'envoie pas de bonbons, mon sac en est plein. Peut-être un flacon d'alcool de menthe Ricqulès, un camarade m'en a donné et c'est revigorant quand on se sent faible. Donne les cigarettes à ma mère afin qu'elle les envoie à Marcel. Notre blé a-t-il encore pu lever avant l'hiver ? Nous sommes à proximité de *Witebsk,* sans position précise, mais le numéro de secteur postal reste inchangé. Pas de peur donc si le courrier ne suit pas, ce n'est plus la caserne… »

Ce même jour lundi 27, papa envoie encore une lettre à ses beaux-parents dans laquelle il revient de nouveau sur les circonstances de la terrible nuit du 15. On reste étonné que la censure ne fût pas plus stricte à ce moment.

„ Liebe Schwiegereltern,
… Ich habe wieder einmal Chance gehabt, ich dachte schon, Weihnachten in Gefangenschaft zu feiern. Am 15. wurde der Kessel bei Newel zugemacht und am 16. ging's mit Hurrah los, unsere Kompanie an der Spitze, zum Angriff, entweder oder, und alles im Schnee bis an die Knie und unter Stahlregen. Mancher Kamerad ist zurückgeblieben, alles war todmüde als wir ankamen. Aber die Mutter Gottes hat mir geholfen. Natürlich habe ich nichts mehr gehabt als meine Kleider am Leib und die Waffe. Habe auch kein Soldbuch mehr, aber das ist alles zu ersetzen, die Hauptsache ist die Haut.
Wir dachten dann, es geht eine Zeit zurück, aber am Morgen den 25. ging's wieder nach vorn, denn der Russe drückt nach. Es war keine fröhliche Weihnacht… Es geht aber alles vorüber, ich habe immer Vertrauen im Gebet… Die Gedanken sind immer daheim bei euch, besonders beim lieben Gérard. Da muss man hart sein, kalt ist es nicht, Gott sei Dank, denn es ist kein Spaß, wenn man unter freiem Himmel liegt. Nochmals viel Glück und Segen zum Neuen Jahr."

« Mes chers beaux-parents,

... La chance était de nouveau à mes côtés et je pensais déjà passer Noël en captivité. L'encerclement près de *Newel* s'est refermé sur nous le 15, et le 16 nous sommes passés farouchement à l'attaque, notre compagnie en tête. C'était pile ou face, dans la neige et sous un déluge d'acier. J'ai perdu de nombreux camarades et au bout, nous étions tous morts d'épuisement. Mais Marie mère de Dieu m'a protégé. Il ne me restait que mes vêtements et mon arme, j'y ai aussi perdu mon livret militaire. Mais tout ceci n'est rien, l'essentiel est d'être sain et sauf.

Nous pensions alors reculer un peu, mais au matin du 25 nous sommes repartis à l'attaque, car le Russe avançait. Ce n'était pas un joyeux Noël... mais tout ceci passera, je prie et reste confiant... Mes pensées sont avec vous et avec mon cher Gérard. Il faut être fort pour endurer tout cela. Heureusement qu'il ne fait pas froid, ce n'est pas vraiment réjouissant quand on est couché dehors à la belle étoile. Je vous souhaite encore une fois bien du bonheur pour la nouvelle année. »

Au cours des quatre derniers jours de cette année 1943, papa écrit encore quatre lettres, dont deux très longues, traduisant toutes le mal du pays, l'éloignement des familles, la souffrance morale des soldats sur le front, l'inquiétude pour les camarades du village également incorporés.

- mardi 28 / 12, matin : « Enfin j'ai de nouveau pu dormir au chaud sous un toit, me raser, me laver et prendre une soupe bien chaude. Je me sens tellement mieux. Il nous est interdit de boire l'eau d'ici, nous passons outre. J'attends toujours avec impatience les nouveautés du village. Tu écris que les Haug sont sans nouvelles de leurs fils depuis longtemps, mets-toi à leur place. Tout est possible, mais gardons espoir. Couvre les pommes de terre à la cave quand il gèle ainsi que les pommes au grenier. Ah que j'aimerais emmener Gérard en traîneau. As-tu offert un petit cadeau à Gérard ? Voici l'adresse de la femme Suzanne Graff de mon camarade d'Eckbolsheim... »[3]

- mercredi 29 / 12, midi : « Je viens d'écrire à Julien. Si la paix pouvait se faire pour Pâques, comme tu l'écris. Malheur au tonneau de vin à la cave, si je reviens de cette guerre... »

- jeudi 30 / 12, midi : « Les camarades reçoivent de nombreux paquets. Hier j'ai de nouveau pu avoir un nécessaire de toilette, à savoir un rasoir avec un pinceau et des lames ainsi qu'une brosse à dents et du dentifrice, le tout

---

[3] Le camarade Frédéric Graff est né le 01/11/1920 à Eckbolsheim. Blessé en juin 1944, il est reparti probablement au front d'après les lettres ultérieures de mon père de juin et octobre 1944. Décédé à Strasbourg le 26/06/2009. Son épouse Suzanne Graff née en 1922 est décédée à Strasbourg le 17/11/2007.

pour 2RM à déduire de ma solde de décembre. J'espère être rentré pour l'été, que Robert pense à nous procurer la semence pour les carottes. J'ai le temps long après la famille, mais après ce mois de décembre viendra bien le beau mois de mai… »

- vendredi 31 /12, 9 h du matin : « Je viens de recevoir deux lettres datées du dimanche 19 et lundi 20. Quelle Saint-Sylvestre ! Tu voudrais que je te relate toutes les péripéties du front. Cela est impossible et d'ailleurs interdit. J'ai pensé à vous dimanche 19 aux heures de midi, lorsque nous avons pris d'assaut le village occupé par des bandes qui ont pris la fuite. Tu m'écris que Eugène a été blessé dans le secteur de *Newel*, les combats étaient violents et je les ai vécus également. Donne les bonbons à Gérard, nous en recevons ici tous les jours. Le traditionnel gâteau sec aux poires (*Beerawecka* en alsacien) me manque cette année ainsi que les petits gâteaux aux noix (*Nussabredla*). En as-tu confectionné ? Les camarades partagent volontiers le contenu de leurs paquets. Tu me relates les faits arrivés à Henri Stocky ; il faut savoir que l'automutilation entraîne l'exécution. Et Julien doit être intégré dans un bataillon de marche, lui non plus n'a pas de chance. Vous avez un temps printanier, chez nous il neige sans arrêt. Tu t'inquiètes à cause des marécages, mais en hiver c'est moins risqué. Pourtant j'ai pu voir des chevaux disparaître totalement dans les marécages lors du dernier assaut. Je reste prudent. Tu voudrais que je t'indique les noms des localités, crois-tu que nous sommes toujours cantonnés dans des villages ? Là je suis dans une maison, enfin une baraque. Mais dans chaque maison est accroché un tableau de piété, j'ai vu les gens prier le soir. J'ai bon appétit et je me fais tous les jours un plat de pommes de terre. Donne le tabac à Ernest et Emile Schreiber, j'en reçois chaque jour. Voici donc une longue lettre, la dernière de l'année. Demain je penserai à vous quand vous serez à la messe, au repas de midi, et davantage encore le soir quand tu seras toute seule dans la salle à manger. Ah le vin chaud et les petits gâteaux secs, et un bon lit bien chaud après ! J'espère revivre ces moments, le curé a bien raison d'appeler toujours à la prière, surtout en ces circonstances. Et dire que la guerre est dans sa cinquième année. Dieu soit loué, nous n'avons pas été incorporés plutôt. Je pense souvent à notre petit Gérard. Nous recevons pas mal de gâteaux, ainsi que les paquets destinés aux camarades tombés ou blessés qui nous sont redistribués. Je termine en joignant à la lettre l'étiquette de la bouteille reçue à Noël et vous embrasse tendrement. »

Un fait évoqué dans cette longue lettre du 31 nécessite des explications :

Henri Stocky, de la classe 1943, incorporé en octobre 1942, a effectivement profité d'une permission pour se brûler volontairement les pieds dans de l'eau bouillante, espérant ne plus devoir repartir au front. Hospitalisé

---

4 Patrimoine… n° 3, *op. cit.*, p. 57. Plus tard, en permission, il s'est caché et n'est plus reparti.

à l'hôpital militaire à Sélestat, il fut ensuite affecté dans une compagnie disciplinaire pour tentative d'automutilation. Il racontait que dans cette compagnie ils devaient se coucher par terre et étendre les mains pendant que d'autres soldats devaient leur passer dessus avec des bottes cloutées.[4]

Papa demande encore à maman de donner le tabac qu'il envoie à Ernest et Emile Schreiber, deux oncles, les frères de sa belle-mère Catherine Schmitt.

Ainsi s'achève cette année 1943, nul n'entrevoyait une fin à courte échéance, malgré le débarquement des Américains en Sicile et en Italie, malgré la capitulation des Italiens. Sur le front russe la *Wehrmacht* jetait toutes ses forces, il fallait tenir à tout prix. Elle incorporait tous les hommes valides en Allemagne et dans les territoires annexés. Le secteur de *Newel - Witebsk* a connu une forte pression en cette fin d'année 43, après l'offensive menée par le Général Sokolovsky en direction de la Dvina et Smolensk au cours de l'été (Cf. carte IV, ch. 5). L'année 1944 ne se présentait pas favorablement, elle sera longue et terrible.

CHAPITRE 5

AU CŒUR DE L'HIVER, DES CORPS DUREMENT ÉPROUVÉS

Le grand froid, les tempêtes de neige, les mouvements incessants des troupes et les attaques répétées éprouvent les organismes qui souffrent des premières engelures. En ce début de l'année 1944, Papa écrit plusieurs longues lettres. Sa volonté de surmonter ce cruel destin n'est pas ébranlée, il faut tenir.

Vœux de Nouvel An   Samedi 1ᵉʳ janvier 1944, 11h, au sud de Witebsk

„*Meine liebe Frau und Gérard,*
Zuerst wünsche ich dir nochmals viel Glück und Segen zum Neuen Jahr, obschon wir soweit getrennt sind. Ich war auf Wache von 10 bis 12, die letzten Stunden im alten Jahr, und von 4 bis 6 hatte ich die erste im neuen Jahr. Ich war bei dir daheim im Gedanken und auch im Gebet. Ihr seid soeben in der Kirche daheim, nachher wird der kleine Gérard mit Freude das Neue Jahr holen und dann an seinen lieben Papa denken, dem es nicht gegönnt ist, das Neue Jahr mit euch anzufangen. Ich denke, du hast auch dem Germaine etwas Richtiges gegeben. Wir haben hier auch eine Sonderzuteilung, es gab Kartoffeln mit Fleisch und eine schöne Portion Pudding. Es gab auch noch ein Stück Stollen, 10 Rollen Bonbons, Schokolade, Brötchen und auch 5 Paketen Zigaretten, Zigarren und Tabak. Weiß nicht wohin mit allen diesen Rauchwaren. Es hat noch eine schöne Portion Rum gegeben, ich kann dir sagen, es hat mir gut geschmeckt, das alles. Ich wünsche mir auch Post für heute Abend, gestern gab's keine. Bin froh, wenn diese Festtage vorbei sind, denn es macht einem nur Weh. Ich schließe diesen Brief in der Hoffnung, dass uns das Neue Jahr wieder glücklich und gesund zusammenführt, um nachher miteinander in Frieden zu arbeiten. Denn wenn man die Leute hier sieht, wie die leben, du hast keine Ahnung. In den Dörfern steht kein Haus wie das unsere daheim, du würdest staunen. Diese Menschen sind aber mit dem zufrieden, die kennen nichts anderes. Nur gut, dass ich Briefpapier vom Roten Kreuz bekommen habe."

« Mes bien chers,
D'abord, je vous envoie encore une fois mes vœux de bonheur et ma bénédiction pour le Nouvel An, malgré la séparation. J'étais de garde les

Emballage de la tablette de chocolat pur cacao et sucre reçue au front, le 31 décembre 1943.

dernières heures de l'année, de 10h à minuit, puis de 4h à 6h en ce premier jour de l'année. En pensée et en prière, j'étais parmi vous. Vous êtes certainement à la messe à cette heure-ci, puis le petit Gérard ira chercher le Nouvel An en pensant à son cher papa qui n'a pas le bonheur de commencer l'année avec vous. J'espère que tu as aussi gâté Germaine. Nous avons également eu droit à une attention spéciale, avec pommes de terre, viande et une grande portion de pudding. Nous avons même reçu un morceau de gâteau, 10 rouleaux de bonbons, du chocolat, des petits gâteaux secs ainsi que 5 paquets de cigares, cigarettes et tabac. Je ne sais plus où ranger tout ceci. Et une belle quantité de rhum, je peux t'assurer que cela m'a fait grand bien. J'espère recevoir du courrier ce soir, je n'en avais pas hier. Je serai bien content quand ces journées de fêtes seront passées, c'est bien pénible. Je termine en espérant que cette nouvelle année nous réunira heureux et en bonne santé, afin de pouvoir travailler en paix. Tu ne peux imaginer dans quelle pauvreté vit la population ici, aucune maison comme la nôtre dans ces villages, tu serais bien étonnée. Mais les gens s'en contentent, ne connaissent rien d'autre. Heureusement que la Croix Rouge nous a donné du papier à lettres. »

Attaque de nuit Dimanche 2 janvier, 10h30

„... Es ist halt wieder Sonntag, aber hier merkt man es nicht. Ich habe zwei Briefe von dir erhalten, du klagst, dass du keine Post von mir hast. Das waren die Tage vom Durchbruch, vom 12. bis 20. Dezember, wo ich nicht schreiben konnte. Du warst leider an den Weihnachtstagen ohne Post, das ist schwer aber nicht zu ändern. Du hast mir auch eine schöne Karte geschrieben zum Geburtstag. Gewiss ein schönes Lebensalter, 28 Jahre. Schade um die jungen Jahren. Haug Eugène ist auch wieder an der Front, hat auch keine Chance. Louise wird sich auch Kummer machen deswegen. Die Front ist eben groß und der Gegner noch stark. Die 3 Klassen sollen auch heute fort, schreibst du im Brief. Ist aber so. Du warst auch bei Cetty, wenn nur einmal etwas dabei ist, denn es fehlt noch viel. Kauf was du kannst für den Hof, ich brauch kein Pfennig hier. Es gab gestern Abend noch eine Überraschung ; ich musste nämlich mit auf Stosstruppe, was nicht angenehm ist. Es ging aber gut vorbei.

Wir kamen um 3 Uhr zurück. Ich habe mich mit einem Becher Schnaps gut erwärmt. **Es wütete ein kalter Schneesturm.** *Das ist alles für heute. Auf Wiedersehen."*

« … Encore un dimanche, journée ordinaire. J'ai reçu deux lettres dans lesquelles tu te plains de n'avoir pas de nouvelles pendant le temps de Noël. C'était durant les journées d'offensive du 12 au 20 décembre. Impossible d'écrire. Et tu m'as envoyé une belle carte pour mon anniversaire. 28 ans, voilà certes un bel âge, mais des années de jeunesse perdues. Eugène Haug est de nouveau au front, pas de chance pour lui, Louise doit se faire des soucis. Le front est vaste et l'ennemi encore puissant. Tu écris que trois nouvelles classes s'apprêtent à partir, on ne peut y échapper. Tu as été chez Cetty, si enfin tu pouvais acquérir quelque matériel pour la ferme, ce sera utile car il manque encore beaucoup. Ici je n'ai pas besoin d'argent. Encore une surprise hier soir ; je dus partir avec un groupe de choc, ce qui n'est pas de tout repos. Mais cela s'est bien passé et nous sommes rentrés à trois heures. Je me suis réchauffé avec un gobelet de schnaps. **Une tempête de neige glaciale faisait rage.** C'est tout pour aujourd'hui, à bientôt. »

Papa reste toujours soucieux pour sa petite exploitation agricole qu'il souhaitait ardemment développer au retour de la guerre ; c'est dans ce but qu'il conseille à maman de saisir chaque occasion d'achat de matériel chez le sélestadien Cetty. Il s'agit ici certainement de Paul Cetty, né à Sélestat le 16 juin 1886, gérant de profession dans les registres du « Dénombrement de la population en 1936 », comptable sur l'acte de décès le 21 mai 1946. Il venait fréquemment au village pendant la guerre, notamment chez l'oncle de maman Joseph Schreiber, à l'écoute des besoins de la population en matériel agricole. Travaillait-il pour le compte de l'industriel allemand Sack, venu s'installer à Sélestat au début de la guerre dans les bâtiments de l'usine Dromson, route de Colmar ? Les établissements Sack, filiale d'une entreprise de Leipzig, fabriquaient des machines agricoles destinées aux populations de l'Ukraine qu'Hitler avait envahie pendant l'été 1941 (opération Barbarossa). Le Grand Reich avait besoin des riches terres céréalières de l'Europe centrale, ainsi que du pétrole de la Caspienne. Certains Sélestadiens se souviennent de longues files de charrues alignées devant l'usine, à la Libération, après le départ de Sack.

Dans la neige et le froid   Dimanche 9 janvier, matin 8h

„Will heute früh anfangen, sonst bekommt man keine Zeit dazu. Hab gestern Abend mit Freude 7 Briefe von dir erhalten. Ich bin froh, dass das Paket von Mielec ankam, sowie die Kiste und alle Briefe von Zwickau… Mit

dem Tabak habt ihr gut abgeschnitten, auch mit den Krumpen. Edmond hat dir auch manches von der Front erzählen können, das kann jeder, der hier war. Katel hat auch alles von Eugène zurückbekommen, das ist nicht gut. Du schreibst auch, dass Hikel zur Front kam, da wird keiner verschont... Habe immer guten Mut und gute Hoffnung für die Zukunft. Wir waren nämlich acht Tage im Einsatz, und da kann man nicht gut schreiben. Es war alles zu kalt gewesen und immer viel Schnee. Es weht draußen auch wieder ein starker Schneesturm. Es gab schon etliche mit Erfrierungen hier... Ich werde auch heute ein Paket mit Rauchwaren dem Cyrille schicken, denn es gibt immer viel. Gérard hat einen Baukasten und ein Schiff bekommen. Ich möchte, ich wäre bei euch. Kommt aber alles wieder. Grüsse und küsse euch recht herzlich."

« Je veux vous écrire tôt le matin, sinon ce ne sera plus possible. J'ai reçu avec joie sept lettres hier soir et je suis content que tout vous soit bien arrivé, le paquet envoyé de Mielec, la caisse avec mes affaires et les lettres de *Zwickau*... Le tabac vous a été bien payé à la livraison, ainsi que le rebus. Edmond a pu te donner bien des nouvelles du front, chacun ici pourra en parler. Katel[1] a reçu les affaires d'Eugène, ce n'est pas bon signe. Tu m'écris aussi que Hikel est parti au front, nul n'est épargné... J'ai toujours bon moral et confiance. Nous étions de nouveau engagés durant huit jours, il n'est pas aisé d'écrire. Il faisait trop froid, avec de la neige en abondance. La tempête de neige souffle violemment dehors. De nombreux camarades souffrent déjà d'engelures... J'enverrai un paquet avec du tabac pour oncle Cyrille, on en reçoit beaucoup ici. Gérard a eu un jeu de construction et un bateau. Je voudrais tellement être parmi vous. Mais cela viendra bien. Je vous embrasse tendrement. »

La crainte des engelures Lundi 10 janvier, matin

„Will dir auch heute schreiben, denn wenn wir wieder vorn sind, geht's doch nicht gut. Es ist momentan ziemlich ruhig hier. Ich liege südwestlich von Witebsk. Es fährt morgen einer auf Urlaub, der die Briefe mitnimmt. Die sind alle ein Jahr ohne Urlaub, ich glaub aber nicht, dass es bei mir solange dauert, hoffe dass der Frieden vorher kommt. Unsere Väter waren auch weit fort von zuhause weg und auch lang, und haben die Heimat wieder gefunden. Alle diese Briefe, chérie, sind Erinnerungen für später, wenn wir wieder friedlich beisammen sind... Mit Ungeduld warte ich auf ein Weihnachtspäckchen mit guten Nussbrötchen, es ist wieder etwas von daheim, chérie. In eines oder zwei kannst du Speck dazu machen, und auch etwas Faden und Nadel. Mach auch ein Messer dazu, denn ich habe mein Sackmesser verloren. Ich bin nicht weit

---

[1] Il s'agit ici de la mère de Eugène Losser, Catherine (diminutif allemand Katel). La famille habitait en face de la boulangerie. Cf. aussi notes (3) ch. 2 et (1) ch. 6.

*von Schowolino, **es weht ein starker Schneesturm**, habe Angst um meine Füße diesen Winter, obschon ich gute Stiefel habe. Es sind schon da mit Erfrierungen. Die Verwundeten kommen auch nie alle zurück ins Reich, es muss einer Chance haben. Ein Kamerad mit einem Oberarmschuss war nach drei Wochen wieder hier. Das ist alles für heute, schreibe mir immer die Neuigkeiten vom Dorf. Grüsse deine Eltern. Ich küsse dich herzlich, Maurice."*

« Je t'écris aujourd'hui, car devant, au front, ce n'est guère possible. La situation est relativement calme. Je suis en position au sud-ouest de *Witebsk*. Un camarade partant demain en permission emmènera nos lettres. Ceux-ci ont plus d'un an de service sans permission, mais je ne crois pas qu'il en sera ainsi pour moi ; j'espère qu'ils feront la paix avant. Nos pères aussi étaient partis longtemps, avant de retrouver la « *Heimat* ». Toutes ces lettres seront nos souvenirs plus tard, quand nous serons à nouveau réunis paisiblement… J'attends impatiemment un paquet de Noël avec les petits gâteaux secs aux noix, cela vient de la maison, chérie. Tu pourras également mettre un peu de lard dans l'un ou l'autre, ainsi que du fil et des aiguilles, et un couteau car j'ai perdu mon couteau de poche. Notre unité est proche de Schowolino, c'est la tempête de neige. Je crains pour mes pieds cet hiver, bien que je porte de bonnes bottes. Tous les blessés ne sont pas rapatriés en Allemagne, bien heureux ceux qui le sont. Un camarade blessé au haut du bras est revenu au front après trois semaines. C'est tout pour cette fois, écris-moi toujours les nouvelles du village et donne le bonjour à tes parents. Je t'embrasse tendrement, Maurice. »

Au village, d'autres jeunes gens sont incorporés   Mercredi 12 / 01, midi

„… Der Schmitt Eugène ist auch eingezogen und noch welche, das macht dem Maria sicher auch Kummer… Wer musste noch alles fort ? Mach nur, dass bei Cetty alles klappt, auch eine Egge oder ein Rührpflug. Schick mir auch etwas Süßstoff, Saccharin , und kauf mir eine Mappe für Briefpapier. Schick mir die Adressen von den beiden anderen, Edmond und Julien. Edmond ist später fort, ich hätte es auch nicht anders gemacht bei diesem Fest, denn er weiß, wie es draußen zugeht. Ihr habt schönes Wetter, hier geht's noch so, nur immer Schneestürme, heute ist es klar und kalt. Bin gespannt, ob das Paket mit der Schokolade ankommt, der Gérard wird sich freuen…"

« … Eugène Schmitt[2] a été incorporé, ainsi que d'autres, voilà qui causera du souci à Maria… Et qui encore ? Arrange-toi avec Cetty, pour que

---

2 « Eugène Schmitt, de la classe 1933, était le mari de Maria, née Horny. Fait prisonnier, il est mort à Tambov, le 15 septembre 1945. » *In* : Patrimoine… n°3, *op. cit.*, p. 61. Papa parlera encore de la future naissance de sa fille dans la lettre du 26 mars et, dans les lettres des 10 et 17 mai 1944, d'une permission obtenue en mai.

tu puisses avoir une herse ou une bineuse. Envoie-moi des sucres, des saccharines, ainsi qu'une chemise pour mon papier à lettres. Et les adresses d'Edmond et Julien. Edmond est reparti plus tard, j'aurais fait de même en cette période festive, car il sait ce qui se passe au front. Il fait beau chez vous, ici nous avons toujours des tempêtes de neige, aujourd'hui il fait clair et froid. J'attends de savoir si le paquet avec le chocolat est arrivé, Gérard s'en réjouira… »

Toujours avec vous en pensées　　　　　　　　　Vendredi 14 janvier, 11h

„… *Wenn es geht, wird immer geschrieben, denn man fühlt sich daheim beisammen, wenn man schreiben kann. Obschon die Gedanken immer daheim sind, was macht ihr jetzt ? Wie geht's euch ? Und wo ich geh und steh, wenn ich nicht an euch denke, mahnt es mich zu beten. Und so vergeht ein Tag nach dem anderen… Ich erwarte mit nächstem auch einen Brief von Marcel. Es werden auch wieder drei andere Klassen bei euch gemustert. Im Frühjahr ist niemand mehr da, wenn nichts anders kommt. Es wird all diesen ungewohnt vorkommen, und noch in die Waffen SS. Na, ich musste auch gehen…*"

« … Je vous écris chaque fois que c'est possible, car on se sent alors réunis chez soi. Bien que mes pensées soient toujours avec vous. Que faites-vous, comment allez-vous ? Où que je sois, si je ne pense pas à vous, je me sens appelé à prier. Ainsi passent mes journées, les unes après les autres… J'attends une prochaine lettre de Marcel. Avec ces trois nouvelles classes qui sont appelées, il n'y aura plus personne au village au printemps, si rien ne change. Ceux-là aussi ne seront pas à la fête, et dans les *Waffen SS* ! Enfin, moi aussi, j'ai dû partir…»

Joie dans la tranchée ! Les lettres et paquets sont arrivés　　Lundi
17 janvier, 11h30

« Ma chère femme, mon cher Gérard,
C'est avec joie, puis-je dire, que j'ai reçu hier soir à 8h30 les premiers paquets, les deux grands et trois petits. Tout était bien conservé. Quelle joie un dimanche soir quand on est dans la tranchée au front. J'ai presque tout mangé de suite. Les petits gâteaux aux noix étaient délicieux, et les barres de chocolat dont tu as privé Gérard ! Le lard aussi est bienvenu, mais n'en envoie pas trop car je n'ai que ma musette avec moi, elle contient également le nécessaire de toilette, car on ne reste jamais longtemps en position. Hier soir j'avais encore attendu ces paquets, en prière dans la tranchée une demi-heure auparavant. En même temps j'ai reçu trois lettres et j'étais avec vous en pensée pendant une heure. Une d'elle du 5 janvier était postée à Sélestat. Tu m'envoies de l'alcool

de menthe, des lames de rasoir. Et j'apprends que les contacts avec Cetty sont bons. L'autre lettre date du 21 décembre. Elles arrivent toutes. Tu penses que si j'étais dans la situation de Steinmetz Albert, ce serait meilleur. Je n'en ai aucune envie et n'ai qu'un espoir, celui de rentrer sain et sauf. Toutes les balles ne touchent pas leur but. Si cela pouvait finir pour mars comme tu le penses, tous sont au front en ce moment. Je suis de garde dans ma tranchée, tout est calme, il ne fait pas froid. Et c'est plus tranquille dans un abri au chaud qu'à l'arrière. Mais pas question de se montrer, donc j'ai du temps pour écrire. Nous resterons seulement quelques jours, puis nous nous retirerons. Je t'écrirai alors de nouveau. Le lard suffit pour quelque temps, deux beaux morceaux que je vais attaquer dès que je rentrerai à l'abri. Je peux manger à toute heure, c'est essentiel. Je suis content que nous ayons un poêle maintenant, ainsi pouvons-nous réchauffer nos repas. Sinon rien de neuf ma chérie. Je termine et prends encore mon missel. Mes mains prennent froid. Hier j'ai reçu également une lettre de Jeannel[3] de Schiltigheim. Encore rien de Marcel. Je termine et t'embrasse. Bonjour Gérard, les bonbons et le chocolat sont bons. »

Dans la lettre du 19 / 01, papa écrit que tous ceux qui ont participé à la percée du front à *Newel* ont reçu une gratification de cinq Reichsmarks. Dans celle du 20 / 01, il signale avoir reçu neuf lettres à la fois, ainsi qu'une autre de Marcel Schreiber qui évoque une fin proche des combats. Il demande des nouvelles de Henri Stocky. Il explique aussi la disparition de son livret militaire, resté au bureau de la compagnie où tout fut détruit dans l'incertitude de l'issue des combats en décembre.

---

3 La cousine Jeannette Schwartz.

Sous le rabat de l'enveloppe: retrait de 80 km et relève !   Samedi
22 janvier, midi

„Bin gerade auf Wache hier im Graben, aber die letzte hier, heute Abend geht's zurück, ist gut, denn der Bunker steht voll Wasser. Hab gestern 5 Briefe erhalten, vier von dir und einer von drüben. Deine sind vom 8., 10., 11., 12. Januar. Es geht euch noch gut. Du hast jetzt den Pflug erhalten, schmier das Pflugeisen ein. Ein Schnitzler wäre auch gut, du musst danach laufen. Du meinst auch eine Chaise - longue, die kann man in die Stube stellen unter den Spiegel, in der Küche ist wenig Platz… Ihr müsst auch bald wieder den Tabak anmelden. Ich weiß nicht, wieviel du dieses Jahr neben den Karotten pflanzen kannst. Man kann nicht sagen, der Krieg ist vorbei, obschon wir es hoffen. Wie machst du es mit dem Pflügen dieses Stückes ? Ich werde ihr schreiben, wo Robert noch ein wenig Mist hinfahren soll, und dass er das Stück auf der Dornsheck pflügt, obschon es doch Gerste mit etwas Salz und Ammoniak gibt. Du hast auch etwas gemerkt in der Nacht vom 15. - 16. Dezember, das ist das Gewissen, das manches macht. Du meinst auch nichts verheimlichen, man darf nicht alles schreiben in den Briefen, chérie. Und der alte Ebner dürfte das Ende auch nicht mehr sehen. Will schließen, denn die Finger sind kalt. Herzliche Grüsse und Küsse, ton chéri qui t'aime."

« Je suis de garde dans la tranchée, mais c'est la dernière fois ici. Nous nous retirons ce soir, heureusement, car l'abri est inondé. Cinq lettres sont arrivées hier, dont quatre de toi datées des 8, 10, 11, 12 janvier et une d'en face. Vous allez bien. La charrue t'a été livrée, n'oublie pas de graisser le soc. Essaie de voir si tu peux également acheter un hachoir de paille. Tu penses à une chaise-longue, nous pourrions la placer dans la salle à manger sous le miroir, la cuisine est trop étroite. Il vous faudra bientôt déclarer la prochaine plantation de tabac, je ne sais pas combien tu pourras planter en plus des carottes. On ne peut savoir si la guerre sera finie, bien que nous l'espérions tous. Comment feras-tu pour le labour de ce champ ? Je vais leur écrire, préciser à Robert où mettre encore du fumier et lui demander de labourer le champ de la Dornsheck,[4] bien qu'il pourra donner de l'orge avec un apport de sel et d'ammoniaque. Tu as remarqué quelque chose dans la nuit du 15 au 16 décembre, c'est la voix intérieure qui parle. Tu penses toujours que je ne dois rien te cacher, mais nous ne pouvons tout écrire, ma chérie. Et le vieux Ebner[5] ne verra pas la fin de la guerre. Je m'arrête, mes doigts sont glacés. Je vous embrasse, ton chéri qui t'aime. »

---

[4] Dornsheck (la haie d'aubépine) est un lieu-dit au sud du village.
[5] Joseph Ebner, né en 1864, est décédé le 12 janvier 1944. Il était le grand-père de Charles Ebner, fossoyeur au village après la guerre.

Sous le rabat de l'enveloppe de cette lettre figure l'inscription au crayon :
« *Es geht 80 Km zurück. Ruhe. Ganze Ablösung.* - Nous reculons de 80 km. Repos. Relève totale. »

Le lecteur se rendra compte que le courrier était acheminé relativement vite, environ dix jours entre l'Alsace et le front de Russie. Les détails sur la conduite de l'exploitation au printemps à venir ne manquent pas, ni pour l'acquisition de nouveau matériel. Quand papa parle dans ses lettres « d'en face », il s'agit de la maison familiale des parents, la boulangerie ; Robert devait certainement être sollicité souvent par maman pour de nombreux travaux agricoles, il n'a que 17 ans.

Retour au calme Mardi 25 janvier, 18h

„ *Jetzt kommen wieder ruhige Tage. Wir waren drei Tage auf Marsch nach einer Ruhestellung, wo wir einige ruhige Wochen verbringen können, wenn nichts vorkommt… Es waren zwei mühsame Tage, am Sonntag und Montag, denn die Wege sind sehr schlecht mit nassem Schnee. Kein trockener Fuß, denn wir hatten Tauwetter. Es geht schon lustig zu im Quartier. Will zuerst wieder eine Nacht schlafen, man ist aber vom Ungeziefer gequält. Es gibt auch neue Wäsche, ich habe noch die erste an, kein Wunder…*"

« Voici revenir des journées plus calmes. Nous avons marché trois jours durant vers cette position, où nous espérons passer quelques semaines tranquilles, si rien ne vient les perturber. C'était pénible, dimanche et lundi, les chemins sont boueux et la neige mouillée. C'est le dégel et nous avons les pieds trempés. La bonne humeur est revenue. J'aimerais bien dormir de nouveau une nuit entière, mais on est tourmenté par la vermine. Nous recevrons de nouveaux sous-vêtements, je porte encore les premiers, pas étonnant… »

Pauvreté extrême Mercredi 26 janvier, 19h

„…*Draußen schneit es und wir sitzen in einer warmen Russenbude. Werde jetzt Wache nehmen bis 8Uhr10 und dann geht's aufs Strohlager bis 7*

Uhr. Doch wieder ruhige Nächte hier, man weiß halt nicht wie lange. **Wenn du, chérie, diese Armut sehen würdest hier bei diesen Leuten, du würdest staunen, die kennen kein Vergnügen.** Hier sieht man, was man daheim hat, oder wie viele Kameraden, die aus Leipzig sind, und keine Nachrichten von daheim haben. Hoffen, dass das nicht bei uns vorkommt. Gerade kommt Post an, ein Brief von dir vom 15. Januar und einer von drüben. Mimi ist jetzt entlassen. Gott sei Dank. Du hast jetzt fünf Pakete unterwegs, es ist nicht schlecht. Mama hat auch wieder geschickt…"

« …Il neige et nous sommes regroupés au chaud dans une baraque russe. Je m'en vais prendre ma garde jusqu'à 20h10, puis m'allonger sur mon tapis de paille jusqu'à 7h. Enfin des nuits de nouveau calmes, mais pour combien de temps ? **Chérie, si tu voyais la grande misère de ces gens ici, tu serais frappée de stupeur, ils ne connaissent aucune satisfaction.** Ainsi peut-on mesurer son propre bonheur chez soi. Ou encore le malheur de ces nombreux camarades de *Leipzig* qui sont sans nouvelles de chez eux. Espérons que nous serons épargnés. À l'instant je reçois du courrier avec une lettre du 15 janvier et une autre de Mama. Mimi est enfin libérée, Dieu soit loué. Tu as expédié cinq paquets, c'est bien. Mama également m'en a envoyé… »

La souffrance des soldats allemands au front, originaires de *Leipzig*, est sûrement aggravée par l'absence de nouvelles de leurs familles touchées par les bombardements répétés de cette ville.

Suivent deux lettres des 27 et 28 janvier : « Nous avons obtenu la solde, 2,50 RM par jour, j'ai 220 RM sur moi, je ne sais quoi en faire. Le reçu du dernier envoi m'a été remis, 88,55 RM… Encore une courte lettre, car nous sommes de nouveau sur le départ. J'ai enfin pu prendre un bain et obtenir des sous-vêtements frais. »

Beaucoup de nouvelles du village　　　　　　　　Samedi 29 janvier, 17h30.

„…Habe das 2. kleine Paket erhalten, es ist alles noch gut, Nussbrötchen, alcool de menthe, Zucker und Brustzucker. **Die Brötchen sind schon weg, ich habe den armen Kindern da auch etwas davon gegeben, die sehen nie so was.** Die sitzen den ganzen Tag oben auf dem Ofen, barfuss und nur Lumpen an, keine Kleider, aber doch sauber… Die Kost ist hier bedeutend besser als hinten im Reich… Der Tod hält auch Ernte bei euch momentan. Der Eugène Engel ist zurückgestellt worden, ist auch nicht recht, sowie Charles Fahrner. Wie du schreibst, ist auch Maria Horny in anderen Umständen, ich hatte nichts davon gemerkt letztes Mal, und auch Maria Losser, aber Léonie Goetz schon wieder, doch etwas stramm das, ist ihr Mann noch da? Habe soeben ausgesetzt mit dem Schreiben und eine Platte Kartoffeln gebraten. Die *anderen singen und flöteln. Madeleine Pfaltz soll auch soweit sein. Eugène Losser und René Schneider sind auf Urlaub momentan, die haben es auch verdient. Du hast auch wieder 78RM erhalten, kauf nur immer die Nahrungsmittel, was es auf den Karten gibt, man weiß nicht, was nach dem Krieg kommt, man kann ja aufbewahren, es ist nie verloren. René Schneider war in Orscha gelegen, nicht mehr weit von hier. Gestern habe ich 12 Stunden geschlafen, von 6 bis 6. Man muss die Zeit ausnützen, denn vorn im Graben sind die Nächte lang genug."*

« … Ai reçu le second petit paquet, en bon état, les petits gâteaux secs aux noix, l'alcool de menthe, le sucre et le sucre de canne. **Les gâteaux sont déjà mangés, j'en ai donné une partie à ces petits, ils n'en voient certainement jamais.** Ils passent leur journée, assis en-haut du poêle, pieds nus, en haillons, sans vêtements, mais propres tout de même. Ici la nourriture est bien meilleure qu'à l'arrière, en Allemagne… Et la mort a fait sa moisson chez vous aussi.[6] Eugène Engel[7] a obtenu un sursis, ce n'est pas juste, ainsi que Charles Fahrner. Tu m'écris que Maria Horny[8] est enceinte, je ne l'avais pas remarqué précédemment. Et Maria Losser[9], de même que Léonie Goetz[10] à nouveau, voilà qui est dur pour elle. Son mari est-il déjà parti ? J'ai arrêté d'écrire, le temps de me préparer un plat de pommes de terre rôties. Les autres chantent et jouent de l'harmonica. Madeleine Pfaltz[11] est sur le point d'accoucher. Eugène Losser et René Schneider sont en permission, ceux-la l'ont bien méritée. Tu as aussi reçu 78 RM, achète autant de nourriture que le permettent les cartes, on ne sait pas de quoi l'après-guerre sera fait. Ce n'est jamais perdu. René Schneider était à Orscha, pas loin d'ici. Hier j'ai dormi 12h durant, de 6h du soir à 6h du matin. Mieux vaut profiter du temps présent, car dans la tranchée au front, les nuits sont terriblement longues. »

Dimanche 30 janvier, 15h30

"… Es ist heute ein ziemlich gemütlicher Sonntag. Ein wenig Dienst am Morgen, ich habe das Quartier gehütet und dabei die Heilige Messe gelesen. Heute Mittag haben wir genäht und ich habe das Finette gewaschen. Es ist alles sauber jetzt und wieder frei von Ungeziefer. Es ist uns ganz wohl. Momentan spielt alles Musik und singt, ein jeder hat einen Becher Schnaps

---

6 Papa apprend le décès récent de plusieurs personnes au village : celui de Joséphine Elisabeth Horny, née en 1878, célibataire, le 29/12/1943 ; celui de Joseph Ebner cité plus haut le 13/01/1944 ; celui d'Albert Keller, né en 1861, agriculteur et cordonnier, le 15/01/1944 et même jour celui de Marie Elisabeth Kessenheimer, épouse de Joseph Kessenheimer, père de Paul, née en 1872.
7 Eugène Engel, de la classe 1933, a obtenu un sursis, son père ne pouvant plus conduire l'exploitation agricole. N'a plus été incorporé. Est décédé le 25 décembre 2006.
8 Cf. note (2).
9 Il s'agit de l'épouse de Alphonse Meyer, née Losser. Cf. ch. 1940-1942.
10 Pour Léonie Goetz, ainsi que pour Losser Maria, aucune naissance n'a suivi. Maria Losser fera une fausse couche en mars.
11 Elle accouchera le 20 février d'une fille prénommée Gabrièle, décédée le 17 mars suivant.

vor sich. So geht's bei uns chérie, es gibt immer wieder fröhliche Stunden. Auf jeden Dezember folgt wieder ein Mai, auch für uns, und wenn die Tage auch noch so trübe werden. Du meinst, es fehlen dir Briefe von anfangs Januar, wo ich doch vorn im Graben war und nicht geschrieben habe. Es waren doch schwere Tage im Schneesturm, ohne jede Wärme, ohne warmes Essen. **Habe heute noch kein Gefühl in den Zehspitzen.** *Die haben kalt bekommen, es geht aber alles vorüber. Es war an meinem Geburtstag gewesen. Aber das alles vergisst man wieder schnell… Wie du schreibst, war Frau Guidemann bei dir und der Mann hat immer noch mit dem Fuß zu tun. René Schneider war auch bei dir. Du willst auch wieder auf den Dusenbach gehen, es ist nie verloren…"*

« … Aujourd'hui dimanche, c'est assez tranquille. Un peu de service ce matin, la garde et du temps pour lire la messe. Cet après-midi nous étions occupés à la couture et au lavage des sous-vêtements. Tout est propre et nous sommes libérés de la vermine. On se sent de nouveau à l'aise. Tous chantent et jouent de la musique, chacun un gobelet de schnaps devant soi. Ainsi va la vie chez nous, chérie, et toujours reviennent des moments de gaieté. Après l'hiver viendra le printemps, pour nous également, malgré les journées sombres. Tu penses qu'il te manque encore des lettres de début janvier, alors que j'étais au front et ne pouvais écrire. Ces journées étaient dures, dans le froid et les tempêtes de neige, sans repas chaud. Aujourd'hui encore je n'ai pas retrouvé toutes mes sensations dans les pointes des orteils qui ont souffert du froid, mais tout passe. C'était lors de mon anniversaire (*le 4 janvier*). On oublie vite… Tu écris que Madame Guidemann[12] est venue te voir et que son mari a encore des problèmes avec son pied. René Schneider aussi est venu chez toi. Tu veux retourner au Dusenbach, ce n'est jamais perdu… »

Mardi 1er février, matin 6h

„Komm gerade von der Wache und will schnell einige Worte schreiben, denn es geht wahrscheinlich heute von hier fort, und vielleicht morgen mit der Bahn…"

« Je reviens de mon tour de garde et t'écris rapidement quelques mots, car nous partirons d'ici sans doute aujourd'hui, et peut-être demain par le train…»

30 km de marche nocturne Jeudi 03 février, 11h

„Es geht heute Abend in die Stellung, es scheint eine ruhige zu sein. Wir sind in der Nacht vom 1. auf den 2. Februar marschiert. Es waren 30 Km. Nur mühsam haben wir die letzten Km gemacht. Bei 15Km war die Feldflasche

---

[12] Aucune précision n'est donnée ; il s'agit probablement de la femme de Adalbert Guidemann de Bootzheim. Cf. ch. 2.

*schon leer. Habe aber immer gebetet. Ich dachte manchmal an die guten Trauben, als wir unseren Ausflug gemacht haben, und an den guten neuen Wein daheim. In den frühen Morgenstunden wurden wir mit der Bahn verladen, darf den **Ort im Brief** nicht schreiben. Die Bahnfahrt dauert nicht lange. Während der Fahrt hat es Post gegeben, zwei von dir und einen Brief von Mühlhausen. Habe geweint, als ich die Briefe gelesen habe. Es geht euch noch ziemlich gut, nur sind viele krank bei euch bei diesem Wetter... Der Gérard will auch immer rauchen, das darf er nicht, der junge Knirps. Es gibt jetzt warmes Essen. Und der Schwamberger musste auch fort, es ist auch ein schwerer Fall... Schick mir ein kleines Kalenderchen. Gestern war Lichtmess, ihr habt sicher gebetet... Habe immer Freude, wenn Briefe kommen, es sind Trostworte."*

« Ce soir nous rejoindrons notre position, elle semble calme. Nous avons marché toute la nuit du 1er au 2 février, 30km. Les derniers km étaient pénibles. Mon bidon était déjà vide à mi-parcours. J'ai prié tout le temps. Parfois je pensais aussi aux délicieux raisins que nous avons mangés lors de notre dernière escapade, ainsi qu'à ce bon vin nouveau à la maison. Aux heures matinales un train nous a emmenés vers un lieu dont je ne peux écrire le nom **dans la lettre**. Au cours du trajet, qui était bref, le courrier nous a été distribué. Deux lettres de toi et une de Mulhouse. J'ai pleuré en les lisant. Vous allez relativement bien, mais avec de nombreux malades par ce temps... Gérard veut déjà fumer, il n'en a pas le droit, ce jeune coquin. On nous sert maintenant un repas chaud. Et Schwamberger[13] doit partir, c'est dur également... Envoie-moi un petit calendrier. Hier vous avez certainement fêté en prière la « Purification ». C'est toujours réconfortant d'avoir du courrier. »

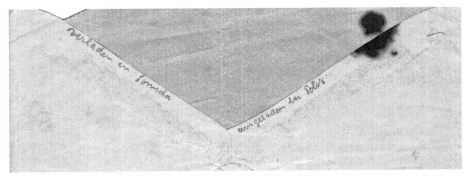

Lettre du 3 février dans laquelle la mention « dans la lettre » est soulignée. Le nom de la localité était écrit sous le rabat : « *Verladen in Lowscha, ausgeladen bei Poloz.* : Pris le train à Lowscha, déchargé à Poloz».

---

[13] *In* : Patrimoine..., cahier n° 3, *op. cit.*, p. 56. «De la classe 1945. Robert Schwamberger était à Minsk où il se battait contre les partisans. Est parti chez les Russes et a combattu avec eux comme soldat russe. Savait chanter en russe à son retour à Mussig en été 1945. »

Poloz, en fait Polozk, est localisé à environ 150 km au nord-ouest de *Witebsk,* sur la ligne ferroviaire reliant Smolensk en Russie à Riga en Lettonie. Cf. Carte III Ch. 4, Polozk (9).

Nouvelle position dans les marécages   Vendredi 04 février, matin, 9h

„Der erste Brief in der neuen Stellung, in welcher wir gestern Abend spät angekommen sind. Wir haben einen guten starken Bunker und ich glaube auch, in einer ruhigen Stellung zu sein. Gestern Abend fiel kein Schuss über die Stellung. Es ist aber lauter Sumpf vor der Stellung, wo momentan niemand durchkommt, denn wir haben Tauwetter, es hat gestern Abend geregnet, jeden Tag andere Witterung, nichts als Schnee und Tauwetter. Ihr habt auch so Wetter bei euch, es ist ungesund. Gib nur Acht bei euch, dass es nicht auf den Weizen im Häuschen regnet. Ich habe gestern Nacht während der Wache für mich gedacht, man könnte nachsehen, ob man das Dach vom Häuschen neu aufstellen kann, solange die Ziegel noch ganz sind. Das wäre eine Kleinigkeit, das Dach abzudecken, gut sauber machen, denn ich meine, dass die Zeiten nach dem Krieg gleich zum Bauen da sind. Und was man hat, muss man unterhalten, man könnte auch das Holz hinauf machen. Kannst du mal dem Schreiner etwas davon sagen, es handelt sich nur um ein paar Latten, der würde es schon selber machen. Und wenn's im Schopf durchregnet, musst du neue Schindeln stecken, das kann der Seppel machen. Schreib mir Bescheid, chérie. Man denkt an alles in der Nacht, so einsam auf der Wache… Bin auch gespannt, wie du mit dem Tabak fertig wirst und was es Geld gibt. Ich möchte auch gern wissen, wie man dem Marcel schreiben kann. Will schließen, chérie, denn ich muss auf Wache ziehen, draußen regnet es, wir haben aber einen warmen Bunker. Ich bin froh, dass unsere Gruppe so gefallen ist, habe einen guten Unteroffizier. Ich glaube, dass es immer noch besser ist als unten im Süden, wo wahrscheinlich der Julien ist. Das warme Essen kommt bis auf 150 Meter zu uns heran, denn es ist eine Waldstellung. Halte Ordnung im Hof. Der Gérard soll immer horchen und nicht rauchen, sonst schick ich die Schokolade dem Germaine das nächste Mal. Ton chéri…"

« Ma première lettre dans ma nouvelle position où nous sommes arrivés tard hier soir. Notre abri me paraît solide et la situation calme. Aucun tir n'a été remarqué. Devant l'abri, c'est un marécage infranchissable en raison du dégel, il a plu hier soir, le temps est très changeant, entre neige et dégel. Il en est ainsi chez vous, c'est mauvais pour la santé. Surveille bien le petit hangar, afin qu'il ne pleuve pas sur le blé. Cette nuit, durant ma garde, j'ai pensé qu'on pourrait restaurer le toit de cette construction, tant que les tuiles sont bonnes. Ce serait une petite affaire, découvrir le toit et nettoyer. Je pense que viendra bien vite le temps de construire après la guerre. Et toute chose doit être entretenue. Nous pourrions ensuite y stocker le bois. Peux-tu en parler au menuisier, cela nécessiterait quelques lattes qu'il pourrait poser. Et si la pluie traverse le hangar, il faudra remplacer quelques bardeaux, Seppel pourra s'en charger. Tiens-moi au courant, chérie. Beaucoup de pensées traversent l'esprit, quand on est seul de garde, la nuit… J'attends aussi de savoir comment tu termines la préparation du tabac et ce qu'il aura rapporté. Je voudrais enfin savoir comment je pourrais écrire à Marcel. Je m'arrête car je dois prendre mon tour de garde ; il pleut, mais l'abri est chaud. La situation de notre groupe me rassure, avec un sous-officier compréhensif. Je pense être mieux ici qu'au sud où doit certainement se trouver Julien. Les repas chauds sont livrés jusqu'à 150m de nous, car nous sommes en forêt. Garde la ferme en ordre, que Gérard soit obéissant et ne fume pas, sinon j'enverrai le chocolat à Germaine. Ton chéri… »

Sur le rabat de l'enveloppe : « *Geht nicht mehr vorwärts*. Nous n'avançons plus. »

Reparti vers l'avant. *Immer vorwärts*   Dimanche 06 février, 8h

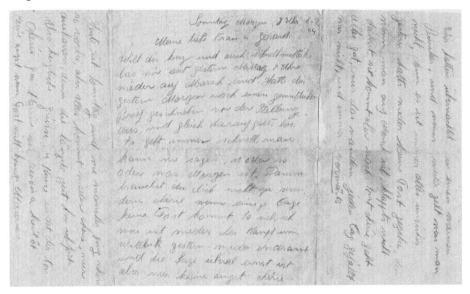

« Je veux te signaler brièvement et rapidement que nous sommes de nouveau en marche depuis hier 14h. À peine avais-je écrit une paisible lettre le matin dans notre position qu'il a fallu partir. Tout va très vite, on ne sait jamais de quoi le lendemain sera fait. Ne te fais donc pas de souci si tu es sans nouvelles durant quelque temps. Je crois savoir que les combats autour de Vitebsk ont repris et que la situation est sérieuse. Nous avons passé la nuit au chaud dans un abri, nous ne savons pas quand nous continuerons la route, tout est incertain. Je n'ai pas eu de courrier hier, c'est normal quand on est en marche, mais il suit. À part ceci, tout va, mais ces mouvements quotidiens ne me rassurent pas, et toujours vers l'avant. C'est dimanche, celui-ci passera comme d'autres ont passé. Nous nous reverrons, chérie, il faut patienter, le plus gros est passé. Ton chéri qui t'aime. »

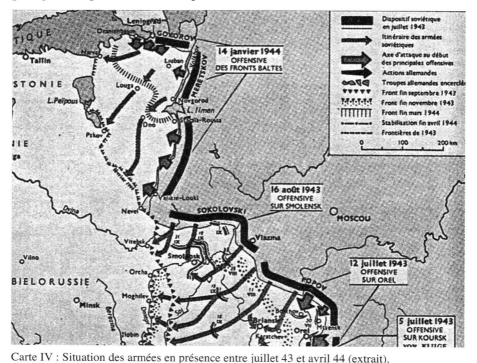

Carte IV : Situation des armées en présence entre juillet 43 et avril 44 (extrait).
Au centre le secteur *Newel - Vitebsk* en face des armées du Général Sokolovsky.
In : Philippe Masson, *Histoire de l'Armée allemande 1939-45*, Editions Perrin, 1994, p.542.

Je rapporterai deux chevaux !   Dimanche 06 février, 16h

„*Hatte zwar heute Morgen geschrieben, aber schnell wieder einige Zeilen. Wir haben nur 5Km gemacht heute und es hat nur alte Post gegeben. Ich hatte einen Brief von dir vom 24. Dezember, mittags ein Uhr, wo du in der Stadt in der Kirche warst und das schöne Gebet bekommen hast, "In Gottes Hand", das im Brief war und sehr schön ist. Hatte auch einen Brief von deinen Eltern, auch vom 24., ich werde ihnen Morgen schreiben, denn jetzt bin ich müde. Die Füße sind zwar wieder ziemlich geheilt, aber jede Nacht in einem anderen Eck ! Doch immer besser als in WITEBSK momentan. Gérard soll brav bleiben und immer gut essen, damit er stark wird, denn wenn der Krieg aus ist, muss er mit mir arbeiten. Ich werde schon zwei Pferde mitbringen, es sind schöne da.*"

« Voici rapidement quelques lignes, même si j'ai déjà écrit ce matin. Nous n'avons avancé que de 5km. Du courrier ancien est arrivé. Une lettre de toi du 24 décembre expédiée à une heure de l'après-midi quand tu étais à l'église à Sélestat. Tu avais reçu la très belle prière « Dans les mains de Dieu » qui est jointe à la lettre. Il y a encore une lettre du 24 de tes parents, je leur écrirai demain, je suis fatigué maintenant. Mes pieds sont à nouveau guéris, mais devoir être tous les soirs en un autre endroit ne me convient pas ! Pourtant c'est toujours mieux qu'à *Witebsk* en ce moment. Gérard doit rester sage et bien manger pour devenir fort. Il devra m'aider au travail quand la guerre sera terminée. Je rapporterai deux chevaux, il y en a de beaux par ici. »

Un paquet et 12 lettres !   Lundi 07 février, 20h

„ *Mit Freude habe ich gestern Abend ein Kilo - Paket erhalten, sowie 12 Briefe, 8 nur von dir, die anderen von Edmond, Mülhausen, Schreiber Joseph und daheim. Im Paket war alles gut, Speck, Käse, Nüsse und Brötchen. Die Briefe sind vom 20. ab bis zum 31. Januar. Du bist momentan am Tabakrüsten, und am 3. ist Ablieferung. Bin gespannt, wie du damit abschließt, denn die Ware ist schön. Du hast 10 Ar Kartoffeln und 10 Ar Karotten angemeldet, das genügt für uns. Um Setzzwiebeln musst du nachschauen, nicht zu spät. Im Brief vom 31. schreibst du auch, dass dein Vater im Bett liegt und nicht gut ist und dass ihr den Doktor hattet. Gebt nur Acht mit dieser nassen Witterung, auch du chérie. Nur überall Kummer und Schmerz, man muss aber immer das Beste hoffen. Mama hat mir im gestrigen Brief geschrieben wegen dem Ochs, sie möchte eine Kuh dagegen kaufen und fragt, was ich dazu sage. Was soll ich sagen? Edmond hat mir auch geschrieben, er ist noch immer in Brünn und hatte* **drei Wochen Arrest, "Wasser und Brot", wegen der Verspätung,** *er war übers Neue Jahr im Kerker, es hat ihm aber nichts gemacht, er schreibt, er hatte schon schwerere Tage gehabt als diese, und das glaub ich. Er ist wieder K.V. und meint, bald wieder fort zu kommen. Ich liege jetzt in einem Dorf hinter der Front in einem Bunker, aber gut eingerichtet und wen hatte ich nicht getroffen? Den Reibel, einen aus Andlau und noch einen. Die sind hier durchgegangen, sind im selben Regiment, nur ein anderes Bataillon. Ich werde momentan am Granatwerfer ausgebildet, denselben den wir bei den Franzosen hatten, als ich aktiv war. Diese, chérie, sind immer weiter weg vom Feind. Sonst geht alles gut, immer genug zu essen, und auch guten Appetit. Es gibt immer ziemlich Butter und heute hat es Kunsthonig dazu gegeben. Und das Süße liebe ich doch. Ich bin müde jetzt, habe Wache von 10 bis 11Uhr und um 6 Uhr ist Aufstehen…*"

« C'est avec joie que j'ai reçu hier soir un paquet d'un kilo ainsi que 12 lettres, 8 de toi, les autres d'Edmond, de Mulhouse, de Joseph Schreiber et de Mama, le tout bien conservé, lard, fromage, noix et gâteaux. Les lettres étaient datées du 20 au 31 janvier. Je lis que tu prépares en ce moment le tabac pour le livrer le 3 février. J'attends de savoir comment il te sera payé car la qualité est bonne. Tu as déclaré 10 ares de pommes de terre et autant de carottes, ce sera suffisant pour nous. N'oublie pas de commander les petits oignons pour la plantation. La lettre du 31 m'apprend que ton père est alité, qu'il ne va pas bien et qu'il a fallu appeler le médecin. Faites attention à vous par ce temps humide, toi aussi ma chérie. Que des soucis et du chagrin partout, mais il faut toujours garder espoir. Dans sa lettre reçue hier, Mama me parle de leur bœuf qu'elle voudrait échanger contre une vache et demande mon avis. Que dire ? Edmond m'a écrit également, il est toujours à *Brünn* et a été mis **trois semaines aux arrêts, avec eau et pain uniquement, en raison de son retard**. Il a passé le Nouvel An en prison, mais cela ne l'a pas dérangé. Il écrit qu'il a connu des jours plus durs et je le crois bien. Il est de nouveau K.V. et croit qu'il repartira bientôt. Notre abri à nous, bien aménagé, se trouve dans un village derrière le front. Et devine qui j'ai rencontré ? Le camarade Reibel, un autre d'Andlau[14] et un troisième. Ils appartiennent au même régiment mais font partie d'un autre bataillon et sont passés par ici. Je suis actuellement une formation au lancer de grenades, du même modèle que j'ai connu pendant mon service dans l'armée française. Les lanceurs, chérie, sont toujours en retrait de l'ennemi. Sinon rien de neuf, nous mangeons suffisamment et j'ai bon appétit. On nous sert pas mal de beurre et du miel de synthèse, en supplément aujourd'hui. Et j'adore tant tout ce qui est sucré. Je suis fatigué à présent, je prends encore une garde de 10 à 11h et le réveil est à 6h… »

Du souci pour le beau-père malade Mardi 08 février, 22h

„Da ich Wache habe im Bunker selbst, so hab ich Zeit zum schreiben, zwei Stunden. Es geht dir immer noch gut, besser wie bei deinem Vater, wie ich lese. Es geht, scheint so, noch nicht besser bei ihm. Der liebe Gott wird doch den Vater noch nicht wegnehmen. Ich glaube gern, dass Georgette weint, denn das wäre nicht so einfach. Cetty hat dir den Antrag für die Egge gebracht. Und diese junge Klasse wurde auch schon geholt, ist doch allerhand das. Und Neff und Goetz haben Verlobung gefeiert, das hatten wir nicht gebraucht chérie… Robert hat auch den Ochs geholt für 1100 RM, schönes Geld, da ich ihn für 530 RM gekauft habe und seither mit ihm gearbeitet habe. Und der Nachbar hatte die Gendarmen wieder. Vom Julien seid ihr auch immer ohne Nachrichten… Mir geht's nicht schlecht, schon der dritte Becher voll Schnaps vor mir. Heute gab es Schweinebraten, die Portion war nur zu klein. Hab wieder die Kameraden gesehen, Reibel, Fuchs aus Sundhausen, und Pfister von Ebersheim. Sie sind im 3. Bat. und ich im 2. Sie sind auch schon lange

---
14 Aucune précision sur l'identité n'est donnée.

hier, waren aber nicht im Kessel. Es ist jetzt 11Uhr, will noch deinen Eltern schreiben und was essen. Die Lage ist überall ernst. Kann nie alles im Brief schreiben. Herzliche Küsse. Bonjour Gérard."

« Comme je suis de garde dans l'abri même, je dispose de deux heures pour écrire. Tu te portes toujours bien, mieux que ton père. Pas d'amélioration chez lui, semble-t-il, le Bon Dieu ne va quand-même pas vous enlever votre père. Je crois bien que Georgette pleure, ce ne serait vraiment pas facile. Cetty t'a apporté l'offre pour l'achat de la herse. Et ces jeunes classes qui ont été incorporées, si ce n'est pas malheureux ? Dire que Neff et Goetz[15] ont célébré leurs fiançailles, nous n'avions pas besoin de cela, chérie... Robert a cherché le bœuf pour 1100 RM. Une belle somme, je l'avais acheté 530 RM et longtemps travaillé avec lui. Et le voisin a la visite de la gendarmerie ? Vous êtes toujours sans nouvelles de Julien... Je ne me porte pas mal ici, déjà le 3ème gobelet de schnaps devant moi. Aujourd'hui nous avons mangé du rôti de porc, dommage que la portion était trop petite. J'ai revu mes camarades, Reibel, Fuchs de Sundhouse[16] et Pfister d'Ebersheim[17]. Ils appartiennent au 3ème bataillon et moi au 2ème. Eux aussi sont là depuis un certain temps, mais n'ont pas subi l'encerclement *(de Newel)*. Il est 11h, je vais encore écrire à tes parents, puis manger un peu. La situation est sérieuse partout, je ne peux pas tout écrire **dans la lettre**. Je t'embrasse tendrement. Bonjour Gérard. »

Inscription au crayon sur le rabat de l'enveloppe : « *Bin bei der 87. Inf. Div. 185. Inf. Reg. 7. Kp. Geht immer vorwärts, chérie.* - Appartient à la 87ème Division d'infanterie, 185ème Régiment, 7ème Compagnie. Nous continuons d'avancer, chérie. »

---

15 Il s'agit de René Goetz et Eugénie Neff, tous deux nés en 1922. « Fils de Veuve Lucie Goetz, tenante de la boucherie rue de Baldenheim, René Goetz fut sélectionné pour l'école de pilotes de chasse à *München-Riem*. Affecté sur le front russe comme pilote de chasse « Messerschmitt », il participa aux attaques de convois de transport de troupes russes. Il accompagnait également en protection des transports d'officiers allemands de haut rang en Espagne où ils allaient en cure médicale ou repos. Sur le front ouest, il a participé aux interceptions des bombardiers alliés... René Goetz fut libéré en 1945. » Cf. Patrimoine... n°3, *op. cit.*, pp. 17, 18. Est décédé à Strasbourg le 14 mai 1997. Eugénie Neff s'est mariée à Sélestat avec Othon Avian.
16 Aucune référence n'a pu être trouvée.
17 Il peut s'agir de Auguste Charles Pfister né le 10/06/1913 à Strasbourg, il a habité un certain temps à Ebersheim et a épousé à Strasbourg Jeanne Stadler née en 1913 à Strasbourg. Son nom reviendra dans trois courriers en mars, avril et juillet 1944.

Recul sur le front du nord, durs combats au sud   Jeudi 10 février, 21h30

„… *Man ist beschäftigt von morgens früh bis abends spät. Noch ein Brief für dich und ein Paket für Onkel Cyrille mit 200 Zigaretten, 4 Paketen Tabak und Zigarren. Es sind Rauchwaren für 16 RM, welche aber dem Lohn abgezogen werden… Heute ist schon wieder der 10. und drei Monate Morgen. Wie auch die Zeit vorüber geht! Der lustige 10. November auf der Foire, und die fröhliche Heimfahrt… Habe gerade den Wehrmachtsbericht gelesen, den wir jeden Tag haben. Im Norden sind Absetzbewegungen im Gange und im Süden schwere Kämpfe. In unserem Raum geht's momentan gut, und der freche Engländer hämmert immer noch auf die Städten, aber die Abrechnung kommt. Draußen schneit es, bin auch gespannt, was dein nächster Brief über die Besserung deines Vaters bringen wird.*"

« … Nous sommes occupés du matin jusqu'à tard le soir. Encore une lettre pour toi et un paquet pour oncle Cyrille avec 200 cigarettes, du tabac et des cigares qu'on nous a remis aujourd'hui pour 16 RM, ils seront déduits de notre prochaine solde… Nous voilà de nouveau le 10 du mois, trois mois demain (depuis la dernière permission). Comme le temps passe vite. Ah ce joyeux 10 novembre à la foire et le beau retour. Je viens de lire le rapport de la Wehrmacht que nous obtenons quotidiennement. Des retraits de troupes sont en cours au nord pendant que de durs combats ont lieu au sud. Notre secteur est calme en ce moment. Et l'audacieux Anglais qui continue de bombarder durement les villes. Mais la fin approche. Dehors il neige et je suis impatient d'apprendre des nouvelles de la santé de ton père. »

L'opération « Fronts baltes », menée à compter du 14 janvier, a effectivement fait reculer l'armée allemande au nord. (cf. carte IV, juillet 43 - avril 44).

Première messe depuis longtemps   Dimanche 13 février, 18h

„… *Der letzte Brief von dir war die Karte von Dusenbach, und heute kam der vom 5. Du schickst mir zuviel, ich habe jetzt drei Pfund Speck. Heute bin ich in der Messe gewesen, und habe auch kommuniziert ohne Beicht, was im Krieg angewendet ist, eine Generalabsolution hat der Pfarrer gesagt. Es war der Divisionspfarrer, es dauerte von 9Uhr1/4 bis 10Uhr3/4. Ich bin nachher gleich zum Zahnarzt, er hat sich nur die Wunde angeschaut. Hab jetzt auch kein Weh mehr am Zahn. Haben heute Mittag Dienst gehabt, denn da gibt es keinen Sonntag, sie haben uns schon nicht gern in die Messe geschickt, aber das kam von oben. Man fühlt sich wieder wohl nach einer Messe, denn es sind drei Monate vergangen seit der letzte. Ich glaube chérie, dass heute vor einem Jahr Musterung war, und heute stehen wir hier. Es kommt aber auch wieder anders, denn so kann es nicht weiter gehen…"*

« … La carte de Dusenbach était le dernier courrier, et j'ai reçu aujourd'hui ta lettre du 5 février. Tu m'envoies trop, j'ai maintenant trois livres de lard. J'étais à la messe et j'ai pu communier, sans confession, mais avec une absolution collective, ce qui est adapté en temps de guerre. C'était l'aumônier de la division qui a célébré la messe, elle a duré de 9h1/4 à 10h3/4. Ensuite je suis allé directement voir le dentiste qui a seulement regardé la plaie. Je ne ressens plus de douleur à la dent. Nous avions du service l'après-midi, car on ne connaît pas de dimanche. Ils ne voulaient même pas nous laisser aller à la messe, mais l'ordre est venu d'en-haut. On se sent de nouveau réconforté après une messe, trois mois s'étaient écoulés depuis la dernière. Je crois chérie, que cela fait exactement un an aujourd'hui que j'ai passé en conseil de révision, et dire que je suis ici en ce moment. Mais d'autres temps viendront, cela ne peut pas durer ainsi…»

Le vin manque à papa Mardi 15 février, 19h30

„Will gleich einige Zeilen schreiben, habe zwar in den letzten 10 Tagen jeden Tag geschrieben. Wir waren heute das ganze Regiment versammelt, denn der Regiments - Kommandant ist Eichenlaubträger geworden, aber auch nur durch unser Blut. Haben heute Mittag auch wieder eine Spritze bekommen. Es geht momentan nicht schlecht bei mir, war gewiss schon lange nicht mehr so dick. Es ist halt niemand da, der mir die Ruhe wegnimmt, wenn ich schlafen will. Würde auch gern wieder einmal mit dir schlafen chérie. Aber die erste Nacht, die ich wieder bei dir bin, die wird sein wie die erste Heiratsnacht. Und das kommt auch wieder, ganz bestimmt…Wenn ich nur einmal wieder etwas Wein trinken könnte, oder Bier. Schick mir nur einmal einige Schlucke Wein in einem Paket, oder 2-3 Äpfel. Weh wenn ich wieder an das Fass komm. Am Samstag ist Kameradschaftsabend, das wird was geben."

« Juste quelques lignes, bien que j'aie écrit chaque jour durant la dernière décade. Tout le régiment a été rassemblé aujourd'hui, le commandant ayant été décoré de la feuille de chêne, mais seulement grâce à notre sang versé. Avons reçu une piqûre de vaccination. Je ne vais pas mal, ça fait longtemps que je n'ai plus été aussi gros. Bien sûr, personne n'est là pour m'empêcher de dormir. Ah que j'aimerais bien dormir une fois avec toi, chérie. Mais quand nous nous reverrons, la première nuit sera comme notre lune de miel. Et cela reviendra, certainement… Et si je pouvais de nouveau boire du vin, ou bien de la bière. Envoie-moi quelques gorgées dans un paquet, ou deux, trois pommes.

Malheur au tonneau à mon retour. Nous aurons notre soirée de camarades samedi, ce sera la fête.»

Dans la lettre du 16 / 02, papa exprime sa satisfaction lorsque maman lui a annoncé le produit appréciable du tabac, 346 RM. Le froid est également de retour.

La fête pendant quelques heures Vendredi 18 février, 19h

„... Bin gespannt, was sie uns bieten werden am Kameradschaftsabend, er ist aber erst am Sonntag, jedenfalls backen sie schon was vor, und Eierlikör soll's auch geben. Hab auch im Sinn, mich wieder einmal etwas anzutrinken, auch lustig mitzumachen und alles andere wieder für einige Stunden vergessen. Denn wenn wir wieder im Graben sind, gibt's das nicht mehr und austoben muss man auch wieder einmal. Hab heute Nacht Wache von 12 bis 2, ist nicht schlimm. Ich schick dir auch einen Abschnitt aus der Zeitung, da steht's vom Durchbruch von Newel."

« ... Je suis impatient de voir ce qui nous sera proposé lors de la soirée d'amitié, dimanche, on s'active déjà dans les cuisines et la liqueur aux œufs est annoncée. J'ai aussi l'intention de boire un bon coup, d'être de bonne humeur et d'oublier tout le reste durant quelques heures. Nous n'en aurons pas l'occasion quand nous serons de nouveau dans les tranchées. Cela fait du bien de s'éclater pour une fois. Je suis de garde de minuit à deux heures, ce n'est pas grave. Je t'envoie encore un extrait du journal qui relate notre percée à *Newel*. »

Plusieurs lettres suivent, sans nouvelles marquantes du front, mais on perçoit nettement le mal du pays, « *das Heimweh* » à l'approche du printemps et des travaux à venir dans les champs :
- mardi 22 / 02 : « Tu écris que tu as déclaré 15 ares de tabac et 10 de pommes de terre. Ton père pourra labourer le champ pour le tabac, je lui écrirai au sujet des engrais. Espérons que la guerre finira bien. Tu écris que tu mourrais de chagrin s'il m'arrivait malheur. Mais chérie, ceci n'est pas exclu, bien que personne ne le souhaite. Il faut toujours prier et garder confiance ; ne prions-nous pas : Que ta volonté soit faite ? »

La lettre est oblitérée le 26 à Tilsit, sur le Niémen, où Napoléon Ier signa deux traités en juillet 1807, le 7 avec le Tsar Alexandre Ier de Russie contre l'Angleterre et le 9 avec la Prusse.

- jeudi 24 / 02 : « Peu de jours nous séparent du beau mois de mars consacré à Saint Joseph. Comme ce serait charmant d'effectuer une petite promenade le dimanche, par ces journées printanières et de pouvoir dormir ensemble le soir dans un bon lit bien douillet… Les Anglais bombardent encore les villes allemandes, nous entendons les rapports de la Wehrmacht tous les jours. Je crois qu'à la maison, vous êtes épargnés. Il fait encore froid, bien que le soleil réchauffe déjà davantage. N'oublie pas de planter des haricots, des oignons et des pommes de terre. Je n'ai plus de fusil mais uniquement un revolver et je sers le lanceur de grenades. »

- vendredi 25 / 02 : « …Ton étable est vide et la place ne manque pas pour les petits lapins… Tu as maintenant une bineuse, essaie encore d'obtenir une brouette et une charrue. Demain vous fêtez l'Adoration Perpétuelle, je prierai plus que d'ordinaire et penserai à vous. Vous n'avez pas encore de nouvelles de Julien, il était peut-être avec les armées encerclées sur le front sud. »

À Casimirovo, près de Polozk. L'ennemi approche   Samedi 26 février, 18h

*„Ihr habt heute Fest gehabt, wie gerne wäre ich bei euch gewesen ! Gerade kommt Post und Freude herrscht im Haus, alles sagt : **Der Reppel hat einen Haufen !** Ein Kilo - Paket, fünf Briefe und einer von drüben. Hatte gestern schon eins, mit Kuchen, der heute Abend fertig gegessen wird. Die Briefe sind vom 15., 16., 17., 17., und der Luftpostbrief vom 21., es geht doch schnell. Bin froh, dass es deinem Vater wieder besser geht… Der andere Straßburger ist an meinem Werfer, seine Frau heißt Johanna Figer, Neudorf, Bubenwasser 10. Wenn du mal längere Zeit keine Post bekommst, kannst du dich mit ihr in Verbindung setzen. Mama schreibt auch, dass sie sich Kummer macht um Edmond. Ihr habt auch wieder Musterung, es kommen halt alle an die Reihe und der Fahrner Karl hat auch Stellungsbefehl. Du weinst auch viel, man hat immer so Momente, wo es nicht anders geht. Es geht mir auch so, muss mich aber zurückhalten. Du bist aber daheim chérie, ich muss mich jedem jungen Unteroffizier fügen, es fällt mir auch schwer, aber die meisten sind gut mit uns. Morgen Sonntag ist auch wieder Wecken um 5Uhr30, dann Arbeit bis um 12Uhr, denn die Zeiten sind ernst und der Feind rückt nach. Ich lieg momentan in Casimirovo bei Polozk. Das Dorf anfangs Februar hat Bogischewo geheißen. Hier sind noch Schneestürme…"*

« C'est jour de fête chez vous, comme j'aurais aimé être parmi vous. À l'instant arrive le courrier et la joie règne, tous crient : **Une montagne pour Reppel !** Il y a là un paquet d'un kilo, cinq lettres de toi et une de Mama. Et hier déjà un paquet avec du gâteau que nous finirons ce soir. Les lettres sont datées des 15, 16, 17, 17 et celle en poste aérienne du 21. C'est rapide. Je suis heureux que ton papa aille mieux… L'autre strasbourgeois est mon lanceur de grenades, sa femme s'appelle Johanna Figer[18] et habite à Neudorf,

---
18 Papa reparlera plusieurs fois de son camarade, dans une lettre en juin, d'une blessure par éclat d'obus dans la lettre du 10 juillet et de son hospitalisation dans la lettre du 15 juillet 1944. Rentré de guerre, il est décédé en 1985.

Bubenwasser 10. S'il arrivait que tu sois une fois durablement sans nouvelles de moi, tu peux te mettre en relation avec elle. Mama m'écrit aussi qu'elle se fait du souci pour Julien. Chez vous le conseil de révision s'est de nouveau réuni, à chacun son tour, nul ne sera épargné et Fahrner Charles a son ordre d'affectation. Tu pleures souvent, on a des moments comme cela. Il en est de même chez moi, mais je dois me retenir et m'accommoder de mes jeunes sous-officiers qui pour la plupart sont bons avec nous. Demain dimanche nous nous levons à 5h30 pour travailler jusqu'à midi, car l'heure est grave et l'ennemi approche. Ma position est Casimirovo près de Polozk. Début février, j'étais dans le village de Bogischewo[19]. Nous subissons encore des tempêtes de neige… »

Acheter une vache Mardi 28 février, 21h

„… *Dein Vorschlag mit einer Kuh ist gut, aber ich glaub, dass es ihr nicht recht sei, wenn wir das Kleestück wegnehmen. Ich meine, wenn wir das Stück behalten hätten, wäre klein Klee darin. Etwas Wiesen würde sie mir schon geben, wenn 's nur den Schnellenbühl ist. Ich werde ihr nächstens davon schreiben. Und dann hätten wir auch Mist. Möchte ihnen doch auch nicht an den Kopf stoßen wegen dem Klee. Ich werde schon sehen… Hoffe, dass wir nicht wieder in einen Kessel kommen, denn die Lage im Norden ist kritisch, wir werden es aber wieder meistern.*"

« … Ta proposition d'acheter une vache est bonne, mais je pense qu'il ne serait pas correct de demander le champ de trèfle *(à Mama)*. Si nous avions gardé ce champ, il n'y aurait plus de trèfle. Elle me céderait bien une parcelle en pré, ne serait-ce que celle du Schnellenbühl[20]. Je vais le lui proposer. Cela nous donnerait aussi un peu de fumier. Je ne veux quand-même pas la heurter pour du trèfle. J'aviserai… J'espère que nous ne serons pas pris dans un nouvel encerclement, car la situation est critique au nord. Mais nous resterons maîtres de la situation. »

Ce mois a été calme Mardi 29 février, 18h

„*Habe heute wieder einen Brief erhalten, vom 23. datiert. Es ist der letzte Februar und es war für uns einen ruhigen Monat, obwohl wir nur zwei Km hinter der Linie sind. Wir arbeiten zwar immer von morgen früh bis abends und bei allem Wetter. Es hat heute den ganzen Tag geschneit, daheim wäre ich in der Stube geblieben, aber hier gibt's nichts. Wir hoffen, dass der März uns*

---

19 Les villages Lowscha, Casimirovo, Bogischewo nommés dans ce chapitre, et ultérieurement Bitchicha, sont situés à proximité de Polozk, mais ne sont pas repérés sur les cartes.
20 Le Schnellenbuhl est un ensemble de trois propriétés, annexes de Mussig, et pour partie de Sélestat et de Heidolsheim, à deux kilomètres au sud du village.

*weiter in Ruhe lässt. Ihr habt Theater gehabt bei Weiss, und wie du schreibst haben sich alle gut amüsiert, und sogar getanzt. Kann so was nicht verstehen bei diesen Zeiten, die gehören alle **hierher**. Hier würde es ihnen vergehen. Schreiber Jean ist auf Urlaub. Morgen fahren hier auch zwei weg. Der eine ist „Totaler Bombenbeschädigter", sonst wäre dieser noch nicht daran. Lieber kein Urlaub als so fahren, wenn man seine Familie suchen muss als man heimkommt. Ich bin froh, dass ich mich zum Werfer gemeldet habe, denn ich bin sicherer hier. Ich verstehe die Waffe gut, bin Richtschütze dabei und habe auch eine schöne Pistole dabei. Bin gespannt, wie es bei Marcel und Marthe diesen Monat ausfällt. Noch rasieren, und dann Wache von acht bis zehn. Herzliche Küsse wie wenn ich bei dir wäre, chérie."*

« J'ai reçu une lettre datée du 23. Nous sommes le dernier jour en février, ce fut un mois calme, bien que nous soyons seulement deux km en retrait du front. Certes nous travaillons tous les jours, tôt le matin jusqu'au soir et par tous les temps. Il a neigé toute la journée, chez nous je serais resté au chaud, ici pas question. Espérons que mars nous laissera tranquille également. Vous aviez une soirée théâtrale au Restaurant Weiss[21], ainsi que tu l'écris, tout le monde s'est bien amusé et a même dansé. C'est incroyable en ces temps de guerre, ils devraient venir ici, l'envie de danser leur passerait. Jean Schreiber[22] est en permission actuellement. Deux camarades partent à leur tour demain. Je ne voudrais pas être dans la situation de l'un d'entre eux dont la famille est totalement sinistrée après les bombardements. Je suis content d'avoir demandé à être affecté au lance-grenades, je me sens plus sûr à ce poste. Je comprends bien l'arme et suis viseur-pointeur. En plus j'ai un beau pistolet. J'attends avec impatience des nouvelles de Marcel et Marthe. Je me rase encore, puis je prends ma garde de 8h à 10h. Je t'embrasse comme si j'étais près de toi, chérie.»

Nous travaillons tous les jours. Certainement faut-il entendre par là qu'ils étaient occupés au creusement de tranchées et au renforcement des défenses, derrière la ligne de front, dans l'attente des attaques à venir. Celles-ci n'allaient pas tarder, le secteur de Witebsk sur le fleuve Dvina et l'axe Moscou - Mer Baltique étant d'importance stratégique capitale pour l'armée russe.

---

21 Le restaurant Alphonse Weiss occupait la maison à l'angle des rues du Moulin et du Stock, à proximité de l'église paroissiale.
22 Jean Schreiber, de la classe 1943, était le frère de Marcel (Cf. Ch. 6). Incorporé en octobre 1942 au RAD, puis le 16 janvier 1943 dans *la Wehrmacht* à *Mistelbach* en Autriche, il connut diverses fortunes en Serbie, Bulgarie, Albanie et Grèce, dans des combats contre des partisans. Replié en Croatie à l'approche des Russes, blessé au cou et au genou droit, il fut soigné en Autriche à *Zell am See*, avant d'être transféré dans un camp de prisonniers américain. Remis aux mains des Français, Jean est rentré à Mussig fin juillet 1945. Il est décédé le 12 mai 2008 à Sélestat. Un autre frère, Léon, de la classe 1937, est tombé à Lugo près de Ravenne en Italie, le 11 avril 1945.
Source : *Patrimoine…, op. cit.*, pp. 45-46-61.

Chapitre 6

Printemps 1944, secteur de Polozk, ouest de *Witebsk*

Face aux troupes russes des fronts baltes s'étendant au nord jusqu'à Leningrad et celles des fronts biélorusses au sud, le secteur de *Witebsk*, d'importance stratégique sur les lignes ferroviaires reliant Moscou à la Baltique, est renforcé par la *Wehrmacht*. Au printemps 1944 il est stabilisé. Mon père est en position près de Polozk, environ 150 km à l'ouest.

Enfin des nouvelles de Julien   Jeudi 2 mars 1944

„*Wie du schreibst, hört ihr jede Nacht die Flieger, hier hatten sie heute auch Bomben geworfen. Hab auch mit dem Pfister gesprochen, er ist auch bei den Werfern. Sie hatten in den letzten Tagen einen Volltreffer erhalten, er ist aber glücklich davongekommen, der betet auch immer viel. Von Julien habt ihr auch wieder Post bekommen. Ich war heute wieder im Kino, es war ein schöner Liebesfilm. Hab gestern auch heim geschrieben wegen der Kuh. Hab ihnen geschrieben, dass es auf die Dauer nicht geht, die Milch bei andern zu holen, und möchte auch, dass mein Geld, welches ich hier so sauer verdiene, angewendet ist, und dass im Stall Platz ist. Denn nach dem Krieg kommt eine Teuerung, und ich kann mir das nicht gleich leisten. Will schließen, ich bin müde und morgens ist Wecken um 5 Uhr und Arbeit bis ein Uhr, denn die Front kommt, keine Angst chérie, wenn die Post mal nicht kommt.*"

« Tu m'écris que vous entendez les avions toutes les nuits. Aujourd'hui, ils ont aussi lâché des bombes ici. J'ai rencontré Pfister, également affecté au lanceur de grenades. Ils ont été directement touchés par un tir, lui-même en est sorti indemne, il prie beaucoup. Vous avez du courrier de Julien. Aujourd'hui je suis allé de nouveau au cinéma, un beau film d'amour. Hier j'ai écrit à ma mère au sujet de la vache. J'ai écrit que cela ne pouvait pas durer de devoir chercher le lait dans d'autres familles, que je voudrais que l'argent que je gagne péniblement ici soit utilisé à bon escient et qu'il y a de la place dans l'étable. Car la guerre sera suivie d'une période d'inflation et je ne pourrai pas alors me permettre d'acheter. Je termine cette lettre, je suis fatigué et demain on se lève à cinq heures pour travailler jusqu'à 13h, le front approche. Ne sois pas inquiète si tu ne reçois pas de courrier.»

La lettre du samedi 4 mars 19h, contrôlée par la censure, est annonciatrice de jours terribles : « Les beaux jours sont derrière nous, tu peux te douter pourquoi. Avons travaillé de 5h du matin jusqu'à maintenant, des bombes nous tombent dessus, et même des tracts. Quel dimanche en perspective ! Mais confiance, la fin approche. »

Attaque repoussée   Lundi 06 mars, 13H

„*Ich mach dir den Brief auch dazu vom Samstag, denn der kam nicht weg. Es war gestern der erste Märzsonntag, aber ein schwarzer, chérie, den ganzen Tag Trommelfeuer und heute früh ging's los. Der Angriff wurde abgewiesen. Jetzt ist etwas Ruhe. Bin am Werfer und schreibe. Habe heute auch drei Pakete gehabt... Der Appetit ist mir vergangen, **denn da muss man eiserne Nerven haben**, und dabei kein Schlaf. Hoffen, dass alles gut vorbeigeht. Mama hat auch die Adresse von Julien dazu gemacht... Hatte auch einen Brief vom 24. mit den Fotos und das Lied. Ich meine, du bist dick geworden und dem Gérard fehlt auch nichts. Habe gestern in allem Donner manchmal die Fotos angeschaut, aber leider spricht niemand darauf. Das Tabakgeld hast du auch erhalten, ein schönes Stück Geld. Der Wein ist in Ordnung. Wir haben immer noch Schneestürme. Muss auch dem Joseph schreiben. Schwere Tage, chérie, aber Kopf hoch und Mut dazu. Hatte gestern auch einen Brief von Edmond. Er ist jetzt abgestellt und kommt nach Italien...*"

« Je te joins la lettre de samedi qui n'a pas pu partir. Ce premier dimanche de mars fut terrible, chérie, sous un feu soutenu sans arrêt, et c'est reparti ce matin. L'attaque a été repoussée. Maintenant le calme est revenu. Je t'écris alors que je suis en poste au lanceur. J'ai reçu trois paquets aujourd'hui... Mais l'appétit nous passe ; **il nous faut avoir des nerfs d'acier,** et de plus on ne dort pas. Espérons le meilleur. Mama m'a envoyé l'adresse de Julien... Des photos et le chant accompagnaient ta lettre du 24. Il me semble que tu as grossi et que Gérard ne manque de rien. Sous les bombardements hier j'ai parfois regardé les photos, mais les photos ne parlent pas. Le tabac a été payé, belle somme. Et le vin est correct. Les tempêtes de neige continuent ici. Il faudra que j'écrive à Joseph (Schreiber). Ces temps sont durs, chérie, mais courage. Ai reçu hier une lettre d'Edmond. Il change d'affectation et part pour l'Italie. »

Dans une courte lettre du mercredi 8 mars, papa signale que la situation est redevenue plus tranquille. Les nerfs sont calmés et il a pu dormir. Il est sain et sauf. « *Bin immer noch heil und gesund* ». Il écrira à Seppel pour la Saint Joseph (19 mars).

Propagande russe en allemand   Jeudi 09 mars, 6h

„… Ihr habt kaltes Wetter bei euch. Aber die Arbeit wird bald beginnen. Nun ist der Fahrner Karl auch fort, einer nach dem anderen. Und Maria Losser meint mit Urlaub, ich glaube, dass das nicht mehr geht wie letztes Jahr, denn auf jeden einzelnen Mann kommt es hier darauf an. Und diese Klassen werden sicher nicht lang ausgebildet. Hab mich soeben rasiert, denn ich sah aus wie ein wilder. Die Lage hat sich hier etwas gebessert denn der Feind hatte blutige Verluste am Sonntag. Er hat davon etliche Toten heute Nacht weg geschafft, aber die Waffen hatten wir ihnen schon abgenommen, denn die letzte Nacht war nebelig. Nun hat er versucht mit Propaganda uns zu entmutigen. Er hat einen Lautsprecher aufgestellt und auf deutsch zu uns gesprochen. Wir haben ihm mit einem Feuerhagel geantwortet. …Will schließen, denn es beginnt zu knattern draußen. Herzliche Küsse, ton chéri, Maurice."

« Il fait froid chez vous, mais les travaux des champs vont bientôt démarrer. Charles Fahrner est parti, ils partent tous, l'un après l'autre. Et Maria Losser espère une permission ; je n'y crois plus comme l'an dernier, ici chacun est devenu indispensable. Ces classes n'auront certainement pas d'instruction prolongée. Je viens de me raser, j'avais l'air d'un sauvage. La situation est un peu meilleure, l'ennemi a subi de lourdes pertes dimanche. La nuit dernière il a recueilli de nombreux morts, mais auxquels nous avions, dans le brouillard, déjà enlevé les armes. Il a alors essayé de nous démoraliser avec sa propagande en allemand, au moyen de hauts-parleurs. Nous lui avons répondu par un déluge de feu… Je m'arrête car les tirs reprennent dehors. Je t'embrasse tendrement, ton chéri, Maurice. »

Le Bunker est détruit   Samedi 11 mars, midi

« Je dispose d'un peu de temps pour écrire. Je préférerais me reposer, mais hier déjà je n'avais pas le temps d'écrire. Je vais aussi bien que possible, le sommeil me manque pourtant. Nous nous enterrons de trois mètres, car l'abri a été détruit par deux tirs à bout portant. J'étais heureusement au lanceur à cet instant. Aujourd'hui samedi, cela fait huit jours que le Russe s'est montré. Je pense encore à ce dimanche matin, quel réveil. Un ouragan de feu. Il a neigé toute la nuit, c'est le dégel maintenant. Les après-midi sont déjà doux. Je n'avais pas de courrier hier, il arrive irrégulièrement. Au sud les combats sont rudes. Espérons qu'ici on reste un peu au calme, l'ennemi n'a pas encore repéré notre position…»

Lettre du samedi 11 mars, recto.

Au printemps, le mal du pays Mardi 14 mars, 9h

„… Wie du schreibst, soll Julien verwundet sein. Und es sind von daheim auch noch etliche bei Witebsk. Ich bin am mittleren Werfer, den 8Zm, aber keine Angst, chérie, so schnell ist man nicht ausradiert, und der Bunker ist sicher. Du hast den Bezugschein bekommen, prima das, klappt alles gut, nur jetzt der baldige Frieden, und wenn ich heimkomme und noch eine Kuh im Stall steht, dann gibt's keine Not mehr für uns. Alles andere kommt schon… Bei der letzten Musterung hatten sie kein Gesuch angenommen, gut zu verstehen, denn hier kommt's auf jeden einzelnen an. Du meinst mit Urlaub chérie, diesen Gedanken kannst du aus dem Kopf lassen. Hier geht alles in der Reihe nach, ob Leutnant oder Grenadier. Es sind hier die, die in einem Jahr nicht daheim waren. Ich rechne überhaupt nicht mit Urlaub, nur auf den großen. Soll's aber noch länger dauern, würde ich bis Juli daran kommen. Mit knapper Not darf einer fahren, der totaler Bombenbeschädigter ist, außer den andern. Ihr habt jetzt schon schönes Wetter und könnt schon manchen schönen Spaziergang in den Wald machen. Hab ganz lange Zeit nach dem Felde daheim, meine Arbeit fehlt mir. Hier sitzt man und kann nur das Foto anschauen, mit dem Gedanken daheim sein, in unserem gemütlichen Heim und *gutem Bett. Sollte ich auf Urlaub nochmals kommen, dann wird nicht gearbeitet, dann ist der Urlaub nur allein. Will jetzt etwas essen und zwei Stunden schlafen, denn in der Nacht gibt's kein schlafen. Schick mir zwei Pakete Pudding und 2-3 kleine Pakete, um Maggi - Suppe zu machen."*

« … Tu m'écris que Julien est blessé. Et certains du village sont toujours à *Witebsk*. Je suis affecté au lance-grenades de calibre moyen 8cm, mais sois sans crainte, chérie, on ne nous gommera pas si vite et l'abri est sûr. Tu as reçu le virement, voilà qui est parfait, espérons maintenant la paix. À mon retour, avec une vache à l'étable nous ne manquerons de rien. Le reste suivra bien… Aucune requête n'a été acceptée au dernier conseil de révision, cela se comprend aisément, ici chaque homme est indispensable. Tu espères une permission pour moi chérie, n'en rêve pas. À chacun son tour, lieutenant ou simple grenadier. Certains ne sont pas retournés chez eux depuis un an. Je n'y pense même pas, à l'exception de la libération finale. Mais si la guerre se prolongeait, mon tour viendrait en juillet. C'est à peine si on laisse rentrer un camarade dont la famille est totalement sinistrée suite aux bombardements. Chez vous le beau temps revenu vous permet déjà des promenades en forêt. Les champs et les travaux à la maison me manquent beaucoup. Rien qu'une photo à contempler ici, avec mes pensées auprès de vous, au sein de notre paisible foyer ou dans un lit bien chaud. Je compte bien profiter de ma prochaine permission et ne pas travailler. Je vais encore manger un peu, puis dormir deux heures, ce qui n'est pas possible la nuit. Envoie-moi deux sachets de pudding et deux ou trois sachets pour faire des soupes au Maggi. »

Des morts devant les barbelés   Jeudi 16 mars, 6h du matin

„ Mit Freude habe ich gestern Abend fünf Briefe von dir erhalten, sowie einer von daheim… Wir stehen in der Nacht noch immer abwechselnd im Graben, denn es ist dunkel momentan. Das Geld hast du wieder erhalten und du meinst, es ist viel Geld. Mir ist es nicht zuviel. Steht mir jeden Tag 2RM50 zu in der Stellung vorne, dann gehen die Rauchwaren ab und sonstiges, auch W.H.W. Wie mir Mama schreibt, hat Marcel einen Sohn und es geht alles gut bei ihnen. Wäre ich nur auch dort. René war Pate bei ihm. Hory ist noch immer im Lager. Julien hatte Chance gehabt, hab ihm noch nicht geschrieben bis jetzt. Schick mir seine neue Adresse. Draußen wütet seit vier Uhr schweres Trommelfeuer, aber Gott sei Dank nicht in unserer Richtung, denn bei uns wurde er schwer abgeschmiert. Die Toten liegen noch alle vor dem Stacheldraht. Die hatten gute Handschuhe an, ich hatte aber den Mut nicht sie wegzunehmen. Hoffe, dass es nicht schlimmer wird und dass er uns hier auch nicht abschneiden will. Du schreibst in jedem Brief vom baldigen Frieden. Die meisten Kameraden sagen, wir haben noch lange Krieg…"

« C'est avec joie que j'ai reçu hier soir cinq lettres de toi ainsi qu'une autre de ma mère… Nous nous relayons encore dans les tranchées, car les nuits sont obscures en ce moment. Tu as de nouveau obtenu ma solde et tu crois que c'est une belle somme. Pour moi, ce n'est pas trop, 2 RM50 quand on est devant dans les tranchées au front. De plus on nous déduit le montant des cigarettes et autres. Mama m'écrit que Marcel est devenu papa d'un fils et qu'ils vont bien. Ah si j'étais là-bas. René est parrain. Hory est toujours interné. Julien a été chanceux, je ne lui ai pas encore écrit. Envoie-moi sa nouvelle adresse. Dehors s'abat un déluge de feu continu depuis quatre heures ce matin, heureusement pas dans notre direction, car nous avons rudement riposté. Les morts reposent encore devant les barbelés. Ils portaient de bons gants, mais je n'avais pas le courage de les leur enlever. J'espère que la situation ne s'aggravera pas et que l'ennemi ne va pas nous abattre ici. Tu me parles dans chaque lettre de paix prochaine. La plupart de mes camarades estiment que la guerre sera longue encore… »

Il y aussi des moments de bonheur dans la famille, en ces temps de guerre. À Cluny, Marcel et Marthe sont les heureux parents de René, né le 05 février.

Menace d'encerclement Samedi 18 mars, 11h

„… *Schick mir die Adresse von Eugène Losser, denn im Spital haben sie lange Zeit. Ich habe auch im Wehrmachtsbericht gelesen, dass sie in Tarnopol sind, das ist doch bald allerhand. Die werden auch bald in Jaroslau stehen…*"

« … Envoie-moi l'adresse de Eugène Losser[1], car les blessés ont le temps long à l'hôpital. En lisant les rapports de la *Wehrmacht*, j'observe qu'ils (les Russes) sont déjà à Tarnopol, c'est incroyable. Bientôt ils seront à *Jaroslau*… »

Le ton de la lettre de papa traduit manifestement l'inquiétude : les troupes russes du front sud de la Biélorussie ont avancé jusqu'à Tarnopol, à l'extrémité sud est de la Pologne. Si elles remontaient vers Varsovie, les armées allemandes seraient directement menacées d'encerclement. L'été confirmera tragiquement cette prémonition.

---

1 Eugène Losser a été blessé une première fois, soigné en Allemagne, puis à Strasbourg, avant de repartir au front. De la classe 1934 il est à nouveau blessé grièvement et est décédé des suites de ses blessures le 18 mai 1945 à Münsterschwarzach. (Source : *Patrimoine* … n°3, *op. cit*, p.61).

„Heimweh". Mal du pays   Dimanche 19 mars, midi

„*Schon wieder Sonntag, und mit schwerem Herzen denkt man an heim. Es ist heute Josephs Tag und ich werde zum heiligen Joseph beten. Welch ein herrliches Wetter draußen, da gibt's Heimweh chérie. Der Feind hat gestern Abend auch wieder mit Lautsprechern zu uns gesprochen, das kann uns aber nicht erschüttern. Gestern habe ich auch dem Zähringer geschrieben, der hat sicher auch lange Zeit nach seiner Familie. Bin froh, dass wir nur den Gérard haben, denn bei solchen Zeiten reicht das. **Traurige Zeiten**, will man gern verschmerzen, wenn man wieder gesund nach Hause kommt. Sei herzlich gegrüßt und geküsst, Maurice.*"

« C'est dimanche de nouveau et mes pensées vont chez vous, le cœur bien lourd. En cette fête de Saint joseph, je vais l'invoquer aussi. Quel temps merveilleux, la nostalgie me saisit, chérie. L'ennemi s'est de nouveau fait entendre par haut-parleur hier soir, mais cela ne peut pas nous ébranler. J'ai écrit à Zähringer[2] qui doit avoir le temps long également. Je suis bien content de n'avoir qu'un seul enfant, Gérard, en ces moments très durs. **Terrible période** qu'on veut bien endurer, si on rentre sain et sauf. Je t'embrasse tendrement, Maurice.»

Le 21 mars papa écrit une longue lettre de quatre pages. Il donne à maman tous ses conseils pour les travaux printaniers dans les champs, l'usage du fumier et des engrais à acheter chez Cetty, les plantations de carottes, de pommes de terre. Il s'inquiète pour Julien, blessé non transportable, et pour Haug Sepp, dont on est sans nouvelles. Est-il prisonnier ? Il espère que la chance ne le quittera pas, sa compagnie est abritée derrière une colline. Les tempêtes de neige succèdent aux périodes de redoux. Il espère une lettre le soir, à la tombée de la nuit, en même temps qu'arrivent les repas. Maman lui a écrit que Maria Losser a fait une fausse couche. Personne n'est épargné par les soucis. C'est le printemps, il aimerait bien emmener Gérard aux champs. Il demande à maman d'arrêter l'envoi de paquets si elle n'a durablement pas de courrier. Lui non plus n'est malheureusement pas à l'abri du drame.

Lettre à mama, la sœur Hélène et le frère Robert   Mercredi 22 mars

« Ma chère mama, mes chers frère et sœur,
J'ai reçu avec joie votre lettre du 6 mars. Je me réjouis de vous savoir

---
2 Jean-Baptiste Zaehringer d'Artolsheim, classe 1935, a été incorporé de force en Russie et s'occupait des chevaux dans une compagnie chargée du ravitaillement. En permission pendant l'été 1944, il s'est caché et n'est pas reparti. Décédé le 03 mai 1999.

tous en bonne santé, et surtout de la naissance d'un garçon chez Marcel. Ah, si je pouvais être chez eux. Tu m'écris que Julien a été blessé, mais qu'il a eu néanmoins beaucoup de chance. Dieu merci si on peut s'en sortir ainsi. J'aimerais bien quitter ce tumulte qui règne ici, c'est en permanence la peur et l'incertitude, à quand son tour ? **Nous sommes engagés dans de durs combats défensifs**. Je me demande où sera envoyé Edmond, en Italie comme il le pense ? Ce serait toujours mieux qu'ici. Il fait un temps splendide aujourd'hui, bien que la couche de neige soit encore épaisse. De quoi devenir fou de ne pas pouvoir mettre le nez dehors par ce temps ! Chez vous les travaux ont repris, je veux bien supporter mon sort, pourvu que je rentre en bonne santé. M. Hory vous a rendu visite. Son frère est encore interné. Quel malheur pour un homme de son âge de devoir mendier du pain. Espérons que la fin approche, et avec elle la paix. **Courage mama**, ne nous laissons pas abattre si cela pouvait passer comme jusqu'à présent. Je termine dans l'espoir de nous retrouver tous en bonne santé. Je vous embrasse affectueusement, Maurice. »

Attaque toute la matinée   Dimanche 26 mars, 13h

„Mit Freude habe ich vier Briefe von dir bekommen und einen von daheim. Am meisten denk ich an den Fonsel. Wenn das wahr sein soll, kann aber nicht helfen… Du meinst auch durch das Rote Kreuz oder das Radio hören zu können, wenn einmal etwas passiert, das glaube ich nicht, chérie… Ich mache heute Abend weiter mit dem Schreiben, denn ich habe Kopfweh. Wir stehen im Angriff seit 7 Uhr, jetzt ist etwas Ruhe. **Aber das war ein Feuer gewesen**, und alles am Sonntag. Und heute ist Passion.

Montag Morgen, 4 Uhr. Es ist noch alles gut vorüber gegangen gestern. Schuhe hast du dem Gérard gekauft. Ihr habt auch was gehabt mit den Fliegern, das war allerhand, da habt ihr Glück gehabt, man ist nirgends mehr sicher. Du warst acht Tagen ohne Post, die bleibt irgendwo liegen. Ich schreibe in der letzten Zeit nur jeden anderen Tag. Der Simler Sepp hat auch wieder etwas zu erwarten, und Maria Horny nächsten Monat. Ich komme gerade von der Wache zurück, es wird um drei schon hell; es ist aber noch kalt, noch 15 bis 18 Grad unter Null. Mama hat mir geschrieben, wir können eine Kuh kaufen, sie hat nichts dagegen und gibt uns auch das Kleestück und ein Los Wiese auf dem Schnellenbühl. Hab ihr gleich geschrieben, dass wir ihr etwas dürrer Klee für den Fuchs geben werden. Also weißt du Bescheid. Du hast auch geschrieben, der Ernest Schreiber hat eine für 440 RM gekauft, das ist nicht viel, wenn die Kuh gut ist. Kaufe nur keinen Scherben. Sie hat noch keine Adresse von Julien und Edmond, der vielleicht auf dem Weg nach Russland ist…"

« J'ai reçu avec joie quatre lettres de toi et une de Mama. Je pense beaucoup à Fonsel[3], si cela s'avère exact, ce serait malheureux. Mais on ne peut rien y changer… Tu penses que je devrais te donner des nouvelles par la Croix Rouge ou la radio s'il m'arrivait quelque chose. Mais je ne compte pas avec ça, chérie… Je continuerai d'écrire ce soir, car j'ai des migraines. Nous étions au combat depuis 7h, maintenant c'est plus calme. **Mais quel feu soutenu**. Et tout ceci un dimanche, à la Passion !

Lundi matin, 4h. Tout s'est bien terminé hier. Tu as acheté des chaussures pour Gérard. Que n'avez-vous vécu avec les avions, c'est incroyable, vous aviez de la chance. On n'est plus nulle part en sécurité. Tu étais huit jours sans nouvelles, le courrier doit rester bloqué quelque part. Je n'écris que tous les deux jours. Une naissance est annoncée chez Joseph Simler, et chez Maria Horny[4] le mois prochain. Je reviens de mon tour de garde, l'aube pointe déjà à trois heures, mais le froid est encore tenace, -15 à -18°. Mama m'écrit qu'elle n'a pas d'objection pour l'achat d'une vache ; elle nous cédera la parcelle de trèfle et des prés au Schnellenbühl. Je lui ai répondu de suite que nous lui donnerons le trèfle sec nécessaire pour Fuchs - le cheval. Te voilà renseignée. Et tu me dis que Ernest Schreiber a acheté une vache pour 440 RM, ce n'est pas cher si c'est une bonne bête. N'achète pas une vache rabougrie ! Mama n'a pas encore l'adresse de Julien, ni d'Edmond, qui est peut-être reparti pour la Russie… »

---

[3] Il s'agit certainement d'une perquisition de la gendarmerie chez le voisin Alphonse Siegel, surpris en faisant du marché noir.
[4] Marie–Hélène Schmitt, fille de Eugène Schmitt et Maria née Horny, naîtra le 13 mai 1944, Angèle Simler le 27 juin de Joseph Simler et Joséphine née Steinmetz.

Des heures tragiques au village.

Cela s'est passé dans la nuit du 15 mars. 863 bombardiers avaient quitté l'Angleterre pour lâcher leurs bombes sur Stuttgart. Il était près de 23 heures quand un premier bombardier s'est écrasé avec son chargement près d'Artolsheim. Les sept aviateurs ont péri. Plus tard dans la nuit, suite à une collision entre avions, un bombardier s'est écrasé avec ses sept occupants près de Hilsenheim. Un autre bombardier, de type Lancaster également, appartenant au 101ème Squadron, avec sept hommes à bord, a viré en feu au-dessus de notre commune avant de s'écraser entre le village et l'annexe de Breitenheim. Probablement le pilote a-t-il essayé un atterrissage en catastrophe dans les champs, hélas une ligne à haute tension se trouvait sur sa trajectoire. Le lendemain matin, les débris de l'avion et les restes des sept aviateurs, six Anglais et un Australien, âgés de 20 à 35 ans, furent ramassés par les soldats allemands *(die Landwache),* aidés par les habitants, l'instituteur et sa classe, réquisitionnés. Ils reposent désormais dans une tombe commune au cimetière, honorés par la population lors des cérémonies commémoratives annuelles du 8 mai. Une pale d'hélice, retrouvée en 1972 lors de travaux d'adduction d'eau potable, a été restaurée par les jeunes du Foyer-Club et érigée en monument. Elle a été inaugurée le 17 mars 1974, trente ans après le sacrifice consenti par les aviateurs alliés. Un autre avion en mission cette nuit s'est écrasé dans la vallée de Munster.

Au front, la fin du mois de mars est relativement calme, papa écrit tous les jours :

- mardi 28 / 03 : « J'ai reçu hier soir deux œufs que j'ai cuits, c'était vraiment bon. Les derniers jours sont plus agités, mais je vais bien. Je crois que nous n'avons plus été séparés tellement longtemps depuis 1936. L'enfant de Madeleine Pfaltz est mort.[5] Tu as tué un lapin, ah que j'aimerais me régaler d'une cuisse de lapin accompagnée de purée. »

- Mercredi 29 / 03 : « Les lettres des 18 et 21 mars sont arrivées. Hier j'ai lu au journal que les paquets de plus de 100g ne sont plus acceptés (*Es ist Briefsperre*), je peux m'en accommoder, mes réserves sont appréciables. Comment t'arranges-tu pour le fourrage vert ? Seppel pourra te le couper et le rentrer tous les trois jours. Ce soir nous emménagerons dans notre nouveau Bunker, un abri sûr, enterré trois mètres, recouvert de poutres et de deux mètres de terre. »

- Jeudi 30 / 03 : « Je t'enverrai prochainement les bonbons pour Gérard, ainsi que les cigarettes. Mars prend fin et Pâques approche. Je lis à

---
5 La mère Madeleine avait 19 ans.

l'instant au journal que l'ennemi progresse au sud. Jusqu'où ? Je pense que cette lettre te parviendra avant Pâques ; je vous souhaite donc de belles fêtes de Pâques. »

- Samedi 1er avril, 3h1/2. La lettre est oblitérée à *Bremen Hemelingen*[6] le 06 / 04.

« Il fait jour à trois heures. Je m'en vais dormir jusqu'à huit heures. L'abri est confortable et sûr, ce qui est essentiel. Un camarade partant en permission emmènera cette lettre, il n'était plus rentré depuis treize mois. »

- Dimanche 02 / 04 : « C'est dimanche et je pense davantage à vous. J'ai devant moi un gobelet de liqueur et un gros cigare. Au menu du jour, du rôti de porc et du pudding. De quoi tenir, mais ce serait bien meilleur à la maison. Je recevrai prochainement un nouveau livret militaire. À mon compte figurent une « journée d'assaut - *Sturmtag* » et une autre classée « combats rapprochés - *Nahkampftag* ». Il y a un an, aux Rameaux, nous étions réunis pour notre départ. Quel lundi ! Mais nous fêterons notre retour... Les tirs crépitent dehors. »

Mardi 04 avril, 8h1/2

„... *Mit Gérard warst du im Wald, das glaube ich, dass er gern dahin geht. Schick keine Pakete mehr, denn ich habe Vorrat genug, und die Verpflegung ist momentan auch besser. Es hatte gestern 200 Zigaretten gegeben, dazu eine Flasche Schnaps, eine Flasche Bier, die mir geschmeckt hat, und noch zwei Pakete Tabak. Das wird alles am Zahltag abgezogen. Du kannst etwas Tabak für Herrn Hory in Schirmeck hinüber geben, der hat nichts zu rauchen. Hab auch einen Brief von Edmond und einen von Mülhausen erhalten. Wo Edmond ist, weiß ich nicht, aber er meint, er wird eines Tages bei Onkel Robert landen. In Mühlhausen ist alles gesund noch. Du kannst auch dem Facteur ein Paket Zigaretten geben, du hast genug.*"

« ... Tu étais en forêt avec Gérard, je crois bien qu'il aime cela. N'envoie plus de paquet, j'ai assez de provision et la nourriture est meilleure en ces temps-ci. Hier on nous a donné 200 cigarettes, une bouteille de schnaps et une autre de bière que j'ai appréciée, ainsi que deux paquets de tabac. Mais tout cela sera déduit de notre solde. Tu pourras donner du tabac à mama pour M. Hory à Schirmeck, il n'en a certainement pas. Une lettre d'Edmond et une autre de Mulhouse sont arrivées. Je ne sais pas où se trouve Edmond, mais il

---

[6] Les soldats du front remettaient fréquemment leurs lettres aux camarades partant en permission, espérant ainsi réduire la durée de l'acheminement, ce qui explique l'oblitération dans le nord de l'Allemagne.

pense qu'un jour il se retrouvera chez oncle Robert.[7] À Mulhouse tous se portent bien. Donne aussi un paquet de cigarettes au facteur, tu en as suffisamment. »

M. Hory n'était déjà plus à Schirmeck ; en décembre il a été transféré au sinistre camp de concentration de Dachau, où il restera jusqu'à la fin de la guerre.

Une profonde tristesse, voire de l'abattement moral sont perçus dans les lettres envoyées durant la Semaine Sainte ; à Mussig, de nombreux offices à l'église précèdent alors la fête de Pâques, synonyme du renouveau des cœurs et de la nature.

Jeudi-Saint 06 / 04, midi. « Je suis toujours dans la même position, à 20 km de Polozk. La neige fond rapidement, il n'est pas trop tôt de revoir enfin le sol noir. La belle fête pascale est proche. J'aimerais grandement la vivre avec vous, réunis autour d'un bon civet de lièvre. Les journées s'allongent nettement. Nous rattraperons le temps perdu. »

Annonce du printemps Vendredi-Saint 07 avril, 11h

„*Komm soeben von der Wache, von daheim vielmehr, denn die Gedanken sind doch immer daheim, besonders während der Wache. Hatte gestern einen Brief von Julien aus dem Lazarett in Oberschlesien, es geht ihm gut, er hat aber noch Kopfschmerzen. Er denkt, bald auf Urlaub zu fahren. Ich möchte, ich wäre auch soweit in einem Lazarett, denn eine andere Möglichkeit hier herauszukommen gibt es nicht. Wir bleiben aber immer bei der guten Hoffnung, und Vertrauen zum Gebet haben wir auch immer. Es ist heute Karfreitag, ein schöner warmer Tag. Habe gestern die ersten Kätzchen hier gesehen,* **die Frühjahrsboten**. *Gérard wird sich schon freuen, den Osterhase suchen zu dürfen.*"

« Je reviens de ma garde, ou plutôt de « chez vous », car mes pensées sont toujours auprès de vous, surtout durant les gardes. Hier m'est arrivée une lettre de Julien, actuellement à l'hôpital militaire en Haute-Silésie. Il se porte bien, mais éprouve encore des migraines. Cela me conviendrait également d'être à l'hôpital, car je ne vois pas d'autre issue ici. Mais nous gardons espoir et confiance dans la prière. C'est Vendredi-Saint, une belle journée ensoleillée et douce. Hier j'ai vu les premiers **chatons de saule, annonciateurs du**

---
7 « Oncle Robert », né en 1900 était le frère de René Reppel père. Il est parti au Canada en 1919 où se trouvait depuis 1912 un autre frère, Maurice né en 1888. Après avoir acquis la nationalité américaine en 1926, il a fondé avec succès une entreprise de constructions en charpentes métalliques à Phoenix dans l'Arizona. Il reviendra plusieurs fois en Alsace, sa terre natale à partir de 1964. Il est décédé en septembre 1976. Son frère Maurice s'était installé dans l'Illinois à Peoria.

printemps. Gérard doit se réjouir de pouvoir aller à la recherche du « lièvre de Pâques » (*en chocolat bien sûr, caché traditionnellement par parrain, marraine ou les parents dans l'herbe au jardin, le matin de Pâques*). »

Samedi-Saint 08 / 04, midi. « Ce soir nous changerons de position, c'est bien dommage car ce beau bunker nous a coûté bien des efforts. Quelle fête de Pâques ! J'espère que nous ne camperons pas à la belle étoile. Ces fêtes ne sont donc jamais tranquilles, celle de Noël était bien agitée. Comme j'aimerais être avec vous par ce temps magnifique et me promener librement dans la nature. Les Haug sont sans nouvelles, nous risquons pareil malheur. Je suis inquiet de l'évolution au sud. »

Attaque repoussée pendant la nuit   Dimanche de Pâques, 09 avril, 13h

« Mes bien chers,

C'est avec joie que j'ai reçu hier soir tes deux dernières lettres, du 30 mars et du 02 avril. Vous allez bien, c'est aussi mon cas. Triste fête aujourd'hui, ma chérie, et bien agitée. Cette nuit nous avons changé de position au profit des camarades de l'autre compagnie. Pfister est parmi eux, d'autres également. Reibel est hospitalisé en Allemagne, atteint par un éclat d'obus, ainsi qu'un autre de Gersheim qui a été bien chanceux. C'est sans gravité. Et Guiot[8] est avec moi. Notre nouvelle position est à 300 m. de l'autre,

---

[8] Paul Guiot de Charbes, Lalaye dans le Val de Villé, de la classe 1938 retrouvera mon père dans la même compagnie au mois d'août et sera évacué avec lui sur le même bateau sanitaire en octobre 1944 (Cf. aussi les lettres des 28 août et 08 octobre). Il est revenu souvent chez mon père après la guerre avant de décéder en 1986.

naturellement moins abritée, mais nous nous en chargerons. Nous avons également repoussé une attaque nocturne et ne savons pas combien de temps nous resterons ici. Mais voilà de nouveau Pâques, et quelle fête ! Pas de repos encore aujourd'hui. Je suis curieux du repas qu'on nous servira. Hier soir nous avons reçu de la bonne liqueur de café à raison d'une bouteille pour trois hommes ; elle fut vidée de suite. Tu m'écris que Haug Eugène est en permission, cela finira par m'arriver aussi. Dans deux mois nous n'en serons pas loin. Et vous aviez un concert dans votre voisinage, voilà qui est bien triste en ces temps-ci. Les semis de tabac ont levé, attention à la chaleur. Je n'ai pas d'autres nouvelles et mon cœur est rempli d'amertume en ce jour de fête, cela se comprend. Je vais m'allonger et me reposer un peu. Le temps est assez beau, ce soir j'irai chez mon camarade Pfister prendre des nouvelles de la dernière attaque. »

Abattement et espoir Lundi de Pâques 10 avril, midi

„… *Heute ist Ostermontag, aber was für einer, nur den ganzen Tag arbeiten und nachts auch.* **Sie machen uns verrückt**, *mit diesem Bauen und Bauen. Die kennen keine Ostern. Ich könnte heute einen zerreisen, so bin ich aufgeregt. Hatte schöne Stellung, und hier geht's von neuem wieder los. Da soll man noch Mut haben. Es hat gestern Abend auch eine Tafel Schokolade gegeben, die bekommt Gérard im nächsten Paket… Du wirst mit Gérard auch spazieren gegangen sein, der Junge bleibt doch nicht daheim. Es ist doch an allem nichts zu ändern. Du schreibst immer "Baldiges Wiedersehen", man tröstet sich von einem Monat zum andern. Und doch muss man sich aufmuntern und sagen, einmal muss es doch kommen."*

« … Lundi de Pâques, mais quel lundi ! Au travail *(aménager les défenses)* toute la journée et même la nuit. **Ils nous rendent fous**. Ils ignorent que c'est Pâques. Je suis révolté, au point d'en étriller un. Nous avions une belle position, ici tout est à recommencer. Et avec ceci il faudrait garder son courage ? Nous avons reçu une tablette de chocolat hier soir, elle partira pour Gérard avec le prochain paquet… Tu l'as certainement emmené en promenade, le petit a besoin de sortir. Nous ne changeons rien. Tu m'écris toujours « Au revoir, à bientôt », nous nous réconfortons d'un mois à l'autre en se disant que cela finira bien par arriver. »

Mardi 11 / 04, 10h. « Voilà cinq mois aujourd'hui que nous nous sommes quittés à la gare. Comme le temps passe ! Pâques est passé, je suis content, car ces fêtes m'attristent. La prochaine est Pentecôte, où en serons-nous ? J'espère que nous n'aurons pas à attendre encore cinq mois. Peut-être en juin, et s'il faisait beau on serait comme des jeunes mariés. Heureux qui un jour pourra oublier l'épreuve que nous vivons ici, mais nous n'oublierons jamais. Sois sans crainte chérie, ça ira, il faut tenir. »

Perquisition à la maison Jeudi 13 avril, 2h du matin

„... *Sie haben auch **wieder bei euch ausgesucht**, es wird immer schwieriger, je länger der Krieg dauert. Gib Acht mit einem, verkauf nichts von deinem Mehl, denn die Ernte ist noch nicht da. Ihr habt auch die Chaiselongue geholt, und wie du schreibst, macht sie sich gut in der Stube. Das gibt das „Ruhe Stündlein" nach dem Essen, wenn es nur morgen schon wäre. Aber das kommt auch, es geht kein Tag vorbei, wo nicht von Urlaub gesprochen wird. Ein jeder will mehr leisten können als der andere, du verstehst in welcher Hinsicht. Es gibt nichts Schöneres als ein gutes Bett, wenn man schon solange nicht aus den Kleidern war und nur auf Holz, aber nur froh mit diesem sein darf. Denn so Tage wie die vom 2. bis 7. Januar kommen keine mehr. Bin doch sicherer hier als vorn im Graben, du darfst es glauben, es war mir manchmal doch bange gewesen. Aber das Gebet hilft immer. Wir arbeiten am neuen Bunker, der auch bald fertig ist.*"

« ... Vous avez de nouveau été **perquisitionnés**, cela devient de plus en plus pénible à mesure que la guerre se prolonge. Sois prudente et ne donne pas ta farine, la saison de la moisson n'est pas encore arrivée. Tu as cherché la nouvelle chaise longue et elle occupe une belle place dans la salle à manger. Je m'imagine déjà la douce sieste après le repas, dès demain si c'était possible. Cela viendra, pas un jour ici ne passe sans que nous parlions de nos futures permissions. Chacun veut pouvoir faire plus que l'autre, tu comprends dans quelle intention. Rien ne vaut un bon lit pour qui n'a pas pu quitter ses vêtements depuis si longtemps et a dû dormir sur un lit de bois. Mais il faut s'en satisfaire, plus jamais nous ne verrons des journées terribles comme celles du 2 au 7 janvier. Je suis plus en sécurité ici qu'à l'avant dans la tranchée, tu peux me croire. Je craignais bien souvent pour ma vie. Mais la prière aide toujours. Nous travaillons à notre nouveau bunker, il est presque achevé. »

La douleur de la séparation Samedi 15 avril, 10h

„...*Gestern haben wir umgezogen in unseren neuen Bunker, der auch wieder gut sicher und nicht zu sehen ist. Draußen scheint eine herrliche Sonne, bei euch wird das Feld schon grünen, und wie schön wär's jetzt daheim bei uns. Bald kommt der schöne Monat Mai und wir sind getrennt. Wie ich im Wehrmachtsbericht lese, fliegen sie immer noch stark ins Reich. Hoffe, dass ihr verschont bleibt daheim. Und der große Gérard, der bald in die Schule kommt. Es gibt doch nichts Schöneres als so eine kleine Familie wie wir sind, die in*

Frieden lebt. Ich darf gewiss nicht daran denken, hier in dieser wilden Gegend. Hoffe, dass wir weiterhin Glück haben."

« … Hier nous avons emménagé dans notre nouveau bunker, il est sûr et invisible. Au-dehors brille un grand soleil, chez vous la nature reverdit. Comme ce serait beau d'être ensemble *daheim*. Le joli mois de mai est maintenant proche et nous sommes séparés. Je lis dans les rapports que l'Allemagne est toujours violemment bombardée. J'espère que vous serez préservés. Et je pense à notre grand Gérard, bientôt il ira à l'école. Rien n'est plus beau qu'une petite famille comme la nôtre vivant paisiblement. Je n'ai pas le droit d'y penser, dans ce pays hostile. J'espère que la chance ne nous abandonnera pas. »

Dimanche 16 avril, 10h

„… Ich habe gestern Abend Gelegenheit gehabt, einem Gottesdienst beizuwohnen, vom Divisionspfarrer abgehalten. Wir waren nur 20 Männer und bekamen Generalabsolution mit Kommunion. Andere lachen deswegen, aber ich meine, dass man sich nicht schämen braucht …"

« … Hier soir j'ai de nouveau eu l'occasion d'assister à une messe célébrée par l'aumônier de la division. Nous n'étions que vingt camarades et avons reçu l'absolution collective et la communion. D'autres en rient, je pense que l'on n'a pas à en avoir honte. …»

Dans la lettre du mardi 18 / 04, papa espère une permission pour l'anniversaire de Gérard le 10 juillet. Partent en permission ceux dont la dernière remonte au mois de septembre. La neige n'a pas totalement fondu et les arbres sont encore dépouillés comme en hiver.

Mercredi 19 / 04, mon père est heureux d'avoir reçu une longue lettre écrite le jour de Pâques. Gérard est un beau garçon dans son nouvel habit, cela réjouit toute la famille qui n'a pas manqué de biscuit ou de kougelhopf. Papa ne pourra jamais oublier cette date du 19 avril, anniversaire de l'incorporation de force. Il compte bien rattraper ces jours perdus, même au tonneau à vin dans la cave.

Perquisitions et sévères restrictions au village Vendredi 21 avril, 17h

„… Mit dem Aussuchen wird's immer schlimmer bei euch. Du wirst wissen, was du zu machen hast. Und du schreibst auch, dass ihr nur noch einen Hasen und ein Huhn pro Kopf halten sollen, was noch. Es ist jetzt Arbeit bei euch bis alles im Boden ist : Karotten, Tabak, Runkelrüben, und das Draht an

den Reben nachsehen oder wechseln. Gestern hatte ich nicht geschrieben, es war der 20. April, Hitlers Geburtstag. Ich wurde zum Gefreiten befördert. Wie der Chef gesagt hat, sollte ich zum Obergefreiter befördert werden, was aber von oben nicht angenommen wurde, weil ich erst ein Jahr Dienst habe. Es kann mir aber egal sein. Jedenfalls habe ich es gut stehen in der Kompanie. Wir sind jetzt wieder ganz schön eingerichtet und mit der Schiesserei geht's auch noch, wenn's nicht schlimmer wird. Gestern Abend hatten wir etwas vom Feind erwartet, es kam aber nichts. Er darf kommen. Es hat Bier gegeben, und heute auch, nur zu wenig. Ich bin froh, dass ich den Winter so gut überstanden habe, deswegen habe ich jetzt auch so Freude an der Sonne und am jungen Grünen..."

« ... Les perquisitions chez vous deviennent toujours plus pénibles. Tu dois savoir comment agir. Et tu m'écris que les autorités n'autorisent plus qu'un seul lapin et une seule poule par personne. Quoi encore ! À présent vous êtes bien occupés avec les semis et plantations, carottes, tabac et betteraves. Il faut aussi vérifier les fils dans les vignes et si nécessaires les changer. Je n'ai pas écrit hier, on était le 20 avril, anniversaire de *Hitler*. J'ai été nommé caporal. En fait j'étais proposé pour le grade de caporal-chef, ce qui fut refusé par les supérieurs car j'ai seulement un an de service. Mais au fond cela m'est bien égal. L'essentiel est d'être bien considéré dans la compagnie. Nous sommes de nouveau bien installés et les tirs ne sont pas trop menaçants. Nous comptions sur une attaque de l'ennemi hier soir, rien ne se fit. Mais nous l'attendons de pied ferme. De la bière nous a été donnée, aujourd'hui également, mais en trop petite quantité. Je suis content d'avoir bien passé l'hiver, je n'en suis que plus heureux de revoir le soleil briller et la nature reverdir... »

J'ai planté des petits sapins Dimanche 23 avril, 10h30

„...Ich war gestern Mittag im Wald und habe einige kleine Tännchen mitgebracht, die ich in der Stellung setze. Wir liegen an einem großen See, der jetzt aufgetaut ist. Das Wetter ist regnerisch und windig. Trauriger Sonntag, und so geht einer nach dem anderen vorbei. Hoffentlich keinen Winter mehr im Osten..."

« ... Hier après-midi j'étais en forêt d'où j'ai rapporté quelques petits sapins à planter dans notre position. Nous sommes à proximité d'un grand lac qui, maintenant, est dégelé. Il pleut et le vent souffle fort. Encore un triste dimanche, ainsi passent-ils les uns après les autres. Espérons qu'il n'y aura pas d'autre hiver à l'est... »

Les villages sont détruits et la population est partie Mardi 25 avril, 7h30

„... *Geschlachtet haben sie daheim, schade dass man nicht da ist... Der Eugène Haug ist jetzt auch wieder fort. Von hier bekommen alle drei Wochen Urlaub, wir Elsässer noch vier Reisetage. Die Pakete sind auch noch immer gesperrt, ich habe noch Vorrat. Wie du schreibst ist nun der Lucien Schnell auch eingezogen und der Marcel Bulber ist noch immer im Reich. Ich vergönne es keinem, wenn er nicht hierher braucht, denn was schönes hat man hier nicht. Dass sich die Leute aufregen, glaub ich schon, aber man sagt nichts und verfeindet sich nicht. Wir dürfen ja nicht klagen, denn ich hatte meinen Urlaub. Ich war gestern auch in einer Variétés - Vorstellung gewesen, 8Km hin und 8Km zurück. Es war ein schöner Spaziergang durch den Tannenwald und das Feld ist auch grün. Wo kein Sumpf ist, wurde das Feld ziemlich angesät im Herbst, natürlich sind die Leute weg und die Dörfer zerstört. Im Variétés waren Mädchen aus Köln, die Tänze vorgeführt haben, auch mit Musik. Der Spaziergang hat mir besser gefallen als das... Mach dir nicht soviel Gedanken wegen dem Urlaub, es wird schon kommen. Sei nun herzlich gegrüßt und geküsst, auf baldiges Wiedersehen, ton chéri Maurice. Du hast schon einen Stoß Briefe daheim nach einem Jahr, das gibt Erinnerungen an vergangene Zeiten, aber an keine schönen.*"

« Chez Mama ils ont tué le cochon, dommage que je n'étais pas à la maison... Eugène Haug est reparti. Les permissionnaires reçoivent chacun trois semaines auxquelles s'ajoutent quatre journées de voyage pour les Alsaciens. L'envoi de paquets reste bloqué, mais j'ai encore des provisions. Lucien Schnell[9] a été incorporé et Marcel Bulber[10] est encore en Allemagne. Je n'en veux pas à celui qui n'est pas envoyé ici, car ce n'est pas réjouissant. Que des personnes s'agitent ne m'étonne pas, mieux vaut s'abstenir de commentaires et ne pas se brouiller. Ne nous plaignons pas, j'étais déjà en permission. Hier j'ai assisté à une représentation de variétés, à 8km. Une bien belle promenade dans la forêt de sapins. La nature aussi est redevenue verte. Hors marécages les champs ont été souvent ensemencés en automne, maintenant la population est partie et les villages sont détruits. J'avais davantage de plaisir à la promenade qu'au spectacle de danses avec musique présenté par les filles venues de Cologne... Ne pense pas tellement à la permission, cela finira par arriver. Je t'embrasse tendrement, ton chéri Maurice. Tu dois avoir une belle pile de lettres après une année. Plus tard cela fera bien des souvenirs, certes pas des beaux. »

---

9 De la classe 1932, Lucien Schnell, frère de Jules, s'est marié à Strasbourg en 1941. Incorporé en 1944, il est revenu de la guerre ; il est décédé à Strasbourg le 02 février 1984.
10 *In* : Patrimoine... n° 3, *op. cit.*, p. 60 : « Marcel Bulber était le frère de Xavier. De la classe 1942, il est tombé à Dantzig en Pologne le 15 mars 1945. »

Ces derniers jours papa n'a écrit que tous les deux jours.

- Jeudi 27 / 04, 9h : « Nos permissions sont fonction de l'activité de l'ennemi. Sept ou huit camarades en ont obtenu en avril. Paul Engel se mariera le premier, il n'est plus tellement jeune. Et le vieux Fahrner[11] est décédé, que deviendra cette grande propriété ? J'ai reçu une lettre de Mulhouse et une autre de Julien. Je voudrais bien être hospitalisé également. Il ne s'imagine pas plus belle vie, mais voudrait bien rentrer à la maison. Lui aussi a prié beaucoup, au front dans les tranchées… »

- Vendredi 28 / 04, 18h : « R. Kessenheimer[12] est tombé. Si seulement il pouvait être le dernier ! J'ai enfin obtenu mon nouveau livret militaire. N'y figure que ce que j'ai signalé… »

Attaque à l'aube   Samedi 29 avril, 8h

„Es geht mir noch gut, ich komme soeben in den Bunker zurück, denn heute früh wurden wir von einem Feueralarm aus dem Schlaf geweckt. Wir haben ihn aber gleich zugedeckt, den Hund, mit unseren Waffen. Hier ist es

---

11 Joseph Fahrner, né en 1868, est décédé le 16 avril 1944.
12 Dans cette lettre, mon père est faussement informé (Cf. aussi lettre du 19 mai 1944). En effet, Raymond Kessenheimer de la classe 1940, est revenu de guerre, a habité à Gundershoffen et est décédé en 2001 à Morsbronn les Bains. Son frère Albert, de la classe 1935, a été déclaré disparu au combat le 15 juin 1944. Le 3ème frère Ernest, né en 1913, n'a pas été incorporé afin de pouvoir prendre en charge l'exploitation agricole rue de Baldenheim, puisque deux de ses frères étaient dans la *Wehrmacht*. Il est décédé à Marckolsheim le 11 janvier 2006.

wieder ruhiger, denn wir haben ihm gut geantwortet. Er kommt hier nicht durch… Gerade hat das Telefon gemeldet, dass wir mit unserem Werfer ein Packgeschütz vernichtet haben, welches wie verrückt in unsere Stellungen geschossen hatte. Und rechts von uns ist der Feind in die Stellungen eingebrochen, mit einem Strafbataillon… Bleib brav Gérard und bete für papa, dann kommt er bald und bringt dir auch was mit."

« Je vais toujours bien, je rentre à l'instant au bunker, car une attaque ennemie nous a tirés de notre sommeil. Mais nous avons pu tout de suite riposter à ce chien, avec nos armes. Le calme est revenu maintenant, notre réponse a payé. Il ne passera pas ici… Le téléphone nous annonce juste qu'avec notre lance-grenades nous avons anéanti une pièce d'artillerie qui tirait violemment sur nos positions. À notre droite, un bataillon disciplinaire ennemi a pénétré les positions… Gérard sois bien sage et prie pour papa, il rentrera alors bientôt et te rapportera quelque chose. »

Rumeur d'invasion   Lundi 1ᵉʳ mai, 18h

„… Sie fliegen immer noch über euch weg, solange sie noch drüber weg fliegen, geht's. Bei euch spricht man viel von der Invasion, wir glauben auch, dass bald was kommt. Ich denk auch manchmal, wir kommen nicht mehr zum Urlaub. Jedenfalls wird's mit der Post etwas stocken, wenn es zum Ende geht. Heute ist erster Mai, Feiertag bei euch. Wieder ein Monat vorbei. Gestern habe ich deinen Eltern geschrieben. Wir haben heute die große Offensive erwartet, sie ist aber noch nicht gestartet. Wir wurden gestern auch wieder angegriffen, es wurde aber blutig zurückgeschlagen. Der Kommandant hat uns das Lob gemacht, weil wir so gut in die feindliche Stellung geschossen haben. Es geht alles gut, er darf kommen. Die Flieger kommen auch jeden Tag, wir sind aber gut eingebaut und gut getarnt. Mach dir keine Gedanken, wenn die Post nicht kommt, ich bin meiner Sache bewusst und bete auch immer viel. Wir lassen kommen was will, ändern tun wir nichts. Nur Kopf hoch."

« … L'aviation alliée continue de vous survoler, pas de danger tant qu'ils ne font que passer. La rumeur d'une invasion circule chez vous, nous croyons aussi que quelque chose se prépare. Parfois je pense que je n'aurai plus de permission ; le courrier en tout cas sera alors difficilement acheminé. Nous sommes le 1ᵉʳ mai et c'est jour férié chez vous. Encore un mois écoulé. Nous attendions aujourd'hui la grande offensive, mais elle n'a pas été lancée. Hier j'ai écrit à tes parents, nous avons de nouveau été attaqués et notre riposte fut violente. Le commandant nous a félicités pour la précision de nos tirs. Tout va bien, nous attendons l'ennemi de pied ferme. Les avions aussi nous attaquent, mais le bunker est solide et bien camouflé. Ne te fais pas de soucis quand tu n'as pas de nouvelles, je suis sûr de mon affaire et prie toujours. Qu'advienne ce qui doit advenir, nous n'y changerons rien. Tête haute. »

Nous attaquons à 3h1/2   Lettre du mercredi 03 mai, 14h

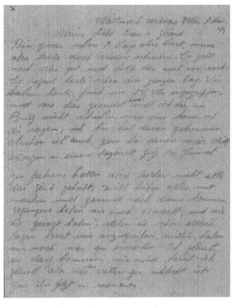

« Mes bien chers, Je suis depuis deux jours sans nouvelles, mais je vous écris aujourd'hui. Ça va et j'espère de même chez vous. Il pleut toute la journée. À l'aube, à 3h1/2 nous avons lancé une attaque, je ne te décrirai pas la fin dans cette lettre, mais une chose est certaine, j'en suis revenu sain et sauf. Bien que j'aimerais être de ceux qui partent demain par le train-hôpital en direction de la « *Heimat* » ; tous n'ont pas eu cette chance. Au fond je préfère endurer tout ceci, pourvu que je rentre à la fin en bonne santé. Nous avons aussi ramené des prisonniers. D'après eux, l'attaque est imminente. Nous voilà prévenus, mais nous sommes prêts. Le temps pourtant n'est pas favorable... »

Papa écrit régulièrement en ce début du mois de mai. Il ne parle pas des combats, contrairement aux lettres précédentes, à cause de la censure.

- Jeudi 04 / 05, 14h : « Vous avez distillé le schnaps, il est meilleur que celui qu'on nous sert ici. Je viens de manger un plat de salade de pommes de terre arrosée de vin rouge. Une bouteille pour deux personnes. Il est moins bon que le nôtre. Graff de Strasbourg est venu me voir, il est agent de liaison et passe presque chaque jour. Comme il participait hier à l'attaque, il m'avait confié ses affaires au cas où il lui arriverait malheur. Mais lui aussi est rentré sain et sauf. Voilà cinq mois que nous étions arrivés à Bitchicha, dans le secteur de *Newel*. Quelle journée ! Et combien d'autres journées toutes aussi terribles. Je serai content de pouvoir rentrer un jour pour te raconter tout cela, car nous ne pouvons l'écrire. »

- samedi 06 / 05, 14h : « Mon paquet contenant le chocolat est parti hier avec un permissionnaire. Celui de Hanovre attendait sa permission depuis 15 mois. Hier soir chacun de nous a reçu un paquet spécial en reconnaissance de notre efficacité lors des récents engagements. Je l'enverrai à Germaine. Ma permission que j'espère obtenir en juin tombera dans une période d'intenses travaux des champs ; nous prendrons malgré tout du temps pour randonner paisiblement en montagne avec Gérard et nos sacs à dos bien remplis. »

- Dimanche 07 / 05, 14h : « *Denk nicht zuviel an Urlaub, denn der Feind hat auch was dazu zu sagen. Es regnet, trauriger Sonntag.* Ne pense pas trop à la permission, car pour cela l'ennemi aussi a son mot à dire. Il pleut, triste dimanche. »

Mercredi 10 mai, 10h

„… *Der Eugène Schmitt und der Steimer haben schon Abstellungsurlaub, das geht schnell… Bei euch stehen die Bäume in voller Blüte, hier ist noch alles kahl, die Bäume wie im Winter. Schon drei Tage haben wir Regenwetter, das ist ein Schlamm überall, ich glaube nicht, dass der Feind bei diesem Wetter etwas unternimmt. Nur gut, dass wir momentan bei diesem Wetter in Stellung liegen und nicht auf der Wanderschaft sind. Man kann doch alles trocknen im Bunker. Ich mach mir jeden Tag Bratkartoffeln und das schmeckt gut…*"

« … Eugène Schmitt et Steimer[13] sont en permission avant affectation, voilà qui est rapide… Les arbres sont en pleine floraison chez vous. Ici ils sont encore dénudés comme en plein hiver. Il pleut depuis trois jours, tout est boueux et je ne crois pas que l'ennemi entreprenne une offensive. Nous sommes heureusement dans nos positions et pas en marche, ainsi nos affaires peuvent-elles sécher au bunker. Je me cuisine chaque jour des pommes de terre rôties et c'est bon. »

Une petite branche de sapin dans la lettre　　　　　　Jeudi 11 mai, 16h

„… *Im Wehrmachtsbericht hast du auch gelesen von Polozk. Ich liege etwa 25 Km nördlich von Polozk, an der Bahnlinie Newel - Polozk. Ich komme mit dem Essen aus, die Paketssperre gilt für alle. Besser die Sperre als die Urlaubssperre. Ich bin soeben aus dem Kino zurückgekommen. Als der Spies mich gesehen hat, hat er gesagt : Ah, der Reppel ist Urlauber Anwärter. Ich will aber doch nicht zu früh frohlocken. Heute ist der 11. Mai, schon sechs Monate seit wir uns getrennt haben. Wenn Gérard Geburtstag, hat bin ich daheim. Heute in zehn Tagen ist Muttertag, und ich wünsche dir einen fröhlichen Muttertag, und weiterhin viel Glück und Segen. Geh mit Gérard spazieren, so*

---

13 *In* : Patrimoine… n°3, *op. cit.*, p. 57 : «De la classe 1931, Eugène Steimer a été incorporé en même temps que Eugène Schmitt et Joseph Keller… début 1944. Il a été transféré au front de l'Est où il fut blessé. Il racontait qu'il se trouvait à *Dantzig*, lorsque cette ville fut bombardée durant toute une nuit. » Décédé le 08 octobre 1993 à Sélestat.

dass er nicht immer in der Stube daheim sitzt. Noch ein Tannenästchen von meinem Bäumchen in der Stellung, Blumen gibt's noch keine."

« …Tu as vu qu'on parle de Polozk dans le rapport de la Wehrmacht. Nous sommes positionnés 25 km au nord, près de la ligne ferroviaire *Newel - Polozk*. La nourriture me suffit, l'interdiction d'envoi de paquets touche tout le monde. Mieux vaut encore cela que la suppression des permissions. Je viens de rentrer du cinéma. Quand l'adjudant m'a vu, il m'a interpellé : *Ah, Reppel est candidat à la permission !* Mais je ne veux pas me réjouir trop tôt. Nous sommes le 11 mai et cela fait six mois que nous sommes séparés. Je serai assurément rentré à l'anniversaire de Gérard, le 11 juillet. Dans dix jours ce sera la Fête des Mères, je te souhaite une belle fête et t'envoie tous mes vœux de bonheur. Emmène Gérard en promenade, afin qu'il sorte de la maison. Voici une petite branche du sapin que j'ai planté dans notre position ; il n'y a pas encore de fleurs. »

Même des oranges pour les combattants　　　　　　Lundi 15 mai, 14h

„…Der Charles Fahrner hat einen Unfall gehabt, es haben halt alle Leute ihre Sachen. Ich liege momentan draußen im Grünen und die Sonne scheint ziemlich warm. Wir haben gestern auch drei Orangen und 200 Zigaretten bekommen. Gestern war Sonntag, und was für einer. Wir mussten den ganzen Tag arbeiten. Ich hatte satt am Abend mit diesem ganzen Mist… Ich habe auch den Brief, den ich dem Eugène Losser ins Lazarett geschrieben hatte, zurückbekommen. Er sei entlassen. Ich will noch ein Paar Stunden schlafen, denn die Nächte sind kurz."

« … Charles Fahrner a été victime d'un accident, tout le monde a des malheurs. Je suis allongé dehors dans l'herbe, le soleil réchauffe bien. Hier nous avons reçu trois oranges et 200 cigarettes. C'était dimanche, mais quelle journée ! Au travail du matin au soir. J'en étais écœuré à la fin… La lettre que j'ai envoyée à Eugène Losser à l'hôpital m'est revenue. Il en est sorti. Je m'en vais encore dormir quelques heures, car les nuits sont courtes. »

Mon père dans les tranchées avec ses camarades (2ème à partir de la gauche).

Mercredi 17 mai, 14h

„… Der Eugène Schmitt, der Steimer sowie der Julien sind alle wieder fort, es geht halt alles vorbei. Julien hat nur Recht gehabt, wenn er gut getrunken hat, ich habe soeben gegessen und getrunken, aber nur Wasser und Brot. Wenn der Schmitt Eugène nicht gleich an die Front kommt, hat er Glück, nochmals zu fahren, wenn seine Frau in Kindbett kommt. Charles Fahrner ist daheim… Es ist auch einer ein Tag später vom Urlaub zurückgekommen. Er wurde bestraft. Ihr habt kaltes Wetter und die Reben wurden geflammt. Du hast auch Enten, das ist etwas für Gérard. Gestern Abend hat's Linsensuppe gegeben, das hat mir gut geschmeckt. Hätte ja noch viel zu erzählen, aber nicht im Brief."

« … Eugène Schmitt, Steimer et Julien sont repartis, tout prend fin. Julien a bien fait de boire avant de partir. Je viens de manger et boire aussi, mais que du pain avec de l'eau. Si Schmitt Eugène ne sera pas immédiatement appelé au front, il aura peut-être la chance de rentrer encore quand sa femme ira à la maternité. Charles Fahrner est à la maison… Un camarade est revenu de permission avec une journée de retard et a été sanctionné. Il fait froid chez vous et les vignes ont gelé. Maintenant que tu as des canards, Gérard doit s'amuser. J'ai mangé hier soir de la soupe aux lentilles que j'ai appréciée. J'aurais encore tant de choses à raconter, mais pas dans les lettres. »

Maman refuse d'entrer à la *Frauenschaft* Vendredi 19 mai, 14h

„Wie du mir geschrieben hast, sollst du ein Amt annehmen in der Frauenschaft, was du aber bis jetzt verweigert hast. Ich will aber nicht hoffen, dass im nächsten Brief steht, dass du unterschrieben hast. Nur nicht darauf hingehen, wenn er sagt, du hast nichts zu machen, man hatte mir das damals auch vorgemalt. Die Frau Glander hat Zeit dazu, du hast andere Arbeit, als dich mit diesem rum zu schlagen. Und du weißt, wie die Menschen sind, man kann nie allen Recht tun. Lass andere unterschreiben, man kann dich nicht dazu zwingen, doch das fehlt noch… Raymond Kessenheimer ist vermisst, man kann dabei Hoffnung haben. Eugène Losser ist in Strassburg im Lazarett, so können sie ihn besuchen. Momentan ist die Front ruhig, glaube aber, dass bald etwas kommt. Wo der Feind seinen Schwerpunkt hinzieht, ist ja unbekannt. Bin nur gespannt, wo die anderen landen werden. Habe gestern auch zwei Briefe von Julien und von daheim erhalten. Julien wird bald entlassen und wiegt 83 Kg. Mama schreibt, dass sie einen Brief von Edmond aus Florence in Italien bekommen hat. Auch schwere Kämpfe dort jetzt, aber immer besser als hier mit diesem Gegner. Vom Marcel wissen sie nichts mehr und können nicht schreiben. Julien kommt noch zuerst in eine Gehirn Klinik, denn sein linkes Ohr ist schwächer."

« Tu m'écris que tu devais accepter une fonction au sein de la *Frauenschaft*, ce que tu as refusé. Je n'ose croire que la prochaine lettre m'annoncera que tu as signé. Ne crois pas ce qu'on te dit, que tu n'auras rien à faire. On m'avait tenu les mêmes propos. Laisse ceci à *Frau Glander*, tu as assez à faire. Et tu sais qu'on ne peut jamais donner raison à tout le monde. Laisse ceux qui veulent signer, on ne peut te forcer. Manquait plus que ça !... Raymond Kessenheimer est porté disparu, il faut garder espoir. Eugène Losser est hospitalisé à Strasbourg, la famille pourra lui rendre visite. Le front est calme, mais je crois que quelque chose se prépare. Nul ne sait où l'ennemi concentrera ses efforts. Je suis impatient de savoir où débarqueront les Alliés. J'ai reçu deux lettres hier, de Mama et d'Edmond. Julien quittera l'hôpital et pèse 83 kg. Mama écrit qu'elle a reçu une lettre d'Edmond de Florence en Italie. Les combats là-bas sont durs aussi, mais c'est toujours mieux qu'ici face à cet ennemi. Ils sont sans nouvelles de Marcel et ne peuvent lui écrire. Julien partira d'abord en clinique spécialisée, car il entend mal de l'oreille gauche. »

La *Frauenschaft* ou *NSF, National Sozialistische Frauenschaft* est une organisation de propagande nazie féminine. *Dame Glander* est certainement envoyée par le parti pour recruter des femmes dans cette organisation.

Fête des mères   Dimanche 21 mai, 20h

„*Schon ist der Sonntag wieder vorbei, der liebe schöne Muttertag, dein Tag, chérie, der für euch Mütter geweiht ist. Ihr habt ja Sorgen und Kummer das ganze Jahr hindurch, und dieser einzige Tag im Jahr müssen wir so von einander getrennt sein. Habe aber den ganzen Tag an dich gedacht, obschon ich bis jetzt nur gearbeitet habe, mit schwerem Herzen. Wir wollen aber Gott danken, denn wie manche Mutter denkt heute an ihren Sohn, der sein Leben lassen musste. Hoffentlich sind unsere Entbehrungen nicht umsonst. Es gibt heute Abend eine Flasche Wein pro Mann, die wird nicht alt. Es fehlt mir ja nichts sonst, als du mein Schatz. Habe auch einen Brief von Schreiber Marcel und auch von Edmond erhalten. Edmond ist immer noch gesund und hat auch schon wieder Glück gehabt. Dem Marcel geht's auch gut, solange er in Neuruppin ist. Wegen seinen Zähnen kommt er noch nicht fort. Dir schreibe ich jeden anderen Tag, man muss die Zeit stehlen. Jetzt bin ich Werferführer bis die anderen vom Urlaub zurückkommen. Macht mir aber keiner was vor am Werfer. Zum Schluss wünsche ich dir ein schönes Pfingstfest."*

« Encore un dimanche passé, la Fête des Mères, ta fête chérie, cette fête en l'honneur de toutes les mères. Alors que vous portez les soucis tout au long de l'année, nous sommes séparés et ne pouvons la fêter ensemble. J'ai pensé à toi tout le temps, au travail bien sûr et le cœur lourd. Mais Dieu merci, nous sommes en vie. Combien sont-elles, ces mères qui pensent aujourd'hui à leurs fils qui ont perdu leur vie ? Espérons la fin prochaine de ces privations. J'ai reçu une lettre de Marcel Schreiber[14] et une autre d'Edmond. Edmond va bien et a eu de la chance à nouveau. Marcel se porte bien aussi, tant qu'il est à *Neuruppin*. Il y restera tant qu'il devra soigner ses dents. Je t'écris seulement tous les deux jours, par manque de temps. Je suis chef au lanceur en attendant le retour des permissionnaires. Mais là je m'y connais, je n'ai de leçon à recevoir de personne. Je termine en te souhaitant une belle fête de Pentecôte. »

Le mois de mai touche à sa fin, papa écrit de longues lettres ; le mal du pays devient plus profond, il craint la suppression des permissions.

- Vendredi 26 / 05, 7h. « Julien est venu te voir et Virgile est en permission. Un train relie directement *Werball* à la frontière nord de la Pologne et l'Alsace... »

- Dimanche de Pentecôte 28 / 05, 5h du matin : « Hier soir nous avons reçu chacun une bouteille de vin mousseux, ¼ L de liqueur de Moka, 15 petits gâteaux et un paquet contenant du chocolat. Malgré cela nous devrons travailler toute la journée, ce qui ne me réjouit absolument pas. De quoi devenir fou si l'on pense à la maison chez soi. ***Es ist zum verrückt werden, wenn man nach Hause denkt***...18h, quelle belle journée ensoleillée, le cœur est pourtant lourd d'être séparés à la Pentecôte. Certains ici sont saouls, car nous avons encore eu du vin ; cela ne m'arrivera pas avant d'être chez moi, je pourrai alors me le permettre... De nouveaux départs sont annoncés chez vous. Ici nous passerons dans la M.G.K. avec nos lance-grenades. L'adresse ne changera guère. Ce sera la 8ème compagnie. »

- Mardi 30 / 05, 9h. «Voici ma nouvelle adresse : **Gefreiter Reppel Moritz, 26399 E.** Nous restons cependant dans nos positions. L'adjudant nous a confirmé que la liste des futures permissions est inchangée. Mais je crois qu'un léger décalage est possible. Je veux bien attendre dix jours supplémentaires. Le temps est beau, mais que de mouches et de moustiques ! C'est inouï ! ...»

- Mercredi 31 / 05. « ... Je suis très tendu en ce moment, et les limites sont vite atteintes si quelqu'un me cherche chicane. Mais après tout ce ne sont

---

(14) Marcel Schreiber, de la classe 1941, était un cousin de maman. Il fut incorporé au RAD en 1942, puis dans la *Wehrmacht* successivement à *Olmütz* / Olomouc en Moravie, au front de l'Est en Ukraine près de Kiev et Zhitomir, enfin en Pologne. Blessé au bras gauche, il est reparti au front à *Neuruppin* en Brandebourg au nord de Berlin. Blessé au mollet lors des combats en Hongrie contre les troupes russes, il séjourna ensuite en Autriche durant l'hiver 1944-45. Évadé à l'approche des Russes, il travailla avec des prisonniers français dans une ferme, puis obtint des papiers de la part des Anglais et put rentrer en Alsace en train via la Suisse le 30 juin 1945.
(Cf. Patrimoine... n°3, *op. cit.*, p.46). Papa parle encore de Marcel à *Neuruppin* dans une lettre du 19 juin, puis de sa permission dans deux lettres en octobre. Est décédé à Marckolsheim le 17 septembre 2001.

que des détails insignifiants. Je redouble de prudence en ce moment et ne voudrais pas qu'il m'arrive un malheur avant la perme... »

Les combats sont rudes et les soldats épuisés, les nerfs sont à vif car les permissions se font attendre. Pourtant, en ce début d'été, les troupes soviétiques préparent leur grande offensive. Ce sera en juin.

CHAPITRE 7

ÉTÉ 1944, DES COMBATS TRÈS DURS

Six mois se sont écoulés au front russe, dans le secteur de *Witebsk*, où papa a vécu des heures dramatiques : l'encerclement de *Newel* dans la nuit du 15 au 16 décembre 43, la sortie nocturne en troupe de choc dans la nuit du 1er au 2 janvier 44, la très dure attaque russe le matin de Pâques 9 avril, sans compter les attaques incessantes, le travail quotidien, harassant dans le froid et la neige, la construction de bunkers et le creusement de tranchées. À cela s'ajoute, éprouvante pour les nerfs, l'attente d'un ennemi féroce dans un environnement inhabité, humide, hostile. L'épuisement physique allait souvent de pair avec l'effondrement moral. L'ennemi allait attaquer. Mais où ?

Le père Hory à Dachau Jeudi 1er juin 1944, 8h

*„…Wie du schreibst hat Mimi mir ein Hemd gebracht für am Sonntag, versorge mir auch eine schöne Krawatte dazu. Herr Hory soll in **Dachau** sein, das ist doch allerhand, ich bedaure diesen alten Mann, denn von dort kommt nicht schnell einer zurück. Eugène Schmitt hatte Kurzurlaub gehabt, es geht alles schnell vorbei. Und Julien war im Lazarett in Schlettstadt, hat aber nicht geklappt. Du rechnest, bis du die nächsten Lebensmittelkarten holst, bin ich da. Wenn nichts vorkommt, kann es sein. Der Spies hat mir gesagt, dass meine alte Kompanie acht Fahrkarten bis Mitte Juni bekommen hat. Ich war der neunte. Ich kann nicht mehr erwarten und werde auch 4 oder 5 Reisetage von der Stellung aus haben. Jedenfalls bin ich der nächste von beiden Gruppen hier. Bete chérie, dann kommt alles in Erfüllung. Ich habe meine sechs Monate im Osten vorbei, die man haben muss, um auf Urlaub zu fahren."*

« … Tu m'écris que Mimi t'a apporté une chemise pour moi le dimanche, essaie de trouver également une belle cravate. M. Hory serait à **Dachau**, c'en est trop. Je plains ce vieux monsieur, car on n'en sort pas facilement. Eugène Schmitt a bénéficié d'une permission brève *(pour la naissance de leur fille)*, ça passe trop vite. Et Julien s'est présenté sans succès à l'hôpital militaire à Sélestat. Compte que je serai là, quand tu iras chercher les prochaines cartes d'approvisionnement. Sauf imprévu, c'est possible. L'adjudant m'a dit que mon ancienne compagnie dispose de huit feuilles de route pour la 1ère quinzaine de juin et que j'étais en 9ème position sur la liste. Je ne peux plus attendre ce jour, et il faudra aussi compter 4 ou 5 jours de voyage à partir d'ici. En tout cas, je suis le prochain des deux compagnies qui partira. Il faut prier chérie, alors les choses s'accomplissent. Six mois de front à l'Est nécessaires pour bénéficier d'une permission, je les ai.»

Les nuits sont courtes, de 22h à 2h   Samedi 03 juin, 16h
Lettre confiée à un permissionnaire strasbourgeois et oblitérée à Strasbourg le 09 / 06.

- „… *Habe soeben wieder Kartoffeln geholt, denn wenn man nur Salz dabei hat, so ist es besser als Brot. Ich spare gewöhnlich die Butter und mache Bratkartoffeln, man muss sich nur zu helfen wissen. Um Kartoffeln zu holen, laufe ich Km weit, denn wenn wir die nicht hätten.. Will nicht mehr darüber schreiben. Hauptsache ist, dass ich nicht weit vom Urlaub stehe. Während der Wache in der Nacht mache ich meine Gebete, und dann sind meine Gedanken noch daheim. So vergeht sie immer schön, denn die Vögel pfeifen auch in der Nacht, finster ist es nur noch hier von 10 bis 2Uhr.*"

« … Je viens de chercher des pommes de terre, il suffit d'y ajouter un peu de sel et c'est meilleur que le pain. J'économise mon beurre pour pouvoir les rôtir, il faut savoir se débrouiller ici. Je parcours des kilomètres pour les trouver. Ah, si nous n'en avions pas ! Je ne te dis pas davantage. Heureusement que ma permission est proche. Pendant mes gardes de nuit je fais mes prières, alors je pense à ma famille. Ainsi s'écoulent-elles paisiblement, accompagnées par le chant des oiseaux, et l'obscurité s'installe seulement de 22h à 2h. »

« L'invasion a commencé. »   Mercredi 07 juin 1944, après-midi

„… *Vorgestern Abend war der neue Spies bei uns da und hat nach unseren Namen gefragt. Bei mir hat er gleich gesagt, - ohne dass ich gefragt habe - dass ich demnächst auf Urlaub fahre. Er sagte, es gibt keine Verschiebungen, das kommt nicht in Frage. Ich glaube, dass es in 14 Tagen soweit ist, denn die beiden anderen kommen in 12 Tage vom Urlaub zurück. Will hoffen, dass nichts dazwischen kommt.* **Die Invasion hat jetzt auch begonnen,** *ich bin gespannt, wie das ein Ende nimmt. Wo es im Osten losgeht, weiß man auch nicht. Nicht verzagen, chérie, sollte doch noch etwas dazwischen kommen, können wir doch nichts ändern. Dann erst recht Hoffnung haben und beten. Haben momentan heißes, durstiges Wetter und der Wein liegt daheim, aber Weh dem Fass, wenn ich komme.*"

« … Notre nouvel adjudant est venu nous voir avant-hier soir et a demandé nos noms. Avant même que je l'interroge il m'a dit que je serai le prochain permissionnaire et qu'il n'est absolument pas question d'ajournement. Je pense donc que ce sera dans 15 jours, quand les deux autres seront de retour. J'espère qu'il n'y aura pas de contretemps. **L'invasion a débuté à l'ouest**, je suis curieux de son issue. Et nul ne sait où l'ennemi lancera son offensive à l'est. Et si malgré tout il y avait un empêchement, il ne faudra pas désespérer chérie. Il nous faudra encore davantage garder espoir et prier. En ce moment il fait très chaud, j'ai soif et notre vin repose à la maison, mais malheur au tonneau à mon retour ! »

Curieusement papa parle d'invasion (*Invasion*) du 6 juin annoncée à la radio, et non de débarquement (= *Landung*). Il est étonnant aussi que le haut commandement allemand, certainement convaincu que la *Wehrmacht* allait repousser l'invasion, n'ait pas censuré cette information qui aurait pu décourager certaines troupes des fronts Est.

Espoir de permission Vendredi 09 juin, 10h
Lettre oblitérée à *Königsberg* le 14 juin

„… *Julien ist auch wieder fort ; ich glaube, dass er den Erholungsurlaub bekommt, denn er hatte ja noch keiner gehabt… Strassburg hat auch wieder Bomben bekommen. Ich bin letztes Jahr am 24. Juni in Jaroslau fortgefahren, und ich denke, dass ich am 24. auch soweit bin. Hoffe, dass es etwas Obst gibt.*
Samstag, 16 Uhr. Habe gestern Abend vergessen, den Brief fortzuschicken. Ich war auch an dem Kompanie - Gefechtsstand und da war der Spies da gewesen. Er hat mir gleich gesagt, dass ich der vierte Mann der Kompanie bin, der wegfährt. Sodass ich rechnen kann, am 20. oder 22. Juni zu fahren. Also weißt du Bescheid."

« … Voilà Julien reparti, mais je crois qu'il aura sa permission pour convalescence, car il n'en avait pas encore… Strasbourg a de nouveau subi des bombardements. J'ai quitté *Jaroslau* le 24 juin l'année dernière et je pense que d'ici cette date, j'aurai ma permission, avec l'espoir que les premiers fruits seront déjà mûrs.
Samedi, 16h. Comme j'ai oublié de poster ma lettre hier soir, voici quelques lignes supplémentaires. J'étais encore au poste de commandement de notre compagnie. L'adjudant, présent, m'a de suite confirmé que je serai le 4ème homme de notre compagnie à partir et que je peux compter le 20 ou 22 de ce mois. Te voilà prévenue. »

Peur quand les balles sifflent Dimanche 11 juin, 12h

„Am Pfingstsonntag warst du bei Boesenbiesen mit Gérard, bei dem abgestürzten Flugzeug… Habe gestern auch einen Brief von Julien aus Naumburg erhalten. Er ist in einer Genesungskompanie. Wenn er in die Marschkompanie kommt, bekommt er Urlaub. Er meint, er kommt auf Urlaub, wenn ich daheim bin. Jedenfalls werde ich bis in 10 Tagen fahren und ich denke, dass ich nicht soviel Arbeit daheim treffe. Hoffentlich kommt nichts vor, ich habe momentan viel mehr Angst, wenn die Kugeln pfeifen, seit ich weiß, dass ich vor dem Urlaub stehe. Es ist heute Fronleichnam, ein schönes Fest, ich habe die Heilige Messe im Büchlein gelesen, um den weiteren Schutz zu bitten. Bin gespannt, wie es im Westen zur Entfaltung kommt…"

« Dimanche de Pentecôte, tu as emmené Gérard à Boesenbiesen[1] sur les lieux de la chute de l'avion allié… Hier j'ai reçu une lettre de Julien de *Naumburg* où il a rejoint une compagnie pour convalescents. Il bénéficiera d'une permission avant de repartir au front et croit que nous pourrons être ensemble à la maison. Moi je partirai d'ici dix jours et je pense ne pas trouver trop de travail chez nous. Maintenant que mon départ est proche, la peur me saisit davantage quand les balles sifflent au-dessus de nos têtes. Aujourd'hui c'est la Fête-Dieu, une bien belle fête et j'ai lu la Sainte Messe dans mon missel en implorant la protection divine. Je suis curieux du développement des opérations à l'ouest… »

Mardi 13 juin est annoncée la suppression des permissions. Le choc est terrible et chacun est effondré.

Mercredi 14 juin, 13h

« Ma chère femme, mon cher Gérard,
J'ai le cœur lourd en t'écrivant cette lettre, chérie. Je pense que tu ne seras pas totalement surprise, puisque que tu es déjà informée des opérations actuelles sur tous les fronts. Il était dix heures hier soir lorsqu'un camarade est entré pour nous annoncer la suppression immédiate des permissions sur le front Est. Je ne te dis pas, nous n'en revenions pas. C'était l'heure du repas, mais l'appétit nous a passé, notre dernier espoir s'est envolé et avec lui nos projets. Tous ceux qui étaient partis sont déjà revenus aujourd'hui. Dure épreuve, mais cela devait bien arriver un jour, si nous espérons un retour définitif, c'est évident. Nous devrons nous consoler avec autre chose. Et chez vous tous les hommes valides seront incorporés en vue de l'ultime affrontement. Notre

---
[1] Un bombardier allié est effectivement tombé le 27 mai 1944, veille de Pentecôte, entre Hessenheim et Baldenheim, près de l'ancienne Voie Romaine. Il était vide, les occupants ayant pu sauter de l'avion avant sa chute. Des témoins affirment l'avoir vu tourner quatre fois avant de s'écraser.

unique sujet de conversation au bunker s'est envolé ; je me fais cependant une raison et espère que tu ne te fais pas trop de mauvais sang, nous n'y changerons rien. Sept mois d'attente et voilà… Encore ceci : le camarade de Strasbourg, actuellement en permission, m'avait signalé qu'il me rapporterait un paquet. Il s'appelle Karl Sand[2] et habite Strasbourg Musau. Madame Jeanne Figer[3] de Neudorf, *Bubbenwasser Strasse* 10, pourra t'accompagner. N'alourdis pas inutilement le paquet. Avec ceci je t'ai écrit toutes mes peines. J'attends une longue lettre également. Mais ne me fais pas pleurer. Je resterai toujours prudent et continuerai de prier… »

Partie de la lettre annonçant la suppression des permissions

---

[2] Charles Sand, de la classe 1941, était né à Ingwiller, au nord de l'Alsace. Il est revenu de l'armée allemande en 1945.
[3] Cf. note 18, ch. 5.

Jeudi 15 juin, 17h

„… *Habe gestern einen langen Brief geschrieben. Es ist ein Tag, der mir in Erinnerung bleiben wird, ebenso wie der 15. Juni 1940, heute vor vier Jahren am Rhein, wo es auch auf Leben und Tod ging. Ich war gewiss damals auch nahe am Tode gestanden, und bin dann wieder glücklich heim gekommen. Soeben war der Spies hier und hat mit uns gut gesprochen. Wir müssen halt näheres abwarten, denn ich glaube, dass es auch hier bald mit der Offensive beginnen wird…"*

« … J'ai écrit une longue lettre hier. Voilà une date qui restera gravée dans ma mémoire comme celle du 15 juin 1940, il y a quatre ans exactement au Rhin. C'était également un combat à mort, et la vie ne tenait qu'à un fil. Et pourtant j'en suis revenu sain et sauf. À l'instant l'adjudant est venu nous parler raisonnablement. Il nous faut attendre la suite, mais je crois qu'ici l'offensive est proche… »

Lundi 19 juin, 10h

„*Schon wieder beginnt eine neue Woche für uns, was bringt diese wieder neues? Es war gestern Sonntag gewesen, aber für uns gibt es leider keinen mehr, denn es wird gearbeitet wie an allen anderen Tagen. Und dazu gestern Abend noch keine Post, dann reicht es einem, denn es sind schon drei Tage ohne Post… Ich hab immer gedacht, dass der gestrige Sonntag der letzte hier sei, vor dem Urlaub, und nun ist alles ins Wasser gefallen. Ich kann's heute noch nicht über 's Herz bringen, und doch müssen wir uns damit abfinden, denn alles Nachdenken hat keinen Zweck. Hab' auch einen Brief von Marzell Schreiber aus Neuruppin erhalten, es geht ihm noch immer gut und er ist immer noch in guter Verbindung mit Jeanne…"*

« Voici qu'une nouvelle semaine commence, que nous apportera-t-elle ? Hier on était bien dimanche, mais pas pour nous, car nous travaillons toute la journée, comme les autres jours. De plus, pas de courrier hier soir, voilà de quoi nous abattre, d'autant que cela fait déjà trois jours… J'ai toujours espéré que ce serait mon dernier dimanche ici avant ma permission, et voilà que tout s'écroule. Je n'arrive pas encore à surmonter ceci, et pourtant il faut s'y faire, il ne sert à rien de ruminer. J'ai reçu une lettre de Marcel Schreiber de *Neuruppin*, il va bien et est toujours en bonne relation avec Jeanne… »

Attaque russe à 3h15 Jeudi 22 juin, 11h

„… *Jetzt sollt ihr auch nur noch einen Hase pro Kopf halten, das ist ziemlich wenig, du wirst schon sehen. Bei Meyer ist alles leer, wenn sie mal kommen. Louis Stocky ist auch noch auf Urlaub, du kannst ihm ein Päckchen mitgeben, denn ein Soldat kann's überall wegschicken im Osten, egal wo er ist. Es hat schon mancher auf dieser Weise eines bekommen. Wenn's nur ein Kg wäre. Sollte es wieder Urlaub geben, so bin ich sowieso der 2. Mann, sagte der Spies. Hatte gestern Abend einen Brief von daheim erhalten. Sie klagt auch, weil sie den letzten der Familie noch wegnehmen wollen. Ich habe ihr geantwortet, dass sie im Feld lassen sollen, was nicht geht. Heute früh um 3Uhr15 hat uns der Feind mit Trommelfeuer überrascht. Wir haben aber den Angriff zerschlagen. Wir waren bereit, denn vor drei Jahren um dieselbe Zeit ging's gegen Russland los. Der Graff ist verwundet, ein Splitter hat ihm den Helm an der Stirn durchgeschlagen, er hat stark geblutet. Ohne Helm wäre er weg gewesen. Jetzt ist wieder Ruhe. Ich hatte gestern Abend schon meine notwendigsten Sachen auf mich genommen. Schließe mein Schreiben und küsse dich recht herzlich, ton chéri qui t'aime, Maurice."*

« … Voilà qu'ils limitent l'élevage à un seul lapin par personne, c'est bien peu, enfin tu aviseras. En cas de contrôle, tu sais que chez Meyer en face tout est vide. Louis Stocky[4] est encore en permission, tu peux lui confier un paquet car tout soldat peut le poster à l'est, quelle que soit sa position. Plusieurs ont ainsi reçu un paquet. Ne serait-ce qu'un kilo. D'après l'adjudant je suis en 2ème position en cas d'éventuelle permission. J'ai reçu une lettre de ma mère hier soir. Elle se lamente, même le dernier de la famille devra partir. Je lui ai répondu et conseillé d'arrêter les travaux des champs qu'elle ne peut plus assumer. Ce matin à 3h15, l'ennemi nous a surpris, appuyé par un feu continu. Nous avons brisé l'attaque. Nous étions prêts, car la Wehrmacht avait envahi la Russie à la même période voici trois ans. Graff a été blessé au front par un éclat d'obus qui a traversé son casque. Il saigne abondamment, sans son casque il serait mort. Le calme est revenu. Hier soir, j'ai rassemblé mes affaires les plus importantes pour les porter sur moi. Je termine ma lettre et t'embrasse tendrement, ton chéri qui t'aime, Maurice. »

Les combats ont commencé à l'Est   Dimanche 25 juin, 16h

„… Mach mir auch einige Briefumschläge in die Briefe, ich habe noch Briefpapier. Im Osten haben die Kämpfe begonnen, wir wissen halt nicht, was es mit uns noch gibt. Müssen halt immer auf Gott vertrauen. Hab gestern einen Brief von Julien bekommen, er ist in einem französischen Gefangenenlager als Hüter und es gefällt ihm, was mir auch gefallen würde, wenn man schon mit ihnen sprechen kann. Noch etwas chérie, mach ein schönes Foto von dir und Gérard und schick es mir, damit ich ein anständiges von euch habe."

---

[4] Louis Stocky, de la classe 1945, était prisonnier à Tambov. Il savait s'exprimer en russe à son retour. Il est décédé le 14 février 1979.

« ... Envoie-moi quelques enveloppes, j'ai encore assez de papier à lettre. Les combats ont commencé à l'Est, nous ignorons ce qu'il adviendra de nous. Il faut nous remettre à Dieu. J'ai reçu hier une lettre de Julien qui est gardien dans un camp de prisonniers français. Cela lui convient, ce serait mon cas aussi, du moment qu'on peut parler leur langue. Encore une chose ma chérie ; fais tirer une belle photo de toi avec Gérard et envoie-la moi, afin que j'aie de vous une image fidèle. »

Lettre à Marcel Schreiber : ma femme est malade   Mercredi 28 juin

„ Hab deinen Brief mit Freude erhalten. Wollte dir von hier aus nicht mehr schreiben, denn am 20. sollte ich auf Urlaub fahren. Und nun ist alles zu nichts. Hatte mir einen Schlag gegeben, dürfen aber nicht verzagen. Entweder kommt das Ende oder der Urlaub, denn das ist kein Leben für uns, Marcel. Im Osten gibt's jetzt auch wieder zu tun mit dem Iwan, darf aber nicht viel darüber schreiben, du wirst auch wissen, was da vor sich geht. Das hatte gewiss meiner Frau auch Weh getan, die Sperre. Ich musste am Montag zum Kp. Stand, da lag ein Fernspruch von daheim : "Komm sofort, Frau schwer krank". Ich war gestern Abend schon zum Fahren bereit, für 10 Tage Sonderurlaub, ich musste noch warten, denn am 1. Juli soll die Sperre für drei Monate aufgehen. Vielleicht gibt's dann den ganzen Urlaub. Ich hatte gestern Luftpost von daheim, und da stand geschrieben, dass meine Frau drei Tage im Bett mit 40,5° Fieber liegt. Man hat nur immer Sorgen. Sie hat noch geschrieben, dass auch Gérard so geweint hatte, als er gehört hatte, dass ich nicht kommen darf. Aber trotzdem geben wir die Hoffnung nicht auf, dass wir uns bald wieder sehen. Ich grüsse dich recht herzlich, Maurice."

« Ta lettre m'a bien réjoui. Je n'avais plus l'intention de te répondre à partir d'ici, car je devais partir en permission le 20. Et voilà que tout est tombé à l'eau. Cela m'a assommé, il ne faut pourtant pas désespérer. Ou bien ce sera la fin de cette guerre, ou alors une permission, mais ici la vie ne peut plus durer pour nous, Marcel. À l'Est aussi les combats face aux Russes ont repris, je ne peux pas en écrire davantage, tu dois être informé. La suppression des permissions a certainement affecté profondément ma femme. Lundi un télégramme m'est parvenu au poste de commandement de la compagnie : **« Rentre de suite, femme gravement malade »**. Et mardi j'étais déjà sur le départ pour une permission exceptionnelle de dix jours, mais je dois patienter encore, car la suppression des permissions devrait être levée pour trois mois le 1er juillet. Peut-être m'accordera-t-on alors la permission complète. Un courrier en poste aérienne reçu hier me signale que ma femme est alitée depuis trois jours avec 40,5° de température. Rien que des soucis tout le temps. Elle m'a encore écrit que Gérard a longuement pleuré, quand il a appris que je ne rentrais pas. Mais nous ne perdons pas espoir de nous revoir bientôt. Je t'adresse mes très chaleureuses salutations, Maurice. »

De journées dures à venir Samedi 1ᵉʳ juillet, midi

„*Liebe Frau und Gérard,*
Ich habe seit letzten Samstag nicht geschrieben, es war so. Am Dienstag Abend war ich bereit für 10 Tage zu fahren, als Befehl kam, ich soll noch 2-3 Tage warten. Jetzt ist aber alles vorbei, wir sind schon zwei Tage unterwegs. Wo es hingeht, wissen wir nicht, jedenfalls ist überall was los. Im Brief vom Montag stand auch geschrieben, dass es bei dir schon besser geht, Gott sei Dank. Hier sind die schönsten Tage vorbei. Jetzt kommen schwere Tage. Betet nur viel um den Schutz Gottes. Will schließen, denn ich bin müde."

« Ma chère femme, mon cher Gérard,
Voici pourquoi je n'ai pas donné de mes nouvelles depuis samedi dernier. Je devais partir mardi en permission pour dix jours lorsque l'ordre fut donné d'attendre deux ou trois jours. Et tout s'est effondré, nous sommes en mouvement depuis deux jours, sans connaître notre destination. En tout cas, l'agitation est générale. Dans la lettre du lundi, tu m'as également écrit que tu allais déjà mieux, Dieu merci. Nos beaux jours ici sont passés, des temps durs nous attendent. Priez beaucoup et que Dieu me protège. Je m'arrête car je suis fatigué. »

Dimanche meurtrier Lundi 10 juillet, midi

„*Meine liebe Frau und Gérard,*
Schon wieder drei Tage ohne dass ich geschrieben habe, aber es ging eben nicht anders. Vor allem chérie denke ich heute an meinen lieben Gérard, der Geburtstag hat. Ich hoffte immer an diesem Tag daheim zu sein, und jetzt sitzen wir noch immer in diesem Dreck. Ein schwerer schwarzer Sonntag gestern. Am Morgen früh fing der Angriff an, mit einen mörderischen Trommelfeuer, das nicht enden wollte, alles wurde kurz und klein geschlagen. Ich war vorn in der Stellung mit dem Unter-Offizier als Feuerleitender. Ich dachte jede Minute, jetzt ist es geschehen, habe gebetet während dem ganzen Feuer und kam wie ein Wunder auch gut daraus. Wir waren zehn Meter vom Feind weg und die Waffen waren zerschlagen. Da heißt es die Nerven nicht verlieren und beim Verstand bleiben. Ich hatte zwar auch gezittert während dem Trommeln, aber war trotzdem ruhig. Hab einen Splitter oben am Knie und einen Streifsplitter an der Hand. Es drückt zwar im Gehen, aber es geht heute schon besser. Der Brotbeutel war auch zerfetzt. Der Figer hat auch einen im Schenkel, und gestern Abend ging mir nochmals einer scharf am Rücken vorbei. Gestern Mittag hab ich den Pfister getroffen, sie kamen uns zu Hilfe, und der Feind wurde auch wieder zurückgeschlagen aus unserer Stellung. Habe gestern Abend gebetet, dass er uns doch auch einmal wieder in Ruhe lasse und nicht angriffe, denn einen Schlaf gab es nicht in den letzten Tagen. Um zwei Uhr ist

es schon hell und es geht dann auch schon los. Bis jetzt ist es heute noch ruhig, aber er kommt zu jeder Zeit im Tag. Es ist auch gut zu kommen, wenn man zuerst alles zusammen schlägt, das bleibt ihm aber nicht unbeantwortet. Wir haben momentan heißes Wetter, aber die Nächte sind eiskalt in diesen Löchern. Bin immer noch froh um meinen grünen Pullover in der Nacht. Bei solchen Tagen chérie, ist die Liebe Nebensache, da denkt man nicht an das. Wenn's immer so abläuft, geht's noch. Betet nur immer viel, damit ich aus diesem Dreck wieder gesund zu euch zurückkehren darf, denn da muss man allerhand Glück haben dabei, was ich ja noch immer hatte. Wo man auch das verdient hat? Ich will den Brief beenden, denn ich schlaf ein dabei. Ich war auch drei Tage ohne Post, vielleicht gibt's heute Abend. Ich küsse euch herzlich. Gérard, bleib brav und bete. Maurice ."

« Mes biens chers,
Cela fait trois jours que je n'ai pas écrit, ce n'était pas possible. Aujourd'hui je pense avant tout à mon cher Gérard qui fête son anniversaire. J'espérais tant être avec vous, et nous voilà toujours embourbés ici. Hier dimanche fut une journée dure, noire, ma chérie. L'attaque fut lancée tôt le matin par un feu roulant très meurtrier qui ne voulut pas cesser. Il a taillé tout en pièces. J'étais dans nos positions avec notre sous-officier tireur. Je pensais à chaque instant que notre heure a sonné, j'ai prié durant toute la fusillade et j'en suis sorti comme par miracle. Nous étions à dix mètres de l'ennemi, et nos armes détruites. Il est essentiel de garder son calme et sa raison. J'ai certes tremblé durant l'attaque. J'ai pris un éclat d'obus en haut du genou et une éraflure à la main. Cela me serre à la marche, mais aujourd'hui cela va déjà mieux. Ma musette également était en pièces. Mon camarade Figer a été touché par un éclat à la cuisse, un autre éclat m'a encore frôlé au dos de très près hier soir. J'ai rencontré Pfister hier après-midi lorsqu'ils sont venus nous appuyer. Ainsi avons-nous pu repousser l'ennemi hors de nos positions. Le soir j'ai prié afin que l'ennemi nous accorde du repos aujourd'hui car nous n'avons pas pu dormir ces derniers jours. Il fait jour dès deux heures et l'ennemi lance ses attaques très tôt. Aujourd'hui c'est encore calme, mais ça peut revenir à toute heure. C'est facile pour lui d'attaquer lorsque tout est anéanti. Mais cela lui sera payé en retour. Il fait chaud en ce moment mais les nuits dans ces trous sont glaciales. Mon pull vert m'est alors bien précieux. En de telles circonstances, l'amour passe au second plan, on n'y pense pas, pourvu que cela se termine toujours favorablement. Priez beaucoup, afin que je sorte vivant de ce bourbier. Il nous faut un sacré brin de chance, comme j'en ai eue jusqu'à présent. **Où donc avons-nous mérité ceci ?** Je tombe de fatigue et termine ma lettre. J'étais trois jours sans courrier, peut-être en viendra-t-il ce soir ? Je t'embrasse tendrement, à bientôt, Gérard reste bien gentil et prie aussi. Maurice. »

En Lituanie / *Litauen*, par Daugapils / *Dünaburg*   Samedi 15 juillet, 13h

„Bin zwar müde, aber aus lauter Liebe muss ich zum Bleistift greifen, denn es sind schon etliche Tage, wo ich nicht geschrieben habe. Wir waren immer auf Marsch und hatten schlechtes Wetter. Es geht mir aber doch gut chérie, ich bin nur froh, dass ich so heraus komme. Ich glaube, den letzten Brief habe ich am Montag geschrieben. Ich denke, dass du auch wieder gesund bist. Ich hatte diese Woche auch drei Briefe von dir von den 25. - 26. - 27. Juni. Meine Füße sind ziemlich gut geblieben bis jetzt, nur der Splitter drückt noch etwas. Der Figer ist von einem Kraftwagen angefahren geworden und liegt jetzt im Lazarett. Es ist aber nicht schlimm. Wir haben gestern einen Marsch im Schlamm bis über die Schuhe gemacht, das hat mir noch Spaß gemacht, denn so was hättest du sehen müssen, wie man aussah. An einem anderen Tag waren es 13 Stunden Marsch bei der Hitze, ohne einen Biss zu essen, nur mit dem Sumpfwasser, das man unterwegs fand. Aber den Mut haben wir nicht verloren, denn keiner will beim Feind zurückbleiben. Stehen jetzt in Litauen über Dünaburg draußen, schon eine schönere Landschaft und alles ist angebaut. Ich habe viel an euch gedacht…Ich mach mit, kommt was will. Hatte schwere Tage gehabt und es geht alles vorbei. Wenn ich an den letzten Sonntag denke und an die Lage in der Stadt Polozk…"

« Bien que fatigué mais par amour pour toi, je t'écris, car cela fait quelques jours que je n'ai pas pu. Nous étions toujours en marche, et par mauvais temps. Je vais pourtant bien chérie, content d'en être sorti ainsi. Je crois que ma dernière lettre date de lundi et pense que tu es de nouveau remise. J'ai reçu trois lettres cette semaine, des 25, 26, 27 juin. Mes jambes ont tenu, seul l'éclat me serre encore. Figer a été heurté par un camion, il est hospitalisé, mais sans gravité. Hier nous avons marché dans la boue jusqu'au-dessus des chaussures, cela m'a même distrait, tu aurais dû voir de quoi nous avions l'air. Un autre jour, nous avons marché pendant 13 heures, sous la chaleur, sans manger, et rien à boire, que de l'eau des marécages trouvée en chemin. Mais aucun d'entre nous n'a perdu courage, car nul n'a envie de rester en retrait chez l'ennemi. Passant par *Dünaburg* / Daugapils, nous voici en Lituanie. La campagne est plus agréable et toute en culture. J'ai beaucoup pensé à vous… Ces journées furent pénibles, mais tout passera. Quand je pense à dimanche dernier et à la situation à Polozk… »

Lundi 17 juillet, 19h

„… Bin noch immer gesund, was ich auch von euch hoffe. Die Post kommt hier schlecht an, schon acht Tage ohne. Ich hatte heute ziemlich Heimweh nach euch allen. Habe schon ein paar Mal die Fotos angeschaut.

Ein schwerer Sonntag liegt wieder hinter uns. Schwerer Beschuss den ganzen Tag, eine glühende Sonne und nichts zu trinken. Wenn die Hoffnung auf ein Wiedersehen nicht wäre, würde man es nicht aushalten…"

« … Je me porte toujours bien, espérant qu'il en est ainsi chez vous. Je suis sans courrier depuis huit jours, le courrier nous arrive difficilement. Aujourd'hui j'avais beaucoup de temps long après vous tous et j'ai regardé plusieurs fois les photos. Dimanche fut encore une journée dure, marquée par les bombardements lourds tout au long, une chaleur brûlante et rien à boire. Nous ne pourrions supporter tout cela, s'il n'y avait l'espoir de nous revoir… »

Une belle contrée Vendredi 21 juillet, 10h

„Da es die Zeit erlaubt, will ich einen kurzen Brief an euch, meine Lieben, schreiben. Den letzten hab ich am Montag geschrieben. Hier ist eine schöne Landschaft, und auch saubere Leute, aber Weh macht's, wenn man sieht, wie die Leute fort müssen von Haus und Hof, und die Ernte steht vor der Tür. Und wenn sie zurückkommen, ist alles ein Trümmerhaufen. Wenn nur ich einen Trümmerhaufen finde, wenn nur ihr alle gesund bleibt, wird alles schon wieder gehen…Ich denke immer, im letzten Krieg waren sie auch Jahre lang von daheim fort und haben die Heimat wieder gefunden. Wir hoffen das Beste chérie, ich denke immer, die Suppe wird nie so heiß gegessen als gekocht wird. Wenn wir nachher wieder beisammen sind, war das nur ein schlechter Traum. Wir sind in einer neuen Stellung, aber der Feind ist noch nicht hier…"

« Le temps me permet d'écrire une courte lettre à vous tous mes chers, la dernière est partie lundi. Nous voici dans une belle région (*Lettonie*), les gens sont soignés. Mais je suis peiné de les voir tout abandonner, quitter ferme et maison, alors que la moisson est proche. À leur retour ils ne trouveront que ruines et désolation. Et si à mon retour je ne devais retrouver que des ruines, pourvu que vous soyez saufs, la vie reprendra… Je pense à tous ceux qui devaient également quitter longtemps leur famille avant de pouvoir rentrer, lors de la dernière guerre. Espérons la meilleure fin, chérie, cela s'arrangera peut-être. Lorsque nous nous retrouverons, tout ceci n'aura été qu'un mauvais rêve. Nous avons une nouvelle position, mais l'ennemi n'est pas encore sur les lieux… »

Petite indication à l'envers, au bas de le lettre : « *50 Km über Dünaburg* », 50 km au-delà de Dünaburg.

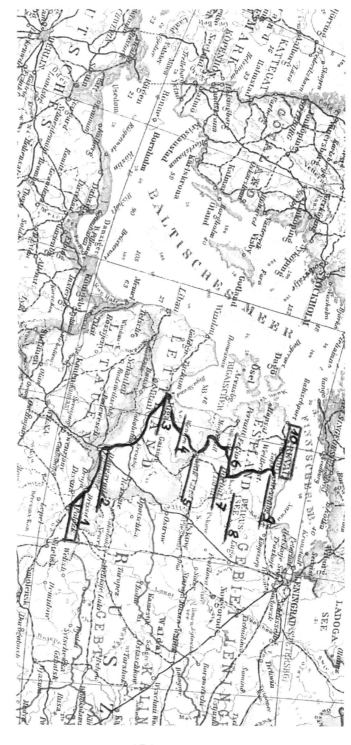

Carte V[5] : de juillet à septembre, les différentes étapes du parcours de mon père entre Polozk et Tallinn / Reval : sur les bords de la Drissa (1), à Daugavpils / Dünaburg (2), Riga (3), Wenden (4), Walk (5) en Lettonie, Fellin (6), Tartu / Dorpat (7) près du Lac Peïpus (8), Wesenberg(9), (cf. ch. 8 lettre du 08 octobre) et Tallinn / Reval (9) en Estonie.

[5] Dr. H. Haack... Op. cit., 1942, p.42.

Enfin sorti de Russie !   Samedi 22 juillet, 12h

„*Habe mit Freude gestern Abend einen Brief erhalten von dir vom 30. Juni. Habe zwar mehr erwartet, bin aber froh um das... Wir haben Essen genug, bessere Zeiten werden wieder kommen für uns, und im letzten Krieg war die Verpflegung noch schlechter. Man findet Zwiebeln und Karotten in den Gärten hier, sodass man auch essen kann. Bin froh, dass ich mal aus Russland draußen bin. Es stehen hier schöne Kirchen, und meistens nur vereinzelte Höfe, keine Dörfer beisammen, aber alles gemütlich. Wie schön wollen wir es mal haben, wenn alles rum ist. Es ist ein ruhiger Tag heute, hab mich schon gewaschen und rasiert, man fühlt sich noch so frisch. Ich war sehr froh um das "Alcool de menthe" und die Füße sind noch gut, was die Hauptsache ist. Wir haben auch mehrmals Schokolade bekommen nach diesen schweren Tagen. Eine Kuh kaufen, das musst du selber sehen, was du machst. Ich wäre ja froh, wenn eine Kuh im Stall stehen würde wenn ich heim komme. Du hast jetzt aber zuviel Arbeit im Feld ohne das. Ich hab ja gute Hoffnung, dass ich wieder gut heim komme, denn bis jetzt habe ich bestimmt Glück gehabt. Wäre ich nicht Granatwerfer, so wäre ich bestimmt nicht mehr hier...*"

« J'ai reçu avec joie hier soir une lettre de toi datée du 30 juin. J'attendais certes davantage, mais cela me contente... Nous ne manquons pas de nourriture, des temps meilleurs s'annoncent. Et le ravitaillement était pire lors de la dernière guerre. Nous trouvons des oignons et carottes dans les jardins, de quoi nous nourrir. Je suis content d'être sorti de Russie. Il y a de belles églises ici, des fermes généralement dispersées, pas de regroupements en village, mais tout respire la paix. Quel bonheur pour nous quand tout ceci sera passé. C'est une journée calme, j'ai pu me laver et me raser. Comme on se sent tout frais. L'alcool de menthe me fait du bien, mes jambes tiennent encore, c'est essentiel. Du chocolat nous fut distribué à plusieurs reprises après ces journées pénibles. Pour l'achat d'une vache, tu verras toi-même. Cela me ferait bien plaisir de trouver une vache à l'étable à mon retour. Mais tu dois avoir assez de travail dans les champs. J'ai bon espoir de revenir chez nous, la chance ne m'a pas quitté jusqu'ici. Je ne serais assurément plus vivant si je n'étais pas lanceur de grenades... »

L'ennemi arrive en masse   Mardi 25 juillet, 8h

„*Hab gerade den Brief vom Samstag abgegeben, kam vorher nicht dazu. Bin noch gesund. Schwere Tage momentan. Das war ein Sonntag gewesen, wie noch nie meines Lebens. Morgens früh drei Uhr ging's los bis in die Nacht. Schweres Trommelfeuer mit Angriff wechselten den ganzen Tag. Die Kameraden haben alle gesagt, so einen Tag hatte noch keiner erlebt. Jede Minute habe ich gedacht, jetzt kommt ein Volltreffer in mein Loch. Aber Gott sei Dank blieb ich verschont. So viel habe ich noch nie in einem Tag gebetet, auch andere haben gebetet, die sonst nie beten. Habe viel an euch gedacht, besonders am Morgen, während bei euch das Hochamt war, oder am Mittag während der Vesper. Der gestrige Tag war etwas besser, was der heutige Tag bringt, weiß man nicht. Der Feind kommt immer in Massen an. Ich glaube, dass er Bergweise Munition hat, der Hund. Soeben hat's eine Flasche heisser Rotwein gegeben. Schade um all das Vieh, das herumläuft, wo die Leute fort sind. Wenn man schon Zeit hat, dann ruht man sich gerne etwas aus. Man weiß halt nicht, wie wir mal hier raus kommen... Grüsse deine Eltern, ich bin froh wenn du wieder einen Brief hast."*

« Je viens seulement de remettre la lettre de samedi, ce n'était pas possible avant. Je suis encore sain et sauf. Mais quel dimanche, je n'en ai jamais vécu de pareil. Une succession ininterrompue de bombardements lourds et d'attaques à partir de trois heures du matin jusqu'à la nuit. Aucun de mes camarades n'a jamais connu cela. Chaque minute je pensais qu'un tir à bout portant allait s'abattre sur mon trou. Dieu soit loué, je fus épargné. Je n'ai jamais prié autant de ma vie en une journée, d'autres ont prié aussi qui pourtant ne prient jamais. J'ai beaucoup pensé à vous, le matin à l'heure de votre messe ou durant les vêpres. La journée d'hier a été plus calme, nous ne savons de quoi sera faite celle-ci. **L'ennemi arrive toujours en masse**. Je crois qu'il dispose d'une montagne de munitions, ce chien. À l'instant chacun a reçu une bouteille de vin rouge chaud. Dommage pour toutes ces bêtes qui vaquent dans les champs, la population ayant dû fuir. Je prends un peu de repos quand c'est possible. Mais nul ne sait comment nous sortirons d'ici... Donne le bonjour à tes parents, moi je suis heureux quand tu peux recevoir de mes nouvelles. »

Même Robert est parti au RAD   Mardi 25 juillet, 19h

*"Habe mit Freude vier Briefe erhalten, von den 6. - 8. - 10. - 12. Juli. Wie du geschrieben hast, bist du ohne Post gewesen. Das waren die schweren Tage bei Polozk gewesen, und der Sonntag am Fluss Drissa. Ich weiß nicht, ob man Morgen noch Zeit zum Schreiben hat, denn es ist immer Stellungswechsel. Wie du schreibst hat Eugène Haug auch schon eine Weile nicht geschrieben, wie auch andere in diesem Abschnitt. **Robert ist jetzt fort zum Arbeitsdienst**. Es ist allerhand, wenn man sechs Kinder hochgezogen hat und steht nun allein. Helfe ihnen wo möglich bei der Ernte und dem Dreschen, und schick den Gérard immer hinüber, denn das sind schwere Zeiten für alle. Drum schreibe ich dir, helfe ihnen wo möglich. Du schreibst auch, dass der Tabak und die Ernte so schön sind. Keine Angst um mich chérie, ich halte mich immer an den großen Haufen, wo man sich Freude und Leid teilt. Wir haben ein Zelt aufgeschlagen, denn es traut dem Regen. Küsse euch beide."*

« Je viens de recevoir quatre lettres datées des 6 - 8 - 10 et 12 juillet. Tu m'écris que tu as été sans nouvelles. C'étaient nos dures journées près de Polozk et le dimanche près de la rivière Drissa. Je ne sais pas si je pourrai écrire demain, nous changeons toujours de position. Tu m'écris que Eugène Haug[6] non plus n'a pas donné de nouvelles depuis un certain temps, ainsi que d'autres de ce secteur. Ainsi Robert est également parti au service du travail ? C'est révoltant d'avoir élevé six garçons et de se retrouver toute seule. Viens-leur en aide si possible pour la moisson et le battage et envoie Gérard chez eux, les temps sont durs pour tous. C'est pourquoi je t'écris, aide-les. Tu m'écris que le tabac est très beau, ainsi que la moisson. Sois sans crainte pour moi, chérie, je reste toujours dans le gros de la troupe où se partagent joies et peines. Nous avons dressé une tente, qui nous protégera de la pluie. Je vous embrasse tous deux. »

Quelle vie !   Mercredi 26 juillet, 17h

„*Du bist immer noch ohne Post. Ich bin zwar müde und schlapp, schreibe aber doch einige Worte. Es ist etwas ruhiger heute. Man kann wieder aufatmen. Waren die ganze Nacht tropfnass vom Regen gewesen, aber Gottlob scheint die Sonne wieder. Ist das ein Leben. Ich denke, solange es einiger Massen geht, werde ich schreiben, denn es wird mal die Zeit kommen, wo wir nicht mehr schreiben können. Du musst dich halt mit den anderen trösten, die auch keine Post haben. Ich mach immer mit dem großen Haufen mit, wenn man bei seinen Kameraden ist, wird's nie so schlimm. Ich hab ja keine Angst davor, wenn's dazu kommen soll. Hab heute auch einen Brief von Julien bekommen. Er bekommt meine Post nicht. Hier blüht der Weizen erst, es ist aber meistens Korn. Hole nur dein Fleisch beim Metzger, sonst ist es verloren. Jedenfalls gibt's kein Winter mehr hier. Ich denke, dass ich bald ein Foto wieder von euch bekomme. Ich küsse euch alle recht herzlich.*"

« Tu es toujours sans nouvelles. Je suis fatigué, épuisé, j'écris pourtant quelques mots. Le calme est un peu revenu, on reprend son souffle. Toute la nuit durant nous étions trempés sous la pluie, le soleil est heureusement revenu. Quelle vie ! Je vous donne de mes nouvelles tant que cela est possible, un jour viendra où je ne le pourrai plus. Il faudra te consoler, d'autres sont dans la même situation. Je reste avec le groupe, auprès des camarades la peine est plus légère. Je ne crains pas le malheur, s'il doit arriver. J'ai reçu un courrier de Julien, il ne reçoit pas mes lettres. Ici les blés fleurissent seulement, essentiellement du seigle. Retire ta viande *(à laquelle tu as droit)* chez le boucher, sinon elle est perdue. Il n'y aura pas de second hiver ici. J'espère recevoir bientôt une photo de vous et vous embrasse tous tendrement. »

---

6 Cf. note 1, ch. 1.

Vendredi 28 juillet, 12h

„Es ist etwas ruhiger momentan bei uns, was gut ist für die Nerven, die in den letzten Zeiten angespannt waren. Ich hätte nie geglaubt, dass meine Nerven so was aushalten können, denn ich bin immer im größten Feuer ruhig geblieben. Wenn's einen treffen soll, kann man nicht ausweichen. Ich habe immer die drei Gottes Mütter vor Augen, wenn ich bete, die in Dusenbach mit dem Leichnam auf dem Schoß, die andere von Neunkirch mit dem Kinde Jesu auf dem Arm und die schneeweise Mutter an der schlettstadter Strasse. Vielleicht chérie gibt es ein Wiedersehen in einem Lazarett. Ihr habt jetzt Arbeit mit der Ernte, helfe der Mutter und sei gut mit ihr..."

« Momentanément c'est plus tranquille chez nous et c'est bon pour nos nerfs, qui étaient bien tendus ces derniers temps. Je n'aurais jamais cru que l'on puisse endurer chose pareille, je suis resté calme même sous la pire fusillade. Celui que la balle doit atteindre ne peut y échapper. J'ai gardé les trois images de la Mère de Dieu devant moi, celle de Dusenbach où Marie porte le corps sur les genoux, celle de Neunkirch[7] avec l'enfant Jésus dans les bras et Notre-Dame des Neiges sur la route de Sélestat. Peut-être nous reverrons-nous dans un hôpital, chérie. Vous êtes occupés à la moisson, aide ma mère et sois bonne avec elle... »

De quoi se nourrir Mardi 1er août, soir

„Meine liebe Frau und Gérard,
Nach einigen Tagen Marsch sind wir wieder in einer neuen Stellung, es wird wohl nicht für lange sein. Wir haben immer noch heißes Wetter, was für die Märsche ziemlich schwer ist. Es macht aber nichts, Hauptsache ist, dass man mitmachen kann, denn die Füße sind noch immer gut. Die Leute auch, sie gaben uns manchmal auf dem Marsch ganze Eimer Milch. Kein Mangel mehr an Fleisch, das ganze Feld läuft voll Vieh allerhand. Hab das Schlachten schon gut gelernt, hab heute früh zwei junge Schweine sowie einen großen Hammel abgezogen. Hab um fünf Uhr eine Platte voll Fleisch, Nieren und Leber, fast drei Pfund gebraten, und hab auch alles gegessen. Kartoffeln gibt es auch, groß wie eine Faust, nun haben wir Essen genug, keine Not mehr. Hab auch den Guiot getroffen, er ist noch der einzige von allen. Will jetzt noch gute Hühnerbrühe trinken, denn es fehlt nicht..."

« Mes bien chers,
Nous voici installés dans une nouvelle position après quelques jours de marche. La chaleur rend les marches pénibles. Mais l'essentiel est de tenir et

---
[7] Neunkirch est un autre lieu de pèlerinage alsacien très fréquenté, environ 25 km au nord-est du village.

mes jambes vont bien. La population est bonne avec nous, en nous donnant des seaux de lait au cours de nos marches. Nous ne manquons plus de nourriture, dans les champs des bêtes sont abandonnées, en liberté. Ce matin j'ai dépouillé deux jeunes cochons et un gros mouton, l'abattage d'animaux n'a plus de secret pour moi. À cinq heures je me suis préparé un rôti de viandes, de foie et de rognons de près de trois livres. J'ai tout mangé. Et nous trouvons aussi des pommes de terre, grosses comme le poing. Il y a assez à manger, ce n'est plus la disette. J'ai également rencontré Guiot, le dernier d'entre nous. Je vais encore boire du bouillon de poule, ça ne manque pas… »

En Lettonie Samedi 05 août, 18h

„*Hab momentan Zeit zum Schreiben, aber ich weiß nicht, ob die Post noch durchgeht. Wir haben schon 14 Tage keine mehr erhalten, es geht mir aber trotzdem noch gut und gesund bin ich auch, was ich auch von euch allen hoffe. Stehen in Lettland, es ist ein schönes Land und die Leute haben alle ziemlich Vieh, besonders Schafe. Hab heute noch wenig gegessen, denn der Magen ist mit Fleisch überfüllt, habe noch das ganze Kochgeschirr mit Kalbfleisch gefüllt. Es geht mir nicht schlecht, andere Zeiten werden aber noch kommen da oben für uns, doch nur keine Angst und auf Gott vertrauen. Ich bete viel. Gib Acht, dass Gérard nicht frech wird, denn er wird jetzt älter und soll auch verständiger werden. Ich denke, dass wir bis im Herbst daheim sind…*"

« Il me reste du temps pour vous écrire, mais je ne sais pas si le courrier passe. Voilà quinze jours que nous n'en recevons plus. Je me porte bien et suis en bonne santé, j'espère qu'il en est ainsi chez vous. Nous sommes en Lettonie, un beau pays ; les gens pratiquent l'élevage, surtout de moutons. Ce matin j'ai peu mangé, mon estomac est saturé de viande et la casserole est encore pleine de viande de veau. Je ne vais pas mal, pourtant d'autres temps nous attendent là-haut. Mais n'ayons pas peur et gardons confiance en Dieu. Je prie beaucoup. Surveille Gérard et veille à ce qu'il ne devienne pas insolent ; à présent il grandit et doit devenir raisonnable. J'espère que nous serons rentrés en automne… »

Longues marches et bain dans la Dvina / *Düna* Vendredi 11 août, 7h

„*Mit großer Freude habe ich gestern Mittag bei einer Pause, während einem 40 Km Marsch, zwei von deinen Briefen erhalten, datiert von den 23. und 24. Juli, von jenem Sonntag, der mir für immer im Gedächtnis bleiben wird. Du hast ihn um 4 Uhr geschrieben, wo um dieselbe Zeit schweres Feuer auf uns lag und ich an euch im Gebet gedacht habe. Es geht mir noch gut, drei lange Marschtage sind wieder hinter uns, aber meine Füße sind gut. Gestern war's der größte Marsch, in Staub und Dreck, denn es ist immer heißes Wetter. Habe schon etliche Tage nicht geschrieben, denn man ist müde mit diesen Märschen...Hab gestern Abend gut gebadet in der Düna. Du meinst, ich soll dir schreiben, wo ich bin. Momentan stehen wir genau an der Düna, 90 Km von Riga, an der Hauptstraße. Schönes Land, schöne Bauernhöfe. Haben in den letzten Tagen nicht schlecht gelebt und vorgestern ein Schwein geschlachtet. Habe jetzt noch Gebratenes in einer Büchse. Schade um das, was kaputt ging, denn alles läuft voll Vieh von allen Sorten. Und die Leute sind fort. Trauriges Bild...Ihr habt auch das Pferd abgeben müssen, jetzt kurz vor der Ernte. Ich glaube, dass ihr geweint habt, besonders Georgette. Das ist aber nicht schlimm so, chérie. Immer besser so als wie hier, und wenn ich nur Trümmer und euch wieder finde, bin ich zufrieden. Der Louis Keller und der Simler Sepp haben auch was, wir kommen auch wieder mal dazu...Betet nur immer, denn es kommt bald. Grüsse deine Eltern, denn ich habe keine Zeit zum Schreiben, und habe der Mama auch noch nicht geschrieben. Herzliche Küsse, auch für Gérard."*

« C'est avec grande joie que j'ai reçu deux lettres de toi hier, lors d'une pause au cours d'une marche de 40 km. Elles étaient datées des 23 et 24 juillet, de ce dimanche qui restera toujours gravé dans ma mémoire. Tu l'as écrite à 4h du matin, à l'heure même où un terrible feu s'abattait sur nous et où je pensais à vous dans mes prières. Après trois longues journées de marche, je vais toujours bien. C'était hier la marche la plus longue, dans la poussière et la saleté, car il fait toujours chaud. Voilà plusieurs jours que je n'ai pas écrit, ces marches nous épuisent... Hier soir je me suis baigné dans la Dvina / *Düna*. Tu veux savoir où nous sommes. Actuellement notre position exacte est au bord du fleuve *Düna*, sur la route principale à 90 km de Riga. C'est un beau pays avec de belles fermes. Ces derniers jours nous avons bien vécu ici et tué le cochon avant-hier. Il me reste encore du rôti dans une boîte. Dommage pour toute cette nourriture qui périt ici, partout on voit des bêtes de toutes sortes en liberté, abandonnées, la population est partie. Triste spectacle...Vous avez dû remettre le cheval, et cela avant la moisson. Je crois bien que vous avez tous pleuré, surtout Georgette. Ce n'est pas dramatique, chérie. Encore moins grave qu'ici, et même si c'est au milieu des ruines, je serai content de vous retrouver tous. Chez Louis Keller[8] et Joseph Simler il y a eu des naissances, notre tour viendra également... Continuez de prier, ici l'attaque est proche. Salue tes parents de ma part, je n'ai pas le temps d'écrire. Et je n'ai pas encore écrit à Mama. Je vous embrasse tendrement. »

---

8 Gérard Keller est né le 16 juin 1944. Cf. aussi note 4 ch. 6.

Des combats à *Jaroslau* — Vendredi 11 août, 13h

„...*Habe soeben ein Kochgeschirr voll Johannisbeeren mit Zucker gegessen. Von denen gibt's viel hier, sowie Himbeeren. Wir haben heute Zucker bekommen. Die Leute haben viel Vieh, und es gibt auch Milch. In den letzten Tagen habe ich von Kämpfen bei Reichshof gelesen, das liegt schon 35 Km über Jaroslau. Wie weit das noch gehen soll. Hier sind wir wieder in Lettland, wir waren in letzter Zeit immer im Grenzgebiet Lettland - Litauen, einmal hier oder da, alles schöne Gegenden, wo jetzt auch geerntet wird. Ich habe noch keine Bekannten von daheim getroffen, wo man doch immer soviel auf Marsch begegnet. Hab auch das Verwundeten - Abzeichen bekommen...*"

« ... Je viens de manger une casserole pleine de groseilles, accompagnées de sucre. Il y en a en abondance, de même que des framboises. Et nous avons reçu du sucre aujourd'hui. Les gens possèdent beaucoup de bétail et nous ne manquons pas de lait. Ces derniers jours j'ai lu des rapports faisant état de combats près *de Reichshof*, 35 km au-delà de *Jaroslau*. Où cela nous mènera-t-il encore ? Nous sommes de nouveau en Lettonie / *Lettland*, toujours à la frontière entre la Lettonie et la Lituanie, tantôt d'un côté et tantôt de l'autre. Ces régions sont toutes riantes et c'est le temps des moissons. Je n'ai encore rencontré aucun camarade de *chez moi - daheim* - alors que nous croisons tant de monde au cours de nos marches. On m'a remis également l'insigne de blessé... »

Les longues marches évoquées par mon père illustrent le retrait rapide des armées allemandes devant l'avancée fulgurante russe. Comme mon père l'avait écrit le 22 juin, les Russes lancent leur attaque ce jour à l'aube, l'opération Bagration qui rompt l'ensemble du front en 48h. Vitebsk tombe dès le 25 juin, la ligne de Vitebsk à Bobruisk - où Eugène Haug est tombé, cf. lettre du 25 juillet - est conquise entre le 22 et le 28 juin et Minsk, capitale de Biélorussie est libérée le 3 juillet. En Lettonie, *Dünaburg* / Daugavpils à 200 km de Riga, est libérée dès le 28 juillet. Le groupe d'armées Nord est menacé d'encerclement autour de Riga et *Reval* / Tallinn. En Pologne, la ville de *Jaroslau* / Jaroslav à 550 km au sud de Varsovie, où mon père a passé son instruction du 11 mai au 17 juillet et du 12 octobre au 21 novembre 1943, est déjà tombée face à l'offensive russe qui avance jusqu'aux portes de Varsovie, la IXème armée au sud ayant cédé en 48h.

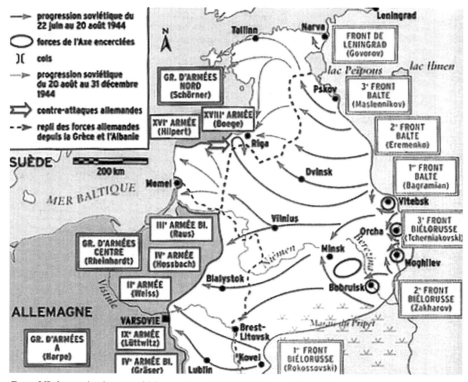

Carte VI des opérations soviétiques durant l'été 1944, extrait.
In : *La seconde guerre mondiale*, sous la direction de Claude Quetel (Coll. L'œil des archives), Larousse / Editions Mémorial de Caen 2007, p. 415.

Décoration   Vendredi 11 août, 19h

„*Komme soeben von einer kleinen Feier zurück. Vier Männer der Kompanie bekamen das Eiserne Kreuz II. Klasse, und da bin ich dabei. Das habe ich nicht gedacht, obschon ich es verdient habe, bei den Kämpfen bei Polozk an dem Fluss Drissa am 9. Juli und am 23. am Sonntag. Am meisten habe ich mich auf der Beobachtungsstelle mit dem Unteroffizier bewährt, der leider nicht mehr zurück durfte, wo der Feind 50 Meter vor uns stand und ich immer noch mit dem Revolver geschossen habe. Aber glaube nicht chérie, ich gebe nicht Acht zu mir. Ich will wieder zu euch. Es geht Morgen früh mit der Bahn nach Riga fort. Ich habe noch ein Kochgeschirr voll Johannisbeeren mit Zucker da, jetzt wird's gegessen. Herzliche Küsse für dich und Gérard.*"

« Je reviens juste d'une courte cérémonie. Quatre de notre compagnie ont été décorés de la Croix de Fer 2ème classe, et j'en étais. Je ne le pensais pas, bien que je l'ai méritée lors des combats près de Polozk sur la Drissa le 9 juillet et le dimanche 23. Je me suis surtout affirmé au poste d'observation avec le sous-officier qui n'a malheureusement pas eu la chance d'en revenir, lorsque l'ennemi était à 50 mètres de nous et que j'ai continué de tirer au revolver. Mais ne crois pas chérie que je sois imprudent. Je veux rentrer auprès de vous. Demain matin nous partirons en train à Riga. Il me reste à manger une casserole pleine de groseilles avec du sucre. Je vous embrasse, toi et Gérard. »

Riga en Lettonie   Dimanche 13 août, 16h

« Mes bien chers.
Quelques mots écrits à la hâte, on ne sait donc pas si toutes les lettres vous parviennent. Je vais bien, j'espère qu'il en est de même chez vous. Nous sommes arrivés ce matin à Riga que nous avons traversée en marchant 6 km, une belle ville avec de splendides églises. Et c'est la première fois que j'ai de nouveau pu entendre sonner les cloches. On se sent à nouveau comme chez soi, en découvrant une ville avec ses belles filles et ses restaurants. Nous allons manger, le courrier va partir. Je vous embrasse tendrement, au revoir, à bientôt,
Maurice.»

En Estonie   Jeudi 17 août, midi

„Will schnell wieder ein paar Zeilen schreiben, da wir Pause machen. Ich bin wieder in einem anderen Eck. Wir wurden am Montag in Riga verladen, dann mit Bahn nach Norden, über Wenden, ausgeladen in Walk, dann mit Autos 40 Km, 25 Km südlich vom Peipus-See. Haben gestern Mittag um 12 Uhr angegriffen und es rollt gut vorwärts. Der Feind ist zurück und hat vieles stehen lassen, das macht wieder Spaß. Unsere Stukas haben gute Arbeit geleistet. Sei nur froh chérie, dass ich am Werfer bin, denn wir gehen nur hinter her, 2-3 Km. Ich kann nicht genug danken, dass ich mich damals zum Werfer gemeldet habe, es sollte so sein. Hab am Sonntag Abend auch noch einen Brief von dir vom 30. Juli erhalten... Viele sind ohne Nachricht bei euch, von Russland. Ich habe auch einen Brief von der Mama am Sonntag erhalten, auch vom 30. Juli. Sie schreibt, dass Julien auf Urlaub kommt und dass Robert Heimweh hat, und dass sie viel beten für uns. Du meinst bis zu meinem Namenstag, so schnell geht's doch nicht, aber nur keinen Winter mehr hier. Habe gestern auch den

Hugel getroffen, es sind noch zwei Elsässer bei mir, junge Kerl aus der Gegend von Zabern..."

« Je profite d'une pause pour vous écrire quelques lignes. J'ai encore changé d'endroit. Nous avons été chargés à Riga, emmenés en train vers le Nord par *Wenden*, déchargés à *Walk*, puis de là un trajet de 40 km en voiture, à 25 km au sud du Lac Peipus. Nous avons attaqué hier à midi et nous avançons bien. L'ennemi a reculé, abandonnant beaucoup d'armement, cela nous réjouit. Nos avions ont fait du bon travail. Sois rassurée chérie, au lance-grenades, nous suivons toujours 2 - 3 km en retrait. Cela devait être ainsi, je ne serai jamais assez reconnaissant d'avoir effectué cette formation. J'ai reçu une lettre de toi dimanche soir, datée du 30 / 07… Beaucoup chez vous sont inquiets de ne pas avoir de nouvelles de Russie. Mama aussi m'a envoyé une lettre le 30, dans laquelle elle écrit que Julien doit rentrer en permission, que Robert a le temps long et que tous prient beaucoup pour nous. Tu penses que la fin interviendra pour ma fête (*le 22 / 09*), ce ne sera pas si rapide. Pourvu qu'il n'y ait pas de nouvel hiver ici. Hier j'ai rencontré Hugel[9]. Il y a aussi deux jeunes Alsaciens avec moi, de la région de Saverne… » (Cf. carte V).

Grosse fatigue Samedi 19 août, 15h

„…Wir hatten gestern Regenwetter, es ist schon wieder heiß heute. Wir haben zwar ziemlich Beschuss gehabt, es geht aber noch. Man ist immer müde mit diesem schweren Gerät, das man schleppern muss, und dazu immer Stellungswechsel. Trotzdem sind wir besser daran als die Schützen vorn. Wir haben vorgestern wieder geschlachtet, ein drei Zentner schweres Schwein. Jetzt will ich aber ein paar Tage kein Fleisch mehr sehn. Es gibt viele Johannisbeeren und Stachelbeeren hier, ich esse jeden Tag eine Portion… Ich weiß sonst nichts für heute, will schließen, denn die Augen fallen mir so langsam. Ich will mich gleich lang ins Loch legen und etwas schlafen. Ich denke, dass der Feind nicht wie gestern Abend kommt…"

« … Il pleuvait hier, mais la chaleur est revenue aujourd'hui. Nous avons subi de nombreux bombardements, mais je vais bien. Nous sommes toujours fatigués à force de traîner ce matériel, en plus des continuels changements de position. Mais nous sommes plus tranquilles que les fusiliers à l'avant. Hier nous avons encore tué un cochon de 150 kg. À présent je ne veux plus voir de viande durant quelque temps. Les groseilles et groseilles à maquereau ne manquent pas ici, j'en mange tous les jours une portion… N'ayant pas d'autres nouvelles je termine ma lettre, car les paupières me tombent de sommeil. Je vais m'allonger dans mon trou et dormir un peu. Pourvu que l'ennemi ne s'annonce pas comme hier soir… »

---

[9] Aucune précision n'est donnée.

Dans mon trou, sous les balles Jeudi 24 août, 17h

„*Seit Samstag habe ich nicht geschrieben, liege im Loch, denn es pfeift drüber weg. Bin noch gesund, was die Hauptsache ist. Habe gestern Abend zwei Briefe von dir erhalten, vom 2. und vom 9. August. Den Weizen habt ihr gedroschen. Es hat viel gegeben und du hast neue Säcke, du hast recht gehabt, aber nur Achtung mit den Mäusen. Es fehlt ja nichts mehr für eine Kuh als etwas Geld. Aber im Spätjahr kannst du eine kaufen. Eugène Losser ist vermisst; keine Sorgen chérie wenn das mal kommt, oder wenn keine Post kommt. Wenn man in der Gefangenschaft ist, wird man auch vermisst gemeldet. Nur immer Kopf hoch, habe guten Mut, wenn's noch so schwer ist. Ich sehe bald wie ein alter Mann aus… Ich habe ja gute Hoffnung, bete aber auch viel, denn wir haben wieder vier schwere Tage hinter uns. Den ganzen Tag in Abwehr und Angriff, er kommt immer mit Panzer, es kommt aber keiner mehr zurück von denen. Ich habe halt immer noch Glück gehabt… In Frankreich geht's auch schwer zu…*"

« Je n'ai pas écrit depuis samedi. Je me terre dans mon trou, car les balles sifflent au-dessus de moi. Je suis toujours sain et sauf et c'est l'essentiel. Hier soir me sont parvenues deux lettres de toi, écrites les 2 et 9 août. Vous avez battu le blé et la moisson a été bonne. Tu as acheté avec raison des sacs neufs, mais fais attention aux souris. Ainsi il ne nous manque plus qu'un peu d'argent pour acheter une vache, ce que tu pourras faire en automne. Eugène Losser est déclaré disparu, n'aie pas peur chérie si cela devait arriver, ou si tu n'avais pas de courrier. Les prisonniers sont déclarés disparus. Gardons la tête froide, j'ai bon moral, malgré l'épreuve. J'ai bientôt l'air d'un vieillard… Je garde bon espoir, mais je prie également beaucoup, car nous avons encore vécu quatre journées dures, sans cesse en défense et en attaque. L'ennemi nous attaque avec ses chars, mais aucun d'eux ne rentre chez lui. La chance a toujours été de mon côté… Les combats sont intenses en France aussi. Je t'embrasse tendrement, ton chéri qui t'aime et ne t'oublie jamais, même si c'est dur. Maurice. »

Relève, jambon, vin, liqueur et cognac Vendredi 25 août, 19h

„*Nach Regen kommt immer wieder Sonnenschein. Wir wurden gestern Nacht vorn abgelöst, wir befinden uns zwar nur in der Nähe, aber es herrscht fröhliche Stimmung den ganzen Mittag. Es gab Rauchwaren, Zigarren. Ich habe soeben gegessen, ein Stück Jambon, dazu eine Flasche Wein, und jetzt habe ich noch einen Becher Likör vor mir stehen. Es hat noch Cognac gegeben. Es wird überall geflötelt (mit Mundharmonika) und gesungen. Habe mich wieder gewaschen und rasiert, denn ich hatte bald Angst von mir selbst im*

Spiegel. Es waren vier schwere Tage ohne Ruhe, immer in schwerer Abwehr, und nach dem feindlichen Einbruch wieder Gegenangriff. Jetzt gibt's auch noch Schokolade...Habe ein kleines Paket mit dem Eisernen Kreuz gemacht, jetzt können wir wieder Pakete wegschicken, denn wir haben wieder Bahnverbindung mit dem Reich, welche lange unterbrochen war. Das E. K. ist ein Andenken der schweren Zeiten. Die Urkunde schicke ich im Brief. Wie du siehst, geht's wieder besser. Ich habe viel abgenommen in letzter Zeit, nicht wegen der Kost. Das waren die Aufregung und das ständige Wandern. Ich fühle mich wieder wohl, wenn du nur bei mir wärst heute Abend. Es herrscht frohes Leben hier im schönen Tannenwald. Wenn's noch so lustig ist, vergesse ich euch nicht, viel weniger noch das Gebet. Ich denke, wir dürfen die Nacht hier verbringen, und ein paar Stunden nacheinander im Loch schlafen. Keine Angst um mich, ich bin immer vorsichtig. Bin froh um den grünen Pullover, denn die Nächte sind kalt. Je vous aime, Maurice."

« Après la pluie vient le beau temps. Nous avons été relevés à l'avant, hier durant la nuit. Certes nous ne sommes pas loin, mais il règne une bonne ambiance tout l'après-midi. Nous avons reçu du tabac et des cigares. Je viens de manger une tranche de jambon, accompagnée d'une bouteille de vin ; un gobelet de liqueur aussi est devant moi. Nous avons même reçu du cognac. Partout l'on joue de l'harmonica et l'on chante. J'ai pu me laver et me raser, je me faisais peur dans le miroir. Quatre dures journées sont passées, sans repos aucun, sur la défensive, toujours en contre-attaque après les attaques ennemies. Et voici encore du chocolat... Je t'envoie la Croix de Fer dans un petit paquet, nous pouvons à nouveau poster les paquets car les liaisons ferroviaires avec l'Allemagne sont rétablies. Ce sera un souvenir de ces temps difficiles. Le document est joint à la lettre. Comme tu vois je vais mieux. J'ai bien maigri ces derniers temps, mais pas en raison de la nourriture. C'est l'effet de la tension et de ces perpétuels mouvements de troupes. Je me sens bien, si seulement tu pouvais être auprès de moi ce soir. L'ambiance est joyeuse dans cette belle forêt de sapins. Malgré cela je ne vous oublie pas, encore moins la prière. J'espère que nous pourrons passer une nuit calme et dormir quelques heures d'affilée dans notre trou. N'ayez pas peur pour moi, je reste toujours prudent. Je suis content de mon pull vert, les nuits sont froides. Je vous aime, Maurice. »

Des nuits froides   Vendredi 25 août, 19h

„Habe dir gestern Abend geschrieben, was es alles nach den schweren Kampftagen gegeben hat, wir wurden um ein Uhr wieder zum Einsatz geweckt, es ist jetzt ruhig... Hab soeben Zeitungen gelesen, ganz neue ; im Westen gehen die Anderen wieder vor, hier ist die Nordfront nicht mehr abgeschnitten. Wir hatten nur Wasserverbindung über die Ostsee. Deswegen ging's mit der Post

so schlecht... Ein herrlicher Abend, bei Tag ist es heiß und in der Nacht friert man. Ich sende dir die besten Grüsse und Küsse, küsse auch Gérard und deine Familie..."

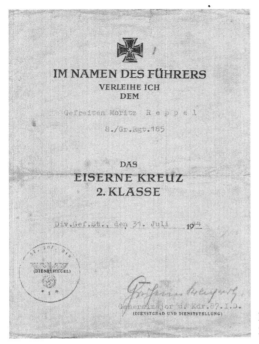

La Croix de Fer 2ème classe, décernée le 31 / 07 et remise le 11 / 08.

« Dans ma lettre d'hier soir je t'ai décrit tout ce qu'on nous a donné après les dures journées de combat ; à une heure ce matin nous avons été réveillés en vue d'un engagement, le calme est revenu à présent... Je viens de lire des journaux récents : les autres *(les alliés)* avancent à l'ouest, ici le front Nord n'est plus coupé. Seule subsistait la liaison maritime par la Mer Baltique, ce qui explique la lenteur de l'acheminement du courrier... Magnifique soirée, le jour il fait très chaud et la nuit on gèle. Je t'envoie mes meilleures pensées, embrasse aussi Gérard et tes parents de ma part... »

En Estonie, très au nord   Dimanche 27 août, 19h

„Wieder ein Sonntag vorbei und immer dasselbe. Habe dir am Freitag geschrieben, jetzt bin ich schon wieder weit weg davon. Wurden gestern Morgen auf Camions verladen und sind heute Mittag hier angekommen. Sind von Walk aus nach Fellin über Jogewa gefahren, und dann noch 30 Km weiter, wir sind bald bei Reval, ziemlich im Norden. Die Landschaft war ziemlich schön mit viel Vieh auf den Weiden. Die Straßen waren voll Wagen, Zivil die zurück flohen. Traurige Bilder. Wir sind durch schöne Städte gefahren, hab

auch schöne Mädel gesehen. Was es jetzt hier gibt, weiß ich nicht, jedenfalls sind wir in der Frontnähe, man merkt es an den Fliegern. Gestern chérie kam auch einer in meine Kompanie, den würdest du nicht raten. Es ist Paul Guiot, von dem ich immer sagte, er ist beim Feind. Er kommt jetzt aus der Heimat, er war in Chemnitz im Lazarett und bekam Erholungsurlaub. Nun ist er hier, er hatte große Freude, als er mich sah. Er fuhr über See von Dantzig nach Riga. Wenn nur dieser ganze Mist bald ein Ende hätte! Betet nur viel um den baldigen Frieden…"

« Encore un dimanche, pareil à tous les autres. Je t'ai écrit vendredi, mais nous sommes repartis loin devant depuis, en camions hier matin à partir de Walk en direction de Fellin, par Jogewa, puis encore 30 km. Bientôt nous serons à *Reval* / Tallinn, nettement au nord. La région est souriante, avec beaucoup de bêtes sur les pâturages. Les routes sont encombrées de voitures de civils qui fuient. Triste à voir. Nous avons traversé de belles villes et croisé de jolies filles. Nous ignorons ce qui nous attend ici, mais la présence des avions témoigne de la proximité du front. Un camarade a rejoint notre compagnie hier, et tu ne devinerais pas qui, chérie. C'est Guiot Paul que je croyais toujours prisonnier chez l'ennemi. Il revient d'une permission de convalescence après un séjour à l'hôpital militaire de *Chemnitz*. Il a effectué le trajet par la mer de *Dantzig* à *Reval*. Grande fut sa joie de me revoir. Ah si seulement cette sale guerre pouvait bientôt finir ! Persévérez dans la prière, afin que la paix revienne vite… »

L'activité militaire est intense sur ce secteur depuis le départ de papa de Riga le 12 août, la *Wehrmacht* avançant et reculant fréquemment face aux troupes soviétiques. Papa part deux fois de Walk, les 14 et 26 août, avant l'offensive sur *Dorpat* / Tartu la première semaine de septembre.

« Je prie beaucoup.» Jeudi 31 août, midi

„Meine lieben,
Habe zwei Briefe erhalten, vom 6. und vom 13. August. Ich war neun Tage ohne Post. Habe in den letzten Tagen nicht geschrieben, denn wir haben drei schwere Tage hinter uns, mit Angriff jeden Tag, es geht vorwärts. Will nicht viel schreiben, denn bin müde. Der Feind hat viel stehen lassen, viel Büchse Fleisch, amerikanisches, und viel Geschütze. Wir sind nicht mehr weit von Dorpat. Es kann noch eine Weile dauern, bis ich daheim bin. Julien hat geschrieben, dass er daheim war und dass bald Frieden ist. Ich möchte nicht mehr lange so mitmachen wie in den letzten Tagen, bete aber immer viel um den Schutz. Hab erst vier Briefe von August…"

« Mes bien chers,

Après neuf jours sans nouvelles, j'ai reçu deux lettres des 6 et 13 août. Je n'ai pas pu écrire ces derniers jours, car nous étions engagés dans de durs combats, attaquant pendant trois jours. Nous progressons. Ma lettre sera brève, car je suis fatigué. L'ennemi a laissé quantité de matériel sur place, beaucoup de boîtes de viande américaine et de nombreuses pièces d'artillerie. Nous sommes près de Tartu / *Dorpat*. Il faudra encore attendre, avant que je puisse rentrer. Julien m'a écrit qu'il était rentré en permission et que la paix est proche. Je ne voudrais pas vivre encore longtemps ce que nous endurons ici ces derniers jours. Mais j'implore beaucoup la protection divine dans mes prières. J'ai seulement reçu quatre lettres du mois d'août… »

Dans les marécages   Samedi 02 septembre, après-midi

„… *Heute ist der erste Tag wieder, wo man Ruhe hat. Wir haben schon zwei Tafeln Schokolade bekommen, und zwei Päckchen Süßwaren, wir haben es verdient. Wir waren zwei Tage lang ohne Essen, haben aber Büchse und sonstiges erbeutet. Es war nur Sumpfgelände und alles musste getragen werden. Jetzt haben wir Regenwetter, das hat noch gefehlt. Julien hat auch geschrieben, dass wenn's so weiter geht, sind sie in 10 Tagen bei euch. Ich glaube nicht, dass es Winter wird. Das wäre das schönste Weihnachtsgeschenk, der Friede und unser Wiedersehen, chérie…*"

« … Enfin de nouveau une journée de repos. Nous avons reçu deux tablettes de chocolat et deux paquets de friandises, bien méritées. Nous étions sans nourriture durant deux jours, exceptées les boîtes et autres denrées ravies à l'ennemi. Nous étions dans les marécages et devions porter tout notre armement. À présent il pleut, il ne manquait plus que ça. Julien m'a écrit qu'à leur allure ils *(les Alliés)* seront chez vous dans dix jours.[10] Je ne crois pas que ça va durer jusqu'à l'hiver. Ce serait le plus merveilleux cadeau de Noël, la paix et nos retrouvailles, chérie… »

Une semaine de durs combats. Le genou est enflé   Vendredi 08 / 09, soir

« Ma chère femme, mon cher Gérard,

J'ai peu de temps pour vous écrire, mais ne serait-ce que quelques mots pour vous dire que tout va bien, l'essentiel étant d'être en bonne santé et de pouvoir poursuivre mon chemin. Je crois que la paix approche. J'espère aussi que vous allez bien. J'ai reçu dimanche une lettre de toi et une autre de ma mère. Les journées difficiles se succédaient depuis dimanche, toujours à l'attaque. Aujourd'hui c'est calme. J'ai eu beaucoup de chance. La plupart de

---

[10] Papa était informé du débarquement en Normandie le 06 juin. Julien lui a-t-il écrit qu'un débarquement franco-américain a eu lieu en Provence le 15 août, que, la capitale, Paris a été libérée le 25 août ?

mes camarades sont blessés, Dinges[11] également. De notre service, j'ai été le seul préservé. Et je me suis trouvé à 3m d'un impact d'obus. J'ai beaucoup prié. De plus il pleuvait tous les jours, maintenant le soleil est revenu, Dieu merci, car mon pied et mon genou sont enflés. Et je souffre de rhumatismes, ce qui j'espère passera, faute de quoi j'irai voir le médecin. Je crois savoir que les Américains et les Anglais ne sont guère loin de vous. Je souhaite que cette lettre te parviendra avant. J'espère que vous serez épargnés et que vous pourrez rester à la maison. Je ne crains pas pour vous, et moi-même je m'en tirerai. N'aie pas peur, la paix est proche et Dieu nous protège. Je reviendrai parmi vous, mes chers. Je termine cette lettre en vous embrassant tendrement. Ton chéri qui t'aime, Maurice. Embrasse aussi de ma part Gérard, ainsi que tes parents, frère et sœurs. »

Enfin en retrait pour les soins   Lundi 11 septembre

„*Liebe Frau und Gérard,*
Nun endlich hat mich die Liebe Gottes Mutter erhört und mich von der Front zurückgeholt. Seit Samstag bin ich unterwegs nach einem Lazarett, aber nicht nach Deutschland. Bin aber so zufrieden. Der rechte Fuß ist dick und wurde eingeschient. Das meiste ist am Knie. Ich denke doch, dass es eine Weile dauert. Ich komme vielleicht nach Reval, ich liege jetzt in einer Krankensammelstelle. Weiß nicht, wie es weiter geht. Denke, dass du diesen

---

[11] Papa nous parlait fréquemment après guerre de son camarade allemand *Dinges* de *Worms*, blessé lors de cette semaine de combats près de *Dorpat*. En septembre et dans quatre lettres du mois d'octobre, papa mentionnera son nom. Des courriers après la guerre n'ont pas permis de retrouver sa trace.

Brief bekommst bevor der Tommy bei euch ist. Mach dir keine Sorgen, es kommt bald, verlasse nur nicht den Hof, grabe dich in die Erde ein. Ich küsse dich herzlich, auf baldiges Wiedersehen."

« Mes bien chers,
Enfin la Mère de Notre Seigneur a exaucé mes prières et m'a retiré du front. Depuis samedi je suis en route vers un hôpital militaire, mais pas en Allemagne. J'en suis heureux. Le pied droit est enflé et bandé d'attelles, principalement le genou. Je pense en avoir pour un certain temps. Peut-être serai-je transféré à Reval, pour le moment je suis en un lieu de rassemblement de blessés. J'ignore la suite. Mais j'espère que tu recevras cette lettre avant l'arrivée des Tommies. Sois sans crainte, la fin approche, surtout ne quitte pas la ferme, enterre-toi s'il le faut. Je t'embrasse tendrement, à bientôt. »

La blessure du dimanche 9 juillet, causée par l'éclat d'obus en haut du genou, n'était en fait jamais réellement guérie, malgré les soins reçus sur place à l'infirmerie. Les longues et pénibles marches souvent citées dans les lettres précédentes, de 40 km parfois, ont certainement contribué à son aggravation et à son infection. Le 15 juillet il écrivait déjà, après une longue marche : « mes jambes ont tenu, seul l'éclat d'obus me serre ». A-t-il été atteint par un nouvel éclat d'obus au cours de l'offensive sur *Dorpat* durant la semaine du 3 au 10 septembre, le samedi 9 ? Certainement pas ! L'infection existante est-elle soudainement devenue plus aigüe dans la tranchée humide ? Probablement. Ramené à l'arrière du front le samedi 9 septembre, il écrit qu'il est opéré dans l'*Ortslazarett (hôpital local)* le soir du 12 septembre, puis transféré le 14 septembre en train vers Tallinn / *Reval* d'où le bateau-hôpital part le 16 / 09. Il arrive à *Swinemünde* le 20 septembre (Cf. récit au ch. 8).

Deux lettres postées par ma mère les 15 et 22 août, arrivées dans la compagnie après son départ, lui sont renvoyées avec la mention : « *Retour à l'expéditeur. Attendre nouvelle adresse. 11 / 09 / 44* ».

Concernant la libération de *Reval,* on peut aussi lire, dans un autre témoignage d'incorporé de force[12]:

« 23 septembre 1944, *Reval* / Tallinn… L'encerclement de *Reval* est imminent… Le capitaine Drehmann nous donne les consignes à suivre, en cas d'évacuation… Et voilà qu'une nuit apocalyptique commence…Vers 3h, c'est le mot : Départ !… Dès l'aube, l'appontement et les quais sont encombrés de soldats et de nombreux civils estoniens… Quelle cohue !... C'est le « Sauve qui peut. »… Certaines détonations entendues évoquent le spectre de l'arrivée des percées des chars soviétiques… Un vaisseau de la Croix-Rouge nous suivra sur les flots de la Baltique… ».

La lettre du 15 / 08.

Tallinn, la capitale de l'Estonie, est libérée ce 23 septembre et papa est provisoirement retiré du front.

---

12 Joseph Speitel, *Une tranche de vie, Récit d'un Malgré-Nous*, avril 2004.
Joseph Speitel, de Dambach-la-Ville, classe 1941, a été incorporé en 1942 et envoyé sur le front de l'Est. Fait prisonnier en 1945 par les Russes dans les Pays Baltes où il dut retourner, il n'a regagné l'Alsace qu'en mai 1946. Ordonné prêtre en 1949, il décède le 1er mai 2003.

CHAPITRE 8

DES LENDEMAINS INCERTAINS

L'espoir d'un prochain armistice a souvent habité papa ces dernières semaines, en raison notamment de la progression des troupes alliées à l'ouest. Où sera-t-il transféré pour être soigné ? Et pour combien de temps ? Pourra-t-il rentrer en permission ? Devra-t-il repartir au front à l'est ? Comment évolue la situation sur le front Ouest ?

Mon père n'avait plus écrit entre le lundi 11 septembre et son arrivée à l'hôpital de *Striegau* le 21 de ce mois. Dans le cahier « Histoire et patrimoine »[1], il précise :

« Le 14 / 09 je fus emmené en train jusqu'à Reval en Estonie, où l'on nous embarqua sur un navire - hôpital qui quitta *Reval* le 16 / 09 avec 1000 blessés à bord. Guiot de Lalaye était avec moi, mais pas *Dinges*. Le bateau arriva à *Swinemünde*[2] le 20 / 09 à 9h du matin, et on nous transféra immédiatement dans un train qui nous achemina vers un hôpital à Striegau (*Schlesien* / Silésie en Pologne). C'était l'hôpital *Präparandin* où je devais rester... pour subir deux interventions chirurgicales au genou droit consécutives à l'infection (une bursite). »

---
1 Patrimoine... n°3, *op. cit.*, p. 37.
2 *Swinemünde*, dans la baie de Poméranie, est un port de la Mer Baltique à l'embouchure de l'*Oder*.

Carte postale «*Konzertgarten* / Jardin des Concerts », postée à *Swinemünde* le 21 / 09 / 44, au verso la mention : « Suis arrivé dans le Reich, suis encore dans le train-hôpital. Tout va bien. Attendre nouvelle adresse dès mon arrivée à l'hôpital. Je t'enverrai un télégramme. Je t'embrasse tendrement, Maurice. »
L'indication 17 B désigne le code postal de l'Alsace, système instauré en février 1944.

Le télégramme avec la nouvelle adresse fut expédié le 22 septembre à 9h30 :
   „*In Res. Lazarett Praeparandin, Striegau, Schlesien*" et la mention : „*Komm sofort.*"

« À l'hôpital militaire de réserve *Praeparandin, Striegau,* Silésie, viens de suite. »

Ma mère lui a certainement renvoyé le télégramme dans une lettre, en ajoutant au dos : « *Momentan Reise fast unmöglich. Verlange sofort ein näheres Lazaret. Sofort Bescheid ob schlimm verwundet oder kaum. Herzliche Küsse, Jeanne"* / « Voyage presque impossible actuellement. Demande de suite un hôpital rapproché. Écris-moi si la blessure est grave ou pas. Je t'embrasse tendrement, Jeanne. »

***Heimweh.* Le temps long à l'hôpital**   Dimanche 24 septembre, 14h

„*Meine liebe Frau und Gérard,*
Es ist Sonntag, ich habe Heimweh nach euch allen, denn ich weiß nicht wie es bei euch steht, ob du mein Telegram bekommen hast und ob du wegen der Fliegergefahr kommen kannst. Es geht ziemlich gut bei mir, der Fuß ist noch immer in der Schiene, hab noch einen Elsässer bei mir aus Wangen. Er hat heute und gestern Post gehabt, Pakete kannst du schicken, denn das Essen ist knapp, aber an Appetit fehlt es nicht. Das ist der erste Brief, den ich von hier aus schreibe, denn ich denke, du kommst doch. Habe gestern der Mutter geschrieben, und dem Julien. Ich denke, er schickt mir die Adresse von Robert, der in der Nähe ist…Ich befolge jeden Tag den Wehrmachtsbericht, denn das Radio läuft den ganzen Tag. Es ist doch anders als vorne im Feuer. Was macht auch Gérard ? Hab schon lange Zeit keine Post mehr von euch. Schick auch ein neues Foto, das ich schon lange einmal verlangt habe. Werde vielleicht Urlaub bekommen, glaube aber nicht, dass ich noch zu euch kommen kann. Herzliche Grüsse und Küsse , auch für Gérard und deine Eltern."

« Ma chère femme, mon cher Gérard,
En ce dimanche, j'ai le temps long après vous tous. Je suis sans nouvelles de vous. As-tu reçu mon télégramme, pourras-tu venir ici malgré les menaces aériennes ? Je vais assez bien, ma jambe est toujours tenue par les attelles et je suis en compagnie d'un autre Alsacien, de Wangen[3]. Celui-ci a eu du courrier hier et aujourd'hui, tu pourras m'envoyer des paquets, car ici la nourriture est restreinte alors que l'appétit ne manque pas. C'est la première lettre que je t'écris d'ici, je pense que tu viendras quand même. J'ai écrit à ma mère et à Julien hier. J'espère qu'il m'enverra l'adresse de Robert qui est dans les environs… À la radio qui est allumée continuellement, je suis tous les jours les rapports de la *Wehrmacht*. Ici on se porte quand même mieux que sous le feu au front. Que devient Gérard ? Voilà un bon moment que je n'ai pas de nouvelles de vous. Envoie-moi une photo récente, je l'ai demandée depuis un certain temps. J'aurai certainement une permission en quittant l'hôpital, mais

---
3 Cf. lettre du 12 octobre.

je ne crois pas que je pourrai encore rentrer chez vous. Je t'embrasse, ainsi que Gérard et tes parents. »

À partir de ce moment, papa écrit quotidiennement.

- mardi 26 / 09 : « J'écoute les rapports de la *Wehrmacht*. Ne viens pas si c'est trop risqué. Mais je te supplie de m'envoyer de quoi manger, ainsi que des tickets. La jambe est toujours bandée d'attelles et le genou suppure encore. D'ailleurs je ne suis pas pressé de sortir d'ici, j'ai connu assez longtemps l'horreur du front, et sans permission. Quand je pourrai marcher, je sortirai manger en ville, j'ai encore de l'argent, notamment 1000 roubles que je pourrais échanger pour 100 marks. Mais oh combien j'aimerais que tu sois avec moi, ne serait-ce qu'une journée. Et comme je voudrais revoir Gérard. Nous manquons de pain et je ne sais toujours pas si tu as reçu mon télégramme... »

- mercredi 27 / 09 : « Je suis toujours dans l'incertitude ; pourras-tu venir, as-tu beaucoup de travail, la situation est-elle trop critique pour entreprendre un si long voyage ? Il me reste à patienter, dans l'attente de courrier. Envoie-moi des tickets de nourriture et des paquets. Un camarade me signale que tu peux expédier un paquet plus grand en colis express, c'est plus rapide...»

- jeudi 28 / 09 : Lettre de *Striegau* avec, au verso, le calendrier de l'année 1944.

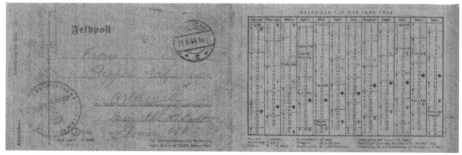

« Toujours sans nouvelles, ta dernière lettre est datée du 17 août. Je vais bien, quoique je supporterais de manger davantage certains moments. Ma jambe est toujours soutenue par les attelles. Une fois guéri, je rejoindrai les troupes de réserve et bénéficierai d'une permission de convalescence avant de repartir de nouveau au front. Je pense que cela durera encore trois semaines. J'ai aussi écrit à ma mère, afin qu'elle m'envoie des tickets et du sucre. J'espère que vous êtes tous en bonne santé. Il faudra penser à ensemencer le champ de blé au chemin de Hessenheim... »

- vendredi 29 / 09 : « J'attends toujours avec impatience de vos nouvelles et je n'ai jamais autant pensé à vous. Je vais bien et suis content d'être ici en ce moment. Je dors très mal la nuit car toutes mes pensées vont vers vous, je me rappelle aussi les moments difficiles vécus à *Dorpat*, quand un obus est tombé à 2 - 3 m de moi, creusant un trou de 2 m de large et autant en profondeur. J'ai eu beaucoup de chance. Il faut persévérer encore dans la prière. Économise bien les denrées alimentaires, les pommes de terre, la pénurie pourrait s'installer après la guerre. Sois sans crainte, je reviendrai parmi vous, même s'il faut attendre longtemps, je m'en sortirai… »

Des prisonniers russes installés chez Mama Samedi 30 septembre, 16h

„*Ich warte immer noch auf Nachrichten. Auf dich chérie brauche ich nicht mehr warten, denn wie mir Julien heute Morgen geschrieben hat, ist daheim alles drunter und drüber, ihr habt* **Einquartierung (Russen)** *und sie wollen bei uns backen. Ich stelle mir vor, wie es aussieht. Gib nur Acht chérie zu unseren Sachen. Bleib auch gut mit meiner Mutter und geh auch hinüber - ich bitte dich -, ich denke manchmal, sie hat sechs Söhne groß gezogen und keiner ist da. Habt Einsehen, chérie und helft euch gegenüber. Es geht mir gut, der Fuß ist noch in der Schiene und eitert noch, aber die Wunde wird kleiner. Es geht schnell, andere kommen nach. Schicke keine Pakete mehr, denn sie brauchen zu lange, und dann bin ich fort. Von hier geht's zuerst zum Ersatz, Oktober wird so herum gehen, und dann hoffentlich die Westfront. Es kann auch was vorher vorkommen. Ich bete viel, Morgen ist Rosenkranzsonntag. Julien hat auch geschrieben, dass Stauder René und Bulber Paul gefallen sind. Das ist auch schade…*"

« Je suis toujours sans nouvelles. Mais je n'attends plus ta venue, chérie. Julien m'a écrit ce matin qu'à la maison règne un grand remue-ménage avec le cantonnement de **prisonniers russes** qui veulent cuire du pain. Je m'imagine cela. Fais attention à nos biens. Je te supplie, sois bonne avec ma mère, va chez elle, entendez-vous et aidez-vous les uns les autres. Quand je pense que ma mère a élevé six garçons, et qu'aucun d'eux n'est auprès d'elle. Je vais bien, la jambe est toujours tenue par les attelles et la plaie suppure encore, mais se réduit. Ici tout va vite, de nouveaux blessés arrivent. N'envoie plus de paquets, ils mettent trop longtemps et je serai reparti. Je serai versé dans la réserve, ainsi octobre passera, et puis j'espère une affectation sur le front Ouest. Mais tout est possible d'ici là. Je prie beaucoup, demain c'est le dimanche du Rosaire. Julien a encore écrit que René Stauder et Paul Bulber[4] sont tombés. Quel malheur… »

---

[4] Patrimoine…n° 3, *op. cit.*, pp.60 et 62 : « Paul Bulber, de la classe 1941, était le frère d'Auguste Bulber. Il est tombé à Turka sur le versant Est des Carpathes le 19 août 1944.
René Stauder, de la classe 1942, était le frère de Jeanne, épouse Jean Kranklader. Il est tombé à Rohrda en Pologne le 28 août 1944. »

Une fleur du jardin　　　　　　　　　　Dimanche 1ᵉʳ octobre 1944, 15h30.

„Hab gerade mit Freude dein Telegram bekommen. Bin froh, dass etwas von daheim kam. Es werden keine in den Westen verlegt, es ist keine Rede davon. Es ist ja nicht schlimm, komm soeben aus dem Garten. Ich hab wieder einmal etwas Obst gegessen. Wenn die Front bei euch nicht näher kommt, kann ich doch Urlaub bekommen… Ich bin nur froh, dass ich hier bin; eine Blume aus dem Garten für dich, wie alles hier so friedlich lebt, kein Flieger, nichts. Ihr habt bestimmt viele Flieger bei euch momentan. Ein Frankfurter liegt neben mir, er wollte ins Heimat Lazarett, es geht aber nicht. Ich denke, dass der Oktober vorbei gehen wird, bis ich wieder an die Front komme. Es geht gut, es macht nichts, wenn du nicht kommen kannst, besser als wenn etwas passieren würde…"

« Je viens de recevoir ton télégramme et suis content d'avoir des nouvelles de la maison. Il n'est pas question d'affectation à l'ouest. Ce n'est pas grave ; je reviens du jardin. J'ai enfin pu manger de nouveau un fruit. Si le front ne se rapproche pas davantage chez vous, je pourrai obtenir une permission… Je me satisfais d'être ici, voici une fleur du jardin pour toi, comme la vie est paisible en ces lieux, pas d'avions, rien. Tandis que beaucoup d'avions vous survolent, certainement. Un camarade de Francfort se repose à côté de moi, il a sollicité un hôpital plus proche de sa famille, cela est impossible. Je pense qu'octobre passera, avant mon retour au front. Je vais bien, si tu ne peux pas venir c'est moins grave que s'il t'arrivait un accident… »

Un an sans permission　　　　　　　　　　Lundi 02 octobre, 13h

„Nach dem Telegram von gestern folgte heute Morgen auch ein Brief. Gott sei Dank. Du brauchst nicht zu weinen, chérie, sei nur froh, dass ich so zurückgekommen bin, denn da oben ist doch jetzt alles geräumt, Reval, wo wir eingeschifft wurden, auch gleich nachher. Wir du mir da schreibst, ist das Reisen unmöglich, und du hast auch recht, wenn du nicht kommen kannst. Es hat keinen Wert, das Leben so auszusetzen. Wenn ich nur Nachricht von euch habe. Es geht mir gut, ich hole Schlaf ein, den ich schon lange versäumt habe. Ein gemütliches Zimmer, ich lese fast den ganzen Tag Geschichten, dann auch wieder im Messbuch. Es gab heute Mittag Kartoffelsuppe, habe drei Mal geholt. Hab die Schiene wieder am Fuß; nur wenn der Doktor um halb zwölf durchgeht. Wenn das Knie Bewegung hat, geht's nicht so schnell. Na, 14 Tage habe ich noch. Und wenn es dann bei euch noch geht, bekomme ich Urlaub. Es ist ein Jahr am 24. Oktober, es steht im Soldbuch. Den Urlaub gibt's erst beim Ersatz, und mein Ersatz liegt in Teplitz - Schönau, ich glaub im Südetenland. Komme dort zuerst in die Genesungskompanie. Aber bei euch darf die Front nicht über die Vogesen kommen, sie sind jetzt in Rambervillers, *hab ich gehört. Sei nur froh, dass ich zurück bin, ohne etwas davon getragen zu haben. Den Brief vom 8. September hast du erhalten, das war der letzte da oben, hatte da schon Weh im Fuß gehabt. Die zwei Fotos waren im Brief, wie der Gérard stark ist, und du machst ein trauriges Gesicht. Schreib mir Neues vom Dorf, vom Feld. Sind die Kartoffeln daheim? Nur keine verkaufen…"*

« Après le télégramme arrivé hier, voici une lettre aujourd'hui. Dieu merci. Tu n'as pas de raison de pleurer, chérie, sois contente si je m'en suis sorti ainsi. Car tout le secteur Nord a été évacué, et Reval, où nous avons embarqués, tout de suite après. Tu m'écris qu'il est impossible de voyager, tu as raison si tu ne peux pas. Il est inutile de risquer sa vie. L'essentiel pour moi est d'avoir de vos nouvelles. Je vais bien et je rattrape tout le sommeil perdu. La chambre est confortable, je passe mes journées à lire des histoires, ainsi que mon missel. À midi, nous avons mangé de la soupe de pommes de terre, je me suis servi trois fois. Je porte de nouveau l'attelle, mais seulement lors du passage du médecin à 11h30. Quand le genou bouge, je ne peux pas avancer rapidement. Enfin, j'en ai encore pour 15 jours. Et si le voyage reste possible, j'aurai une permission. Le 24 octobre, cela fera un an, mon livret militaire l'atteste. Mais ce sera seulement à partir de l'unité de réserve, et la mienne est à *Teplitz-Schönau*, dans les Sudètes, je crois. Et là-bas je serai d'abord affecté dans une compagnie de convalescence. Mais il ne faudrait pas que le front dépasse les Vosges chez vous. J'ai entendu qu'ils *(les Alliés)* sont à Rambervillers. Sois heureuse que j'aie pu revenir sans séquelles graves. Tu as reçu ma lettre du 8 septembre, c'est la dernière que j'avais écrite là-haut. J'avais déjà mal au pied. Deux photos accompagnaient la lettre, comme il est fort à présent, Gérard ! Et toi tu fais une triste mine. Écris-moi des nouvelles du village, des travaux aux champs. As-tu rentré les pommes de terre ? Surtout n'en vends pas… »

Dans les lettres suivantes, régulières, papa retrouve un intérêt marqué pour tout ce qui touche la vie de « chez lui », les récoltes de céréales, du tabac, des betteraves, le vin dans le tonneau…

- mardi 03 / 10 : « N'envoie plus de paquets ? Tu dois avoir terminé la récolte de tabac. Veille à ce qu'il sèche bien, il sera bien payé. As-tu obtenu l'allocation de soutien ? Moi j'ai encore 300 Marks. Quand je pense aux bons repas que tu me préparais, et surtout les délicieux puddings !... »

- mercredi 04 / 10 : « J'ai reçu une nouvelle lettre ce matin, du 26 septembre. Tu m'écris qu'il n'y a plus de permissions pour les Alsaciens et Lorrains. Haug Charles[5] était en permission de convalescence à *Offenburg*. Je

---
5 Patrimoine…n°3, *op. cit.*, p.55 : « Charles Haug Goetz, de la classe 1939, a été incorporé dans un bataillon de grenadiers / Grenadierbataillon. Légèrement blessé à la cheville, il fut hospitalisé à Copenhague avant la capitulation des Allemands. » Il est décédé à Mussig le 23 janvier 1974.

la demanderai si possible. Huit semaines d'hospitalisation sont exigées pour être affecté dans la réserve, sinon on quitte l'hôpital pour retourner directement au front dans l'ancienne compagnie. Un autre médecin m'a examiné ce matin, il est moins accommodant et a déjà renvoyé plusieurs camarades au front. Mon pied doit garder les attelles, je les laisse uniquement lors de son passage. La plaie se referme moins vite quand je bouge le genou. Mais je n'aurai pas huit semaines, d'ici une quinzaine de jours mon genou pourrait être guéri. Je demanderai tout de même une permission pour convalescence, dès que je pourrai marcher. La journée est belle, je descends au jardin m'asseoir sur un banc... »

- jeudi 05 / 10 : « Peu de nouvelles, je vais bien, la nourriture est certes bonne, mais trop limitée. Voilà 15 jours que je suis ici. Il fait beau, c'est bon pour les raisins. Mais point de raisin à table, et rarement une pomme. C'est le mois du Rosaire, je prie cinq « Notre Père » supplémentaires chaque jour... »

Cachet remarquable sur l'enveloppe « *Bauet mit Striegauer Granit* / Le granit de Striegau pour vos constructions ».

- vendredi 06 / 10, 13h : « Je supporterais bien de rester ici jusqu'à la fin de la guerre. Le genou guérit, mais je peux difficilement le **bouger**, tu comprends. Ne te fais pas de souci, advienne que voudra. Le moment venu, j'irai voir le médecin-chef, je lui dirai que je suis depuis un an sans permission et que je demande à te voir à *Offenburg* où tu seras évacuée. Ne serait-ce que quelques jours. Si cela ne réussit pas, nous nous en remettrons à Dieu pour la suite. Mon camarade de chambre de *Francfort* part en permission spéciale suite à un télégramme lui annonçant que sa famille est totalement sinistrée après les bombardements... »

- vendredi 06 / 10, 19h : « J'ai reçu avec grande joie quatre lettres et le premier paquet. Les petits pains étaient excellents et ce soir un camarade sorti en ville me rapporte du sucre et de la saucisse à frire. La nourriture s'est améliorée. Sans nouvelles de moi, tu es très inquiète à mon sujet. De plus les liaisons par le train sont totalement coupées et vous percevez les tirs des canons. J'ai appris aujourd'hui que les permissions sont accordées pour ceux qui n'en avaient pas depuis six mois. Le moment venu, je m'adresserai au lieutenant qui est un homme bon. Je ne sais pas combien de temps encore nous pourrons nous écrire. Sois sans crainte pour moi, j'ai une longue expérience du front. Je ne pense pas que vous risquiez beaucoup, n'étant pas sur un axe principal… »

- samedi 07 / 10 : « Je remets cette lettre à mon camarade de *Francfort* qui part en permission. Je vais bien et ne manque plus de rien, depuis que tu as joint tant de tickets à ta lettre. Je ne sors pas encore en ville et ne monte pas les escaliers, ne pouvant pas bouger mon genou, **tu comprends**. À 13h30 nous irons au cinéma, ici à l'hôpital. J'ai reçu ce matin une lettre de Julien qui rejoindra une unité de réserve à *Naumburg*, de là il espère une permission. Que Gérard reste bien gentil, qu'il prie pour son papa et ne pleure pas, car je reviendrai auprès de vous… »

Récit complet des opérations à Dorpat en septembre   Dimanche, 08 octobre 10h30

„Hab heute Morgen zwei Briefe erhalten, vom 29. und vom 2. Oktober. Bin froh, dass du auch Post von mir bekommst. Du meinst im Brief, dass man nichts mehr von da oben hört, wo ich war in Estland, uns war's damals schon bekannt, dass der Feind eine neue Offensive beginnen will. Wir lagen am Sonntag 3. Sept. in Ruhe und bekamen Schokolade und Wein. Und in der Nacht um ein Uhr ging's los mit Bereitstellung, um am anderen Morgen zum Angriff anzutreten. Das war ein Montag gewesen, wir haben unser Ziel nicht ganz erreicht. Aber in der Nacht auf Dienstag mit Panzer bis ein Uhr vor ; und am Morgen ging es weiter, alles unter Beschuss. Das Ziel war Dorpat zurückzuerobern. Am Abend hatten wir einen schwerer Beschuss-Schlag knapp drei Meter von mir. Es hatte mich glatt weggeschleudert, ich war voll Erde. Ein Wunder hatte ich mir gesagt, als ich das große Loch angeschaut habe. Und am selben Moment kam der nächste, zehn Meter von mir, knapp vor Dinges, der da verwundet wurde. Es ging alles weiter trotzdem, wir kamen in den ersten Verteidigungsgraben von Dorpat, der voll Wasser war. Von oben regnete es, aber alles nur in den Graben, denn die Flieger waren über uns, und noch die schweren Waffen. So blieben wir über Nacht im Graben, ein Weiterkommen war unmöglich. Am anderen Morgen mussten wir zurück, warum will ich nicht schreiben. Hier wurden die zwei anderen von meiner Gruppe verwundet, nur ein paar Meter von mir. Habe da schon gedacht, was habe ich nur in den Füssen, sie sind geschwollen, ich kann nur schlecht laufen. Alle sagten mir, das kommt von dem Wasser gestern, es sind Rheumatismen. Ich habe mir manchmal gesagt, wenn das jetzt schon so kommt, dann kann ich ja später

überhaupt nicht mehr laufen. Hatte keinen Appetit mehr und immer mehr geschmerzt. Ich kam bald, mit dem Gerät auf dem Rücken, nicht mehr mit. Das ging bis Samstag, wo ich mir gesagt habe, jetzt gehst du zum Arzt. Ich hatte auch Fieber, und kam zurück zum Hauptverbindungsplatz, alles auf der Bahre, dürfte nicht laufen. Wäre ich vorher zum Arzt, wäre es schon längst geheilt. Hatte gleich eine Schiene am Fuß, weiter nichts, und kam zur Krankensammelstelle, von da mit dem Zug nach Wesenberg. Und dann am Abend ins Lazarett, wo ich gleich am Abend des 12. Septembers um 9Uhr30 operiert wurde. Der Arzt hatte gesagt, dass das Knie ganz im Eiter war, noch vom alten Splitter im Juli. Ich wurde eingeschlafen und bin erwacht, als sie am Verbinden waren. Dann hat's geschmerzt. Und am 14. kam ich mit dem Lazarettzug nach Reval auf das Schiff. Am 16. am Abend ist das Schiff weggefahren mit 1000 Verwundeten, der Guiot war auch dabei, aber nicht der Dinges. Wir kamen am 20. Sept. 9Uhr30 morgens in Swinemünde an. Nur am ersten Tag war das Wasser wild. Wir wurden dann ausgeladen in den Lazarettzug, dann ging's los nach Striegau. Hatte dir bei der Ankunft in Swinemünde eine Karte geschrieben. Gleich ein paar Tage nachher wurde der Hafen Reval geräumt, und alles ging zurück da oben."

« Deux lettres arrivées ce matin, du 29 / 09 et du 02 / 10. Je suis content que tu reçoives mon courrier. Tu t'étonnes d'être sans nouvelles du front Nord, de l'Estonie où je me trouvais. Nous savions déjà que l'ennemi prépare une nouvelle offensive. Nous étions tranquilles ce dimanche 3 septembre et avions reçu du chocolat et du vin. À partir d'une heure du matin, nous étions en alerte, en vue de l'attaque du matin. Quelle journée ce lundi ! Nous n'avons pas atteint la totalité de notre objectif. Dans la nuit suivante, nous avons lancé nos chars jusqu'à une heure, puis repris l'attaque le matin, toujours sous les bombardements. La reconquête de *Dorpat* était notre objectif. Le soir nous avons subi un violent impact d'obus à 3 m à peine de moi. J'ai été proprement projeté plus loin et recouvert de terre. Un vrai miracle, me suis-je dit, en contemplant le gros trou. Au même moment tomba le second obus, à dix mètres de moi, juste devant *Dinges* qui fut blessé. Pourtant il fallut continuer, nous arrivions ainsi dans la première tranchée des défenses de *Dorpat* qui était remplie d'eau. Il pleuvait, nous n'avions pas le choix, tout le monde dans la tranchée, avec les avions et l'artillerie au-dessus de nous. Ainsi avons-nous passé cette nuit dans le fossé, toute progression s'avérant impossible. Le lendemain matin, nous dûmes nous retirer, je ne t'écrirai pas la raison. Les deux autres camarades de mon groupe furent alors blessés à quelques mètres de moi. À ce moment-là déjà je me demandais ce que j'avais aux jambes qui étaient enflées et m'obligeaient à marcher péniblement. Tous me disaient que ce sont des rhumatismes, conséquences de notre situation, la veille les pieds dans l'eau. Et si cela se manifestait déjà maintenant, peut-être ne pourrais-je plus marcher du tout plus tard, ai-je pensé. Je n'avais plus d'appétit et la douleur devenait plus forte. Avec mon arme sur les épaules, je ne pouvais bientôt plus suivre la troupe. Cela dura jusqu'à samedi, lorsque je suis allé voir le médecin. J'étais fiévreux et je fus porté sur une civière jusqu'au point principal de regroupement. Mon pied serait guéri depuis longtemps, si j'étais allé plus tôt me faire soigner. On me posa de suite une attelle, sans plus, et je fus dirigé vers le lieu de rassemblement des malades et de là par train jusqu'à *Wesenberg*[6]. Le soir j'étais à l'hôpital militaire, où je fus opéré le 12 septembre, à 21h30. Le médecin m'a dit que tout le genou suppurait et que cela provenait encore de l'éclat d'obus reçu en juillet. Je fus anesthésié et me suis réveillé au moment où l'on posa les bandages. C'était douloureux. Le 14, j'arrivais à Reval par le train-hôpital. Le bateau est parti le soir du 16, avec 1000 blessés à bord, dont Guiot, mais pas *Dinges*. Le 20 septembre, à 9h30 nous arrivâmes à *Swinemünde*, la mer était houleuse le premier jour. Nous étions ensuite transférés par train-hôpital jusqu'à *Striegau*. Je t'avais écrit une carte à notre arrivée à *Swinemünde*. Peu de jours après, le port de Reval fut évacué, et les troupes se sont retirées de là-haut. »

Ici s'éclaircit donc la question des blessures : vraisemblablement n'y avait-il qu'une seule, celle du 9 juillet, qui n'avait pas été suffisamment soignée à ce moment-là, en raison probablement de l'avance rapide des troupes russes et du degré réduit de gravité de la blessure.

Les semaines passent, la blessure guérit doucement, le courrier est acheminé rapidement, environ cinq jours entre l'Alsace et les Sudètes. Les Alliés progressent en direction de l'Alsace.

- mardi 10 / 10, 13h : « La plaie se referme, le pied est encore enflé et je ne peux pas monter les escaliers. Hier je suis allé en ville, à vingt minutes de marche, j'y ai mangé et fait des achats. Je n'y vais pas tous les jours, mais je pourrais volontiers marcher plus loin. Tu m'écris que **Saint-Dié est libéré** et que les Alliés sont au pied des Vosges. Puis ce sera le Rhin, il n'y a aucun obstacle entre Vosges et Rhin, vous devriez rester à l'écart des combats. Mais il subsiste le danger aérien. Virgile est parti. Et le mari d'Adèle[7] est tombé ; leur union a été bien courte, il n'a pas été longtemps au front… »

- jeudi 12 / 10, 16h, lettre aux beaux-parents.

« Voici trois semaines que je suis ici. J'ai eu beaucoup de chance de revenir sain et sauf du front Nord, alors que seule subsistait la liaison par mer.

---

6 Cf. carte V, ch. 7.
7 Adèle Fahrner était la sœur de Marie Fahrner, épouse Alphonse Keller. Née en 1915, elle s'est mariée le 21 février 1941 avec Ernest Jehl d'Elsenheim, mort à Tambov le 13 avril 1945. Elle s'est remariée après la guerre le 27 janvier 1947 avec le frère Xavier-François Jehl. Elle est décédée à Colmar le 7 janvier 1981.

Jeanne m'écrit qu'elle a perdu beaucoup de poids, il n'y a plus de souci à avoir pour moi, maintenant que je suis ici. J'espère obtenir une permission, je suis bien soigné, mais la blessure guérit trop vite. Nous espérons tous que la guerre prendra fin cet automne. N'abandonnez pas trop vite votre maison, car nous savons tous que les souris dansent quand le chat n'est pas là. Germaine est bientôt une grande fille *(elle a 10 ans)* et Joseph pourra aider son papa *(il a 15 ans)*. Je te prie, Georgette *(23 ans)*, d'aider ma femme Jeanne, afin qu'elle ne se fasse pas tellement de chagrin pour moi, car je reviendrai auprès de vous, j'ai été suffisamment au front. Je vous embrasse tous. »

- jeudi 12 / 10, 13h : «Mes bien chers, quelle belle journée. La guerre fait rage partout, les Alliés veulent en finir. Chez vous des hommes sont envoyés à Saverne pour les travaux de fortification *(schanzen)*. Hier nous devions montrer la blessure ; la plaie est encore ouverte, mais devient plus petite. Mon camarade de Wangen, près de Marlenheim, s'appelle Faudel[8] et est père de deux enfants. »

Saverne a été bombardée le 21 septembre 1944. En Alsace les hommes (jusqu'à 60 ans) et les femmes de 14 à 40 ans sont réquisitionnés pour ces travaux de fortification.[9]

Il me faut déchirer sans cesse la plaie   Vendredi 13 octobre, midi

„Bin froh, dass es bei dir besser geht und dass du nun fast jeden Tag Post von mir hast. Ich werde hier bleiben, solange es geht. **Muss die Wunde immer wieder aufreißen.** *Die Frau Dinges hat noch keine Post von ihrem Mann. Ich habe ihr in den letzten Tagen geschrieben, wie es war als ihr Mann verwundet wurde und dass er von zwei Kameraden zurückgeführt wurde. Er konnte noch laufen, er kam mit einem Panzer zurück, ich musste halt weiter gehen, mehr weiß ich nicht. Die Kehler Brücke steht noch, das hätte ich nicht gedacht, und der Marcel Schreiber ist auf Urlaub. Ich werde Urlaub in Offenburg verlangen. Ich hätte nicht gedacht, dass wir noch solange schreiben können, die Vogesen sind doch ein gutes Hindernis. Hab soeben am Radio gehört, dass zwei Lazarettschiffe in der Ostsee bombardiert wurden. Die kamen sicher nur noch von Riga fort. Wir hatten auf dem Schiff einmal Fliegeralarm, ein jeder hatte eine Schwimmweste (Rettungsring). Von den Kämpfen in den Vogesen hat das Radio nicht gesprochen, sie drücken oben bei Belfort. Ich werde morgen ausgehen und einkaufen, ich freue mich auf den Kuchen…"*

---

[8] Georges Faudel, de la classe 1931, était marié à Lina, comme mon père l'a noté après son retour. Il a reçu une balle dans le bras gauche et est rentré de la guerre, paralysé du bras. Est décédé à Wangen en 1968.
[9] *Comprendre l'incorporation de force*, hors - série de l'Ami Hebdo, Hiver 2005, p. 32.

« Je suis heureux que tu ailles mieux et que tu reçoives presque chaque jour mon courrier. Je resterai ici autant que possible. **Il me faut déchirer la plaie**. Madame *Dinges* n'a pas encore de nouvelles de son mari. Je lui ai écrit récemment pour lui préciser les conditions dans lesquelles son mari fut blessé et porté par deux camarades. Il pouvait encore marcher, un char l'a transporté vers l'arrière. Moi je devais continuer, je n'en sais pas davantage. Le Pont de *Kehl* tient encore, cela m'étonne. Et Marcel Schreiber est en permission. Je demanderai à venir à *Offenburg*. Les Vosges représentent quand même un important obstacle, je n'aurais jamais pensé que nous puissions nous écrire aussi longtemps. À l'instant j'entends à la radio que deux bateaux sanitaires ont été bombardés en Mer Baltique. Ils sont sûrement partis de Riga. Sur le bateau nous avions également une alerte aérienne, chacun portait sa ceinture de sauvetage. La radio n'a pas évoqué les combats dans les Vosges, mais la poussée au sud vers Belfort. Je sortirai demain faire des achats en ville, je me réjouis pour la pâtisserie… »

Dimanche 15 octobre, 11h

„Komm soeben aus der Kirche, wieder einmal. Zum Beichten war's zu spät. Muss nächsten Sonntag um 8 Uhr gehen. War gestern Nachmittag in der Stadt und am Abend im Kino, ein Liebesfilm. Werde heute Mittag auf den Kreuzberg gehen, ein Wallfahrtsort hier oben, es soll auch schön sein. Wie du siehst, chérie, geht's mir nicht schlecht, ich sitze auch schon an einem Bier. Laufen kann ich auch schon gut. Bei der Visite aber kann ich das Knie nur schlecht bewegen. Es ist am Abend noch geschwollen, ich muss immer noch die Wunde aufreißen. Werde es aushalten, solange es geht, denn so gut bekomme ich es nicht mehr. Es ist halb eins und das Essen kommt, Schweinebraten, Rotkraut und Kartoffelsuppe…"

« Je reviens de l'église, une nouvelle fois. Pour la confession, c'était trop tard. Je retournerai dimanche prochain dès 8h. Hier après-midi j'étais en ville et le soir au cinéma voir un film sentimental. Cet après-midi j'irai au chemin du Calvaire, un lieu de pèlerinage sur la colline, cela est certainement beau. Comme tu vois chérie, je ne vais pas mal, déjà attablé avec une bière. Je marche déjà bien, mais lors de la visite médicale je ne bouge que péniblement mon genou. Le soir, il est encore enflé et je dois toujours rouvrir la plaie. Je resterai autant que possible ici, car je ne retrouverai plus de conditions aussi favorables. Il est midi et demi, le repas est servi, du rôti de porc avec du chou rouge ainsi qu'une soupe de pommes de terre… »

Désordre total   Lundi 16 octobre, 10h

„Ich bleibe solange hier wie es geht, ich mache wie andere auch. Ich glaube, dass ich Urlaub bekomme, denn es ist ein Jahr. Ich will zuerst meine Familie wieder sehn, dann gehe ich gerne wieder an die Front… Wir legen seit Samstag in einer Wirtschaft, weil das Lazarett desinfiziert wird (Wanzen). Hier ist gar keine Ordnung mehr, man kann den ganzen Tag ausgehen, oder in der Wirtschaft sitzen, schon acht Tage keine Wunde mehr gezeigt. Man kann herein kommen, essen und wieder hinausgehen. Ich war gestern auf dem Kreuzberg, es ist ein kleiner Berg mit einer Plattform oben und ein großes Kreuz. Auch ein schönes Hotel und ein Tierpark. Eine schöne Aussicht, habe an dich gedacht, als ich die vielen Pärchen auf den Bänken gesehen habe…"

« Je fais comme tout un chacun ici et resterai autant que possible. Je pense obtenir une permission, cela fait un an. Je veux bien retourner au front, mais auparavant j'exige de revoir ma famille… Depuis samedi nous sommes installés dans une auberge, car l'hôpital est infesté de punaises et nécessite une désinfection. Ici règne un désordre total, nous pouvons sortir durant toute la journée, ou bien nous installer au restaurant et cela fait huit jours que je n'ai pas présenté ma plaie. On peut entrer et sortir comme on veut, et manger entre-temps. Hier j'étais monté à la colline du Calvaire qui porte une terrasse et une grande croix au sommet, ainsi qu'un bel hôtel et un parc animalier. Là-haut le panorama est splendide et mes pensées sont allées vers toi, lorsque j'ai vu les nombreux couples installés sur les bancs… »

Papa est déjà hospitalisé depuis cinq semaines, il espère arriver à huit semaines et obtenir une permission. Ses lettres sont quotidiennes.

- mardi 17 / 10, 13h : « Les récoltes sont achevées, vous préparez les champs pour l'an prochain, semer le blé, prévoir du fumier pour le champ de tabac, mettre les betteraves fourragères en silo… Mama m'a envoyé des tickets pour six livres de pain… »

- mercredi 18 / 10, 11h : « Samedi prochain j'aurai six semaines de présence ici, le genou est toujours enflé le soir et il bouge difficilement le soir, **tu comprends**. Hier nous étions en ville jusqu'à dix heures du soir. J'ai bien mangé et acheté du bon gâteau. Le soir nous sommes allés au cinéma. *Heute weht ein kalter Wind und die Bäume werden so langsam kahl.* Un vent froid souffle aujourd'hui et les arbres se dénudent lentement… Nous avions beaucoup de chance, tu seras étonnée quand je te raconterai plus tard ce que j'ai vécu au front, moi-même je n'en reviens pas encore… »

- jeudi 19 / 10, 13h : « Je mange du gâteau en ville tous les jours. Tu reçois encore régulièrement mon courrier, ainsi que les 68 Marks de soutien tant que les Alliés ne sont pas chez vous. Tu as appris par une lettre de *Frau Dinges* que son mari est hospitalisé en Haute-Silésie. Nous sommes retournés à l'hôpital et je me porte toujours bien. Le camarade de Francfort parti en permission m'a écrit que chez lui, tout est détruit par les incendies… »

- vendredi 20 / 10, 10h : « J'ai reçu trois lettres datées des 12, 13 et 15 octobre, c'est rapide. Je crains que les Alliés n'arrivent bientôt chez vous, dans ce cas nous ne pourrons plus nous voir. Où serais-je en ce moment avec mon unité, du côté de Riga, sans liaisons terrestres ?… Et les autres classes sont incorporées aussi. Ma chérie, je regrette infiniment d'avoir oublié ton anniversaire et de t'adresser tous mes vœux de bonheur pour ce jour, alors que je pense tellement à vous. Les Alliés poursuivent leurs bombardements chez vous, afin de détruire les voies de communication. Ici nous avons un nouveau médecin à l'hôpital, je suis curieux d'entendre son avis quand il verra ma plaie cet après-midi. Nous devons montrer notre blessure une fois par semaine… »

De nouveau opéré Samedi 21 octobre, 9h

„*Meine liebe Frau und Gérard,*
Schon sechs Wochen heute im Lazarett, vor sechs Wochen bin ich zum Arzt, und von da ab zählt's. Gestern kam der Arzt ganz spät, erst um fünf Uhr, und die meisten waren schon in der Stadt. Ich habe auf ihn gewartet, denn seit zwei Tagen habe ich Schmerzen am Knie, und es hat sich wieder unten an der alten Wunde etwas zusammen gezogen. Die erste Wunde ist soweit zu. Er hat gleich gesagt, ich muss geschnitten werden und hat mich mitgenommen ins Verbandzimmer. Die Schwester sollte mir eine Spritze zum einschläfern geben, hatte aber eine falsche gegeben, und so bin ich nicht eingeschlafen. Ich hatte zwar allerhand Schmerzen gehabt, hab mir aber gesagt, Gott sei Dank, dass das kam, sonst wäre ich bald von hier raus gekommen. Es hat dann ganz über Nacht durchgeblutet, ich kann halt wieder schlechter gehen. Man meint, chérie, die Mutter Gottes hilft mir, solange wie möglich hier zu bleiben. Ich glaube, der Arzt kommt heute etwas früher. Ich wollte gestern ausgehen, was ich nach der Operation nicht mehr konnte, denn es war mir schwarz vor den Augen. Heute Morgen geht's besser, hatte aber noch etwas Fieber. Post ist noch keine da, sie kommt erst um 9 Uhr ½. Sonst chérie, geht alles gut. Essen genug, und genug Marken von allen Sorten. Das Wetter hat sich auch wieder gebessert. Im gestrigen Brief waren zwei Hemde Muster gewesen, ganz schöne Hemde, wenn ich sie nur auch bald anziehen darf für immer. Hab bestimmt noch acht-zehn Tage, und dann zähle ich mit Urlaub, wenn sich die Lage bei euch nicht verschlechtert. Ich werde heute Mittag doch ausgehen, ich muss einkaufen,

denn Morgen ist Sonntag. Will den Brief erst schließen, wenn die Post da ist… es ist keine gekommen heute. Also bis Morgen chérie, und herzliche Grüsse und Küsse, auf baldiges Wiedersehen, ton bien-aimé qui t'aime, Maurice. Küsse für Gérard."

« Ma chère femme, mon cher Gérard,
Cela fait six semaines aujourd'hui que je suis allé voir le médecin et que je suis hospitalisé. Hier soir à 17h, le médecin est venu nous voir, la plupart étaient déjà sortis en ville. Je l'attendais car j'ai de nouveau des douleurs au genou depuis deux jours, et mon ancienne plaie me fait de nouveau mal, la première est quasiment refermée. Il a immédiatement conclu à la nécessité de pratiquer une incision et m'a emmené dans la salle de bandage ; la sœur infirmière devait m'anesthésier, mais s'est trompée de produit, ainsi je suis resté en éveil. Certes je souffrais intensément, mais c'est préférable ainsi, me suis-je dit, car je serais sorti prochainement d'hôpital. Les saignements ont duré toute la nuit et traversé le bandage. Ainsi ma marche est-elle redevenue plus pénible ; on dirait chérie, que la Mère de notre Seigneur vient à mon secours pour prolonger mon séjour. Je voulais sortir hier, mais après l'opération c'était totalement impossible, car tout s'obscurcissait devant mes yeux. Ce matin je me sens mieux et je suis encore légèrement fiévreux. Il n'y a pas encore de courrier, il ne vient qu'à 9h1/2. Sinon rien de neuf, nous avons assez à manger et j'ai des tickets de toutes sortes. Le temps s'est amélioré. La lettre reçue hier comportait deux modèles de belles chemises, si seulement je pouvais bientôt les porter définitivement. Je resterai certainement encore 8 à 10 jours et je compte obtenir une permission si la situation chez vous n'empire pas. Je sortirai néanmoins cet après-midi pour faire des achats, car demain c'est dimanche. Je terminerai la lettre quand le courrier aura passé… Pas de lettre, à demain donc ma chérie. Je t'embrasse, au revoir, ton bien-aimé qui t'aime. Embrasse Gérard de ma part. Maurice. »

Restrictions pour les permissions en Alsace-Lorraine Samedi, 21 octobre, 19h

„Habe zwar heute Morgen geschrieben, hab aber lange Zeit, denn ich muss im Bett bleiben. Ich wollte morgen in die Kirche, darf aber nicht aufstehen. Hab soeben ein Kilo Brot und Wurst von einem bekommen, der mir es aus der Stadt mitgebracht hat. Das reicht bis Montag. Hab heute Morgen auch eine neue Verfügung über den Urlaub nach Elsass – Lothringen gelesen. Es gibt nur Urlaub, 1) wenn Todesfall vorliegt, 2) wenn das Anwesen total bombenbeschädigt ist, 3) wenn Angehörige durch Fliegerangriff schwer verwundet wurden. Also weißt du auch Bescheid, und das muss vom Kreisleiter geprüft sein, Partei amtlich oder Polizei amtlich. Ich denke, ich bekomme

Urlaub nach Baden und dann finden wir uns. Für den Oktober hab ich noch hier…"

« Certes j'ai écrit ce matin, mais j'ai le temps long car je dois garder le lit. Je voulais me rendre à l'église, mais il m'est interdit de me lever. Un camarade sorti en ville vient à l'instant de me rapporter un kg de pain et de la saucisse. De quoi tenir jusqu'à lundi. Par ailleurs j'ai lu ce matin les nouvelles dispositions en vigueur concernant les permissions à destination de l'Alsace et la Lorraine. Seules sont accordées les permissions en cas de décès, ou de sinistre total de la propriété pour cause de bombardements, ou encore lorsque des proches sont blessés lors d'attaques aériennes. Te voilà renseignée. Ces motifs doivent être vérifiés par le Responsable d'Arrondissement, que ce soit la voie officielle du parti ou de la police. J'espère obtenir une permission pour le Pays de Bade où nous pourrons nous retrouver. Je passerai encore octobre ici… »

Un second hiver à l'Est au front ?   Dimanche 22 octobre, 13h

„Habe heute Morgen Post bekommen, deinen Brief datiert vom 17., es geht schnell. In diesem Brief waren Marken für Fleisch, Fett. Jetzt aber chérie würde es reichen. Morgen kommen die Pakete, die an der Bahn sind, ich freue mich auf die Äpfel. Der Graff wird sicher schon wieder an der Front sein. Bei euch haben auch wieder manche Ordre bekommen; habe gedacht, dass Engel Eugen, Engel Georg und Keller Sepp schon fort sind. Ich muss noch im Bett bleiben, macht mir aber nichts, hab ja zu essen, trinken und rauchen. Ich war gestern der einzige hier im Saal, der nicht in die Stadt ging, wir sind 19 Männer hier. Es geht halt alles in die Stadt, was laufen kann. Es ist jetzt schon wieder fast alles fort… Ich weiß dir sonst nicht viel, die Lage ist immer dieselbe. Ich glaube, dass wir nochmals kalte Füße bekommen, wenn nichts anders kommt…"

« Une lettre du 17 octobre est arrivée ce matin, c'est rapide. Tu avais joint des tickets pour de la viande et de la graisse. J'en ai assez maintenant. Les paquets, retenus à la gare, seront livrés demain, je me réjouis pour les pommes. Graff (*de Strasbourg*) est certainement déjà retourné au front. D'autres hommes chez vous ont obtenu l'ordre d'incorporation, je croyais qu'Eugène Engel[10], Georges Engel[11] et Joseph Keller[12] étaient déjà partis. Je

---

[10] Cf. note 7, ch. 5. N'a plus été incorporé.
[11] De la classe 1929, Georges Engel n'est plus parti, son frère Charles étant incorporé depuis le 23 mai 1944. Il est décédé le 16 janvier 1951. Charles, de la classe 1939, fut blessé. Prisonnier des Américains, il est rentré le 12 juin 1945 et est décédé le 14 août 1998 à Colmar.
[12] Patrimoine… n° 3, *op. cit.*, p. 55 : « Joseph Keller Goetz, de la classe 1931, a été incorporé en 1944 à *Crailsheim*, puis affecté au front de l'Est où il fut fait prisonnier par les Russes et transféré au camp de Tambov. Il est rentré à Mussig le 21 octobre 1945 avec Schneider René. »

dois encore garder le lit, ce qui ne me dérange nullement, ayant de quoi manger, boire et fumer. Hier j'étais le seul des 19 de la salle qui n'est pas allé en ville. Tous ceux qui peuvent marcher sortent. Et c'est le cas aujourd'hui, presque tous sont déjà partis. À part cela, je n'ai pas de nouvelles. Je crains que nos pieds auront encore froid le prochain hiver, si rien ne se passe… »

Papa a du chagrin, sa mère est malade Lundi 23 octobre, 13h

„*Liebe Frau und Gérard,*
Hab heute die Pakete erhalten, es war höchste Zeit damit. Etliche Äpfel waren kaputt, der Jambon, die Eier und der Gesundheitskuchen waren gut. Den Honig hab ich auch bekommen. Es geht gut, bin auf, soll aber im Bett bleiben. Werde noch nicht ausgehen, denn ich bekomme nasse Wickel am Knie. Hab heute Morgen die Wunden gesehen, es sind wieder ganz schöne Wunden. Ich denke, dass sie noch ein paar Tage eitert, so werde ich acht Wochen vollbringen. Habe heute Morgen einen Brief von der Mama erhalten, es ist halt traurig, wenn man solche Briefe von daheim bekommt. Sie muss immer im Bett bleiben, keine Karotten sind daheim und keine Kartoffeln. Niemand da, alles liegt am Helen, sie ist allein im Stall und im Geschäft. Traurige Zustände daheim. Ich meine chérie, könntest du nicht der Helen etwas helfen, am Morgen im Stall oder im Feld… Beherzige meine Worte. **Die Tränen kamen mir**, *als ich ihren Brief gelesen habe. Ich weiß, du hast auch Arbeit bei dir. Man muss aber auch helfen, besonders in solchen schweren Zeiten, wo man doch nie weiß, ob man einander noch einmal sieht. Ich denke, du hast Verständnis zu dem, was ich hier meine, schreibe mir Bescheid…*"

« Mes bien chers,
Les paquets sont arrivés ce matin, il était grand temps. Les pommes étaient pourries, le jambon, les œufs et le cake par contre étaient bons. J'ai aussi reçu le miel. Je vais bien et suis debout, mais je devrais rester couché. Je ne sortirai pas, car on me pose des compresses humides. J'ai pu voir les plaies ce matin, elles sont à nouveau propres. Je pense qu'elles suppureront encore quelques jours, ainsi s'écouleront huit semaines. J'ai reçu ce matin une lettre de Mama, c'est bien pénible d'avoir de telles nouvelles de la maison. Elle doit garder le lit et n'a pas rentré ses carottes et pommes de terre. Personne n'est là pour aider Hélène qui doit tenir toute seule le magasin et l'étable. Situation bien triste. Chérie, ne pourrais-tu pas venir quelque peu en aide à Hélène, le matin à l'étable ou aux champs ?... Prends à cœur ces paroles. **Les larmes me sont venues** en lisant cette lettre. Je sais que tu as du travail également. Mais il faut s'entraider, particulièrement en ces temps douloureux, où l'on ne sait même pas si on se reverra un jour. Je pense que tu comprendras cela, donne-moi des nouvelles... »

Lettre de la Mama à mon père, datée du 17 / 10, arrivée à *Striegau* le 23 / 10.

Höchste Not einer allein stehenden kranken Mutter

„ Lieber Maurice,
Dein Schreiben vom 8. 10. habe ich gestern erhalten. Bin froh, dass es bei dir geht, bei mir geht es noch nicht. Ich war schon einige Tage auf am Nachmittag, jetzt muss ich wieder auf 's Neue ins Bett, schon der dritte Tag heute. Es wäre doch auch so notwendig, auf zu sein. Haben noch keine Karotten und keine Kartoffeln zuhause und fast jeden Tag Regen. Heute hätten wir zwei Soldaten bekommen zum Helfen, es hat aber die ganze Nacht geregnet, wie wenn es seit sechs Monaten nicht geregnet hätte. Mir wäre lieber, ich hätte gar nichts mehr. Jetzt ist die Hélène allein im Stall, morgens und abends, und allein im Geschäft. Futter für den Winter haben wir nicht viel. Das Ohmt (die zweite Mahd) auf der großen Waldeli Matte ist uns kaputt gegangen. Es hätte zwei schöne Wagen voll gegeben. Das andere steht alles noch, im Winter müssen wir Stroh füttern und Milch abliefern. Wenn wir jemand zuhause gehabt hätten, hätten wir auch Ohmt zuhause, aber so ist es, kein Mensch, **wir sind am schwersten heimgesucht im ganzen Dorf.** *In jedem Haus vom ganzen Dorf ist ein Mann zuhause, oder noch ein Bube dabei. Ich stehe da und habe niemand, ich kann dir sagen, mir ist alles verleidet, denn der Krieg wird diesen Winter noch nicht fertig. Ich kann dir sagen, ich wünsche mir nichts mehr, als wenn ich nur wäre, wo der liebe Papa ist. Dort wäre ich doch ruhig, denn was ich schon Gutes auf dieser Welt gehabt habe, ist wenig. Ich habe schon ein paar Mal zu Hélène gesagt, ich hätte nicht krank werden sollen, aber gleich sterben. Die Tante Ottenwelder ist am Sonntag begraben worden. Sonst weiß ich nichts mehr zu schreiben, das Herz ist mir so schwer, verzeih, dass ich in diesem Brief dir geklagt habe. Es ist zum Verzweifeln. Ich küsse dich von Herzen, deine Mutter und deine Schwester Hélène. Auf Wiedersehen."*

La grande détresse d'une mère malade, en l'absence de ses six fils

« Mon cher Maurice,
Ta lettre du 8 octobre m'est parvenue hier. Je suis heureuse que tu te portes bien, ce n'est pas encore mon cas. Je m'étais déjà levée du lit quelquefois l'après-midi, maintenant, depuis trois jours, je dois de nouveau le garder. Et pourtant il serait tellement nécessaire que je sois debout. Nous n'avons rentré ni les carottes, ni les pommes de terre, de plus il pleut presque quotidiennement. Nous comptions sur l'aide de deux soldats aujourd'hui, mais il a plu cette nuit comme s'il n'avait pas plu depuis six mois. Je préférerais ne plus rien posséder du tout. Hélène est toute seule matin et soir pour les travaux à l'étable, ainsi

qu'au magasin. Et nous n'avons pas beaucoup de fourrage pour l'hiver à venir. Le regain du grand pré au lieu-dit Waldeli a pourri en raison de l'humidité, c'est bien dommage car cela nous aurait donné deux belles charrettes pleines. Le reste n'a pas été fauché, cet hiver nous devrons nourrir les bêtes à la paille, et pourtant livrer du lait. Si quelqu'un avait été à la maison, nous aurions du regain, mais c'est ainsi, personne. **Nous sommes les plus éprouvés au village.** Chaque maison du village compte au moins un homme, voire en plus un garçon. Me voici toute seule, crois-moi que je suis souvent découragée, et la guerre ne prendra pas fin avant l'hiver. Je ne me souhaite plus rien que d'être là où repose notre cher papa (*son mari, René père*). J'y serais en paix, car j'ai vraiment connu peu de beaux jours. J'ai dit plusieurs fois à Hélène que j'aurais dû mourir plutôt que d'être malade. Tante Ottenwelder[13] a été portée en terre dimanche. Je ne sais quoi d'autre à t'écrire, mon cœur est lourd, pardonne-moi de m'être plainte auprès de toi dans cette lettre. C'est à désespérer. Je t'embrasse de tout cœur, ta mère et ta sœur. Au revoir. »

Cruel destin d'une mère de famille qui a perdu son mari boulanger en 1936, âgé de 51 ans. En cet automne 1944, elle est malade, seule avec sa fille Hélène qui a 15 ans. Les six fils connaissent à ce moment des situations très diverses.

Marcel, l'aîné, est marié, habite et travaille à Cluny. Il s'était procuré de faux papiers pour quitter la Lorraine et se soustraire à l'incorporation de force.

Mon père, Maurice est dans la *Wehrmacht*, blessé et hospitalisé à *Striegau* dans les Sudètes.

Julien est également dans la *Wehrmacht*, du côté de *Naumburg*, dans le district de *Halle*, rattaché en 1990 à la *Saxe-Anhalt*.

Edmond, d'abord à la *Wehrmacht* sur le front Est, puis en Italie, a rejoint l'armée américaine, puis le Corps expéditionnaire français avec lequel il a débarqué en Provence en août 1944. Par la Route Napoléon, il remonte vers le nord et passe par Cluny au courant de l'automne 44. Il ne verra pas ses deux frères Marcel et René.

René avait aussi quitté l'Alsace en direction du sud-ouest. Au sein de la Résistance, il fait partie du maquis de Cluny depuis novembre 1943. Fin août 1944 il est volontaire pour la 1ère Armée française au sein du Commando de Cluny, 4ème Bataillon de choc.

Robert, qui n'a que 18 ans, est au *Reichsarbeitsdienst* en Allemagne depuis le mois de juillet.[14]

---

[13] Tante Ottenwelder, la sœur de Mélanie Breitel (cf. tableau généalogique ch. Juillet 1936), est la grande-tante de mon père, la tante de „mama". Mariée à Alfred Ottenwelder, elle habitait trois maisons plus loin dans la rue de Heidolsheim.
[14] Cf. Annexes 1 à 6.

Les Alliés étant proches de l'Alsace, il n'est pas possible pour mama de compter sur le soutien d'un des fils.

Tant que papa est à l'hôpital à *Striegau,* il écrit tous les jours à sa femme qui a précieusement conservé les lettres. Certainement a-t-il aussi fréquemment écrit à sa mère, le temps ne manquait pas, il n'était pas pressé de sortir de là.

- mardi 24 / 10, 15h30 : « Je viens de finir ma sieste et de manger un peu de jambon. Après nos doléances auprès du médecin-chef, la nourriture s'est nettement améliorée. J'ai retrouvé une bonne mine - *ein vollkommenes Gesicht* - comme si j'étais à la maison. Partout se déroulent de durs combats, heureusement que je suis ici. J'ai consulté une carte ce matin ; les Anglais sont à Cornimont et ce n'est plus loin, il leur suffit de passer la Schlucht, Metzeral, Turckheim et Munster. Je crains toujours de ne plus obtenir de permission pour venir chez vous. Je ne vois pas d'issue rapide et j'entendrai encore une fois l'éclat des obus… »

- mercredi 25 / 10, 9h30 : « Marcel Schreiber est reparti, j'espère également une permission. Les temps sont durs et les restrictions sévères pour notre famille de Mulhouse… »

Mulhouse a été durement touchée par les bombardements alliés du 11 septembre.

- jeudi 26 / 10, 10h : « Journée de brouillard. Je pense chaque jour à mes camarades au front, dehors dans la nuit, sans toit et sans espoir de fin de la guerre. Je pense à l'hiver qui approche…Il y a un an à la même époque, nous étions réunis lors de ma permission. Que de bons moments avions-nous passés ensemble. Espérons que nous aurons bientôt le bonheur de nous revoir, j'aurai tant à raconter… »

Deux lettres des 27 et 28 octobre 1944, avec deux cachets différents de *Striegau.*

- vendredi 27 / 10, 10h : « J'ai reçu trois lettres expédiées vendredi, samedi et dimanche, c'est rapide. Tu m'écris que les ponts du Rhin sont tous détruits à l'exception de celui de *Kehl*. Les avions ne laissent derrière eux que des ruines. Les Alliés avancent fortement en direction de la Schlucht, ici j'écoute toujours les rapports de la *Wehrmacht*. Edmond Laesser[15] est de nouveau parmi nous. Mon camarade *Dinges* m'a écrit de l'hôpital, il est dans les Sudètes et sa femme est auprès de lui. Il écrit qu'il sera bientôt guéri. Le médecin viendra voir nos plaies, la mienne est encore assez large… »

- samedi 28 / 10, 10h30 : « Je vais toujours bien, ma plaie suppure encore. J'aurais certainement quitté l'hôpital cette semaine s'il n'y avait pas eu ces complications. J'irai au cinéma cet après-midi avec mes camarades de Wangen et Barr, et demain à l'église. Robert m'a écrit qu'il va bien et que tous les incorporés au RAD de l'Arrondissement de Sélestat sont rassemblés chez lui. Marcel Losser[16] est avec lui… »

Plaisirs nocturnes Dimanche 29 octobre, 11H

„Komm gerade aus der Kirche, denn es ist Christ Königs Fest. Und am Mittwoch Abend gehe ich ins Libera… Ich war gestern Abend im Kino und hab dann mit den zwei anderen im Restaurant gegessen. Hab immer einen Wut, wenn ich von draußen heimkomme und sehe andere mit ihren Frauen oder Mädeln. Man wollte mich auch schon mitnehmen, ich sage mir aber immer, das fange ich nicht an und denke an dich daheim. Hab gestern Abend mit einem von hier gesprochen, einem 43jährigen Mann. Er ging in ein Geschäft und wollte einen Kamm kaufen. Da sagte die Frau im Geschäft, er solle mit ihr heim, dann bekomme er einen Kamm. Er hat dann die Tür verschlossen und den Abend mit ihr verbracht. Und um 10 Uhr klopfte es an der Tür, er ging ins andere Zimmer, denn es war ihr Mann, der auf Urlaub kam. Die Frau führte ihren Mann in ein anderes Zimmer zum Ausziehen, und er ging in der Zwischenzeit los. Er meinte, da hatte er Glück gehabt. Ich werde diese Zeit auch noch überwinden, denn ich hoffe bestimmt auf Urlaub. Habe gestern Abend mit einem Lothringer gesprochen, dieser hat Frau und Kinder zuhause, und hier hat er drei Frauen, jeden Abend eine andere… Es ist jetzt zwölf Uhr und wir haben gegessen. Solche glatte Hände hab ich schon lange nicht mehr gehabt. Ich war gestern bei der Beerdigung eines Soldaten von hier. Die Angehörigen waren auch da. Ich habe mir gesagt, der Schmerz ist doch nicht so schlimm, wenn man auf das Grab zum Mann gehen kann. Wie Mancher draußen liegt und von den Raben verschleppt wird. Wir hoffen aber immer das Beste…"

---

15 Edmond Laesser, de la classe 1935, habitait le village voisin Baldenheim. Rentré après guerre, il est décédé le 30 juin 1993.
16 Cf. Annexe 5, le parcours de Robert.

«Je reviens juste de l'église car c'est aujourd'hui la fête du Christ Roi. Et mercredi j'irai à l'office pour les défunts... Hier j'étais au cinéma, puis, avec mes deux camarades, nous avons mangé au restaurant. Mais je suis toujours révolté en rentrant, en voyant d'autres accompagnés de leurs femmes ou de jeunes filles. J'ai eu des avances aussi, mais je me dis chaque fois, en pensant à vous, que je ne commencerai pas ce jeu-là. Hier soir j'ai parlé avec un camarade de 43 ans, qui voulut acheter un peigne dans un magasin. La vendeuse lui a proposé de venir chez elle pour lui donner le peigne. Ils ont alors tiré les verrous et passé la soirée ensemble. Lorsqu'à dix heures on frappa à la porte, il dut se réfugier dans la pièce voisine ; c'était le mari rentré en permission. La femme a conduit le mari dans une autre chambre, afin qu'il puisse se changer, le temps pour lui de disparaître. Il pense qu'il a été bien chanceux. Je surmonterai encore cette période avant ma prochaine permission. Et hier j'ai parlé à un Lorrain, il a femme et enfants à la maison. Ici il fréquente trois femmes différentes et sort tous les soirs avec une autre... Il est midi et nous terminons de manger. Cela fait bien longtemps que mes mains n'étaient plus aussi lisses. Hier j'ai assisté à l'enterrement d'un camarade d'ici, en présence de sa famille. Je me suis dit que la douleur doit être moins forte lorsqu'on peut venir sur la tombe du mari. Combien sont-ils, au loin sans sépulture, dont les restes sont dispersés par les corbeaux ? Espérons la meilleure issue... »

- lundi 30 / 10, 9h30 : « Un nouveau convoi quitte l'hôpital aujourd'hui, emmenant mon camarade de Wangen. Je préviendrai par télégramme lorsque je serai concerné, on n'est jamais informé par avance. Je suis dans ma 8ème semaine ici, la plaie n'est pas refermée et suppure encore. Même la marche est encore douloureuse. Ah, comme ce serait beau d'être ensemble ? Que de jours pénibles avons-nous vécus, et qui sait ce qui nous attend ?... »

- mardi 31 / 10, 9h. : « Octobre est passé et je suis toujours ici. De nouvelles recrues passent en conseil de révision pour être incorporées, et des soldats sont cantonnés chez vous. Vous espérez que les Alliés seront prochainement en Alsace, ils sont maintenant à Baccarat, ce n'est toujours pas de ce côté des Vosges. Ne sois pas inquiète, ma chérie, lorsque nous ne pourrons plus nous écrire... »

NOVEMBRE 1944

Le don du sang Mercredi 1er novembre 1944, 13h

„*Meine liebe Frau und Gérard,*
Es geht mir gut und ich hoffe dasselbe von euch. Die Visite ist noch nicht durch, ich glaube nicht, dass ich schon entlassen werde, denn an der Wunde ist es wieder ganz rot, schon ein paar Tage, ich glaube, dass da auch noch Dreck darin steckt, es brennt auch immer, was mir aber nichts macht. Ich war heute Morgen in einem anderen Lazarett, um Blut zu spenden für einen Schwerverwundeten. Ich war freiwillig, sie haben mir einen Liter gezogen. Ich merke nicht viel davon, bekomme jetzt aber Zulagen, Wein, Eier, Milch und Wurst. Ich hab's aber nicht deswegen gemacht. Aber chérie, ich denke, einen Menschen mit seinem Blut zu retten, ist auch ein Opfer. Werde heute Mittag meinen Berechtigungsschein abholen. Draußen herrscht wieder Regenwetter, und überall sind schwere Kämpfe. Hatte heute Morgen einen Brief von Mülhausen, der brauchte 10 Tage bis hierher. Es geht ihnen noch gut, es sind halt alte Leute und bekommen alles nur auf Marken. Der Sepp wäre schon längst mal bei euch gewesen, um etwas zu holen, wenn die Verbindung besser wäre. Hab noch 280 RM, was genug ist... Es ist jetzt vier Uhr, die Visite ist vorbei, alles gut gegangen..."

« Ma chère femme, mon cher Gérard,
Je me porte toujours bien et espère autant chez vous. La visite médicale n'est pas encore passée, mais je ne crois pas être libéré d'ici. Car la plaie est de nouveau totalement enflammée depuis quelques jours, je suppose qu'elle n'est pas encore propre, d'ailleurs elle me brûle, ce qui ne me dérange nullement. J'ai passé la matinée dans un autre hôpital, afin de donner de mon sang pour un blessé grave. J'étais volontaire, on m'a retiré un litre. Je n'en ressens presque rien, je reçois en compensation un complément alimentaire, sous forme de vin, d'œufs, de lait et de saucisse. Mais ce n'est pas pour cette raison que je l'ai fait. J'estime que c'est un beau geste de donner de son sang pour sauver une vie humaine. Je retirerai mon attestation cet après-midi. Il pleut et partout se déroulent de sévères combats. J'ai reçu ce matin une lettre de Mulhouse, elle a mis 10 jours pour arriver ici. Ils vont bien, évidemment ce sont des personnes âgées qui n'ont que leurs tickets pour obtenir de la nourriture. Joseph serait déjà venu s'en procurer chez vous, si les liaisons étaient plus faciles. J'ai encore 280 RM, ce qui me suffit amplement... Il est 16h, la visite médicale s'est bien passée... »

Repos total au lit   Vendredi 03 novembre, 13h

„*...Es ist Konzert heute Mittag von 2 bis 4 Uhr. Die anderen werden am Dienstag entlassen... Soeben ist die Visite durch.* **Strenge Bettruhe**, *hat der Arzt gesagt. Ich spüre es auch, denn es ist ganz rot und die Wunde eitert. So werden sie mich nicht entlassen...Ich habe einen Brief von Dinges erhalten, seine Frau ist bei ihm. Er meint, wir sehen uns beim Urlaub oder beim Ersatz... Es ist jetzt vier Uhr, das Konzert ist beendet und war schön...*"

« ...Un concert est organisé cet après-midi de 2h à 4h. Les autres camarades quitteront l'hôpital mardi... À l'instant, j'ai passé la visite médicale. Le médecin m'a prescrit le repos total au lit. Je ressens aussi ce besoin, car la plaie suppure et est encore toute rouge. Ils ne me laisseront pas sortir dans de telles conditions... J'ai reçu une lettre de *Dinges,* sa femme est toujours avec lui. Il pense que nous pourrons nous voir au cours d'une permission ou bien à la réserve... Il est maintenant 16h, le concert est terminé, c'était beau... »

Papa écrit encore tous les jours, jusqu'au 17 novembre.

- lundi 06 / 11, 13h : « Nous serons probablement déplacés vers le centre de l'Allemagne par train-hôpital. Ceux qui nous ont précédés sont dans la région de *Francfort*. Un nouveau transport de blessés doit arriver ici, il nous faut libérer la place. J'ai rencontré hier deux Mulhousiens qui passent leur période d'instruction ici... »

- mardi 07 / 11, 10h30 : « J'ai reçu deux lettres du 1er et du 2 novembre. J'ai expliqué à la secrétaire médicale pour quelles raisons je demande ma permission à *Kehl*. Chez vous le front approche. Mes camarades partent en permission pour deux semaines, ainsi je peux également l'espérer... Le médecin vient de faire sa visite, il m'a signifié qu'il ne prend pas la responsabilité de me laisser partir. Ainsi donc je resterai quelques jours supplémentaires...»

- mercredi 08 / 11, 13h : « J'ai encore passé une visite médicale chez le médecin-chef. Hier après-midi le dentiste m'a retiré une dent. Il me posera deux nouvelles sur ma prothèse. J'irai au cinéma et mangerai au restaurant. À part toi, je ne manque de rien. Je me prépare maintenant pour assister aux obsèques d'un soldat décédé ici... »

- vendredi 10 / 11, 10h : « Nous sommes séparés depuis un an, malgré tout nous avons surmonté cette longue épreuve. Chez vous les jeunes filles sont appelées dans les services auxiliaires de l'armée et les jeunes gens doivent partir au RAD ; le village se vide entièrement. Tu penses que la guerre se prolongera encore le prochain hiver, je le crains depuis un bon moment. Je n'ai pas le sentiment que les Alliés progressent nettement du côté de Château-Salins. Je suis resté alité afin que ma plaie se ferme, ainsi je demanderai ma permission pour *Kehl*... »

- samedi 11 / 11, 11h : « Ta lettre du 7 / 11 est déjà arrivée. J'ai le temps long après vous tous, cela fait un an jour pour jour que je vous ai quittés. Il fait froid et humide, je suis pris d'angoisse à l'idée de devoir retourner dans les tranchées. Je reviens de la visite médicale, je ne quitterai pas encore l'hôpital... »

Nostalgie d'un dimanche automnal   Dimanche 12 novembre, 12h

„*Schöner Sonntag heute, Herbstwetter, frisch und schöne Sonne, klarer Himmel. Daheim hätte man gesagt, wir bleiben nicht daheim heute, wir fahren miteinander in die Stadt während der Vesper. Denn im Herbst ist es so schön auf den Strassen, wenn die Blätter fallen. Aber diese Zeiten waren einmal da, und die werden auch einmal wieder kommen. Meine Wunde ist nun zu, ich denke, dass ich in den nächsten Tagen entlassen werde. Die Lage im Westen geht noch, der Druck liegt meist an der lothringischen Grenze. Bei euch in den Vogesen ist es ruhig. Ich werde heute Abend ins Kino gehen, habe aber nur wenig Interessen an allem, denn ich will mal zu euch. Ich glaube, dass du bald einen schönen Stoss Briefe von mir hast, es sind bestimmt später schöne Andenken. Ich fühle mich wie daheim am Tisch, mit der Zigarre und Musik, nur **du** fehlst mir...*"

« Merveilleux temps automnal ce dimanche, l'air est frais, le soleil radieux et le ciel limpide. Si j'étais parmi vous, nous irions certainement en ville, à l'heure des Vêpres. Il fait tellement beau en automne lorsque les arbres perdent leurs feuilles. Mais ces temps révolus reviendront un jour. Ma plaie s'est refermée et je serai probablement libéré d'ici ces prochains jours. À l'ouest la pression s'exerce essentiellement à la frontière lorraine, dans les Vosges c'est plutôt calme. J'irai au cinéma ce soir, mais sans réelle envie, j'ai surtout besoin de vous revoir. Je crois que tu dois avoir une belle pile de lettres de ma part, plus tard ce seront de remarquables souvenirs. Je me sens comme à table, chez moi, un cigare à la main, écoutant de la musique, mais **tu** me manques... »

Espoir malgré tout… Lundi 13 novembre, 10h

„*Meine liebe Frau und Gérard,*
Ich war gestern Abend im Kino und habe auch draußen gegessen. Hab da einen von Mülhausen in dieser Wirtschaft getroffen und hab geglaubt, ich sehe nicht heiter, als ich sah, dass seine Frau bei ihm mit einem 5jährigen Kind ist. Die ist von Mülhausen aus über den Rhein bei Müllheim gefahren. Ich glaube, dass diese Strecke besser geht. Sie bleibt 8 bis 14 Tage und hat ein Privatzimmer, denn hier ist alles voll überall. Die Familie wollte sie daheim nicht fortfahren lassen, sie ist dann doch fort gegangen. Na chérie, ich denke, dass wir uns auch bald wieder sehen. Ich habe gestern Mittag gebetet, denn ich war am Nachmittag allein im Saal…"

« Mes bien chers,
J'étais au cinéma hier soir et j'ai dîné au restaurant où j'ai rencontré un camarade de Mulhouse. Je n'en croyais pas mes yeux en le voyant accompagné de sa femme et d'un enfant de cinq ans. Elle a passé le Rhin près de *Mühlheim*, je crois que ce trajet est plus sûr. Elle restera 8 à 15 jours et a loué une chambre privée, car ici tout est complet. Elle est partie de chez elle, bien que sa famille ait voulu l'en empêcher. Voilà ma chérie, j'espère que nous nous reverrons également bientôt. Hier après-midi j'étais seul dans ma chambre, j'ai prié… »

Le courrier passe encore Mardi 14 novembre, 9h

„*Hatte gestern noch einen Brief erhalten, vom letzten Mittwoch. Es geht mir noch gut, nur möchte ich bald entlassen werden. Gestern wurden etliche entlassen, sie bekommen Urlaub von hier aus. Vielleicht kommt ein Telegramm in den nächsten Tagen, anders muss ich noch ein paar Tage warten. Am 23. November soll der Tabak abgeliefert werden. Ich glaube nicht, dass ich schon da bin, aber sicher unterwegs. Ich denke, der Will hat Einsicht und Verstand. Wenn nicht, werden wir ihm das schon beibringen, es ist noch nicht aller Tage Nacht gewesen, solange die Front ruhig ist, geht's noch. Aber das kann schnell ändern. Es war weiß gewesen heute Morgen, es hat geschneit. Es gibt sicher einen frühen Winter, auch noch das. In unseren Vogesen liegt sicher schon Schnee. Ich muss heute noch zum Zahnarzt, um die zwei fehlenden zu ersetzen. Ich schließe mein Schreiben, also bis morgen, herzliche Küsse und baldiges frohes Wiedersehen. Ton bien-aimé qui t'aime, Maurice. Bete nur Gérard, Papa kommt bald."*

« J'ai reçu hier une lettre de mercredi dernier. Je vais toujours bien mais voudrais enfin sortir d'ici. Quelques camarades sont partis hier, leur permission a été accordée. Peut-être me parviendra un télégramme dans les prochains jours, sinon il me faudra patienter. Vous livrerez le tabac le 23 novembre. Je ne crois pas que je serai déjà parmi vous, mais certainement en route. J'espère que Will sera raisonnable et comprendra. Faute de quoi nous lui apporterons les preuves. Nous verrons bien. Tout est encore possible, tant que le front reste calme. Mais la situation peut évoluer rapidement. Il a neigé et le sol est blanc ce matin. L'hiver sera précoce, il ne manquait plus que ça. Nos Vosges sont sûrement déjà enneigées. Il me faut encore aller chez le dentiste pour le remplacement des deux dents manquantes. Je termine ma lettre, tendres baisers et à très bientôt. Ton bien-aimé qui t'aime, Maurice. Gérard, prie encore, ton papa revient bientôt. »

Plus de permissions vers l'Alsace   Mercredi 15 novembre, 14h.

„*Hab heute Morgen um 11 Uhr dein Telegramm vom 13. erhalten. Ich will heute Mittag zum Spies gehen und ihm die Sache klar legen, entweder bekomme ich direkt nach Hause, wenn nicht nimm ich nach Kehl. Und mit diesem Telegramm werde ich auch die Erlaubnis bekommen, um dort über den Rhein und zu euch zu fahren. Du hast schon drei Tage keine Post von mir... Es ist jetzt vier Uhr, ich komme vom Spies zurück, er ging mit dem Telegramm zum Chefarzt. Also ins Elsass gibt's keinen Urlaub mehr, und auch nicht für Baden. Ich war jetzt bei dem Fräulein, das immer beim Arzt war. Es sagte, dass ich bei der nächsten Entlassung bin, dann soll ich meinen Urlaub nach Stuttgart verlangen. Wenn das Telegramm vom Kreisleiter unterschrieben wäre, hätte ich kommen können. Habe geweint, denn ich meine jetzt schon, dass ich euch nicht mehr sehen darf. Will schließen, denn ich habe ein schweres Herz...*"

« J'ai reçu à 11h ton télégramme daté du 13. J'irai chez l'adjudant cet après-midi lui expliquer la situation. Soit on m'accorde une permission pour rentrer à la maison, soit je demanderai à aller à *Kehl*. De là j'aurai bien l'autorisation de traverser le Rhin et venir chez vous. Voilà trois jours que tu ne reçois plus mon courrier... Il est 16h, j'ai parlé à l'adjudant qui a montré le télégramme au médecin-chef. C'est clair : il n'y a plus de permissions vers l'Alsace et le pays de Bade. J'ai encore vu l'assistante du médecin ; elle m'a confirmé que je fais partie du prochain contingent quittant l'hôpital, je pourrai alors demander ma permission pour *Stuttgart*. Si le télégramme avait été signé du responsable d'arrondissement, j'aurais pu rentrer. J'en ai pleuré, pensant qu'il ne me sera décidément pas permis de vous revoir. Je m'arrête, car j'ai le cœur lourd... »

Dernière lettre Vendredi 17 novembre, 10h

„Meine liebe Frau und Gérard,
Hatte wieder keine Post heute Morgen. Es geht immer noch gut, nur bin ich gespannt mit dem Urlaub. Wenn ich Urlaub nach Stuttgart bekomme, lasse ich dich dorthin kommen. Sollte ich von hier zum Ersatz kommen, dann schicke ich dir gleich ein Telegramm. In den Vogesen ist die Kampftätigkeit noch ziemlich gering, denn das Wetter ist schlecht, Schnee, Regen, Nebel. Ich muss heute auch zum Zahnarzt, ich bekomme das Gebiss wieder, bin froh. Ich sehe gut aus und wiege 80Kg. Ich weiß dir sonst nichts Neues, bete nur immer und verliere die Hoffnung nicht. Weine nicht, denn du machst dem Gérard damit sein Herzchen schwer. Er ist jung, lasse ihn immer etwas Freude haben. Es ist schon schwer genug, wenn du immer zu ihm sagst, Papa kommt, und der kommt doch solange nicht. Du musst ihn auch anlernen, damit er im Frühjahr etwas kann, wenn er dann bald zur Schule kommt. Ich bete auch immer, dass er auch brav bleibt und seinen Papa nicht vergisst. Herzliche Küsse."

« Mes bien chers,
De nouveau pas de courrier ce matin. Je vais toujours bien, mais je m'impatiente au sujet de ma permission. Si je l'obtiens pour Stuttgart, je te demanderai de venir là-bas. Par contre si je dois rejoindre la réserve, je te préviendrai par télégramme. Les combats dans les Vosges semblent encore assez limités, en raison du mauvais temps, de la neige, de la pluie et du brouillard. Je suis content de recevoir de nouveau ma prothèse aujourd'hui. J'ai bonne mine et pèse 80 kg. Sinon rien de neuf, prie beaucoup et garde confiance. Surtout ne pleure pas, cela attriste Gérard. Il est jeune, donne-lui des moments de joie. C'est déjà assez pénible pour lui d'entendre sans cesse que papa va venir. Et celui-ci ne vient toujours pas. Il faut l'instruire aussi quelque peu, en vue de son entrée à l'école l'an prochain. Je prie souvent, afin qu'il reste gentil et n'oublie pas son papa. Je vous embrasse tendrement. »

En cette fin d'année 1944, maman n'a plus reçu de courrier à partir de cette date. En Alsace les opérations se précipitent ; le 19 novembre, les Alliés avancent au sud, Seppois est le premier village libéré ; au nord la 2ème DB du Général Leclerc franchit les Vosges et libère Strasbourg le 23 novembre, tandis que Mulhouse est libérée du 22 au 25 novembre par la 1ère armée française après cinq jours de durs combats. Orbey et Wissembourg sont libérées le 10 décembre, Sélestat en totalité seulement le 2 février 1945. Colmar doit attendre jusqu'au 2 février l'arrivée des chars du général alsacien Schlesser. Notre village, Mussig, est libéré de l'occupant le 1er février par les chars de la 1ère Division Française Libre. La libération totale de l'Alsace et de la Moselle n'intervient que le 19 mars 1945.

Papa était entré à l'hôpital militaire de *Striegau* le 21 septembre 1944. Il attendait désespérément une permission à la sortie de l'hôpital. Elle ne vint pas. Le 25 novembre 44, il est affecté au KV. Grenadier Ersatz Bataillon 32 stationné à *Teplitz-Schönau* (Bataillon de Grenadiers de Réserve 32)[17]. Le voici donc en Allemagne, à environ 50 km au sud de *Dresden* en Saxe, de nouveau apte pour le combat (*KV : Kriegs Verwendungsfähig*).

La guerre n'est pas terminée.

---

17 Cf. Carte VII, ch. 9.

CHAPITRE 9

DERNIÈRE ÉPREUVE

Rares sont les documents dont nous disposons à partir de novembre 1944, à l'exception de quelques lignes manuscrites après guerre, ou de documents militaires officiels et de rapports médicaux consécutifs à une nouvelle blessure.

25 / 11/ 1944 : *Alarmeinheit G.E.B. 32 Teplitz-Schönau* ; Bataillon de Grenadiers de Réserve 32, unité d'alerte.

03 / 12 / 1944 : Compagnie de marche à *Zwickau-Schädewitz*, au sud de *Chemnitz* en Saxe (cf. carte).

06 / 12 / 1944 : Au front près de *Steinau-Oder* sur le fleuve *Oder*, environ 50 km au nord-ouest de *Breslau*. Ces combats rapprochent les troupes russes à 230 km de Berlin (cf. carte).

27 / 12 / 1944 au 09 / 01 / 1945 : *Einsatzurlaub* / permission après combat à *Chemnitz* en Saxe, chez Madame *L. Worm*.

03 / 01 / 1945 :

Requête adressée à la Croix-Rouge de Ettal / Oberbayern (Haute-Bavière) par Madame *L. Worm, Beethoven Strasse 10, Chemnitz*. Par cette requête, Madame Worm demande à la Croix-Rouge de transmettre à maman le texte suivant :
« Ma chère femme, mon cher Gérard,
Je suis en permission actuellement (« *Hab Ferien* / en vacances »). Je vais bien. Je suis en relation avec Julien, soyez sans crainte. J'embrasse toute la famille. 3.1.1945. Reppel Moritz. »

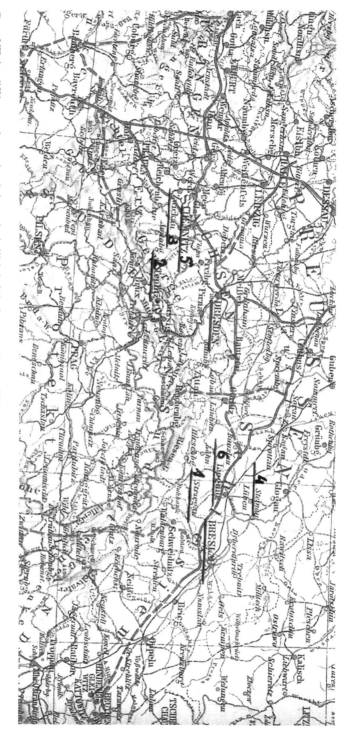

Carte VII des différentes étapes depuis la sortie de l'hôpital de *Striegau* (1), env. 50 km au sud-ouest de *Breslau* ; *Teplitz-Schönau* (2), env. 50 km au sud de *Dresden* ; *Zwickau-Schädewitz* (3), env. 20 km au sud de *Chemnitz* ; *Steinau-Oder* (4), env. 50 km au nord-ouest de *Breslau* ; *Chemnitz* (5) ; *Liegnitz* (6), env. 70 km à l'ouest de *Breslau*[1].

---

1 Dr. H. Haack,... *Op. cit.*, 1942, p.48.

Papa est ensuite présent en différents lieux de combat en Silésie. Il est de nouveau blessé au talon gauche par un éclat d'obus, le 1er février 1945 près de *Liegnitz*, à 70 km à l'ouest de *Breslau*, le jour même où son village natal est libéré. Cette blessure nécessite les transferts successifs dans différents hôpitaux.

Le 19 / 02 / 1945 il arrive à l'hôpital militaire local de *Wiblingen*, dépendant de l'hôpital de réserve de *Ulm II* en Bavière.

Un dossier médical / *Krankenblatt* est établi à son arrivée à l'hôpital.

Page 2 : *Vorgeschichte* **/ Antécédents.**
Krankheiten während der Dienstzeit : keine.
Maladie au cours du service : néant.
Frühere Verwundungen : 9.7.44 Gran. Spli. Fuss. Behandlung im Revier.
Blessures antérieures : Éclat d'obus au pied le 9.7.44. Soin à l'infirmerie.
Jetzige Verwundung : Am 1.2.45 bei Liegnitz. Granatsplitter an der linken Ferse. Erste Wundeversorgung auf dem Hauptverbandsplatz. Kam über verschiedene Kranken-Sammelstellen, zuletzt Kr. S. Wiblingen, ins hiesige Lazarett. Tat erhalten.
Blessure actuelle : *Liegnitz* 1.2.45. Éclat d'obus au talon gauche. Premiers soins sur place. Arrivé au présent hôpital après son passage dans différents lieux de rassemblements de blessés, en dernier celui de *Wiblingen*.
Bisheriger Tauglichkeitsgrad. : Kn.
Incapacité à ce jour : néant.

Aufnahmebefund / État à l'arrivée.
19.2.45 : Die li. Ferse ist im ganzen stark geschwollen, blaurot verfärbt. An der Außenseite ist eine kalibergrosse, reichlich sezierende Wunde. Die Beweglichkeit ist um gut 2/3 eingeschränkt. Die ganze Ferse ist deutlich druckempfindlich.
Le talon gauche est fortement enflé, de coloration rouge bleutée. La face externe porte une importante plaie, largement entaillée. La mobilité est réduite de 2/3 au moins. Le talon entier est très sensible.
Behandlung : Feuchte Verbände, Fußbäder, Bettruhe.
Soins : Compresses humides, bains de pieds, repos au lit.
Rö. Aufnahme : Linke Ferse. Der Knochen am Fersenbein ist durch mehrere bis zu Kirschkerngrosse Metallsplitter abgesprengt. Keine wesentliche Dislokation.
Radiographie du talon gauche : éclatement du calcanéum par l'impact d'éclats d'obus de la taille d'un noyau de cerise. Pas de dislocation apparente.

Verlauf / **Intervention**.

27.2.45 : Jn SEE-Ev. Erweiterung der Wunde an der linken Ferse. Mit dem scharfen Löffel können die größeren Metallsplitter leicht entfernt werden. Auch wurden mehrere Knochensplitter aus der Wunde gezogen. Auslöffeln der Granulationen, bis harter Knochen getastet wird. Einlegen eines Gazestreifens. Feuchte Verbände. Schienenlagerung.

Élargissement de la plaie au talon gauche. Retrait au scalpel des plus gros éclats métalliques. Des éclats osseux sont également extraits... Mise en place d'une bande de gaze. Compresses humides. Pose d'attelles.

4.3.45 : *Gazestreifen entfernt. Die Schwellung der Ferse ist zurückgegangen. Mässige Sekretion der Wunde.*

Retrait de la bande de gaze. Diminution de la tuméfaction. Sécrétion relative de la plaie.

Page 3.

9.3.45 : *Der Kranke wird heute befehlsgemäss ins Res. Lazarett Geislingen verlegt.*

Ordre de transfert du malade à l'hôpital de réserve de *Geislingen*.

10.3.45 : *Aufnahme im Res. Laz. Bad Ditzenbach Teillazarett Geislingen-St. Chir. B.*

Admission à l'hôpital local de *Geislingen*.

Note : *Wiblingen* appartient à l'agglomération d'*Ulm*, au sud de cette ville. *Geislingen* est une petite localité, environ 70 km au nord-est d'*Ulm*.

Befund / **État du patient.**
  Kräftiger Patient...
  An der Außenseite des linken Fußes 3querfingerbreit unterhalb des Malleolus externus im Bereich der unteren Kante des Calcaneus eine 3cm lange, oberflächliche Schnittwunde zu sehen mit leichter Rötung und Schwellung der Umgebung.
  Forte corpulence du patient...
  Entaille de surface de 3 cm et plaie, légèrement rougeâtre, avec enflure du pourtour, visible sur la face extérieure du pied gauche, sous la malléole externe dans la région du bord inférieur du calcanéum.

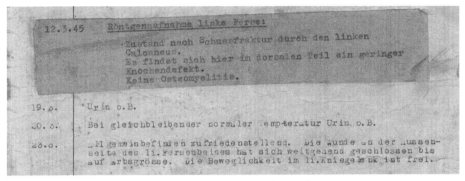

Page 3 du dossier médical, extrait.

23.3.45 : *Allgemeinbefinden zufriedenstellend. Die Wunde an der Außenseite des li. Fersenbeines hat sich weitgehend geschlossen bis auf Erbsgröße. Die Beweglichkeit im li. Kniegelenk ist frei.*
État général satisfaisant. La plaie s'est considérablement refermée à la taille d'un petit pois. La mobilité de l'articulation du genou est libre.

Page 4.
  12.4.45 : *Der gesamte linke Fuß ist noch dick geschwollen und livide verfärbt. Calcaneusgegend ist druckschmerzhaft. Temperatur normal. Allgemeinbefinden normal. Gehen nicht gestört.*
  Le pied gauche dans sa totalité est encore fortement enflé et blême. La région du calcaneum est sensible. Température normale. État général normal. Marche non perturbée.

L'insigne de blessé, en noir, a été attribuée à mon père le 5 mars 45 par le médecin-chef de l'hôpital d'Ulm, pour la blessure subie le 1er février 1945.
  Verwundetenabzeichen in schwarz.

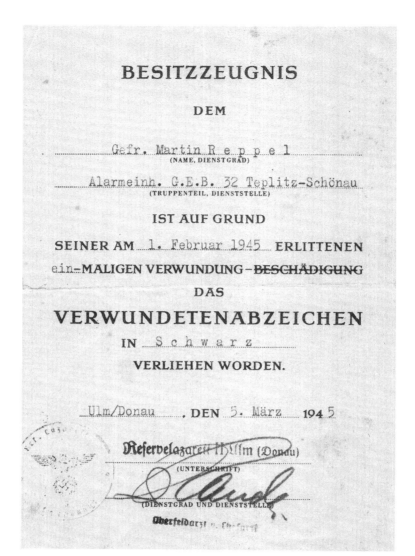

Nous n'avons plus aucune trace de lettres ou de requêtes auprès de la Croix-Rouge à partir de janvier 1945. Le courrier ne passe plus. Les combats se poursuivent sur le sol allemand. À *Geislingen* papa est libéré le 21 avril 1945. Il quitte l'hôpital de *Geislingen* le 30 avril et est transféré vers un vaste camp de rassemblement à *Göppingen*, 40 km au nord-ouest d'*Ulm* où il arrive le 2 mai 1945. Il écrit le 17 mai, toujours en allemand.

Jeudi soir 17 mai 1945. **« C'est une affaire délicate. »**

„Meine liebe Frau und Gérard,
Da ich wieder Gelegenheit habe, einen Brief einem Franzosen mitzugeben, der morgens von hier fortgeht, will ich es nicht versäumen. Es geht mir noch immer gut, was ich auch von euch hoffe. Ich denke, du hast den letzten Brief erhalten, den ich aus Geislingen am 30. April geschrieben habe, den auch ein Franzose mitgenommen hat. Ich bin seit dem 2. Mai in einem großen Lazarettlager (Internierungslager) in Göppingen. Ich kann ja nicht klagen, nur das Brot dürfte mehr sein. Ich laufe noch immer am Stock, aber es geht schon gut. Hab heute Abend mit einem französischen Leutnant gesprochen. Er sagte, dass es mit uns „une affaire délicate" ist und dass alles nachgeprüft wird, ob man nicht freiwillig fort ist. Es ist alles im Gange schon; sämtliche Ausländer wurden schon namentlich gefasst. Wir sind noch viele Elsässer hier, auch Luxemburger, und wen habe ich nicht angetroffen? Den René Walter aus Metz-Sablon, der auch im Lazarett war und hierher kam. Er hatte einen schweren Kopfschuss und ist jetzt auch soweit gut. Er liegt im Nebengebäude. Chérie, nun waren es schon 18 Monate seit dem letzten Abschied, eine lange Zeit, aber mit den Gedanken immer bei euch. Und **treu** *bin ich dir auch immer gewesen, obschon die Gefahr einem manchmal umlauert hat, habe aber immer an euch daheim gedacht, eine Frau daheim, die genau so* **treu** *blieb. Das Gebet hat uns immer Kraft gegeben, allem zu widerstehen. Es waren halt schwere Stunden für uns, aber Gott hat uns geholfen. Im letzten Brief habe ich dir es geschrieben, wie es gegangen ist. Hier im Lager habe ich nun Gelegenheit zur Messe zu gehen, bin jeden Tag zwei Mal in der Messe, um halb drei und um acht Uhr mit Maiandacht. Habe am Sonntag kommuniziert, und an Pfingsten will ich auch wieder. Am Sonntag ist nun Pfingsten, aber es macht mir nichts, hier zu sein. Hauptsache ist, dass man mit dem Leben davon kam, ich darf gar nicht mehr zurück denken. Ihr habt sicher viel Arbeit jetzt daheim, aber es dauert mit uns nicht mehr lange. Der Lagerkommandant sagte, wir müssen uns etwas gedulden. Mach nur deine Arbeit, und du weißt, wenn etwas zu kaufen ist, oder was fehlt. Wenn das Geld nicht reicht soll Mama dir die 4 000 Francs geben, die in meinem Kassenbuch drüben sind. Sprich mit ihr darüber, wenn du etwas kaufen kannst. Will schließen, ich küsse dich recht herzlich auf deinen süßen Mund. Je t'aime chérie de tout mon coeur. Was macht auch Gérard ? Er soll nur brav bleiben. Hab noch Schokolade hier. Küsse für Gérard. Küsse für deine Familie, sowie auch für meine. Walter weiß seit Juni nichts mehr von daheim."*

« Ma chère femme, mon cher Gérard,
Je ne veux pas manquer l'occasion de confier une lettre à un Français qui part d'ici demain. Je vais bien et je pense qu'il en est de même chez vous.

J'espère que tu as reçu ma dernière lettre écrite à *Geislingen* le 30 avril et qu'un Français a également emmenée. Depuis le 2 mai je suis à *Göppingen* dans un vaste camp-hôpital (un camp d'internement). Je n'ai pas de raison de me plaindre, à part le peu de pain. Je m'appuie encore sur ma canne, mais je marche déjà bien. J'ai parlé ce soir avec un lieutenant français. Il dit que pour nous il s'agit **« d'une affaire délicate »,** car il faut tout vérifier, notamment si nous n'étions pas volontaires pour la *Wehrmacht*. Ces opérations sont déjà en cours. Tous les étrangers ont été enregistrés. De nombreux Alsaciens sont encore ici, des Luxembourgeois aussi. Et qui n'ai-je pas rencontré hier soir ? C'est René Walter[2] de Metz-Sablon, qui était aussi à l'hôpital et est venu ici. Il était gravement blessé à la tête, mais est quasiment rétabli. Il loge dans le bâtiment voisin. Cela fait 18 mois chérie que nous nous sommes quittés, une bien longue période, mais mes pensées sont toujours restées auprès de vous. Et je te suis demeuré **fidèle**, bien qu'exposé parfois au danger ; j'ai alors pensé à ma famille, à ma femme tout aussi **fidèle**. La prière nous a fortifiés pour renoncer aux tentations. Ces heures furent pénibles, Dieu nous a secourus. Dans ce camp j'ai maintenant l'occasion d'aller à la messe, j'y vais deux fois par jour, à 14h30 et à 20h avec la célébration du mois de Marie. Dimanche dernier j'ai pu communier, j'irai encore à la Pentecôte, dimanche prochain. Cela ne me fait rien de la passer ici. L'essentiel est d'être en vie, je ne veux pas penser à tout ce que j'ai vécu. Vous avez certainement beaucoup de travail, ici nous n'en aurons plus pour bien longtemps. Le commandant du camp nous a exhortés à être patients. Fais ton travail, tu dois bien savoir s'il te manque quelque chose ou s'il faut faire un achat. Si tu manques d'argent, demande à ma mère de te donner les 4 000 francs de mon livret d'épargne. Je termine cette lettre en t'embrassant tendrement sur tes douces lèvres. Je t'aime chérie de tout mon cœur. Et comment va Gérard ? Qu'il reste bien gentil. J'ai encore du chocolat pour lui. Embrasse affectueusement ta famille, ainsi que la mienne. Walter n'a plus de nouvelles de chez lui depuis juin dernier. »

       Papa est rentré à Mussig, chez lui, la « *Heimat* », dimanche 27 mai 1945.

       Tout est vraiment terminé.
       Restent les douloureux souvenirs, la mémoire…
       Ne jamais oublier !

---

2 René Walter, de la classe 1946, est rentré de guerre, s'est installé à Montigny-lès-Metz et est décédé à Metz le 20 août 2005.

Parcours chronologique de Maurice Reppel Incorporé de force

19.04.1943 - 27.05.1945

Notes biographiques :
    Naissance à Mussig le 4 janvier 1916
    École primaire de 1922 à 1930
    École d'agriculture d'hiver de Sélestat, saisons 32-33 et 33-34
    Service militaire à Sélestat au 172ème R.I.F. du 01.09.1936 au 18.08.1938 (cf. ch. 39-40)
    Mobilisé le 02.09.1939 au 42ème R.I.F. sur la Ligne Maginot
    Combats du 15 juin 1940 à Marckolsheim
    Fait prisonnier le 21 juin et libéré le 02 juillet 1940

ANNÉE 1943
    Lundi 19.04.43 : Départ d'Alsace en gare de Sélestat
    Mardi 20.04 au jeudi 06.05 : *Chemnitz* en Saxe
    Jeudi 06.05 : Départ pour la Pologne
    Vendredi 07.05 : *Dresden*
    Samedi 08.05 : *Breslau*
    Lundi 10.05 au mercredi 23.06 : Période d'instruction, *Jaroslau*, district de *Krakau* / Cracovie, Pologne
    Jeudi 24.06 au samedi 10.07 : Permission dans la famille
    Dimanche 11.07 : *Krakau* / Cracovie
    Mardi 13.07 au lundi 11.10 : *Mielec*, district de *Krakau*
    Début août et mi-septembre : permission
    Jeudi 14.10 au samedi 13.11 : Permission dans la famille
    Mardi 12.10 : *Jaroslau*
    Dimanche 14.11 au dimanche 21.11 : *Jaroslau*
    Lundi 22.11 au vendredi 26.11: Retour en Saxe à *Zwikau-Schädewitz*
    Samedi 27.11 : Départ vers le front russe, *Dresden*
    Dimanche 28.11 : *Litzmannstadt*
    Lundi 29.11 : Varsovie, Pologne
    Mercredi 1.12 : *Minsk*, Biélorussie
    Jeudi 02.12 : *Orcha*, Biélorussie
    Vendredi 03.12 : W*itebsk* / Vitebsk, Biélorussie
    Samedi 04.12 : *Welikije Luki, Bitchicha*, Russie
    Samedi 04.12 au mercredi 15.12 : Secteur de *Newel*, Russie
    Mercredi 15.12 : Encerclement de *Newel*
    Jeudi 16.12 : Combats à *Choljawki*
    Jeudi 16.12 au lundi 27.12 : Secteur de *Witebsk*

ANNÉE 1944
    Samedi 01.01.44 : Sud de W*itebsk*
    Dimanche 09.01 : *Schowolino,* sud de W*itebsk*

Samedi 22.01 : Retrait de 8O km de W*itebsk*
Jeudi 03.02 : *Polozk, Bogischewa* / Biélorussie
Samedi 26.02 : *Casimiro* près de *Polozk*
Printemps 44 : Secteur de *Polozk*
Jeudi 11.05 : 25 km au nord de *Polozk*
Dimanche 09.07 : *Polozk*,
Samedi 15.07 : En Lituanie par *Dünaburg*/Daugavpils (Lettonie)
Vendredi 21.07 : Lettonie
Vendredi 11.08 : Lettonie, à la frontière avec la Lituanie
Samedi 12.08 : Départ pour *Riga* / Lettonie
Dimanche 13.08 : *Riga*
Lundi 14.08 : *Riga, Wenden, Walk, Peipussee* / Lac Peipus, (Estonie)
Samedi 26.08 : *Walk, Jogewa, Fellin*, vers *Reval* / Tallinn/Estonie
Lundi 04.09 et mardi 05.09 : Offensive sur *Dorpat* / Tartu
Mercredi 06.09 : Retrait de *Dorpat*
Mercredi 06 au samedi 09.09 : Douleur à la jambe
Samedi 09.09 : Retiré pour soin, dirigé vers l'hôpital (genou enflé)
Mardi 12.09 : Opération à *Wesenburg*
Jeudi 14.09 : Transfert à *Reval* par train
Vendredi 17.11 : dernière lettre
Samedi 16.09 : Embarquement à *Reval* sur un navire-hôpital
Mercredi 20.09 : Arrivée à *Swinemünde,* Allemagne
Jeudi 21.09 : Hôpital de *Striegau*, Pologne, Haute-Silésie
Samedi 25.11 : Sortie d'hôpital, affecté au Régiment de Réserve à *Teplitz-Schönau* en Saxe
Dimanche 03.12 : Bataillon de marche à *Zwikau-Schädewitz* en Saxe
Mercredi 06.12 : Au front *Steinau-Oder*, Pologne, nord de *Breslau*
Mercredi 27.12 au mardi 09.01.45 : Permission à *Chemnitz* en Saxe

ANNÉE 1945

Mercredi 10.01 au mercredi 31.01 : Au front, *Steinau-Oder* et *Liegnitz*
Jeudi 01.02 : Blessure au talon gauche, près de *Liegnitz*
Lundi 19.02 : Hôpital de *Wiblingen*, dépendant de l'hôpital de *Ulm* en Bavière
Samedi 10.03 : Hôpital de réserve de *Geislingen*, en chirurgie
Samedi 21.04 : Libération de l'hôpital de *Geislingen*
Lundi 30.04 : Sortie de l'hôpital de *Geislingen*
Mercredi 02.05 : Camp de regroupement de prisonniers de *Göppingen*
Samedi 26.05 : Libéré du camp de *Göppingen*

Dimanche 27.05.45 : Retour dans la famille

3ème partie

-

ANNEXES

ANNEXE 1 : MÉMOIRES DE MARCEL

DE L'ALSACE À CLUNY

Aîné de la famille, né en 1914, Marcel est destiné à poursuivre ses études, selon le souhait de ses parents. Il passe donc quatre années à Sélestat au Cours complémentaire de garçons, de 1926 à 1930, sanctionnées par le brevet d'enseignement primaire supérieur et le diplôme d'études primaires supérieures et commerciales. À compter du 1er janvier 1931, il occupe la fonction de secrétaire de direction à l'École Nationale Technique de Strasbourg et complète sa formation, cette même année, par deux diplômes de sténographie et dactylographie.

De la classe 1914-1934, Marcel effectue son service militaire à compter du 15 octobre 1935. Nommé caporal le 16 / 04 / 1936, puis caporal-chef le 01 / 01 / 1937, il est libéré après ses deux années de service actif le 15 / 10 / 1937 avec le grade de sergent et affecté à la réserve. Son livret militaire comporte la mention « Campagne : Algérie du 30 / 10 / 35 au 20 / 08 / 37 ». Les événements de l'été 1939 le rappellent aux armées le 26 / 08 / 1939. Sergent en juin 1940 dans un Régiment de Tirailleurs Algériens, il est engagé dans les combats en Somme, puis sur la Loire. Il n'est pas fait prisonnier et est démobilisé le 28 / 07 / 1940.

Marcel retourne à Metz et reprend son travail d'assistant-économe à l'École Nationale Professionnelle où il avait été muté le 1er janvier 1938. Il réussit le 04 / 07 / 1938 l'examen d'aptitude aux fonctions d'Aide - Économe.

Sur cette photo Maurice, porte l'uniforme de soldat d'infanterie, avec bandes molletières, béret et fourragère. Marcel, debout, porte l'uniforme de soldat d'un régiment de Tirailleurs algériens avec le pantalon bouffant spécifique des unités nord-africaines et la chéchia traditionnelle ; le chiffre 3 sur les deux revers du blouson indique qu'il s'agit du 3ème RTA. Il s'agit sans doute de la tenue de parade, ou au moins de la tenue de sortie. Cette photo a pu être prise lors d'une permission commune, soit en 1936-37 quand Marcel était en Algérie, dans un Régiment de Tirailleurs algériens (?), ou entre septembre 1939 et juin 1940 quand il était en Somme.

Récit détaillé et circonstancié concernant mon évasion d'Allemagne
dans la nuit du 9 au 10 Mai 1943.

Alsacien d'origine, j'ai été démobilisé en 1940 et renvoyé dans mes foyers à Mussig (Bas-Rhin). J'ai repris immédiatement après mes fonctions de secrétaire comptable à l'Ecole Nationale Professionnelle de Metz (je n'ai fait que réoccuper mon emploi que j'avais au moment de la mobilisation et je n'ai bénéficié d'aucune mesure de faveur de la part des autorités allemandes). Je fais partie du personnel de l'enseignement technique depuis 1931.

Au mois d'Avril 1943 j'ai été appelé à passer le conseil de révision qui s'est tenu au lycée de jeunes filles à Metz; à la suite de ce conseil il m'a été remis un livret militaire portant la formule "bon pour le service armé". Ayant déjà en ce moment là 3 frères dans l'armée allemande j'ai décidé de m'évader en compagnie de ma femme. Pour ce faire nous nous sommes mariés le 6 mai 1943 et j'ai demandé à la Mairie de Metz, mon employeur, un congé de 3 jour pour le mariage et puis un autre congé pour maladie (cette dernière lettre a été postée par mon beau-père après mon évasion).

Tout le personnel lorrain alors en fonction à l'Ecole de Metz était au courant de notre projet d'évasion. Nous nous sommes donc présentés chez une connaissance de Moyeuvre qui nous a remis à un mineur polonais habitué aux passages de frontière clandestins. Dans la nuit du 9 au 10 Mai 1943 nous avons donc passé la frontière à pied et à travers la forêt entre Moyeuvre et Joeuf. Le matin du 10 Mai 1943 nous avons pris un car pour Nancy et nous nous sommes présentés à la Préfecture qui nous a délivré les papiers français (cartes d'alimentation, d'identité etc..) Nous sommes ensuite allés à Paris où je me suis présenté à la Direction de l'Enseignement Technique où M. LEGAY Directeur Général, m'a donné une affectation verbale pour l'Ecole Nationale d'Arts et Métiers de Cluny où j'ai exercé les fonctions d'adjoint d'économat jusqu'à la libération.

A Cluny j'ai participé à la résistance sans avoir été inscrit dans une formation régulière. J'y ai hébergé notamment un 4e frère évadé de la prison de Clermont-Ferrand où il était détenu par les allemands pour son évasions d'Alsace lui permettant ainsi de s'enrôler au maquis de Cluny où il a joué un rôle très actif.

Nancy, le 10 Mai 1954.

REPPEL Marcel
Intendant de l'Ecole Nationale Professionnelle
29, rue des Jardiniers à NANCY

Récit de l'évasion de Marcel.

Mais la Moselle est annexée depuis l'été 40, après la défaite de la France, et les Mosellans comme les Alsaciens sont appelés, à compter d'août 1942, à servir dans la Wehrmacht. Il décide alors de passer en zone libre avec sa future femme Marthe Hory, née en 1922. Son parcours le conduit à Cluny, à l'École Nationale des Arts et Métiers.

À Cluny, Marcel revoit en novembre 43 son frère René qu'il héberge un certain temps, mais celui-ci choisit plutôt de travailler et de vivre caché. C'est une période difficile pour le jeune couple, durant laquelle René, employé dans la ferme Simonet à Collonges, « est bien placé pour aider son frère et sa femme, question ravitaillement, ce qui est appréciable fin 43 et début 44. » (Cf. Mémoires de René, Annexe 4)

Il reste aussi en contact avec son frère Maurice, encore en Pologne et sur le point de partir sur le front russe, incorporé de force comme Julien et Edmond. Dans une lettre datée du 05 octobre 1943, Marcel annonce à Maurice qu'ils attendent un heureux événement, - ce sera la naissance de René le 05 février 44 - et lui fait part des inquiétudes relatives à son beau-père, Alexis Hory, au camp d'internement de Schirmeck à ce moment-là.

« Mon cher Maurice,
Je profite du moment pour t'adresser quelques mots. J'espère que tu as reçu ma dernière lettre pour ta fête. Et comment vas-tu ? La santé et le moral sont-ils bons ? Et la vie de soldat ? C'est sûrement pénible d'être tant éloigné de chez soi, toi surtout qui as une famille et un gentil petit garçon qui voudrait certainement aider son papa à tous les travaux. Il fera assurément un solide agriculteur plus tard. Je pense beaucoup à tout ceci, et je suis encore profondément peiné d'avoir en mémoire le matin de votre départ à vous deux, abandonnant tout derrière vous. Mais nous n'y changeons rien et devons porter notre croix et garder espoir le temps qu'il faudra. Gardons courage et la vie continuera après cette guerre, nous ne sommes pas seuls. Sais-tu déjà que nous attendons un heureux évènement pour début février, j'espère que tout cela passera bien. Marthe se fait toujours beaucoup de soucis pour les épreuves que son père doit endurer à près de 64 ans. Cela dure depuis la mi-juin et nous nous demandons quand il sera libéré.

La santé est relativement bonne. Marthe a bon appétit et mange pour deux. Heureusement que je me suis mis au travail immédiatement, ainsi avons-nous des légumes. J'ai aussi fait provision de farine pour l'hiver. J'ai beaucoup maigri depuis notre dernière séparation, les vêtements me pendent au corps, je ne me sens pas mal mais suis toujours fatigué. Nous attendons tous la victoire et le jour où nous nous retrouverons autour d'une table. Nous fêterons alors ce jour dans la joie, avec une bonne bouteille. Le vin, la bière et les cigarettes me manquent, mais qu'est-ce, ceci, au regard de nos souffrances ? Je termine dans l'attente de te revoir, en espérant que cette lettre te trouve en bonne santé. Nous t'embrassons, Marcel et Marthe. »

den 5. Oktober 1943.

Mein lieber Maurice,

Ich benutze die Gelegenheit um dir auch einmal einige Worte zu schreiben. Ich hoffe dass du meinen letzten Brief für deinen Namenstag erhalten hast. Und wie geht es denn bei dir, bist du immer noch gesund und munter? Und wie geht es denn mit dem Soldatenleben? Es ist sicher sehr hart für dich so weit von zu Hause zu sein besonders wenn man wie du Familie hat und einen so braven Jungen wie der Gerard der jetzt schon überall seinem Papa helfen will und der auch später ein solider Bauer sein wird. An das alles denke ich auch viel Maurice und es macht mir immer viel Kummer wenn ich an das alles denke besonders an den Morgen wo ihr beide von zu Hause, alles im Stich lassend, fort musstet. Es ist halt da nicht viel zu ändern und müssen halt unser Kreuz auf uns nehmen und die wenigen Wochen wo das noch dauern wird ausharren, denn Mut muss man immer haben und nach dem Kriege wollen wir auch noch leben denn wir sind ja nicht allein. Weisst du schon dass auch wir für Anfang Februar auf ein frohes Ereignis warten und ich hoffe, dass alles gut vorüber gehen wird. Marthe macht sich auch viel Kummer um seinen armen Vater der bei 64 Jahren noch solche Sachen erleben muss. Das dauert jetzt schon seit Mitte Juni und wir fragen uns wann er freigelassen wird.

Mit der Gesundheit geht es immer noch ziemlich gut. Marthe hat guten Appetit denn wenn man für zwei essen muss so braucht man auch viel mehr. Gut dass ich mich gleich an die Arbeit gemacht habe, so habe ich doch wenigstens die Gemüse. Habe auch mehl gekauft für den Winter. Ich bin auch ziemlich mager geworden seit wir uns nicht mehr gesehen haben, die Kleider hängen mir nur noch am Leibe. Ich frage mich was da Schuld ist, ich fühle mich nicht schlecht, doch immer müde und schlapp. Wie du siehst so warten auch wir auf den grossen Siegestag und besonders auf den Tag wo wir uns alle am selben Tische wieder finden werden. Dann werden wir aber diesen Tag feiern und bei einem guten Glas Wein froh und fröhlich beisammen sein. Mir fehlt der Wein und das Bier und auch das Rauchmaterial, doch was ist das alles.

Ich will nun mein Schreiben schliessen in der Hoffnung dass es dich bei recht guter Gesundheit treffen wird und in der Erwartung deiner Neuigkeiten und auf ein frohes Wiedersehen senden wir dir unsere herzlichsten Grüsse u. Küsse.

Mamy u. Marthe

On remarque ici l'extrême prudence de Marcel qui ne signe que par son prénom et ne précise aucun lien de parenté avec le destinataire de la lettre. La lettre ne lui est d'ailleurs pas adressée directement, il n'a certainement aucune adresse de son frère. Elle passe par la cousine Jeannette qui l'envoie à Edmond afin que celui-ci la transmette à papa. Jeannette est la sœur de Mimi Schwartz. La lettre ne mentionne non plus le nom du beau-père, Alexis Hory.

Le patriotisme, son engagement dans la Résistance et sa déportation au sinistre camp de concentration de *Dachau* m'obligent à évoquer ici la mémoire de cet homme courageux qui a refusé de servir sous la botte de l'ennemi.

Alexis Hory, né le 3 septembre 1880 est sous-chef de gare à Metz depuis 1924. En 1942, il décide de prendre sa retraite plutôt que de travailler au service des Allemands. Son nom apparaît déjà en janvier 42, lorsque René, le frère boulanger, passe la frontière de Lorraine avec la complicité des cheminots.

M. Hory est encore présent à Mussig, le 18 avril 43, à la soirée d'adieu, la veille du départ à la *Wehrmacht* de Maurice et Julien. Il repart dès le lendemain, évitant ainsi les tracasseries dont font l'objet la mère Élise et la cousine Mimi.[1]

Mais les choses se précipitent. Marcel et Marthe se marient le 6 mai 43 et quittent clandestinement la Lorraine durant la nuit du 9 au 10 mai. M. Hory est arrêté à son domicile le 10 mai, séjourne quelques semaines à la prison du petit séminaire de Metz, puis est transféré au camp de Schirmeck en Alsace où il reste jusqu'en décembre 43. La destination suivante est le camp de *Dachau* où il est interné jusqu'à la fin de la guerre avec le matricule de prisonnier N° 60065. Marcel écrit qu'il est arrêté pour « avoir écouté la radio anglaise, favorisé la fuite de ses deux filles vers la France et tenu des propos anti-allemands. »

Les enfants de Marcel ont gardé précieusement la dernière lettre écrite par M. Hory à son frère à Flörchingen en Lorraine, elle est datée du 16 / 07 / 44 et contrôlée par la censure du camp Dachau 3K.

« Dachau, le 16.7.44
Cher frère,
Je t'informe que j'ai reçu avec plaisir, le 11 juillet, ta lettre du 8 juillet ainsi que le vingtième paquet et je t'en remercie. J'espère que vous allez tous bien, ce qui est aussi mon cas, j'espère que les enfants se portent bien aussi, en ce moment ce ne doit pas être très favorable là-bas. J'espère pouvoir aussi sentir la chaleur du poêle au charbon et par ailleurs que la fin est proche. Tout cela se réalisera certainement. Madame Reppel est bien dans la peine avec

---
1 Cf. Ch. 3.

une famille nombreuse, et personne pour la seconder. Je ne pense pas que Julien obtiendra une permission pour rentrer les moissons, la femme est à

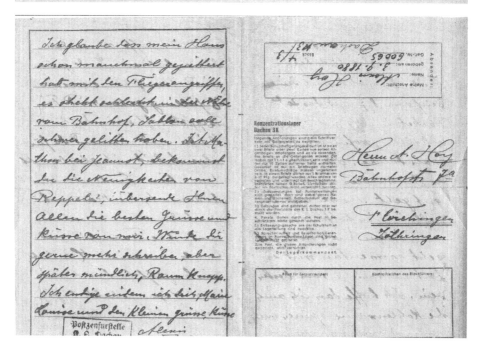

plaindre. Transmets-lui le bonjour de ma part, ainsi qu'à sa famille. Ici nous n'avions pas encore beaucoup de belles journées, presque toujours de la pluie. Je pense qu'avec ces bombardements aériens notre maison a souvent tremblé ; à proximité de la gare, elle est mal située. Sablon a également déjà souffert. Mathon est-il chez Jeannot, as-tu des nouvelles de la famille Reppel ? Donne-leur le bonjour et embrasse-les de ma part. Je voudrais bien t'écrire davantage, mais la place me manque, nous en parlerons de vive voix ultérieurement. Je termine ma lettre et t'embrasse, Marie-Louise et le petit. Alexis. »

Pour Marcel, la guerre se poursuit à Cluny où il soutient les résistants « sans être inscrit dans une formation régulière », elle s'achève lorsque Cluny est libéré le 11 août 1944. Il lui faut attendre l'armistice pour avoir des nouvelles de ses frères.

Toujours inquiet pour le beau-père Hory, il adresse le 2 février 45 un courrier au Service des cas individuels à Paris dans l'espoir d'obtenir des renseignements. Nous ne savons rien de la suite donnée à cette requête.

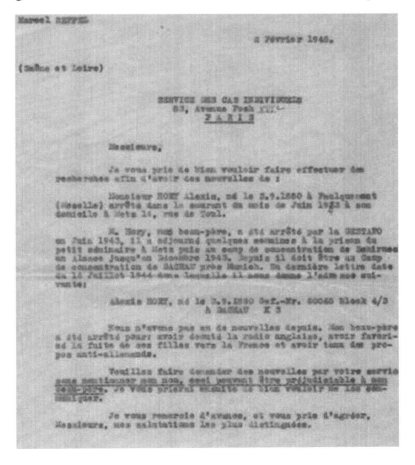

M. Hory a eu la chance inouïe de revenir vivant de l'enfer de *Dachau*. Edmond a témoigné dans ses mémoires qu'après la Libération, « M. Hory est venu à Mussig se refaire une santé, car il était en piteux état. »

Officier de la Légion d'Honneur, décoré de la Médaille de Déporté-Résistant, de la Médaille Militaire, de la Croix de guerre 39-45 avec Palme, M. Hory s'est éteint en 1967, âgé de 87 ans.

Après la guerre, Marcel est rappelé aux armées le 11 mai 45, puis est de nouveau démobilisé le 30 novembre 45.

Rentré dans le civil à Metz, il occupe différents postes d'Intendant Universitaire, successivement à Narbonne dans l'Aude jusqu'en 1952, à Morez dans le Jura en 1953, avant de s'installer définitivement à Nancy à partir de septembre 1953 jusqu'à sa retraite en 1975 entouré de Marthe et de leurs quatre enfants.

La carte de réfractaire lui a été délivrée le 25 mai 1964.

Marcel est décédé à Nancy le 28 février 1987.

N. R.

ANNEXE 2 : LE DESTIN TRAGIQUE DE JULIEN

LE FRÈRE QUI N'EST PAS REVENU DE LA GUERRE

Julien, 3ème fils de la famille, est celui qui devait poursuivre l'exploitation de la boulangerie familiale. Nous savons peu du parcours de Julien. Certes les frères se sont écrits pendant les années de guerre, surtout les trois qui étaient incorporés dans la *Wehrmacht,* Maurice, Julien et Edmond, mais seules sont conservées les lettres de mon père. Elles représentent ainsi la source essentielle permettant de reconstituer son parcours. S'ajoutent deux lettres que Julien a envoyées à sa mère en octobre et novembre 1944. Edmond dans ses mémoires évoque brièvement le douloureux souvenir de la disparition de Julien.

« Nous savons peu de choses sur les tribulations de Julien... Il n'est pas revenu de la guerre et n'a donc rien pu nous raconter. Il écrivait bien à maman qui était à Mussig avec Robert et Hélène, mais après la guerre, nous en avons peu parlé. C'étaient des souvenirs trop douloureux à évoquer. La dernière lettre parvenue à maman était datée du 12 novembre 1944, de *Naumburg*. Il a été déclaré mort le 3 février 1945 ».[1]

Né le 19 juillet 1917, Julien est apprenti boulanger dans la boulangerie paternelle auprès de son père, maître-boulanger, d'octobre 1933 à septembre 1935 ; il passe avec succès l'examen de compagnon le 16 septembre 1935 et continue de travailler au sein de la famille.

Certificat d'examen de compagnon-boulanger.

---
1 Cf. Annexe 3. Mémoires d'Edmond.

Julien effectue deux années de service militaire dans l'armée française (où ?) entre 37 et 39, puis est appelé de septembre 39 à juin 40. Dans ses mémoires, Edmond écrit que Julien est engagé dans les combats du côté de Sedan et Verdun. Fait prisonnier, il passe une quinzaine de jours dans des camps de prisonniers avant d'être libéré en tant qu'Alsacien-Lorrain au début de l'été 40.

De la classe 1917-1937, Julien est incorporé de force le lundi 19 / 04 / 1943, le même jour que mon père.[2]

Mon père écrit successivement :

- le 7 mai 43 dans le train partant de *Dresden* vers la Pologne : «Julien est dans le même train. »

- le 8 mai à l'arrêt à *Breslau* : « Julien croit que sa destination est Cracovie. »

- le 31 mai à *Jaroslau* en Pologne : « J'ai reçu un courrier de Julien, il me semble qu'il reçoit une instruction sévère. Il en a assez. »[3]

- le 14 novembre à *Jaroslau* : « J'ai reçu, à mon retour de permission, une lettre de Julien qui va bien et a été engagé pour rentrer les moissons. »[4]

Julien est en Pologne, en Galicie, d'où il envoie une carte postale représentant un couple de mariés en tenue traditionnelle, avec la mention : « Souvenir de Galicie, un couple de mariés, 10.11.1943. »

 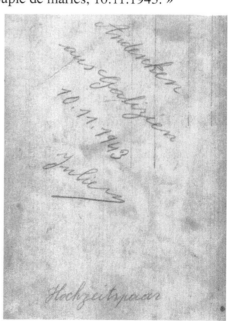

2 Cf. Ch. 1.
3 Cf. Ch. 2.
4 Cf. Ch. 3.

Le 4 février 44 à Polozk, nouvelle mention de Julien dans une lettre de mon père : « Je pense être mieux ici qu'au sud où doit certainement être Julien. »

Est-il alors engagé au sud, sur le Dniepr, dans la région de Kiev, où se déroulent d'importantes offensives russes et allemandes au cours de l'hiver 43-44 ?

- le 8 février : « Vous êtes sans nouvelles de Julien. »[5]
- le 6 mars : « On m'a envoyé l'adresse de Julien. »
- **le 14 mars : « Tu m'écris que Julien est blessé.»**
- le 21 mars : « Je m'inquiètes pour Julien, blessé et non transportable. »
- le 26 mars : « Mama m'écrit qu'elle n'a pas d'adresse de Julien. »
- le 7 avril : « J'ai reçu une lettre de Julien de l'hôpital militaire. »
- le 19 mai : « J'ai reçu une lettre de mama qui m'écrit que Julien quittera l'hôpital et pèse 83 kg. Il partira en clinique spécialisée, car il entend mal de l'oreille gauche. »

Cette remarque permet de supposer une blessure à la tête ou l'explosion trop rapprochée d'un obus. Plusieurs autres lettres de mon père, en réponse aux courriers de ma mère, font état d'une permission de Julien à Mussig, d'un passage à l'hôpital militaire de Sélestat.

- le 9 juin : « Julien est reparti. »
- le 25 juin : « J'ai reçu une lettre de Julien qui est gardien dans un camp de prisonniers. »
- le 26 juin : « Julien est venu te voir. »[6]
- le 11 juin : **« Hier j'ai reçu une lettre de Julien de *Naumburg*,** où il est dans une compagnie pour convalescents. Il bénéficiera d'une permission avant de repartir au front.»
- le 26 juillet en Lituanie : « J'ai reçu un courrier de Julien, il ne reçoit pas mes lettres ».
- le 17 août : « Mama pense que Julien rentrera en permission. »[7]
- le 24 septembre, à l'hôpital de *Striegau* : « J'ai écrit à Julien. Je pense qu'il m'envoie l'adresse de Robert qui est dans les environs. »
- 30 sept. : « Julien écrit que René Stauder et Paul Bulber sont tombés. »
- 7 octobre : « J'ai reçu ce matin une lettre de **Julien qui est caporal dans un bataillon de réserve à *Naumburg*. »**

Le 18 octobre, Julien écrit à sa mère et sa sœur Hélène depuis *Naumburg*.

---
5 Cf. Ch. 5.
6 Cf. Ch. 6.
7 Cf. Ch. 7.

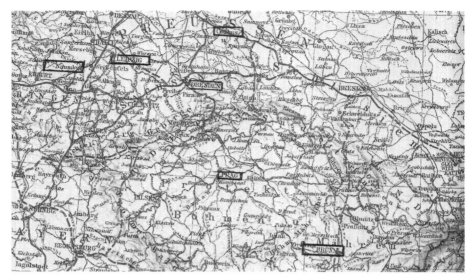
Carte VIII : *Naumburg* est une ville du District de *Halle*, dans l'actuelle *Saxe-Anhalt* depuis 1990, env. 50km au sud-ouest de *Leipzig*.[8]

„Meine liebe Mutter und Hélène,
Nun will ich euch auch schnell wieder schreiben. Es geht mir noch gut und hoffe das auch noch von euch. Bist du bald wieder gesund mama ? Ich hoffe es denn du wirst noch überall fehlen. Aber das wird auch vorüber gehen und hoffentlich dauert das nicht mehr lange. Wir haben viel Dienst, fast zum verrückt werden. Kaum Zeit zu essen, möchte manchmal lieber an die Front. Aber auch dies wird vorüber gehen, **denn Mut und Hoffnung verliere ich nicht**. *Maurice und Robert haben mir auch geschrieben. Es geht ihnen noch gut. Maurice hat mir zwei Adressen geschickt, wo ich hin kann und von dort mit einem Erlaubnis heimfahren, wenn ich Urlaub erhalte. Es machen alle so. Hoffentlich kann ich mal fahren. Das Essen geht einiger Massen, denn ich habe noch Brotmarken und auch Marmelademarken und sonstiges. Ich schicke dir die Adressen, wo ich hinfahren werde, oder wo ich hinschreiben werde, wenn ich euch nicht mehr schreiben kann und ihr auch nicht…"*

« Chère maman, ma chère sœur,
Je veux rapidement vous écrire et vous dire que je me porte bien. J'espère qu'il en est de même chez vous. Seras-tu bientôt de nouveau guérie, mama ? Je l'espère, car on a partout besoin de toi. Mais cela passera et ne durera plus longtemps, j'espère. Nous sommes très occupés, de quoi devenir presque fous. À peine avons-nous du temps pour manger, je préférerais parfois être au front. Mais ceci aussi passera et je ne perds ni courage ni espoir. Maurice et Robert m'ont écrit. Ils vont bien. Maurice m'a donné deux adresses

---
[8] Dr. H. Haack,… *op. cit.*, 1942, p. 48

où je pourrais me rendre en cas de permission, de là je pourrais rentrer à la maison. Tous font ainsi et j'espère obtenir bientôt une permission. La nourriture est à peu près correcte et il me reste des tickets pour le pain et la confiture et autres produits. Je t'envoie l'adresse où je me rendrai, ou bien là où j'écrirai, lorsque nous ne pourrons plus nous écrire... »
Signé : Gefreiter J. Reppel, Grenadier Ersatz Bataillon 53
Marsch Kompanie 2b. Naumburg a/S.

Du 12 novembre 1944 est datée la dernière lettre envoyée par Julien de *Naumburg* à sa mère et sa sœur.

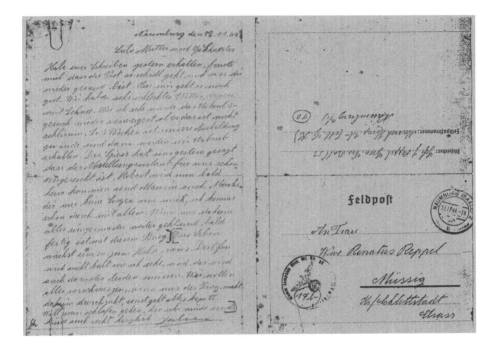

„*Liebe Mutter und Schwester,*

*Habe euer Schreiben gestern erhalten, es freute mich, dass die Post so schnell ging und dass du wieder gesund bist. Bei mir geht es noch gut. Wir haben sehr schlechtes Wetter, Regen mit Schnee. Wie ich sehe, wurde das Urlaubsgesuch wieder verweigert. Aber das ist nicht schlimm. In drei Wochen ist unsere Ausbildung zu Ende und dann werden wir Urlaub erhalten. Der Spieß hat uns gesagt, dass der Abstellungsurlaub für uns schon eingereicht ist. Robert wird nun bald heimkommen und Maurice auch. Mache dir nur keine Sorgen um mich, ich komme schon durch mit allem. Wenn nur dann daheim alles weitergeht und bald fertig ist mit diesem Krieg. **Dies Leben wächst uns zum Hals raus.** Der Ofen wird nicht kalt wie ich sehe, und der wird auch* *darunter leiden müssen. Wir wollen alles verschmerzen, wenn nur der Krieg nicht daheim durchzieht, sonst geht alles kaputt. Will nun schlafen gehen, bin sehr müde und küsse euch recht herzlich, Julien."*

« Chère maman, chère sœur,

J'ai reçu hier votre lettre, je me réjouis que le courrier soit tellement rapide et que tu sois de nouveau guérie. Je vais encore bien. Le temps est très mauvais avec de la pluie et de la neige. La demande de permission est de nouveau refusée, mais ceci n'est pas grave. Notre formation sera terminée dans trois semaines et suivie d'une permission. L'adjudant nous a informés que la demande est déjà faite. Robert et Maurice rentreront bientôt, ne te fais pas de soucis pour moi, je m'en sortirai. Si seulement tout se déroule bien chez vous et la guerre prend fin bientôt. Nous en avons assez de cette guerre. Je lis que le fourneau ne refroidit plus, il en souffrira aussi.[9] Mais nous voulons bien endurer tout cela, pourvu que la guerre vous épargne, sinon tout sera détruit. Je vais dormir encore, car je suis fatigué. Je vous embrasse tendrement. Julien. »

Le 3 janvier 1945, papa fait parvenir par la Croix-Rouge un courrier à ma mère : « Je suis en permission chez Madame *Worm* à *Chemnitz*. **Je suis en relation avec Julien.** »[10]

Donc il est certain qu'après sa blessure en février ou mars 1944, Julien a été hospitalisé jusqu'en mai, voire début juin, qu'il est rentré en permission dans sa famille, puis a été envoyé dans un bataillon de réserve à *Naumburg*. Il y est encore en novembre 1944.

Est-il rentré une dernière fois en permission, non en Alsace, mais à *Rottweil* dans le proche pays de Bade, en décembre ou début janvier 1945 ? Il écrit bien en octobre que mon père lui a donné deux adresses. Et sa sœur Hélène l'affirme, se souvenant des inondations dans la forêt proche et du froid intense en janvier, alors que les Américains étaient à Sélestat, en partie libérée depuis le 2 décembre et que les Allemands restaient solidement cantonnés dans la proche forêt où eurent lieu de durs combats. Notre village n'était pas encore libéré. De *Rottweil* était originaire Lena qui a épousé le 15 août 1945 Louis Losser[11], ami d'enfance de Marcel.

Nous ne savons pas exactement où est tombé Julien, déclaré mort le 3 février 1945.

---

9 Il s'agit certainement du four à pain remis en marche par les prisonniers russes (cf. Ch. 8, lettre du 30.09.44).
10 Cf. Ch. 9.
11 Louis Losser, de la classe 1934, avait été incorporé dans la marine allemande. Décédé à Belleville (Rhône) le 15 avril 2001.

Sa dernière adresse de secteur postal connue est SP 09360 E.

Après la guerre, la mère Elise a demandé au Ministère des Anciens Combattants le 13 février 1947 l'acte de décès de Julien ; sa disparition a été prononcée le 2 juin 1947.

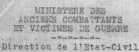

MINISTÈRE DES ANCIENS COMBATTANTS ET VICTIMES DE GUERRE
Direction de l'Etat-Civil et des Recherches
37, rue de Bellechasse
PARIS - 7 ème

RÉPUBLIQUE FRANÇAISE

M. 8 bis

Paris, le 2 JUIN 1947

ACTE DE DISPARITION

LE MINISTRE DES ANCIENS COMBATTANTS ET VICTIMES DE GUERRE,

Vu l'article 88 du Code Civil (Ord. du 30 Octobre 1945)

Vu le dossier de l'intéressé désigné ci-après : 322.761 A.L

DÉCIDE :

la disparition de K E P P E L, Julien, Joseph

né le 19 Juillet 1917 à MUSSIG (Bas-Rhin)

dans les conditions indiquées ci-après : Incorporé dans l'armée allemande n'a pas reparu à son domicile depuis le 20 août 1944. Dernières nouvelles le 2 Février 1945 de DANTZIG.

Par application de la Loi du 22 Septembre 1942 validée et modifiée par l'Ordonnance d'Alger du 5 Avril 1944, la famille peut, par simple lettre adressée au Procureur de la République du domicile du disparu, sans ministère d'avoué et sans frais, obtenir un jugement déclaratif d'absence.
À l'expiration d'un délai de cinq ans partant du jour de la disparition, le jugement déclaratif d'absence peut être transformé en jugement déclaratif de décès par application de l'Ordonnance du 5 Avril 1944 ci-dessus.
En outre, à tout moment, l'acte de disparition peut être transformé par le Service de l'Etat-Civil en acte de décès si les précisions nécessaires sont fournies.

Pour le Ministre des Anciens Combattants et Victimes de Guerre
Par délégation le Chef du Service de l'Etat-Civil,

REMARQUES IMPORTANTES :
1° Cet acte de disparition n'est pas un acte de décès, il ne doit pas être transcrit sur le registre des actes de décès de la Mairie.
2° La famille ne doit pas se dessaisir de cet acte. En cas de besoin pour faire valoir ses droits, elle établit ou fait établir une copie qu'elle fait certifier conforme par le Maire ou le Commissaire de Police.

Le 10 juillet 1951, le délai de cinq ans après la disparition de Julien étant écoulé, le Tribunal civil de Colmar déclare constant le décès de Julien fixé au 3 février 1945.

```
      MINISTERE DES                         D/ 141
   ANCIENS COMBATTANTS
  ET VICTIMES DE GUERRE    REPUBLIQUE FRANCAISE
      ----------                  ----------
  Direction de l'Etat-Civil
     et des Recherches
         Ier Bureau        Paris,le  - 2 JUIN 1947
   Etat-Civil Militaire
   139,rue de Bercy
     PARIS-12°
```

N° 322.761 A.L.

Madame

Comme suite à votre demande, en date du 13 février 47, relative à la régularisation de l'état-civil de:

Reppel Julien Joseph

j'ai l'honneur de vous adresser ci-joint l'acte de disparition de l'intéressé.

Veuillez agréer, Madame l'expression de mes respectueux hommages

Mme Elise Reppel
108 rue de Sélestat
Mussig
I.P.J.
B. Rhin

Pour le Ministre et par son ordre,
Pour l'Intendant Général
Directeur de l'Etat-Civil

Néanmoins un doute subsiste sur le lieu et la date exacte du décès de Julien.

Encore profondément marquée par la perte de son fils à laquelle elle ne peut se résigner, la mère s'adresse à l'Association des Déserteurs, Évadés et Incorporés de Force et sollicite, photo à l'appui, des recherches sur son fils. La réponse obtenue le 26 septembre 1952 cite avec précision le témoin allemand *Jeruita FRANÉ,* domicilié à *Berlin-Spandau* et son témoignage :

„*Der Zeuge hat Reppel auf einem Bild als Angehöriger seiner Einheit erkannt. Er sah noch Reppel am 21. 4. 1945 in Kottbus auf dem Wege nach Madlov (3 Km südlich von Kottbus) bei der Einheit. Am 21. 4. wurde der Zeuge verletzt und kam von der Einheit weg.*"

« Le témoin a reconnu Reppel sur une photo, il a appartenu à son unité. Il a encore vu Reppel le 21 avril 1945 à *Kottbus*, au sein de l'unité, sur la route vers *Madlov*, à 3 km au sud de *Kottbus*. Le 21 avril, le témoin fut blessé et retiré de l'unité. »

La ville de *Kottbus*, actuel *Cottbus*, se trouve environ 80 km au nord-est de *Dresden*. (Cf. carte VIII ci-dessus.)

Comme ses frères, Julien espérait rentrer vivant de cette horrible guerre.
Il est certainement encore en vie le 21 avril, il a 28 ans.
Il ne rentrera pas.
L'Armistice est signé le 8 mai 1945.

Son nom est gravé pour toujours dans la pierre du Monument aux morts au cimetière de son village natal, parmi les noms des 28 fils de Mussig dont 25 furent incorporés de force et 3 sont tombés en 1940.

Sa mémoire restera à jamais dans le cœur de ceux qui l'ont connu et aimé.

N.R.

Annexe 3 : Mémoires d'Edmond

De la Wehrmacht à la 1ᵉʳᵉ Armée Française

« Oui, je vais m'y mettre, il faut que je m'y mette, que je raconte la tragédie vécue par ma famille de 1939 à 1945, comme l'ont vécue tant d'autres familles d'Alsace et de Lorraine. Il faut que nos enfants et petits-enfants sachent, que le plus de gens sachent ce qui s'est passé, afin que l'on n'oublie jamais et que cela ne recommence jamais. Le risque de l'oubli est grand… Il est vrai qu'il faut avoir été soi-même à la guerre, et en première ligne, pour savoir ce que c'est. Et quand on a vécu ceci, on en est obsédé toute sa vie. J'espère qu'en écrivant mes souvenirs de cette période, je vais m'en libérer un peu… Il y a une pensée qui me revient en mémoire, je ne sais plus de qui elle est, « Tout homme qui meurt est une bibliothèque qui brûle». Ce n'est pas que j'aie la prétention d'être une grande bibliothèque, mais je vais quand-même essayer de sauver de l'oubli ce qui peut l'être.

J'écris aussi parce que, en général, on ignore ou bien on n'a qu'une vague idée dans le reste de la France, de ce qui s'est passé exactement en Alsace-Lorraine pendant la dernière guerre mondiale, et en particulier de juin 40 à la Libération en 45. Et même en Alsace-Lorraine les jeunes générations en sont souvent ignorantes. Pendant cette période, le gouvernement de Vichy n'a soufflé mot, ni à la radio ni dans la presse, de ce qui se déroulait dans ces deux provinces. C'était comme si elles ne faisaient plus ou n'avaient jamais fait partie de la France. On faisait semblant d'ignorer, pour faire plaisir aux Allemands, que l'Alsace et la Lorraine n'étaient pas « occupées », mais « annexées », c'est-à-dire intégrées complètement à Allemagne. Le gouvernement de Vichy prétend bien avoir protesté auprès des Allemands contre cet état de choses, mais si protestations il y a eu, elles n'ont jamais été publiques et personne n'en a jamais rien su. Petite mise au point : j'ai dit que la Lorraine était annexée ; en réalité ce n'était qu'une partie de celle-ci, la partie dans laquelle on parle en majorité un dialecte allemand comme en Alsace, et qui correspond à peu près au département de la Moselle, c'est-à-dire à un tiers de la Lorraine historique. Il faut ajouter que le même traitement a été infligé au Luxembourg, traitement honteux, contraire à toute loi internationale et à toute morale.

Mais venons-en au drame vécu par ma famille de 39 à 45 et mon cas précis…

En 39 et au début de 40, je continue d'aller au collège à Sélestat où les cours sont assurés dans les sous-sols lorsqu'il y a des alertes aériennes, ce qui est assez fréquent, car nous ne sommes qu'à une quinzaine de kilomètres du Rhin, donc du front…

Juin 40, l'Armistice

C'est l'armistice et pour ainsi dire la fin provisoire de la guerre. Grande consolation quand nous rentrons chez nous, après notre évacuation à Ribeauvillé. Les trois frères reviennent sains et saufs. Chacun de nous se remet à son travail. Moi-même je retourne au collège car, le baccalauréat étant considéré comme nul par les Allemands, il me faut passer l'équivalent allemand du Bac. Tout l'enseignement, dans absolument toutes les matières est donné en allemand. Il n'y a plus d'enseignement du français et il est totalement interdit de parler français, sous peine d'arrestation et d'enfermement au camp de « rééducation » de Schirmeck. En juin 41 je passe la « Reifeprüfung » (baccalauréat). Je l'obtiens avec mention « bien ». Et je veux continuer mes études, pensant que cela me servirait toujours. Je m'inscris à l'Université de Strasbourg, en géographie, anglais et obligatoirement en allemand. Les professeurs d'anglais sont bons, ceux d'allemand très bons. Celui de français par contre est minable, de sorte que tout le monde laisse tomber. Je prends pension chez mon oncle et parrain Marcel Schwartz, habitant Strasbourg Schiltigheim…

Reifeprüfung réussie par Edmond avec mention Bien le 25 juin 1941, pp. 1 et 3.

p. 1 :   *Jakob Wimpheling Schule Schlettstadt, Elsaß - Oberschule für Jungen.*
École Jacques Wimpheling Sélestat, Alsace - École supérieure de garçons.

p. 2 :   I. *Allgemeine Beurteilung des körperlichen, charakterlichen und geistigen Strebens.*
Appréciation générale de la nature physique, de l'intelligence et de la personnalité.
„*Körperlich mittelmässig, aber willig, sehr fleißig und strebsam, offenes, zuverlässiges Wesen.*"
« Corpulence moyenne, mais de bonne volonté, très appliqué et ambitieux, esprit ouvert et consciencieux. »

p. 3 :   III. *Wissenschaftliche und künstlerische Leistung* / Bilan scientifique et artistique.

„*Deutsch : befriedigend*	Allemand : satisfaisant.
Geschichte : gut	Histoire : bien
Erdkunde : gut	Géographie : bien
Kunsterziehung : gut	Enseignement artistique : bien
Englisch : gut	Anglais : bien
Biologie : gut	Biologie : bien
Chemie : befriedigend	Chimie : satisfaisant
Physik : gut	Physique : bien
Mathematik : gut	Mathématiques : bien.

Gesamtbeurteilung / Appréciation globale :
„*Der Schüler hat die in der Anstalt abgehaltene Reifeprüfung gut bestanden.*"
« L'élève a bien réussi l'examen du baccalauréat proposé par l'établissement. »

Mon incorporation au RAD et dans la Wehrmacht

Arrivent donc les sinistres dates du 23 août 42 accordant aux Alsaciens, Lorrains et Luxembourgeois la nationalité allemande, puis, conséquence logique de la première, celle du 25 août 42 rendant le service militaire obligatoire dans la *Wehrmacht*. Ils sont alors progressivement incorporés au RAD, puis dans l'armée allemande. Les réfractaires sont considérés d'office comme déserteurs et les sanctions les plus sévères leur sont appliquées, à eux-mêmes et à leurs familles déplacées en Allemagne et en Pologne… C'est terrible pour nous, nous devons nous battre seuls, avec l'amer sentiment d'être complètement abandonnés par la France officielle. Que faire devant la menace d'être incorporé dans l'armée allemande ? Passer clandestinement la nouvelle frontière des Vosges pour se réfugier en zone occupée, puis passer dans la zone libre, ce n'était pas facile et très dangereux, surtout pour un Alsacien déserteur. Et puis, il y avait la famille menacée de représailles, de déportation. Le premier d'entre nous à le faire, après en avoir longuement discuté avec le reste de la famille, c'est René qui est déjà parti avant la parution des décrets d'incorporation de force, le 11 janvier 1942...[1]

Après l'évasion de René, je prends la décision, ce doit être en mars ou avril, de tenter la même chose. Je m'entends avec un copain de Strasbourg et nous sommes prêts. Je me rends à Mussig pour en parler avec ma mère et mes frères. Ils ne sont pas d'accord, vu les risques énormes que je ferais ainsi courir à toute ma famille. Finalement, après mûre réflexion, je renonce à mon projet. Le camarade de Strasbourg est parti. J'ignore ce qu'il est devenu.

En octobre 42 je suis incorporé, de force évidemment, dans le RAD, obligatoire pour tous le garçons et les filles d'Allemagne. Cet *« Arbeitsdienst »* était une organisation paramilitaire, (à ne pas confondre avec le STO, **S**ervice du **T**ravail **O**bligatoire exclusivement réservé aux Français de l'Intérieur[2]), bien qu'on ne fait pas d'exercice avec les armes, mais avec une bêche, emblème de l'organisation et outil de travail. Nous logeons dans un camp près de *Hessisch-Lichtenau* dans la région de *Kassel*. Trois quarts d'entre nous sommes des Alsaciens. Il y a de l'endoctrinement politique, pas trop quand même. Les Allemands se rendent compte que ça ne marche pas avec nous. Nous accomplissons surtout des travaux de terrassements pour la construction d'une usine. La nourriture est un peu juste, mais suffisante pour moi qui ai toujours été un petit mangeur, alors que d'autres doivent se battre pour un morceau de pain. Au bout de deux mois et demi, pour Noël, nous sommes renvoyés dans nos foyers. Pas pour longtemps, car à la mi-janvier, je suis incorporé dans l'armée allemande et envoyé à Brno (*Brünn* en allemand) en Tchéchoslovaquie[3], dans la *« Infanterie Nachrichten Ersatz Kompanie 131 »* (Compagnie 131 de réserve, Renseignement de l'Infanterie). Nous sommes presque exclusivement des Alsaciens-Lorrains, étonnés d'être envoyés dans cette unité et de la confiance qu'on nous accorde. Les uns sont formés comme radiotélégraphistes et c'est mon cas, les autres comme téléphonistes. J'apprends alors le morse et à passer des messages radio. C'est malgré tout assez intéressant, malgré l'uniforme exécré et les sales bottes que nous portons. Le pire pour nous est l'entraînement militaire et les exercices à l'extérieur par tous les temps : apprendre à marcher au pas, à courir, à s'aplatir n'importe où, à ramper et, naturellement à se servir du fusil. C'est généralement insupportable pour nous Alsaciens, Français. Mais que faire ?

---

[1] Cf. Annexe 4, mémoires de René.
[2] Note de l'auteur : « L'usage de l'expression « France de l'Intérieur » pour désigner les habitants et les régions de France d'Outre - Vosges, était de tout temps courant. Chacun comprenait le sens géographique de la tournure... Cette manière de s'exprimer remonte au 17ème siècle... En 1648, par l'article 87 du traité de *Munster* (Westphalie), l'Alsace est devenue une province française *« à l'instar de l'étranger effectif »* car Louis XIV n'avait annexé cette terre que politiquement. Économiquement, l'Alsace est restée intégrée au Saint Empire Germanique et la frontière douanière laissée sur les Vosges. De ce fait, les Alsaciens étaient devenus des *Français de l'extérieur* et ils ont désigné leurs compatriotes d'Outre-Vosges par *Français de l'intérieur*. Le 30 octobre 1790, 150 ans plus tard, après la création des départements, eut lieu ce qui est appelé le *reculement* des barrières douanières au Rhin. » (Mme Jeanne Loesch, Strasbourg, in : DNA 12 octobre 2000).
[3] Cf. Carte VIII, Annexe 2. Brno / *Brünn* est env. 180 km au sud-est de Prague / *Prag*, en Moravie / *Mähren*.

Râleur toujours

On ne le fait jamais de bonne grâce et on râle, souvent en présence des sous-officiers et des officiers. Cela me vaut même une fois trois jours de prison, au pain et à l'eau. Cela ne change pas mon comportement et me rend seulement un peu plus circonspect. La seule chose agréable est de pouvoir sortir en ville le dimanche après-midi et d'aller au cinéma ou au théâtre. Il n'y a guère moyen de parler aux civils. D'une part nous ne parlons pas leur langue et d'autre part nous les sentons hostiles, mais pas agressifs. Et nous avions honte de porter cet uniforme et d'être pris pour des Allemands que nous ne sommes pas, alors que nous les haïssons comme eux. Tout cela est déprimant, tellement déprimant qu'il m'arrive de penser au suicide. Heureusement que nous parviennent les nouvelles du front, des défaites allemandes signalées un peu partout, nouvelles qui nous remontent le moral. Les sous-officiers et officiers qui nous commandent ne nous en parlent évidemment pas. Il faut dire, pour être juste, qu'ils nous traitent en général correctement, bien que sans ménagement. Nous ne sommes pas soumis à un endoctrinement politique poussé et les chants qu'il faut apprendre ne sont pas des chants nazis, heureusement. Ainsi passent les mois ; réflexion faite, nous nous estimons heureux de rester à la caserne, de ne pas être envoyés au front, le front russe notamment, destination des Alsaciens-Lorrains.

Cela finit pourtant par arriver. Le 8 septembre 1943, nous sommes mutés à la « *1. Komp. Marschbataillon 242* », (1ère Compagnie du Bataillon en marche 242), et c'est le départ en train pour ce front russe tant redouté. Après deux ou trois jours, nous arrivons à Kiev en Ukraine. Là nous apprenons que le train qui nous a précédés était allé au-delà du Dniepr, en plein dans les lignes russes. Comme nous envions ceux qui étaient dans ce train ! Cela aurait été une bonne occasion d'être prisonniers tout de suite !

Nous ne restons qu'un jour ou deux à Kiev, puis on nous amène, en camion, à dix ou vingt kilomètres au nord de Kiev dans un village nommé Yasnogorodka. Il n'y a plus d'habitants et nous faisons connaissance avec les isbas, couchant sur leurs grands fourneaux. Dès le lendemain nous travaillons au creusement d'un fossé antichars devant le village qui se trouve sur une grande bute. Mais comme la roulante n'a pas suivi et que nous n'avons pas mangé depuis la veille, nous n'y allons pas et nous nous faisons notre repas avec ce que nous trouvons sur place, une poule et des pommes de terre du jardin. Le soir nous nous rendons sur le lieu où nous devions aller le matin, voir les autres travailler.

Dans le feu de l'action tout de suite

Et voilà que nous entendons, au loin devant nous, des coups de feu. Ils se font plus nombreux et nous voyons des soldats allemands courir vers nous, les Russes à leurs trousses. Tout de suite rassemblement de tous les Allemands du village et distribution des munitions et fusils que nous n'avons pas encore, n'étant arrivés que la veille. Il n'y en a pas pour tous, et ceux qui n'en reçoivent pas, ce qui est mon cas, sont rassemblés sur une petite place du village à l'abri des maisons. On entend les Russes. Malheureusement, ou heureusement, ils ne prendront pas le village. Le lendemain, chacun a son fusil et même des grenades. À la tombée de la nuit nous sommes envoyés relever ceux qui se sont enterrés dans les trous individuels devant le village. Je suis donc dans mon trou quand je vois, à l'horizon, des lueurs semblables aux éclairs lors d'un orage. Et pour ainsi dire au même instant, un vacarme effroyable au-dessus de nos têtes, et derrière nous, des explosions d'obus tombés sur le village. Ce sont les fameux « orgues de Staline » qui viennent de nous arroser. Et puis tout de suite, des cris devant nous, sur toute la ligne de gauche à droite. C'est l'infanterie russe qui attaque, baïonnette au canon. Et je vois des ombres sortir de l'obscurité et courir sur nous, s'approcher de plus en plus près, poussant de grands cris, des « hourreh » à nous glacer de peur. Je ne tire pas un seul coup de feu ni ne lance une seule grenade ; je m'extrais le plus vite possible de mon trou et me sauve vers le village, un Russe à mes trousses qui me crie « stujpan ! ». Je l'entends et le vois nettement, à peut-être quarante mètres derrière moi. Il ne tire pas, du moins je ne le vois pas tirer. Ou alors, s'il a tiré, il m'a raté. Je traverse le village en flammes, je cours encore et me réfugie dans le bois qui se trouve là, je me cache. Je décide d'attendre les Russes, tout en restant caché, puis de me rendre, non pas à la première vague, mais plus tard. Ils prennent le village, mais n'avancent pas plus loin. Deux ou trois jours plus tard, les Allemands ayant repris le village, je suis de nouveau envoyé pour le défendre. Le village est encerclé aux trois-quarts et, depuis le trou individuel dans lequel je me trouve, je les entends circuler avec leurs « panie-wagen », leurs voitures à cheval, et crier, là, en contrebas, à deux ou trois cents mètres de moi. Leur artillerie tire sur le village. Au bout de deux jours, à la tombée de la nuit, je suis relevé et peux me faufiler, entre les maisons, vers la sortie, là où se trouve la roulante. Nous sommes dix ou vingt. À peine avons-nous commencé à manger que les fusées éclairantes éclatent au-dessus de nous ; on se croit en plein jour. Simultanément un assourdissant bombardement d'artillerie s'abat sur le village. Nous ne sommes pas directement dessous. Nous savons alors que c'est le prélude à une attaque russe et, « normalement », nous devrions rentrer dans le village afin de prêter main forte à ceux qui seront attaqués. Mais nous n'y pensons pas, pas plus les simples soldats que l'officier, un lieutenant je crois, et c'est lui-même qui nous encourage de sa voix à « *abhauen* », c'est-à-dire f… le camp. C'est ce que nous faisons tous chaque fois que l'obscurité revient. Nous entendons les tirs des mitrailleuses et ne traînons pas. Nous ne nous arrêtons que deux ou trois kilomètres plus loin, une fois en sécurité.

Edmond sous l'uniforme allemand.

Nous nous trouvons ensuite dans une petite ville du nom de Dymer, environ 50 km au nord de Kiev, durant quelques jours. Puis je me retrouve de nouveau en première ligne, avec cependant le Dniepr entre moi et les Russes. J'occupe pendant quelques jours un trou individuel sur la digue qui borde le fleuve. Le secteur est calme, les Russes ne tirent pas, nous non plus. Nous les entendons nettement de l'autre côté. Nous sommes ensuite relevés et revenons à Dymer. Un soir nous sommes chargés sur un camion et nous partons dans la nuit. Au bout d'un certain temps, on s'arrête dans un bois et nous y passons la nuit, enroulés dans nos couvertures.

Blessé le 13 octobre 1943

Le matin, c'est le 13 octobre, nous nous rendons compte que nous sommes en bordure d'un bois, devant le terrain est découvert. Au loin, un village, un peu sur une butte. C'est sensé être un « no man's land », nous recevons l'ordre d'aller voir, de passer le village au peigne fin et de l'occuper. Nous avançons tranquillement, à la queue leu leu, quand, arrivés à proximité du village, nous sommes accueillis par un feu nourri de tirs de fusils, de mitrailleuses et des explosions d'obus. Il y a sûrement, là déjà, des morts et des blessés dans nos rangs. Nous sommes tout près du village et je rampe vers le sommet de la butte. Arrivé en haut, je lève prudemment la tête pour voir ce qui se passe de l'autre côté. Et je vois, à 80 mètres peut-être des groupes de trois hommes debout ou accroupis autour d'engins qui ne peuvent être que des mortiers. Cette réflexion à peine faite, je ressens comme un gros coup sur ma tête. Un obus vient d'exploser à côté de moi et je suis blessé par un éclat. Cela ne m'est pas très douloureux, mais, portant la main à la nuque, je sens un éclat de métal planté dans le bas de mon crâne ; le sang coule le long de ma main. Cet éclat a emporté un bout du bas de mon casque, de ce casque tant haï qui m'a donc sauvé la vie, car la blessure se trouve très proche du cervelet. Un camarade me ramène en arrière, je ne sais absolument pas comment. Je me rappelle seulement qu'au bout de deux ou trois cents mètres, nous nous sommes arrêtés, à l'abri de la vue des Russes, dans un massif d'arbres et de haies et qu'il a commencé à me faire un pansement provisoire. Celui-ci est à peine fait que nous entendons les Russes tout près de nous. Nous sommes cachés, ils ne nous voient pas. Nous ne bougeons pas, évidemment. Et puis, oh divine surprise, nous les entendons s'éloigner. Nous commençons à reprendre notre respiration et à comprendre. Les Russes viennent de prendre les nôtres à revers et maintenant les encerclent. Ils resserrent le cercle, mais nous nous trouvons en-dehors et ne risquons rien pour le moment. Nous reculons, nous éloignant le plus possible du front.

Je suis opéré dans ce qui doit être une salle d'école, assis sur une chaise, un soldat me tenant par un bras à gauche et un autre à droite. On me fait une anesthésie locale et on m'enlève l'éclat d'obus, le plus simplement du monde. Cela ne me fait pas mal, mais je sens et j'entends le craquement quand on m'enlève le petit bout de ferraille planté dans le crâne. Aux moins deux chirurgiens sont là, opérant dans cette salle, sur de simples tables. Je passe la nuit dans cette salle, couché à même le carrelage, avec d'autres blessés, certains opérés, d'autres ne pouvant plus l'être en raison de la gravité des blessures à l'abdomen ou à la poitrine. L'un d'eux est mort cette nuit, personne ne s'en est aperçu.

Le lendemain je suis évacué par camion, puis par train sanitaire jusqu'en Pologne. Je reste encore six semaines dans un hôpital militaire à Sierdz, pas loin de Lodz, je crois.

Convalescence en famille à Noël... Déserter... Cas de conscience...

Ma blessure guérit très vite, beaucoup trop vite à mon gré et début décembre, je suis envoyé chez moi en convalescence pour deux ou trois semaines. Je suis très heureux d'être parmi les miens, ma mère, mon frère Robert, ma sœur Hélène. J'ai enfin des nouvelles de mes frères Maurice et Julien, tous deux sur le front russe également, mais nous n'avons aucune nouvelle de Marcel et René[4]. Au sujet de ces derniers, nous ne sommes pas trop inquiets, pensant qu'ils sont en sécurité. Je suis heureux d'être en civil, de ne plus devoir porter ces sales bottes et cet uniforme tant haï. Je me sens de nouveau un tout autre homme. J'apprends qu'un tel ou un autre est mort ou est porté disparu en Russie et m'étonne un peu d'être là, vivant, revenu de cet enfer.

Les jours passent, vite, et quand je pense qu'il va falloir retourner à l'armée allemande et sur ce front russe tant craint, j'ai peine à le croire. Je pense de nouveau à déserter, à essayer de gagner la Suisse et m'enfuir au-delà des Vosges. J'y pense, tout en sachant que cela ne sera pas possible, et cela me déchire le cœur. Terrible dilemme, impossible cas de conscience. Prendre les risques pour soi-même est relativement facile. Faire courir des risques extrêmement graves aux siens, à la mère, la sœur, le frère, c'est tout autre

---
[4] Cf. Annexes 1 et 4.

chose. Ils étaient terriblement réels. Nous savons ce qui est arrivé au beau-père de Marcel après sa fuite avec sa femme : le camp de concentration ! Et les mêmes représailles ont failli être prises à l'encontre de ma mère. Aussi m'est-il alors moralement impossible de déserter l'armée dans ces circonstances. Je me résigne donc à endosser encore une fois l'uniforme allemand et à remettre les bottes.

Un mois de prison

Je dois être de retour à la caserne à Brno le 23 ou 24 décembre, c'est-à-dire la veille de Noël. À cela je ne peux cependant pas me résigner et décide donc de passer Noël avec les miens, tant pis pour les conséquences. Je repars le 26 et arrive à la caserne le 27, avec quatre jours de retard. En fait je suis déjà considéré comme déserteur et passible du conseil de guerre. Je suis convoqué chez le colonel. Je lui explique que j'ai été malade, ainsi que ma mère. Je ne pense pas qu'il me croit, et je ne sais pas s'il a essayé de vérifier mes dires en contactant Mussig. En tout cas je ne suis pas traduit en conseil de guerre. Sans doute aussi parce que je revenais des combats sur le front russe où j'ai été blessé, ce que je fais fortement valoir, et que je suis revenu de mon plein gré à la caserne. On n'a pas eu besoin de me rechercher et m'arrêter. Quoiqu'il en soit, on est « indulgent » avec moi et le colonel me condamne à quatre semaines de prison. Cette condamnation ne me fait ni chaud ni froid, et c'est plutôt le cœur léger que je rentre en prison le 31 décembre à 13 heures.

Cette prison est un grand bâtiment, près de l'entrée de la caserne. Les cellules, dix ou douze de part et d'autre d'un couloir, se trouvent à l'étage. L'escalier est fermé par de fortes grilles, en bas et en haut. C'est une cellule courante, de 2m sur 3m, fermée par une épaisse porte pleine comportant un judas pour permettre au gardien de nous surveiller. Une petite fenêtre avec gros barreaux nous dispense une faible clarté. Comme unique « mobilier », il y a là une banquette en bois sur laquelle je peux m'asseoir et dormir. Pendant ces quatre semaines je ne sors jamais à l'air libre. Je ne sors dans le couloir que le matin pour faire ma toilette et aller au WC, et le soir pour chercher deux couvertures qu'il faut rapporter chaque matin. La nourriture se limite, le matin, à quelques tranches de pain avec une gamelle de breuvage qui n'a de café que le nom. Un soir sur trois j'ai droit à un repas normal. Étant un petit mangeur, comme je l'ai déjà dit, cela me contente. Je ne m'ennuie pas et suis plutôt satisfait. Français dans une prison allemande, je suis à ma place. Je ne me sens plus à l'armée, plus de casque ni de bottes, pas d'exercices militaires ni d'Allemands pour me commander ; c'est le silence, le calme et je me sens en parfaite harmonie avec ma conscience. Je resterais bien en prison jusqu'à la fin de la guerre, si on voulait bien m'y laisser.

« *Gedanken und Erinnerungen* », de Goethe

Si je ne m'ennuie pas, c'est aussi par ce que j'ai pu introduire dans ma cellule un petit livre de la collection « *Reklam* », « *Gedanken und Erinnerungen* » (pensées et souvenirs) de Goethe, et cela me permet de réfléchir et de philosopher de longues heures, à longueur de journée. L'un des gardiens a bien fini par s'en rendre compte, mais il n'a rien dit et me l'a laissé. Fin janvier je sors de prison et c'est de nouveau la vie de caserne, avec les autres. Ces autres sont en majorité des Autrichiens, je suis le seul Alsacien. Avoir été en prison ne me vaut pas de traitement particulier, ni brimades, ni insultes. J'ai l'impression qu'on ne juge pas mon cas, même pas mes supérieurs. Je ne me fais pas particulièrement remarquer non plus, ni en bien ni en mal.

Au bout de trois mois, c'est-à-dire fin avril, nouveau branle-bas, préparation et départ au front. La grande question : quel front ? Et c'est un immense soulagement quand nous nous rendons compte que nous ne roulons pas vers l'est, mais vers le sud, traversant la Bavière, puis les Alpes par le Col du Brenner.

Et nous voilà en Italie

Pour moi, c'est un rêve qui se réalise enfin, bien que dans des conditions particulières. Je verrais donc les orangers, les oliviers, les ruines romaines encore en relatif bon état. Enthousiasmant, si je n'étais pas soldat allemand ! Le train nous emmène toujours plus au sud, à une cinquantaine de kilomètres au nord de Rome à Bracciano, au bord du lac de même nom. Nous logeons dans une belle et agréable villa sur la rive du lac. En tant que radiotélégraphiste je suis affecté au PC d'une compagnie. Nous passons là environ deux mois, faisons des exercices et surtout, je crois, de l'occupation. Nous avons peu de contacts avec la population qui nous évite. Un jour on envoie un petit groupe, comprenant un sous-officier, un autre soldat et moi-même, à Florence. Je suis l'interprète de circonstance, car j'avais étudié également un peu l'italien. Sur le chemin du retour nous sommes repérés par un avion américain qui rôde par là et nous mitraille copieusement. Quand nous le voyons descendre et foncer sur nous, nous nous arrêtons immédiatement et nous nous étendons dans le fossé en bordure de route. Il revient sur nous une deuxième fois pour nous mitrailler. Aucun de nous trois n'est touché, la camionnette oui, mais pas le moteur, de sorte que nous pouvons rentrer indemnes à Bracciano.

Fin mai, ordre nous est donné de nous préparer pour partir en renfort de nos troupes au sud de Rome. Les Américains, des Français aussi, avaient déclenché une vaste offensive. Nous voici donc dans la région des Monts

Albano, et pratiquement au front. Nous sommes sur des camions et entendons bientôt le bruit d'âpres combats devant nous, sur notre gauche et sur notre droite. Nous sommes sur le point d'être encerclés et faisons demi-tour. Nous nous dégageons complètement, c'est la nuit et nous continuons de rouler, je ne sais combien de temps. Je me retrouve bientôt seul, errant dans cette région, entre Rome et la mer, à Ostia en particulier, à 40 km de Rome. Je fais même de l'auto-stop, en évitant autant que faire se peut de ne pas tomber sur la « *Feldgendarmerie* », la police militaire allemande. Je ne suis pas seul dans mon cas, car pour l'armée allemande, à cet endroit, c'est la débandade. Un soir je me retrouve à Bracciano, près d'une roulante, car il faut bien manger. Nous sommes peut-être une cinquantaine, tous des « dispersés ». Le soir du lendemain, l'ordre nous est donné de nous replier sur « de nouvelles positions ». C'est alors que je me dis que le moment est venu, qu'il faut absolument trouver un moyen pour se tirer, aussi discrètement que possible. À la tombée de la nuit, nous quittons Bracciano par une petite route en direction du nord. Nous sommes à pied, on ne voit plus de véhicule allemand nulle part. J'ai aussi une bicyclette, récupérée je ne sais où, et comme seule arme un pistolet. Nous cheminons un moment à travers un grand bois. La route est sinueuse et je m'arrange pour être en queue de la troupe. Au début d'un virage je fais sauter la chaîne de ma bicyclette et fais semblant de la remettre. Dès que les autres disparaissent au bout du virage, je jette mon vélo derrière une haie et m'enfonce dans la forêt. Personne ne m'a vu m'enfuir, du moins je ne le pense pas. Je m'éloigne alors de la route et vais me cacher derrière des rochers. J'y passe la nuit, celle du cinq au six juin 1944. Vers le milieu de la nuit, je perçois le bruit de camions et de chars circulant au loin sur la route. Ce ne peut être que des Américains, car depuis deux jours je n'ai plus vu aucun camion ou char allemand. Le matin, vers huit ou neuf heures je sors de ma cache et pars prudemment à leur recherche. Un civil que je rencontre me confirme qu'il s'agit bien des Américains. Je lui demande de me conduire auprès d'eux, ce qu'il accepte volontiers. Pour moi, c'est bien plus rassurant d'être accompagné.

Évadé et prisonnier des Américains, puis au Corps Expéditionnaire Français

Me voici donc prisonnier des Américains. Connaissant l'anglais, il m'est facile de leur expliquer mon cas. Je suis bien traité et je mange pour la première fois un excellent pain blanc et des « beans », ces haricots en boîte que j'apprécierai beaucoup moins par la suite, car nous en mangeons tous les jours. Le lendemain ou le surlendemain, un capitaine de l'armée française, un Alsacien nommé Altdorfer, vient me « libérer » des Américains. Suit évidemment un interrogatoire et nous quittons ce camp américain. Nous partons à Aversa, au nord de Naples, où est basé le Corps Expéditionnaire Français d'Italie. Là, changement d'uniforme, grande toilette et vaccinations… Bref, l'incorporation dans l'armée française. Je me retrouve alors avec une dizaine d'autres Alsaciens et Lorrains, incorporés de force dans l'armée allemande, qui ont eu la chance d'être envoyés en Italie. Pendant une dizaine de jours nous suivons une formation de chiffreur, puis nous sommes tous affectés au service du chiffre du QG du Corps Expéditionnaire Français en Italie et remontons vers le nord, vers le front. Le QG est toujours assez loin en retrait du front. On ne peut évidemment pas nous engager en première ligne, où nous risquerions de retomber aux mains des Allemands. Notre travail est passionnant, car les comptes-rendus des différentes divisions nous parviennent chaque jour et nous sommes les premiers informés de la situation sur le front. Nous communiquons également avec le gouvernement d'Alger, plus tard avec Paris. Nous sommes agréablement surpris, et quand-même un peu étonnés qu'on nous fasse autant confiance, soldats venant du camp adverse et qu'on connaît somme toute mal. De vrais Allemands auraient pu se faire passer pour Alsaciens-Lorrains et infiltrer de la sorte l'armée française, s'y adonner à l'espionnage et au sabotage. Nous sommes alors au courant de beaucoup de choses, de données secrètes… Ainsi savons-nous, au moins quatre semaines à l'avance, quand et où aura lieu le débarquement allié en Provence. Ce n'est pas rien.

Nous arrivons donc au-delà de Sienne, à proximité immédiate de Poggibonsi, à 40 km au sud de Florence. L'avancée de nos troupes est stoppée. Nous ne resterons plus engagés longtemps et fin juillet toutes les troupes françaises sont retirées du front, nous repartons tous à Naples et Aversa. Nous attendons d'être embarqués en prévision du débarquement allié en Provence. Nous stationnons là au moins quatre semaines et n'avons absolument rien à faire. Nous visitons Naples et les environs, Pozzuali et ses solfatares. Par deux fois nous prenons le petit train pour Pompéï. Un jour nous décidons même, deux copains (Muller et Szymanski) et moi, d'aller visiter Rome. Après le déjeuner, nous nous mettons en route, en auto-stop, et arrivons à Rome vers huit heures du soir, après avoir été pris en charge par 14 véhicules différents. Nous y apprenons la libération de Paris, nous sommes le 24 août 44. Le lendemain nous visitons Rome, montons tout en haut de Saint-Pierre et sommes reçus par le pape. Le 26, nous retournons à Naples, et là, c'est la grande surprise : il n'y a plus personne. Nous sommes catastrophés et pensons qu'ils ont embarqué sans nous ! Tout de suite, nous partons à leur recherche. Dans le port de Naples, rien. Au port de Bagnoli, au nord de Naples, nous les trouvons enfin, sur les quais, face aux bateaux. Ouf ! Tous nos camarades sont là, et avec nos affaires. Prudents, ils n'avaient pas signalé notre absence et nos chefs ne sont pas au courant. Tout se termine bien et nous avons eu bien chaud.

Direction la France !

Nous embarquons le jour même et partons. Nous ne sommes pas les premiers à partir pour la France. Les premiers ont débarqué le 15 août. Notre convoi est important. Nous sommes un grand nombre de Liberty Ships - les bateaux de la liberté -, escortés de bateaux de guerre, tout autour. C'est impressionnant et nous sommes tous extrêmement heureux de naviguer vers notre patrie et de participer activement à sa libération. Nous sommes trois jours en mer et débarquons enfin près de Sainte-Maxime, sur la plage de La Nardelle. À La Nardelle nos bateaux foncent carrément sur la plage ; leur devant s'ouvre, un genre de pont s'abaisse et, juchés sur nos camions, nous débarquons sans même nous mouiller les pieds.

Par la Route Napoléon, nous remontons vers le nord, faisons étape à Aix-en-Provence, puis près de Grenoble. Il y a quelques jours déjà que ces villes sont libérées. Ce n'est pas le cas de Villefranche-sur-Saône et Mâcon où nous sommes encore acclamés. Nous restons quelques temps à Mâcon. Je me trouve donc à une vingtaine de km de Cluny où se sont réfugiés mon frère Marcel et sa femme et où mon frère se trouve dans le maquis. Il y a deux ans et demi que je ne sais rien de René et un an et demi rien de Marcel. Et maintenant nous sommes tout près les uns des autres et l'ignorons totalement. Au fur et à mesure que nos troupes repoussent les Allemands, nous nous déplaçons, étant alternativement P.C. avant et P.C. arrière. Les étapes suivantes sont Dijon, Besançon, Montbéliard, Belfort, Guebwiller, le Palatinat, *Karlsruhe*. Le jour même de l'Armistice, nous faisons mouvement vers *Lindau* sur les bords du Lac de Constance. C'est là que je suis démobilisé le 25 mai 1945.

Lorsque nous étions à Belfort, j'étais très inquiet au sujet des miens, à Mussig. Nous savions que Sélestat était libéré, mais que Mussig, 8 km plus loin, ne l'était pas et se trouvait donc sous le feu de l'artillerie et exposé aux éventuels bombardements américains. Le 1er février, Mussig fut libéré. De fin novembre à cette date, on y avait vécu dans les caves, quand il y en avait. Dès que possible, je me rendis donc « chez moi », où je trouvai ma mère, mon frère Robert et ma sœur Hélène, tous trois en bonne santé. J'y trouvai aussi mon frère René venu comme moi aux renseignements. Inutile, je pense, de décrire par le menu, le bonheur de nous retrouver en bonne santé. Mais nous étions encore sans nouvelles de Maurice et Julien.

Julien n'est pas rentré, ne rentrera jamais. Il sera déclaré mort le 03 février 1945. Maurice, rentré le 27 mai reprend son travail de cultivateur. J'aide alors René à l'épicerie. Les marchandises étant rationnées et rares, il faut courir partout. Je m'occupe aussi, pendant deux ans du secrétariat de la mairie. Une fois par semaine, je vais à la fac à Strasbourg, reprendre autant que faire se peut, mes études. Ce n'est pas idéal et ne peut durer. René doit se marier et, je serai inutile dans la maison. Rester secrétaire de mairie ne me convient non plus. Marcel me conseille alors de demander un poste de répétiteur dans l'enseignement public. Ainsi suis-je nommé en octobre 1947 répétiteur à Chalon-sur-Saône. Je peux reprendre ainsi des études universitaires sérieuses à l'Université de Dijon. Le travail de répétiteur est identique à celui de surveillant d'internat, avec en plus le contrôle et la correction des travaux des élèves. À la rentrée 1948, j'obtiens ma mutation pour Besançon, ville universitaire. Ainsi en deux ans, de 47 à 49 je passe ma licence et obtiens en 1950 le CAPET, Certificat d'Aptitude à l'Enseignement Technique.

Marié en juillet 1950 avec Gilberte Bénichou, je suis nommé professeur d'allemand au collège technique de Saintes en Charente-Maritime, devenant ainsi saintais et charentais. J'aurai trois enfants et me remarierai en 1973, avec Geneviève Coumailleau. »

Edmond.

Edmond est décédé à Saintes le 12 novembre 1991.

Edmond chez lui à Saintes avec Élise, sa mère. Derrière Élise, l'oncle Robert d'Amérique. (Été 1964).

Annexe 4 : L'exceptionnel parcours de René

Avoir 16 ans en 1939

« Cinquième garçon des sept enfants de la famille, j'ai perdu mon père en 1936, alors que j'avais à peine 13 ans. Ce n'était alors pas une mince affaire pour maman que d'être veuve et mère de six garçons et une fille de sept ans. Ainsi que notre père l'avait prévu, deux garçons feront des études, deux autres iront dans l'agriculture et les deux derniers travailleront dans la boulangerie.

J'étais donc destiné à apprendre le métier de boulanger, si on pouvait appeler ceci un métier en 1937 avec la préparation d'une demi-fournée de pain par jour. Par contre le dimanche, c'était trois fournées complètes de pains longs et beaucoup de petits pains *(Süii-brot)* qu'on vendait au porte à porte dans le village. C'était intéressant et tout le monde s'y mettait. Après le réveil à cinq heures et demie, maman préparait à chacun sa tournée : deux d'entre nous partaient avec les hottes remplies de pains, les autres avec deux charrettes à quatre roues *(Faldkutsch)*. Tout cela aurait pu durer, si la menace d'une guerre ne se faisait sentir de plus en plus.

1939. Mes trois frères aînés, Marcel l'étudiant, Maurice le cultivateur et Julien le boulanger, sont en âge d'être mobilisés. Arrive donc ce que nous craignons tous. Mobilisation générale le 1er septembre 1939. Déclaration de guerre de la France et de l'Angleterre à l'Allemagne le 3. Mes trois frères aînés partent pour la guerre. Pauvre maman ! Elle savait ce que signifiait la guerre, elle avait vécu celle de 14-18. Nous-mêmes nous ne nous en rendions pas tellement compte et je n'ai même pas seize ans. J'essaie donc de cuire le pain tout seul, la réussite n'est pas au rendez-vous au début, mais ça va, c'est la guerre, il ne s'agit pas d'être exigeant et l'essentiel est d'avoir du pain. Pour la culture, pas de problèmes non plus ; les terres ont été labourées et ensemencées au début de l'automne comme les années précédentes, avec l'aide de M. Louis Schnell, un voisin assez âgé, mais bon et serviable.

Ce qui inquiète maintenant maman, c'est qu'il faut se préparer à l'évacuation. Plusieurs villages, les plus proches de la frontière et de la Ligne Maginot, le sont déjà. Mais par bonheur nous pouvons encore passer l'hiver 39-40 au village, ce premier hiver de guerre. Nous espérons alors que ce sera le seul. Hélas ! Jeudi 6 juin, l'ordre d'évacuation nous arrive, il paraît que les Boches vont attaquer, traverser le Rhin et peut-être même percer la Ligne Maginot. Il faut partir avant samedi 8 juin à 20h. Nous ne voulons pas y croire, nous connaissons ces fortifications, c'est du solide, de l'imprenable.

Juin 40 : L'évacuation[1]

Pourtant nous sommes évacués : destination Ribeauvillé par l'actuelle route du vin. Le bétail est évacué le vendredi 7 et la population part samedi 8 juin. Tout ce que nous pouvons emmener, matelas, couvertures et vivres, est chargé sur une charrette à ridelles tirée par un cheval et un bœuf. Les autres animaux, cochons et vaches, sont placés dans des fermes des villages plus éloignés de la frontière. Nous voilà donc partis, maman et la sœur Hélène conduites en voiture, les deux autres frères Robert et Edmond, et moi vers **Ribeauvillé** avec notre charrette. La colonne qui quitte le village est impressionnante. Nous ne sommes pas pressés, personne ne dépasse et il fait déjà nuit lorsque nous arrivons à destination, à 20km de notre village. Mais alors, quelle pagaille, en attendant de caser tout ce monde, les personnes d'abord, les bêtes ensuite ! Pour nous ce sera une maison dans la grand'rue au premier étage, dans un appartement impeccable, tout astiqué par la propriétaire qui était veuve. Nous voilà, débarqués avec matelas, couvertures et sacs de provisions, dans nos gros souliers. Elle crie, elle pleure, la vieille, elle implore, rien à faire, c'était bien notre cantonnement, nous nous installons, que cela plaise ou pas. Maman a son lit, nous les jeunes dormons par terre sur les matelas, nous ne sommes pas trop mal, à notre âge c'est l'aventure. Nos animaux, le cheval et le bœuf, trouvent abri dans une écurie en haut de la ville ; matin et soir nous allons les soigner. Tout rentre dans l'ordre pour nous, mais que de problèmes pour la municipalité.

Dès les premiers jours, un employé municipal me sollicite pour donner un coup de main dans une boulangerie ; je ne demande pas mieux. D'ailleurs avec tout ce monde, le travail ne manque pas. Puis les nouvelles deviennent plus alarmantes, la Belgique et la France sont envahies, qu'allons-nous devenir ? Un beau matin, nous entendons des coups de canon ? La patronne de la boulangerie nous fait monter des sacs de farine de 100 kg au 3ème étage pour les cacher. Après les canons, ce sont les mitrailleuses que nous entendons. Ça y est, les Allemands vont arriver, nous sommes réfugiés dans la cuisine, le patron et les trois employés. Nous les attendons, il n'y aura plus de miracle, ils vont venir, je me risque dans le magasin pour voir. Personne dans les rues, de temps en temps des coups de fusil, des rafales de mitrailleuses, mais personne, pas un chien dehors.

Je suis donc à la porte du magasin, m'attendant à les voir arriver du bas de la ville, et tout à coup en voilà un à côté de moi. Il venait d'en-haut, à vélo, armé jusqu'aux dents comme on dit, avec fusil mitrailleur, balles et grenades, rien ne manquait ; c'est donc ça le boche, l'envahisseur ! Dès qu'il me voit, il laisse tomber son vélo et vient vers moi, me criant quelque chose à la figure que je ne comprends pas. Comme ma patronne l'a entendu et compris, elle lui

[1] Cf. Ch. 39-40 et Annexe 3.

indique de la main la maison d'en face, c'est la mairie qu'il cherche. Je ne sais pas qu'elle s'appelle *Bürgermeisteramt* en allemand. Et même si je le savais, je ne pourrais pas lui répondre à ce moment-là, tellement la soudaineté de son apparition m'impressionne. Je ne pourrai jamais définir l'effet qu'a produit ce soldat, tellement différent des nôtres, sur le jeune garçon que je suis. Suis-je écœuré, paniqué, apeuré, en tous cas, j'ai envie de pleurer, sans trop savoir pourquoi.

Nous rentrons chez nous le 22 juin, jour de l'Armistice. Dès le lendemain matin, après avoir confectionné le pain, je pars à la recherche de nos animaux. Dans une remorque je ramène un cochon de Blienschwiller ; ces gens-là sont chics, ils ne réclament aucun dédommagement pour la nourriture donnée à la bête. À Bernardsvillé je cherche une vache ; vingt kilomètres à pied avec une vache, quelle promenade ! Mais la vie peut recommencer, il n'y a pas trop de dégâts. Nous déterrons le service en argenterie que nous avions enfoui au fond de la cour, avant de partir. Nous rentrons aussi les foins et la moisson, entre temps nos frères sont revenus, libérés des camps de prisonniers par les Allemands.

Boulanger à Strasbourg, sous le régime hitlérien

J'approche de mes dix-sept ans et j'ai envie de partir, puisqu'on n'a plus besoin de moi à la maison. Grâce à une annonce au journal, je trouve un travail à Strasbourg, c'est une assez grande boulangerie en comparaison avec la nôtre. Nous sommes trois, le patron, un apprenti et moi. Je ne gagne pas gros car je n'ai pas de brevet ; par contre je découvre qu'en réalité je connais très peu de mon métier. Le patron est dur, mais je reste, j'ai encore tant à apprendre. J'ai aussi quelques autres satisfactions qui m'arrangent d'ailleurs bien.

Nous sommes en 41, je vais sur mes 18 ans. Il faut rentrer dans les Jeunesses hitlériennes, mais je passe au travers. À Strasbourg je prétends être inscrit dans mon village, et chez moi je dis à qui veut l'entendre que je fais partie de la *Hitler Jugend* à Strasbourg.

Autre satisfaction : taquiner les policiers allemands. Les bérets, signes de francophilie, sont formellement interdits. Nous les portons malgré tout, le matin, lors de nos tournées de distribution de pain. Et comme nous connaissons les petites ruelles, nous leur échappons presque toujours. Par deux fois pourtant, ils m'emmènent à la gendarmerie. La première fois ça se passe bien, je suis bon pour un sermon et mon béret est confisqué. Mais la semaine suivante, je suis de nouveau repéré avec un béret et emmené à la gendarmerie. Cette fois-ci la punition est plus sévère, ce sont des gifles et la menace de partir à Schirmeck si on me reprenait. On me donne même l'argent nécessaire à l'achat d'une casquette. J'ai compris, je porterai dorénavant le pain, la tête dégagée ; mon patron n'aime pas, car cela ne fait pas hygiénique, dit-il. Tant pis !

En cette fin d'année 1941, je me promène en ville, un dimanche après-midi. Quand j'arrive Place Kléber, il y a foule de soldats allemands. Ils remplacent la statue de Kléber par une statue de *Karl Roos*.[2] Il y a une grande parade militaire, je me tiens devant le magasin Kohler-Rehm et je regarde, les mains dans les poches. Soudain, une gifle et une engueulade ! On joue l'hymne allemand, tandis que moi, j'ai les mains dans les poches. Quelle insulte à la grande Allemagne ! Encore une fois j'ai compris. Dès ce jour, ma décision est prise, je ne resterai plus ici. À la première occasion, je rejoindrai la France libre.

Rejoindre la France libre.

J'en parle donc à ma mère dès le dimanche suivant. Elle est d'accord, ainsi que mes frères. Il faut organiser mon évasion, ce n'est pas facile de passer la frontière dans les Vosges, puis la ligne de démarcation entre la France occupée et la France libre. J'en parle aussi à un copain, Paul Bulber de la classe 21, il me promet de partir avec moi. Nous partirons ensemble. Maman n'avait pas échangé tout l'argent français contre des marks, elle avait gardé espoir. Je peux donc changer mes marks pour des francs.

Mon frère aîné Marcel, travaillant à cette époque à Metz, à l'École nationale professionnelle, a beaucoup de relations avec les cheminots. C'est donc là qu'il faut chercher à passer la frontière. Une date est convenue : ce sera le 12 janvier 42. J'arrive seul **à Metz** la veille, mon copain ayant renoncé au dernier moment. (Cf. p. 197, note 4) Je crois que c'est sa mère qui lui a déconseillé de partir. Je passe la nuit à Metz et le lendemain, c'est le départ, le soir, vers Amenvillers, dernière station avant la frontière. Là, je sors du train et trouve « mon cheminot » qui fume une pipe, comme convenu. Sans faire semblant de me voir, il me fait signe d'aller derrière le train ; il reste sur le quai et me parle tout en regardant dans une autre direction, m'expliquant qu'il fallait monter dans le dernier compartiment dès qu'il me le dirait. Pour le remercier, je veux lui donner quelques paquets de cigarettes qu'il refuse net. Il me fait donc signe, le train était contrôlé, les Allemands sont descendus, je monte dans le train, il part. Quand il s'arrêtera, je serai en France.

C'est Conflans-en-Jarnisy. Je contourne la gare et trouve un petit hôtel pour y passer la nuit. Le lendemain matin je me lève de bonne heure, prends le café et me renseigne sur les horaires des trains pour Nancy. Là j'ai une sacrée frayeur quand un type en par-dessus et portant un chapeau m'accoste et me demande directement si j'étais un de ceux qui cherchent à aller en France libre. Je ne sais quoi dire, je n'ai pas confiance, il le remarque et me dit de le suivre, nous allons ensemble à Nancy. Nouvelle frayeur dans le train lors d'un

---

2 La Place Kléber est débaptisée et devenue *Karl Roos-Platz*, du nom de l'autonomiste alsacien Charles-Philippe Roos fusillé en février 1940 par les Français sous le chef d'inculpation d'espionnage au profit de l'ennemi allemand.

contrôle. Un Allemand et un Français me demandent les papiers. Comme je n'en ai pas, mon accompagnateur sort une carte que je cherche à voir et déclare que je voyage avec lui. « Ça y est, je suis pris, me dis-je, je crois bien que c'est fini ». À la sortie de la gare, il me dit de l'attendre, le temps qu'il aille faire une course. Il pénètre dans un immeuble dont j'inspecte l'entrée. Je trouve entre autre une inscription « *Feldgendarmerie* » / police militaire ; comme piqué par une guêpe, je prends ma valise et traverse une large rue. Je me cache un peu et j'attends la sortie de mon bonhomme. S'il ne sort pas seul, j'aurai le temps de décamper. Mais il sort seul, je vais à sa rencontre ; il me dit de rester deux jours à Nancy, le temps d'obtenir des papiers d'identité. Je passe ces deux jours rue Molitor chez M. Schneider, boulanger. Et voilà que deux jours plus tard, j'ai tout ce qu'il me faut, les papiers et mon itinéraire pour la France libre. J'ai la chance d'être tombé sur un réseau de passeurs. Je pars donc vers Paris, ma valise remplie des victuailles que maman m'a préparées, lard, jambon, fromage, sardines, de quoi me nourrir dix jours durant. À Paris, mon train pour Tours part quelques heures plus tard et la faim commence à me tenailler. Je sors de la gare à la recherche d'un petit bistrot où je pourrai tranquillement casser la croûte. Bien installé dans un coin, j'ouvre ma valise et en sors un pain blanc, un morceau de lard, du fromage, tout heureux de ce que vais enfin pouvoir me mettre sous la dent. Mais j'oublie peut-être que je suis à Paris, en janvier 42 et que les gens crèvent de faim. Je ne suis pas assis dix minutes que je me retrouve entouré d'une foule de Parisiens, regardant mon pain blanc et tout le reste. Je comprends aussitôt, j'abandonne sur la table tout ce que j'ai sorti de ma valise, je referme celle-ci et m'enfuis en hâte vers le quai de la gare. Je n'ai plus faim. Plus tard je casserai la croûte, retiré dans les toilettes, avant d'arriver à Tours.

Je débarque dans cette ville vers 23h, mais le couvre-feu effectif depuis 21h m'oblige à rester dans la salle d'attente, au risque d'être ramassé au courant de la nuit, ou bien à passer à la *Kommandantur* / État-major local, pour obtenir un laisser-passer. Je choisis cette deuxième solution, là tout se passe bien, puisque je suis en possession de papiers, certes faux. Je vais donc retrouver mon hôtel dont j'ai gardé le nom en tête, je suis bien reçu. On ne me demande rien, ni papiers, ni argent. Je passe la nuit dans cet hôtel, prends un petit déjeuner et disparaît dans un autocar. Ni vu ni connu. Je ne crois pas avoir prononcé deux mots, exceptés bonjour, au revoir et merci.

Destination La Haye Descartes où je dois retrouver le curé qui me reçoit bien. Chez lui je mange des pommes de terre salées et je vide ma valise. Après avoir passé la nuit à l'hôtel en face, je retrouve très tôt le lendemain matin mon vieux curé, accompagné d'une demoiselle approximativement de mon âge. C'est mon passeur. Elle connaît les horaires de passage des patrouilles allemandes, puis nous partons, traversons une forêt, jusqu'à une rivière, le Cher. Là, mon passeur me donne les dernières explications : suivre la rivière, ne pas trop s'en approcher pour ne pas être vu de l'autre côté, ni trop pénétrer dans les bois, marcher le plus rapidement possible, et dès les premières maisons, je serai en zone libre. Elle fait demi-tour, tandis que moi je fonce vers mon salut. Une demi-heure plus tard les gendarmes français m'accueillent en me signalant mon entrée en France libre.

Je pleure à mon arrivée en France libre

Ce n'était pas facile et j'ai eu une sacrée chance.

De là, je rejoins un cousin de mon père, M. Burckel qui tient une ferme en Dordogne, à Le Fleix, près de Sainte Foy la Grande. Je reçois mes cartes de rationnement pour le pain, la viande et autres denrées et trouve du travail dans une meunerie-boulangerie jusqu'à ce jour de novembre 1942, le 11 exactement, quand les Allemands envahissent la zone française non occupée. Il faut dorénavant se tenir discret. Aussi, lorsque je reçois ma convocation pour les chantiers de jeunesse, je me demande s'il faut y aller ou non. Je décide d'y aller.

Au chantier de jeunesse

Tout se passe très bien jusqu'au 11 octobre 43. Nous sommes réveillés le matin à quatre heures, le camp est encerclé par les Allemands, pour une simple vérification d'identité paraît-il. « Que m'arrivera-t-il, avec ma fausse identité ? », me dis-je. Je m'affole et avec un camarade lorrain, nous décidons de nous sauver et nous cacher dans les forêts environnantes. Nous sommes en Corrèze et les forêts, nombreuses, nous dissimuleront. C'est peine perdue, vers neuf heures nous sommes repérés par les chiens policiers et emmenés dans une carrière. Les autres camarades sont déjà là, alignés face au mur, les mains en l'air. Les coups de pied et les coups de crosse ne nous sont pas épargnés. Nous sommes une centaine, les Allemands au moins un millier.

Je crois ma dernière heure venue. Ils vont nous descendre dans cette carrière comme ils l'ont déjà fait ailleurs, jamais ma famille ne saura où je suis enterré ! Le temps passe. Certains officiers demandent qu'on nous descende tous, d'autres veulent nous emmener en otages. Je suis le seul qui comprend ces terribles paroles, étant le seul à connaître l'allemand. Je suis aussi celui qui est saisi par la plus grande peur. Ce n'est que vers le soir que quelques camions arrivent, sur lesquels nous sommes chargés, serrés comme des sardines en boîtes. Les camions sont bien bâchés. Après quelques heures les camions nous déposent dans une cour, de caserne ou de prison, je ne le sais pas. Il fait nuit, à coups de crosse nous sommes emmenés et enfermés dans une espèce de réfectoire où traînent quelques bottes de paille.

Aussi, le matin, quand j'entends les bottes dans le couloir, je me demande si c'est maintenant notre heure. Comme seule nourriture nous avons droit à une tranche de pain le matin et une espèce de café. Personnellement cela peut me suffire, je n'ai jamais eu un gros appétit. Mais certains copains ne supportent pas ce régime ; après une quinzaine de jours nous sommes déjà moins nombreux. Nos camarades sont-ils à l'infirmerie ? Ont-ils été fusillés ? Nous savons maintenant que nous sommes dans la caserne du 92 à Clermont-Ferrand. Mais pas d'issue possible, même aux toilettes le garde reste avec nous, baïonnette au canon du fusil. Encore une quinzaine de jours et nous sommes rassemblés un matin dans la cour. Que nous arrivera-t-il ? Ils demandent des volontaires pour aller travailler. Je suis le seul à me présenter ; puisqu'il n'y a pas moyen de s'évader de ce sinistre lieu, autant essayer ailleurs. Deux gardes m'emmènent, je ne suis pas rassuré. Et si c'était un truc pour me descendre, quelque part ? Mais dehors un car nous attend pour nous transporter à Aulnat, le champ d'aviation situé à l'extérieur de la ville. Objectif : creuser des trous pour l'installation de pièces de DCA. C'est un tout jeune soldat qui nous garde, un Allemand plutôt sympathique. Après le travail, nous avons droit à un casse-croûte et sommes ramenés le soir à la caserne. Le lendemain, nous sommes une dizaine, un casse-croûte, ça compte. Ce jour-là je commence à parler allemand avec mon gardien.

Je parle allemand avec mon gardien

Celui-ci est sidéré. Il s'attendait à tout, mais certainement pas à cela. Je lui explique mes origines alsaciennes, il me comprend et, le soir, me donne un gros morceau de pain. Il me promet de m'en donner encore davantage le lendemain, si je faisais partie du groupe de dix prisonniers qu'il est chargé de garder. Sûrement, je ne manquerai pas cette occasion, d'autant que j'ai déjà échafaudé mon plan pour me sauver. J'ai eu le temps d'explorer les alentours, il me faut maintenant gagner la confiance du gardien.

Deux jours plus tard, je mets mes camarades au courant du projet. Ce soir nous ne rentrerons plus, nous nous sauverons tous ensemble. Je leur explique mon plan : arracher le fusil au gardien et nous serons loin avant qu'il ne réalise ce qui lui arrive. Le moment venu, je bouscule le gardien, le fusil vole plus loin, mais hélas, je pars seul, aucun camarade ne me suit. Tant pis, je pars, courant aussi vite que possible à travers bois et fossés jusqu'à ce que j'arrive à une ligne de chemin de fer. Ne connaissant pas la direction, je suis les rails, passant sous un petit tunnel. À sa sortie, je repère une ferme, j'y vais mais n'y trouve personne. Là j'échange mon blouson de cuir qui me fait reconnaître trop facilement contre une veste accrochée dans le hangar et je reprends mon chemin le long des rails. Il commence à faire nuit lorsque j'arrive à une maisonnette de garde-barrière habitée, j'y pénètre, car j'ai confiance dans les cheminots.

Confiance dans les cheminots

J'explique mon cas à la dame et au monsieur assis, en train de manger. Ils me font asseoir et manger avec eux, des pommes de terre et des pommes cuites, un vrai délice ! J'apprends alors, miracle du ciel, que je suis sur la ligne de chemin de fer Montluçon-Lyon. Je suis donc sur le bon chemin, puisque j'espère rejoindre la Saône-et-Loire où habite mon frère aîné, évadé lui aussi avec sa femme. Mais sans papiers ni argent, je n'irai pas bien loin. Et voilà comment ce garde-barrière me tire d'affaire ; il arrête un train de marchandises qui roule vers Lyon et me remet de l'argent pour aller de Lyon à Macon et de là à Cluny. Encore une fois la chance était de mon côté. « Mais attention, me dit-il, ne te fais pas ramasser en gare de Lyon, c'est très dangereux là-bas». Ah ces braves gens, si je pouvais les retrouver un jour et les remercier !

J'arrive donc à Cluny en ce mois de novembre 43

« Ici, tu seras à l'abri, me dit mon frère, jamais nous n'avons vu d'Allemands ! »
Mais à peine quelques jours plus tard, les voilà ! Au cours d'une rafle à l'École des Arts, ils emmènent plusieurs dirigeants et enseignants, direction l'Allemagne. Ils ne reviendront jamais, les Allemands prétendant que l'école abrite des maquisards. À Cluny je suis embauché dans une scierie, sans papiers. Je ne suis pas le seul, des réfractaires au STO, le service du travail obligatoire en Allemagne, se cachent dans cette usine. Il faut être prudent ici, disparaître en cas de contrôle d'identité. Ça va quelque temps, mais ce travail ne me passionne guère, d'ailleurs il y a peu à faire et les journées me paraissent une éternité. Aussi quand un jour un homme à vélo m'accoste (je porte un sac de déchets de bois pour mon frère) et me demande si je n'ai pas envie de travailler dans une ferme, je n'hésite pas un instant et lui promet de venir dimanche. Il m'explique le chemin, c'est à peu près à 8 km de Cluny, un hameau avec six fermes, quelques maisonnettes perdues sur une colline, Collonges. Voilà qui me plaît, travailler à la ferme m'a toujours plu, j'ai toujours aimé les animaux. Je rentre donc dans cette famille Simonet, fermier bien connu dans la région. De très braves gens. Je suis ici comme chez moi, on a toute confiance en moi et je le leur rends bien. Aucun travail ne m'est trop pénible et le dimanche, je vais à la messe à Lournand, petit bourg à 2 km, avec quelques autres jeunes. Je suis aussi bien placé pour venir en aide à mon frère et sa femme en ravitaillement,

ce qui est appréciable fin 43 et début 44. Il y a bien un maquis dans la région, mais je n'ai plus tellement envie de participer activement. Néanmoins j'apprends avec eux le maniement des armes, je les accompagne aussi en voiture ou avec les chevaux à un parachutage de matériel que nous emmenons en lieu sûr. Mais je reste à la ferme jusqu'au 6 juin, jour du débarquement en Normandie.

Tout change le 6 juin 44, c'est la guerre

Parachutage d'armes américaines pour le maquis de Cluny.

Dès ce jour, tout change, il faut partir dans la forêt, il y a des larmes à la ferme, mais c'est la guerre, il faut y prendre part. Nous prenons position, armés d'un fusil mitrailleur anglais, à l'orée d'un bois, à la Croix blanche entre Macon et Cluny, là où des accrochages avec l'armée allemande s'étaient produits quelques semaines plutôt. Je n'ai pas grand'chose à faire, si ce n'est assurer des gardes afin de signaler toute approche ennemie ; il s'en produit une seule, mais les Allemands n'insistent pas, repartent et incendient trois fermes. Par contre nous sommes mitraillés par les avions ennemis le 11 août, sans subir trop de pertes. Vers la fin du mois d'août arrivent les troupes françaises de la 1ère Armée du Général De Lattre qui avait débarqué en Provence. Il y a bien quelques fêtes et bals, mais la guerre n'est pas terminée, il faut continuer.

Le commando de Cluny

Les anciens maquisards de la région clunisienne, forment alors un bataillon de volontaires qui signent un engagement pour la durée de la guerre contre l'Allemagne, j'en fais partie. On nous donne le nom de Commando de Cluny, rattaché à la 1ère Armée française. Après deux mois d'entraînement, nous montons au front fin octobre, dans le Doubs. À ce moment le front est stabilisé afin de permettre au ravitaillement de suivre les troupes.

Nous prenons position à proximité d'un village, Longevelle. Mis à part les tirs de l'artillerie allemande, c'est assez calme. Des volontaires sont demandés de temps en temps pour rechercher le contact avec l'ennemi. Cette activité a toujours lieu au lever du jour. Dix hommes, quatre fusils, autant de mitraillettes et un fusil mitrailleur. Ça, c'est mon affaire, j'y tiens, avec lui je me sens bien protégé. Une fois repérés, nous essuyons des rafales de mitrailleuses ou des tirs de mortiers. Notre devoir est de fixer la provenance exacte de ces tirs, afin de connaître la force de l'ennemi. Le 13 novembre, nous recevons l'ordre d'attaquer le lendemain matin. Il fait encore nuit quand le capitaine Fruitier nous rassemble et nous dit qu'à présent, ce sera sérieux, qu'il faut être des hommes, prêts chacun à laisser sa peau pour la France. Ce n'est pas pour nous rassurer. Un tir d'artillerie nous précède et nous libérons un premier village, vide. Les Allemands sont partis la veille. Nous avançons donc, d'un village à l'autre, sans rencontrer de résistance jusqu'au 18 novembre. Vers le soir nous sommes accueillis par des mitrailleuses lourdes. Nous restons sur place durant la nuit, prêts pour l'attaque du lendemain. Les Allemands sont bien installés le long d'un canal et nous attendent. Il y a là un champ de mines, plusieurs des nôtres sautent, ce ne sont pas toujours les premiers de la file. À l'approche du village, **Franey**, ils nous reçoivent ! Qu'est-ce que nous prenons alors ! Mais nous avons ordre d'entrer au village, malgré les morts et les blessés. Je suis couché avec mon F.-M. et je tire en direction du canal sans trop savoir sur quoi, mon copain me charge mon arme au fur et à mesure que les chargeurs se vident. Soudain il me dit : « René, je suis tué, adieu la famille, salut les copains ». Je crois d'abord à une blague, mais il est là, couché à côté de moi, me regardant, les yeux grand ouverts, le sang s'écoulant de sa bouche et du nez, pauvre André Perrot. Il est mort, je n'ai plus de camarade chargeur, je prends la musette contenant les chargeurs et continue de tirer, abrité derrière son corps.

J'ai peur, j'attends ma balle !

J'ai peur, j'attends ma balle ! Encore quelques bonds et me voici à la première maison.

Ouf, un peu de sécurité derrière un mur, c'est mieux que rien. Ils tirent avec précision, ces sacrés Schleus ! Christen perd un bout de son nez, Cognard un morceau de son doigt, ils tapent fort de tous les côtés et ce n'est que le soir que le calme revient. Ils ont décroché. La nuit nous enterrons nos morts, c'est bien ce qu'il y a de plus triste et émouvant dans une guerre, quand il faut ensevelir ses copains. Le lendemain matin est calme également, il y a là aussi les morts allemands ainsi que les blessés qu'ils ont laissés sur place, c'est la tâche des infirmiers.

Quelques jours plus tard nous approchons de Belfort où des miliciens français s'étaient joints aux Allemands. Nous entrons dans Belfort par Valdoie et la résistance est plutôt faible. Mais nous ne sommes pas seuls ici, une forte armée nous accompagne avec artillerie, mortiers et chars quand nous traversons

Belfort en file indienne. On nous tire encore dessus à partir du « Lion », le fort qui domine la ville, où quelques Allemands se sont retranchés dans les maisons. Cela dure encore quelques jours durant lesquels il ne fallait pas se montrer dans les rues qui sont dans l'angle de tir du « Lion ». La ville est enfin libérée le 22 novembre.

L'épisode du bordel

Nous sommes logés dans l'usine Alsthom et notre seul travail consiste à monter la garde. Un matin, le capitaine Fruitier appelle douze soldats. Personne ne sait pourquoi, je me souviens bien de ses paroles. Un petit sourire au coin des lèvres, il nous explique notre mission : « Je vous ai fait appeler car vous me semblez être des types sérieux pour une mission extraordinaire. Les autorités m'ont demandé douze hommes pour protéger les femmes dans un bordel du centre-ville ». Nous nous attendons à tout, mais pas ça ! Comme il y a énormément de soldats dans cette ville, des Américains, des Français, des Africains, il y a des bagarres devant et dans ces maisons. Nous sommes donc emmenés en camion sur place, la patronne nous reçoit avec du Champagne et nous explique notre travail. La maison n'ouvre qu'à dix heures, s'il y en a parmi nous qui ont envie de quelque chose, il y a du choix. Comme personne ne bouge, nous prenons position, quelques-uns dehors et un à chaque porte.

Une queue de plusieurs mètres s'est formée avant l'ouverture. Je suis en poste devant une porte avec pour mission de contrôler l'heure d'entrée de chaque soldat, de le faire sortir après dix minutes et veiller à ce qu'il quitte la maison et ne retourne pas dans la file. Cela dure ainsi jusqu'à huit heures du soir. Pour nous il y avait à boire et à manger à volonté, quelle aubaine ! Mais la fête ne dure pas longtemps, peut-être une semaine, il faut retourner au front, qui se déplace vers le nord, vers l'Alsace.

Retrouver l'Alsace ! Bourbach-le-haut !

Depuis le temps que j'attends ce moment, cette fois-ci c'est avec une énorme joie et une profonde émotion que je retourne au front, même s'il faut repasser à l'attaque. Ce n'est plus pareil, puisque je serai un peu chez moi, ça ne doit plus être aussi cruel de mourir.

Nous partons d'abord en camions GMC américains. À l'approche du front nous avançons à pied jusqu'à Bourbach-le-Haut que nous atteignons en début de nuit, nous la passons dans des granges ou des greniers à foin. Au lever du jour nous passons à l'attaque en montant derrière le cimetière vers une colline. Mais à peine sommes-nous à découvert que les mortiers allemands nous accueillent, nous obligeant à creuser des trous pour nous abriter en attendant l'ordre d'avancer. Il fait froid, il pleut, mais il faut y aller, sauter de trou en trou et courir vers le haut de la colline qu'il faut atteindre à tout prix. Ce n'est pas chose facile face à un puissant barrage de mortier. Nous devons rebrousser chemin, traînant avec nous nos morts et nos blessés vers notre point de départ. Nous passons là une nouvelle nuit, montant la garde à tour de rôle. Je vois toujours ces deux soldats morts à côté de mon trou, c'étaient Ferry et Zanner, tout délavés par la pluie. Pourquoi n'est-ce pas moi ? Ce n'est pas encore mon tour, est-ce pour demain ? Le lendemain matin on demande des volontaires pour une patrouille, j'y vais et nous tombons net sur quelques Allemands postés à l'entrée d'un bois. Moins de cinq mètres nous séparent. C'est l'énorme surprise, nous jeter à plat ventre est notre premier réflexe. Ils n'ouvrent pas le feu, nous non plus. Les voilà disparus. Avant le lever du jour, nous sommes de retour et trouvons du renfort pour notre commando, quelques blindés, des half-traks avec canons, bien dissimulés en contre bas, des légionnaires aussi, des fusiliers marins. Nous nous sentons rassurés dans nos trous. Pas bien longtemps, car nous apercevons trois chars Tigre ennemis qui manœuvrent en haut de la colline. Alors là, nous les avons à zéro ! Des chars Tigre, et nous dans nos trous, avec nos fusils, voilà un objectif facile pour eux. Mais nous ne sommes plus seuls, nos canons ont suivi leur manœuvre, sans doute attendent-ils qu'ils soient bien placés, car après quelques coups de canons, les Tigre sont en feu, à notre grand soulagement.

Le même jour nous partons vers le Hundsruck, un sommet assez élevé au-dessus de Thann et Ramersmatt, où nous passons la nuit dans un chalet vosgien, serrés les uns contre les autres. Vers le matin nous prenons position sur le versant descendant vers Ramersmatt, là aussi nous sommes arrêtés par des tirs de mortiers et de mitrailleuses lourdes, provenant du versant opposé. Nous distinguons même leurs positions. Une étroite vallée nous sépare d'eux. Notre chef de compagnie demande alors des renforts, car il faut d'autres moyens que nos fusils pour avancer. C'est là que mon sergent Galliéni, petit-fils du grand général, est blessé. Il refuse d'abord de se laisser évacuer, mais se rendant compte qu'il ne peut plus marcher, accepte d'être emmené, un éclat dans la cuisse d'une jambe.

Volontaire pour défendre le pont à Ramersmatt.

Notre section est réunie quand le capitaine Fruitier demande un volontaire Fusil Mitrailleur pour descendre dans la petite vallée afin d'empêcher les Allemands de faire sauter le pont sur la route et de permettre ainsi à nos blindés d'avancer en renforts. Nous sommes bien quatre Fusils Mitrailleurs, mais comme aucun ne bouge, je me porte volontaire pour cette mission. Le capitaine me précise les détails. Je refuse d'être accompagné d'un camarade chargeur, ayant trop peur d'en perdre un second. Je remplis une musette de munitions et me voilà parti, descendant la côte aussi rapidement que possible, sans m'arrêter. Arrivé en bas, je me couche dans le petit ruisseau qui longe la route, je suis dans l'eau froide, mais assez couvert et à l'abri des mitrailleuses ennemies, ainsi je peux contrôler aisément l'accès de ce pont. Un peu plus tard, une patrouille allemande sort du bois, je peux aisément l'observer, elle approche très lentement. Les estimant assez près, je lâche quelques rafales de mon F.-M. ; puis je ne vois plus rien, ils ont dû faire demi-tour. Après quelques heures nos chars sont à ma hauteur et délogent les nids de mitrailleuses sur la colline opposée. Avec quelques prisonniers nous descendons vers Ramersmatt au début de la nuit. Le lendemain nous marchons vers Thann en rencontrant peu de résistance, partout l'accueil est très chaleureux. L'ennemi a décroché vers Vieux-Thann. Nous restons à Thann, assurant les gardes aux avant-postes dans les trous, aux abords de l'usine chimique. Nos supérieurs nous équipent de masques à gaz, en prévision d'une chute d'obus sur l'usine, ce qui se produit d'ailleurs, mais sans causer de gros dégâts. Par contre notre dépôt de munitions est touché par un obus, ce qui provoque un superbe feu d'artifice.[3]

Nous passons ainsi Noël et Nouvel An à Thann

Noël est fêté comme il se doit, avec dinde et champagne, sans échapper au tour de garde naturellement. À la Saint-Sylvestre par contre, les Allemands nous souhaitent le Nouvel An avec force tirs de mortiers. Lorsque je prends mon tour de garde à minuit, mon camarade Cherrot vient juste de recevoir un tir de mortier, droit sur son F.-M. qui est en pièces. Ce n'est guère encourageant pour moi, fiché pendant trois heures dans mon trou, en ce 1er janvier 45. Encore une fois je joue de chance, les obus tombent partout autour de moi, sans m'atteindre. Nous restons encore à Thann avant de remonter vers Rouffach, la poche de Colmar vient d'être liquidée le 2 février. À Rouffach notre bataillon, dont l'effectif a fortement diminué, est restructuré, il devient le 4ème bataillon de choc et nous nous attendons à devoir traverser le Rhin.

Enfin chez ma famille

Une quarantaine de kilomètres me séparent maintenant de mon village, je suis sûr qu'ils sont libérés là-bas, je décide alors de rentrer chez moi, voir comment la guerre s'est passée dans ma famille et mon village. Un camion militaire m'emmène jusqu'à Sélestat, de là je parcours les derniers huit kilomètres à pied. Tous les ponts, une bonne dizaine, entre Sélestat et Mussig, avaient été dynamités.

Enfin je suis chez moi, la maison n'a pas trop souffert. Je retrouve ma mère et ma sœur, mais mes cinq frères étaient encore partis, trois dans la

---
3 La ville de Thann est libérée le 11 décembre 1944.

Wehrmacht, deux dans l'armée française. Là je dois mentionner que j'ai rencontré par hasard à **Montbéliard,** un de mes frères, Edmond qui s'était évadé de l'armée allemande en Italie et engagé dans l'armée française.

Vers le 15 avril notre bataillon quitte Rouffach en camions pour traverser toute l'Alsace vers le nord, du côté de Wissembourg. Sur des canots nous passons le Rhin à *Guermersheim*, sans rencontrer de résistance. D'autres sont peut-être passés avant nous. Le jour suivant nous occupons une petite ville, *Neustadt*, d'où la population avait fui. Nous en profitons pour tout casser, puisque maintenant nous voilà chez eux. Il faut y mettre tout ce qu'on peut. Nous mangeons dans de la belle vaisselle, mais au lieu de la laver, nous la jetons dehors et reprenons un autre service au repas suivant. Après nous traversons la Forêt-Noire en camions. Rien à signaler, à l'exception de quelques tirs isolés. Un soir nous arrivons à *Biberach*. Épuisés, nous ne demandons qu'à nous coucher. C'est dans une salle de cinéma et il n'y a bien sûr aucune lumière, mais beaucoup d'habits par terre. À notre réveil, nous nous rendons compte qu'il y a également des morts parmi ces habits. Horrible spectacle de fin de guerre. Nous repartons le matin traversant beaucoup de villages, accueillis souvent par des prisonniers français placés dans des fermes. Ceux-ci nous remettent des papiers, au nom des familles allemandes, nous demandant de ne pas les maltraiter, parce qu'elles avaient été compréhensives et chics avec les prisonniers. Dans l'après-midi, nous arrivons à *Schussenried*, une localité plus grande où nous restons quelque temps. Avec l'adjudant, je dois maintenant organiser le cantonnement de notre troupe. Je suis encore une fois le seul à parler couramment l'allemand. Inutile de préciser que les plus belles chambres nous sont réservées. À partir de ce jour, je reste affecté au mess des officiers, puisqu'on a souvent besoin de mes services. Enfin la belle vie retrouvée, plus de patrouilles, plus de tour de garde. C'est à *Winterstettendorf,* à une dizaine de kilomètres de *Schussenried* que nous apprenons la fin de cette longue guerre. Nous sommes le 8 mai 45.

Le 8 mai 1945

Quelle fête, pour nos soldats ! Et quel deuil pour les Allemands. Partout nous les voyons pleurer, *Hitler* leur avait pourtant promis un miracle. Tant qu'il y avait la guerre, subsistait un espoir, mais à présent, tout est fini.

D'abord à Constance, puis à *Lindau,* aux bords du Lac de Constance, le *Bodensee,* puis à *Ravensburg,* notre unité fait partie des troupes d'occupation. La belle vie jusqu'à ma démobilisation en novembre 1945.

Entre temps, la 1ère armée française a défilé à Thann lors d'une cérémonie de Libération.

Photo de gauche : le Commando de Cluny participe à Thann au défilé de la Victoire ; René est 2ème à partir de la droite, au 1er rang, derrière le sous-officier.
Photo de droite : le Général De Lattre de Tassigny lors de ce défilé.

Croix de guerre et Médaille militaire

Décoré de la Croix de guerre pour fait exceptionnel à Ramersmatt et de la Médaille militaire, je reprends mes habits civils. Maman est très gravement malade quand je rentre, la guerre a dû fortement l'éprouver. Non seulement ses six garçons étaient dispersés un peu partout en Europe sur différents fronts, dans différentes armées, dans cette guerre terrible, mais elle a subi de multiples tracasseries de la part des Allemands, parce qu'on la disait anti-allemande, ce qu'elle était d'ailleurs, mais aussi parce qu'elle avait des fils dans l'armée française.

René porte la Croix de guerre.

De ma marraine Henriette[4], j'ai également conservé une carte qu'elle m'a adressée. Elle mérite d'être citée, car ma marraine l'avait d'abord envoyée à ses parents le 6 juin 1945, puis réutilisée, avec l'autorisation des parents, pour me l'adresser.

---

4 Les Alsaciens-Lorrains engagés dans l'Armée française, ne pouvant pas rentrer dans leur famille en permission, avaient chacun une marraine de guerre.

 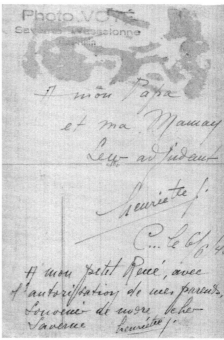

Mon frère plus âgé, Julien le boulanger, prévu pour continuer le commerce, n'est pas encore rentré. Maman et moi décidons néanmoins de rouvrir le magasin, fermé depuis deux ans. Comme nous sommes sans argent, sans farine et sans bois pour chauffer le four, je pars à vélo en quête d'aide matérielle, quelque part dans la famille. Je me rends d'abord à Scherwiller chez un ami de mes parents, mais la chance n'est pas au rendez-vous. Est-il démuni également, ou manque-t-il de confiance ? Je reprends mon vélo et me rends à Itterswiller chez un frère de maman. Oncle Cyrille Schwartz m'avance une somme d'argent me permettant d'acheter farine, bois et tout le nécessaire pour reprendre le travail dans la boulangerie. J'ai 22 ans et un courage à toute épreuve. Après quelques années je peux rembourser mon oncle.

Maman va mieux, mais mon frère porté disparu ne rentre toujours pas. C'est à mon tour de continuer le commerce que mes grands-parents avaient créé et que je tiens maintenant à mettre en valeur, malgré mes connaissances assez restreintes.

Marié en 1947 avec Lucie Koenig de Sélestat, nous aurons quatre enfants et je travaillerai dans cette boulangerie 32 ans durant, avant de la céder à mon fils ».

René

René est décédé à Mussig le 08 mars 1982.

Annexe 5 : Robert, le frère cadet

Partir au RAD à 18 ans

Né le 11 février 1926, Robert n'a pas quatorze ans lorsqu'il accompagne ses frères Edmond et René, sa sœur Hélène et sa maman sur la charrette qui prend la route vers Ribeauvillé, lors de l'évacuation le 8 juin 1940.

Lorsque l'Alsace devient allemande après l'Armistice, les frères plus âgés éprouvent le besoin de s'émanciper en-dehors de la boulangerie familiale et la quittent successivement : Marcel reprend son travail à Metz après sa démobilisation en juillet 40, René est engagé dans une boulangerie à Strasbourg, Edmond retourne à ses études, d'abord une année à Sélestat au Gymnasium (Collège-Lycée), puis à l'Université à Strasbourg tandis que Maurice s'installe en tant qu'agriculteur dans la petite maison à côté de la boulangerie. Celle-ci est conduite par la mère Élise avec Julien, secondés par Robert. Il y a aussi un train de culture d'environ six hectares à conduire.

À partir de l'été 1943, lorsque l'incorporation de force des Alsaciens tourne à plein régime, Robert est seul avec Hélène à côté de leur mère, c'est un adolescent de 17 ans sur qui repose l'essentiel des travaux agricoles. Les temps sont pénibles, cinq fils sont partis dont trois dans la *Wehrmacht,* les ennuis avec l'administration nazie pèsent douloureusement à sa mère qui est souvent malade. La boulangerie est fermée le 31 mai 1943.

À son tour Robert est incorporé le 11 juillet 1944 au RAD. Il part en bus en compagnie de Marcel Losser, qui est de la classe 1925 et qui a bénéficié d'un sursis jusqu'à ce jour. Leur destination est la Silésie en Pologne, à *Vogelherd* dans la région de *Breslau,* environ 230 km à l'est de *Dresden*. Ils sont affectés au creusement de fossés, le front est proche, Losser Marcel se souvient d'avoir entendu le sifflement des balles au-dessus de leurs têtes.

Mon père fait trois fois mention de son frère Robert dans ses courriers :
- le 25 juillet 44 : « Robert est parti au RAD ».
- le 17 août : « Mama m'écrit que Robert a le temps long ».
- le 28 octobre : « J'ai reçu une lettre de Robert. Il est avec Marcel Losser ».

Profiter d'une dernière permission

Peu de temps après, Robert a la chance de rentrer au village en permission, par un des derniers trains franchissant le Rhin le 13 novembre 1944, le jour où Oswald Fritsch[1] a installé la batteuse de céréales chez Joseph Losser, le père de Marcel. Robert vient lui annoncer que son fils rentrera le lendemain.

---
1 Oswald Fritsch, né en 1902, allait avec sa batteuse de ferme en ferme en automne et au début de l'hiver. Il est décédé à Sélestat le 11 juillet 1989.

Robert ne repart pas. Lorsque la permission est écoulée, il ne se présente pas aux autorités qui pour la plupart ont quitté la région, les Américains et les Français étant proches. Il ne se montre plus durant les deux mois qui précèdent la Libération, restant caché dans la cave ou dans le foin du fenil. Son camarade Marcel, rentré le 14 novembre, ne repart pas non plus, mais contrairement à Robert, il ne vit pas caché durant ces deux mois.

La guerre terminée, Robert reprend le travail à la petite ferme, avec l'aide du vieux voisin Louis Schnell, la boulangerie restant fermée jusqu'au 31 décembre 1945.

Il doit cependant repartir dans l'armée française de juillet à novembre. Il effectue ce court service à Maisons-Laffitte dans la région parisienne, en compagnie de son futur beau-frère Armand Neff[2], de la classe 1946 du village également.

Robert en soldat de l'armée française à Maisons-Laffitte.

Après la guerre dans la cour de la boulangerie, Robert à droite de René sur la photo.

Marié en avril 1950 avec Maria Hess, dont le frère Marcel, de la classe 1942, est tombé le 8 juin 1943 à Moldawanskoje, près de Odessa[3], il poursuit l'exploitation agricole de ses beaux-parents et aura quatre enfants.

Robert est décédé le 20 mars 1990.   N. R.

---

[2] Armand Neff, de la classe 1946, fut incorporé le 10 juillet 1944 au RAD à *Wollbach, Kreis Lörrach* avec son voisin d'enfance Marcel Meyer de la même classe. Le 18 août il est affecté durant six semaines au creusement de tranchées dans une unité stationnée à Fèche l'Église près de Delle dans le Territoire de Belfort. De retour à *Wollbach*, il est libéré du RAD le 9 novembre 1944 et rentre à Mussig en même temps que Marcel Meyer. Ils obtiennent encore le 15 novembre l'ordre de mobilisation pour partir au front. Mais le commandement militaire allemand quitte Sélestat et ils ne partiront plus. Armand Neff est décédé à Sélestat le 09 mars 2002 et Marcel Meyer à Sélestat le 08 avril 1993.
In : *Patrimoine*…n°3, *op. cit.*, pp.26 et 27.
[3] Ibid. p. 60.

Annexe 6 : Les années de jeunesse de Hélène

HÉLÈNE, LE RÉCONFORT DE LA MÈRE

Marie-Hélène, plus tard couramment appelée Hélène, est née le 1er juillet 1929, apportant certainement un brin de gaieté féminine dans la famille qui compte alors six garçons âgés de trois à quinze ans. Certes une fille prénommée Jeanne était née en 1920, mais elle est décédée la même année. Elle fait la fierté de sa maman qui écrit à son fils Marcel le 15 mars 1936 : « Marie-Hélène est la première de sa classe ».

Elle n'a que sept ans lorsque le malheur frappe la famille avec le décès du père en 1936. Mais la vie reprend, les temps sont durs et le travail ne manque pas, tant dans la boulangerie et l'épicerie qu'à l'étable et aux champs, alors que le frère aîné est déjà employé à Strasbourg.
Quand survient la guerre en septembre 1939, Hélène a dix ans et les trois frères aînés sont appelés dans l'armée française. Elle est à ce moment en vacances à Mulhouse, rue Lavoisier chez grande - tante Jeanne et grand - oncle Joseph, comme tous les ans. Sa maman la fait rentrer d'urgence, en taxi, accompagnée de Marie-Louise Stoeckel[1], qui était à Carspach.

Elle a onze ans lorsqu'elle part en juin 40 avec la famille évacuée à Ribeauvillé. Nul doute que dans la voiture qui les emmène vers cette nouvelle destination la mère Élise, qui pressentait cette inévitable guerre depuis plusieurs années, la serre fortement contre elle comme font toutes les mères du monde pour protéger leur enfant d'un danger imminent.

Suivent alors les années douloureuses pour la jeune Hélène, adolescente dans l'Alsace annexée et germanisée : l'école allemande, les restrictions alimentaires et les contrôles de la police, le départ de trois frères dans l'armée allemande et l'absence de deux autres frères partis en France libre.

Seule avec Robert auprès de leur mère qui souffre de la fermeture de la boulangerie en mai 1943, Hélène trouve assez de forces pour seconder courageusement sa maman malade qui écrit à mon père le 17 octobre 1944, alors que Robert est également parti :
« Hélène est toute seule matin et soir pour les travaux à l'étable ainsi qu'au magasin… C'est à désespérer. Je dis quelquefois à Hélène que j'aurais dû mourir plutôt qu'être malade ».

Hélène se souvient bien de cette période difficile durant laquelle elle s'activait seule à l'épicerie où les produits étaient rares tandis que la boulangerie était fermée. Mais la solidarité entre voisins permettait de tenir,

---
1 Marie-Louise Stoeckel, sœur de Raymond, est née le 1er décembre 1922.
2 Cf. Ch. 8.

en attendant des lendemains meilleurs. Le vieux Schnell Louis venait assurer les travaux à l'étable où la voisine Siegel Maria, née en 1923, sœur de René, André, Louise et Suzanne déjà décédée, s'activait matin et soir pour la traite des trois vaches. Siegel Maria épousera Albert Steinmetz.³

Hélène a 15 ans et demi lorsqu' enfin, le 1er février, sonnent les cloches de la Libération. Elle est fêtée le 11 mars. Hélène retrouve la joie de ses jeunes printemps comme tous les adolescents du village.

Souriante et rayonnante, habillée en Alsacienne, elle est debout, 4ème à partir de la gauche sur le char du défilé lors de la fête nationale le 14 juillet 1945. Son frère Edmond est 4ème à partir de la droite. Sa future belle-sœur, Eugénie Neff, est à gauche et Georgette, la sœur de maman, est à droite.

Hélène se marie en 1948 avec Armand Neff, qui avait encore été incorporé au RAD en Juillet 1944. Quatre enfants viendront faire leur bonheur.

3 Cf. note 2, ch. 2.
4 Cf. Annexe 5, Mémoires de Robert.

CONCLUSION

Été 1945

Les émotions de l'enfance dans la famille nombreuse, les rêves fous de jeunesse, les projets insensés du jeune couple de 1941... Se sont-ils noyés dans le flot des souffrances de cette longue guerre, sur le sol français ou à l'autre extrémité du continent européen ?

Les questions reviennent, malgré le travail qui a repris dans les champs. Dans la boulangerie que tiendra René, le four est encore froid, elle ouvrira plus tard, en hiver.

La guerre. Pourquoi ? Pourquoi ?
Question sans réponse... probablement.

L'été est là, radieux et chaud, les premières récoltes ne seront certes pas généreuses, le temps des semailles était trop incertain pour labourer et mettre les semences correctement en terre ; mais ce sera du bon foin, celui qu'on donne aux quelques bêtes de l'étable et qui nourrira les veaux qu'on fera grandir, ce seront des carottes semées encore à la hâte après la Libération pour faire quelque argent et nourrir de jeunes lapins, ce seront les sacs de blé qui donneront de nouveau le pain quotidien, le pain de la Liberté.

Ce seront les récoltes de la Liberté retrouvée.

Et dans le foyer, la « Heimat » de mon père, la vie renaît, doucement, pour des lendemains apaisés. L'hiver ne ressemblera plus aux précédents, il sera celui du bonheur annoncé. Un enfant grandit dans le sein de sa mère. Il naîtra au printemps 1946, prénommé Norbert.

Plus tard en 1954, naîtra encore Bernadette.

La vie continue, c'est ainsi, destin de l'homme ballotté entre guerre et paix, entre illusions et tragédies, entre souffrances et bonheurs.

Papa s'engage de suite en 1945 dans la vie publique, est élu adjoint au maire en 1953 et maire en 1971. Ses anciens camarades combattants du 42ème R.I.F. de la Ligne Maginot lui confient aussi la Présidence de leur Amicale. « Mama » sa mère, Élise, meurt le 25 décembre 1964 à Nancy chez son fils Marcel où elle devait passer Noël, elle avait 79 ans et vécu les deux grandes guerres qui ont ravagé l'Europe au cours de ce 20ème siècle. Notre maman, Jeanne, qui a conservé toutes les lettres, décède le 20 novembre 1999, âgée de 81 ans.

La mort de papa survient le 26 septembre 2009, dans sa 94ème année. Maintes fois répétées, ses paroles resteront à jamais dans nos mémoires, comme un puissant désir de paix universelle, **« *Nie meh ke Krieg*[1], plus jamais la guerre ! »**

Printemps 2012

---

[1] En alsacien dans le texte.

POSTFACE

Les 360 lettres que Maurice Reppel, homme de troupe, incorporé de force, a adressées à sa femme Jeanne (et à son fils, le petit Gérard), durant ses 769 jours de tribulations, d'avril 1943 à fin mai 1945, soit en moyenne près d'une lettre tous les deux jours, n'ont pas seulement une valeur de témoignage historique, ce qu'il savait, ayant pris soin de les conserver toutes ; elles constituent également un document humain ou moral de grande portée générale. Cela, il ne pouvait le savoir et le dire clairement, tant c'était personnel. On ne se vante pas d'être « humain » en étant soi. Il appartenait à son deuxième fils, Norbert, né après, en 1946, enfant de la liberté, de recueillir et transmettre cet héritage dont il a saisi intuitivement qu'il est de nature à la fois historique et profondément éthique. Il est heureux que ce document de famille existe maintenant sous la forme d'un livre. Un tel travail d'édition, qui aboutit au livre, répond fidèlement à l'esprit de l'humanisme qui depuis cinq siècles et plus souffle sur nos contrées rhénanes.

Ce qui apparaît dès les premières semaines, quand Maurice Reppel se trouve encore relativement préservé, pendant les périodes d'instruction militaire, et qui se confirme tout au long des épreuves, dans les pires conditions sur le front russe, c'est la droiture de cet homme, son courage, sa loyauté envers ses camarades, la sagesse de ses jugements, sa ténacité à vivre, en tout sa force d'âme. Dans l'enfer où règne « la banalité du mal », il nous fait voir quelque chose de la banalité du bien. Dans les situations extrêmes, anormales, où les vices sont tentants (ivrognerie, sadisme, tricheries, fréquentation de prostituées à l'arrière), il nous montre, sur son exemple et celui d'autres camarades, la constance des vertus fondamentales grâce auxquelles l'humain, l'humanité continue de tenir.

Il ne perd pas la tête et ne la baisse pas, il s'organise, capable d'endurer, ordonné et plein de ressources, se plie à la nécessité, lorsque les permissions successives auxquelles il avait droit sont plusieurs fois différées et finalement supprimées (ce suspense lancinant des permissions et cette déveine supplémentaire vers la fin, quand elles ne sont plus accordées aux Alsaciens pour la raison que leur pays, heureuse nouvelle, est sur le point d'être libéré par les Alliés…), il s'applique surtout, inlassablement, à rassurer les siens à la maison, à les réconforter, à entretenir leur espoir, à leur faire partager le sien. Il les informe le plus exactement possible, en rusant avec la censure, sur sa situation et la position des troupes, sur les réalités de la guerre, mais évite de trop les alarmer. Il est vital, pour lui comme pour les siens, de garder courage et espoir. Son leitmotiv : *alles geht aber vorüber* (lettre du 14.6.1943). « Mais tout passe. » Les malheurs passent. Le mal passe. L'état normal de la vie, paix, bonheur et vérité, reviendra. *Keine Angst, ich weiss, was ich zu tun habe.* « N'ayez pas peur, je sais ce que j'ai à faire » - ou comment me conduire. *Ich bin meiner Sache bewusst* (lettre du 29.4.1944). « Je mesure la situation. » Il laisse entendre qu'il ne se fait pas de vaines illusions, il présente son espoir comme raisonnable, réfléchi. Paroles d'un homme lucide, qui reste maître de lui-même en de terribles circonstances et qui applique (ou réinvente) d'instinct l'antique morale stoïcienne pour temps de malheurs. C'est ainsi qu'un homme, un être humain, tient et ne se lâche pas. C'est ainsi qu'un homme au fil de sa vie demeure conforme à l'idée qu'on se fait de l'homme. Ce fut dans la guerre l'honneur de milliers d'hommes, simples, anonymes, d'avoir défendu en eux l'idée d'homme contre les perversions et les nihilismes, dont le fascisme. (Je ne dirai pas : d'avoir défendu l'idée de patrie.)

De quoi est fait le courage ? Ici on sent qu'il est volonté et foi. Qu'il n'est pas simplement et naturellement donné - donné aux uns, refusé aux autres. Il est obtenu, travaillé, maintenu et si besoin redressé chaque jour. Il faut vouloir la volonté elle-même. Pour cela en avoir l'idée et la retenir, en faire une valeur de sa vie. De même et parallèlement la foi, qui est discipline quotidienne et obéissance. Résultat d'une éducation, d'un façonnement religieux qui a commencé dans l'enfance, symboliquement avec le baptême, et avant, dans la personne des parents, dans la tradition de la famille. Aussi loin que l'on puisse historiquement, par la généalogie, remonter, on est catholique. Maurice Reppel prie tous les jours, communie les dimanches, quand c'est possible. La discipline est habitude. La prière est un exercice spirituel qui, comme la pratique de son instrument pour le musicien, doit être quotidien, pour que la forme soit gardée. Et en persévérant on approfondit, on renforce.

Vous pouvez vous étonner. Une telle force dans la foi vous paraît étrange, voire incompréhensible. Vous ne la partagez pas. Mais elle est un fait, une réalité humaine, dont on ne saurait douter de... bonne foi, dont il serait outrecuidant (mais c'est devenu assez commun dans les temps modernes qui se jugent supérieurs, avancés en émancipation...) de suspecter la sincérité.

C'est la religion chrétienne, ici catholique romaine, là réformée, qui sur cette terre d'Alsace a structuré les esprits, enseigné une vision du monde et de l'au-delà qui donne sens à la vie ; c'est elle qui ce faisant a trempé des caractères, produit des « vertus ». Telle est la raison d'être, toute humaine, anthropologique, des religions, de toutes les religions. « Il n'y a pas d'autre critère pour évaluer une religion, disait Schweitzer, que la qualité des hommes qu'elle forme. » L'exemple de vie d'un homme comme Maurice Reppel prouve la qualité, la vérité humaine de la religion chrétienne. Quand la religion manque dans les familles et chez un peuple, quand elle a perdu son autorité et son crédit, comme on l'observe chez nous depuis quelques décennies, il n'est pas sûr que les incroyants parviennent à créer une alternative de même niveau et même puissance sur le versant d'un athéisme même résolument humaniste. Ce versant est celui de l'indifférentisme plutôt, d'un refus de penser l'existence à fond.

La religion ne forme pas des croyants - et des espérants - ex nihilo. Elle travaille sur un donné social qui la devance. Maurice Reppel est foncièrement un homme de la terre, un paysan, il appartient au *Bürastànd* (comme disait encore le poète paysan Charles Zumstein), à la condition paysanne, à ce peuple premier, qui a toujours eu sa propre Weltanschauung et sa morale du labeur. *D'r Bür isch doch a freie Mà ! D'r Bür isch doch si eig'ne Herr !* Bien que socialement classé en bas, l'homme paysan a sa fierté, conscient qu'il est de sa valeur par le travail de base qu'il fournit, son rapport immédiat avec la terre nourricière et l'irremplaçable service qu'il rend ainsi aux… autres, à tout le monde, qui ne saurait subsister sans lui. L'envoyer à la guerre, c'est l'arracher doublement à son foyer et à sa terre. Par-delà le front et une situation militaire de plus en plus angoissante, Maurice Reppel ne cesse de s'intéresser à ce qui se passe à la maison, à la ferme, de s'inquiéter pour les cultures et les récoltes et de prodiguer à distance des conseils : c'est le moment de semer les carottes, non, il n'est pas trop tard, ce serait une bonne idée d'acheter une vache, pour être certain d'avoir du lait chaque jour. Il anticipe : après les ravages de la guerre, les premières années, ça va être économiquement difficile, il vaut mieux s'arranger maintenant avec Cetty (à Sélestat) pour lui acheter une herse et une bineuse. (Lettres des 2 et 12 janvier 1944.) Il se représente que sa femme a terminé la récolte de tabac. « Veille à ce qu'il sèche bien, il sera bien payé » (lettre du 3.10.1944).

Ce souci constant qu'il exprime pour la maison, l'exploitation familiale, la vie au village, où les réquisitions s'aggravent et les hommes valides manquent, montre combien il reste ouvert à l'avenir, à l'après-guerre, combien donc il garde confiance, comment il veut croire à la paix. Ainsi est-il par son caractère, un sens éthique inné des responsabilités, et en même temps n'est-ce pas le meilleur entraînement mental, la meilleure thérapie pour ne pas flancher intérieurement, ne pas céder au découragement ou à la dépression qui menace, qui a pour se nourrir toutes les réalités effrayantes et absurdes de la guerre ? Liberté intérieure : il se distrait du présent de la guerre en se projetant au-delà, non pas dans des rêves faramineux, mais dans le concret du travail de la terre et de la vie familiale à reprendre.

Comment des hommes ont-ils pu endurer aussi longtemps l'enfer : tant de malheurs et d'iniquités, tant de souffrances physiques, de peurs et de privations extrêmes ? Ceux qui sont revenus, à peine deux sur trois et rares ceux qui n'ont pas été « au moins » blessés, savaient que c'était par pure chance, que tel jour l'obus qui les avait frôlés aurait pu les atteindre eux, au lieu du camarade à côté. Toutefois, l'esprit, la condition spirituelle (autant, sinon plus que physique) des combattants et des prisonniers a été un élément important de résistance et un facteur de chances de survie, non mesurable certes et ne garantissant rien, mais réel tout de même. Cela, sans être évident et démontré, nous le vérifions sur l'exemple de Maurice Reppel qui a su se garder et tenir parce qu'il aimait (sa femme Jeanne, son fils, sa maman, ses frères, toute sa famille, ses amis, la ferme, le village, la vie) et se savait aimé. Parce qu'aimant et aimé il était fidèle et entretenait autour de lui l'amour, parce qu'ainsi il pouvait également s'aimer, s'estimer et avoir confiance. Parce qu'il aimait Dieu, qu'il le disait dans ses prières, et qu'en Dieu tout l'amour possible est concentré et que Dieu, on peut le dire, est « l'amour ». (Je ne dirai pas qu'il est « amour », affirmation imprudente et à vrai dire incroyable, car les guerres, car les malheurs de toutes sortes, mais dans cette vie telle qu'elle existe sur la Terre, si terrible souvent, si douloureuse, il est la force de l'amour qui relie les êtres, qui adoucit, qui sauve, qui veut le bien, qui fait sourire et donne des joies sans nombre.)

Pendant de longues périodes, quand c'était possible, lors des répits, une lettre par jour, en moyenne une tous les deux jours, et il y en eut autant dans l'autre sens, envoyées de Mussig au front, acheminées à destination par la *Feldpost*, la poste militaire, qui, reconnaissons-le, fonctionnait correctement, remarquable même de diligence et d'efficacité, c'est cet échange régulier de lettres qui, à travers la barbarie de la guerre, maintenait le tissage des liens, le tissage de la civilisation.

Bel exemple, à montrer et à méditer, du pouvoir des lettres… De la vertu universelle, jusqu'à nouvel ordre, de l'écriture. Que « l'écrivain » soit un artiste, poète, romancier, académicien, ou qu'il soit un simple paysan, bon niveau certificat d'études, homme de troupe jeté de force dans une guerre injustifiable, qui écrit chaque fois qu'il peut à sa femme pour lui dire comment ça va, comment on fait aller, comment il faut continuer à vivre et à croire.

Jean-Paul Sorg

Remerciements

Merci à toutes les personnes qui m'ont fourni de précieux renseignements pour la rédaction des monographies des personnes citées dans le livre, au personnel des mairies contactées, tout spécialement à Stéphanie à la mairie de Mussig, ainsi qu'à Roger Siegel, l'ancien secrétaire de mairie, la « mémoire » du village ; leur disponibilité a été exemplaire.

Ma grande reconnaissance va à mon éditeur qui a accepté de publier ce livre, hommage à mon père, à toute la famille et à tous les incorporés de force. Sa compréhension et la gentillesse de son équipe ont été remarquables.

J'exprime toute ma gratitude à Gabriel Braeuner qui a été enthousiasmé par ma démarche, admiratif pour ces Malgré Nous, restés « pleinement et dignement humains » malgré l'abominable drame qu'ils eurent à subir. Ses conseils d'historien m'ont guidé tout au long de mon travail.

Merci spécial à Jean-Paul Sorg qui fut le premier lecteur de cet ouvrage. Son regard de philosophe porté sur ces lettres leur donne valeur de « grande portée générale », car elles sont témoignage de foi et d'espérance, de volonté et de bonté.

Je remercie tout particulièrement mes amis Évelyne et Hubert pour leurs appréciations et remarques avisées lors de l'ultime relecture du livre.

Merci enfin à mon épouse Marylène, mes enfants Jean-Thomas, Christine, Marie-Paule et Élisabeth, à mon frère Gérard, ma sœur Bernadette. Ils m'ont témoigné un indéfectible soutien pour la réalisation de cet ouvrage.

L'auteur : Norbert Reppel, né le 2 avril 1946, a été professeur de Mathématiques au Collège Beatus Rhenanus à Sélestat. Il doit sa passion pour l'histoire locale à la présence, sur le territoire de la commune, d'un important site de tumuli celtiques de l'âge du bronze. Maire de Mussig de 1977 à 1983, il a participé aux premières fouilles de sauvetage de ces tumuli et a apporté en 1979 une contribution dans l'Annuaire de la Société des Amis de la Bibliothèque Humaniste de Sélestat dont il est membre du comité (autre contribution en 1982 sur la présence romaine). Comme rédacteur durant vingt ans de la revue bilingue « D' Heimet zwische Rhin un Vogese / Le Pays entre Vosges et Rhin », il s'est également engagé pour la promotion de la culture bilingue français - langue régionale allemand - dialecte en Alsace.

LEXIQUE

• **Absetzen :**	décrocher
- **Absatzbewegung :**	le mouvement de décrocher
• **Abteilung :**	la section, le détachement
• **Abstellung :**	le détachement
• **Abstellungsurlaub :**	la permission avant de monter au front ou de changer d'affectation
• **Abwehr :**	la défensive, la défense
• **Alarmbereitschaft :**	l'état d'alerte
• **Allierte :**	les Alliés
• **Angriff :**	l'attaque, l'offensive
• **Aufmarsch :**	le rassemblement des troupes
• **Ausbildung :**	l'instruction militaire
• **Auszeichnung :**	la décoration
• **Befehl :**	l'ordre
• **Bereitstellung :**	la concentration des troupes
• **Bombenbeschädigt :**	sinistré par bombardement
• **Bunker :**	le bunker, l'abri fortifié
• **Durchbruch :**	la percée
• **Einsatz :**	l'engagement
- **Einsatzurlaub :**	la permission avant l'engagement
• **Ersatztruppe :**	la réserve, la troupe de réserve
• **Fliegerangriff :**	l'attaque aérienne
• **Feuerleitender :**	le viseur-pointeur
• **Front :**	le front
• **Gefechtstand :**	le poste de commandement
• **Gefreite :**	le caporal
• **Geschütz :**	le canon, la pièce d'artillerie
• **Gestapo (= Geheime Staatspolizei) :**	la police secrète d'état
• **Graben :**	la tranchée, le fossé
- **Schützengraben :**	la tranchée
• **Granatwerfer :**	le lance-grenades
• **Grenadier :**	le grenadier
• **Kessel :**	l'encerclement
• **Kreisleitung :**	la direction d'arrondissement (du parti)
• **K.V. (= Kriegsverwendungsfähig) :**	apte au service militaire
• **Lazarett :**	l'hôpital militaire
• **Marschbataillon :**	le bataillon en marche
• **Marschbereit :**	prêt au déploiement
• **Melder :**	l'agent de liaison entre l'arrière et le front
• **Musterung :**	le conseil de révision
• **Nachtmanöver :**	la manœuvre nocturne
• **Nachtmarsch :**	la marche nocturne
• **Nahkampf :**	le combat rapproché
• **Pionier :**	le pionnier
• **Pistole :**	le pistolet

- **R.A.D. (Reichsarbeitsdienst) :** le service national du travail, obligatoire
- **Richtschütze :** le viseur - pointeur
- **Ruhe :** le repos
- **SA (Sturmabteilung) :** la section d'assaut
- **SS (Schutzstaffel) :** la section spéciale de protection
- **Scharfschießen - Übung :** l'exercice de tir à balles réelles
- **Scharfschütze :** le tireur d'élite
- **Schießplatz :** le champ de tir
- **Schütze :** le fantassin, le tireur
- **Schützenkette :** la file indienne
- **Spieß :** l'adjudant de la compagnie
- **Stellung :** la position
    - **Ruhestellung :** la position de repos, de repli
    - **Waldstellung :** la position en forêt
- **Trommelfeuer :** le feu d'artillerie, roulant, continu,
- **Urlaub :** la permission
- **Stosstruppe :** la patrouille de choc
- **Volltreffer :** le tir à bout portant
- **Wache :** la garde, le tour de garde
- **Waffen SS :** l'unité de combat dépendant des SS
- **Wehrmacht :** l'armée allemande, l'armée du Reich
    - **Wehrmachtsbericht :** le rapport de la Wehrmacht

BIBLIOGRAPHIE

Bruge Roger, *Histoire de la Ligne Maginot III, Offensive sur le Rhin, La grande opération amphibie de juin 1940*, Fayard, 1981.

Durlewanger A., *Mémorial de la Ligne Maginot, Marckolsheim (Bas-Rhin)*, SAEP, Colmar - Ingersheim, 1973.

Dr. H. Haack, *Stielers Handatlas*, Zehnte Auflage, Justus Perthes, Gotha, 1942.

L'Ami hebdo, *Numéro hors-série, Comprendre l'incorporation de force, Les jeunes d'Alsace et de Moselle dans l'Armée allemande*, Ami du Peuple, Strasbourg, 2005.

Les Saisons d'Alsace N° 44, *L'Alsace sous la botte nazie 1940-1945*, DNA, Strasbourg, 2010.

Masson Philippe, *Histoire de l'armée allemande, 1939-1945*, Le Grand Livre du Mois, Paris, 1994.

Ministère des Armées, Glossaire militaire de langue allemande, Édition 1967.

Patrimoine et Histoire locale, *Nos « Malgré Nous »*, cahier N° 3, Mussig, 2000.

Patrimoine et Histoire locale et la Municipalité, *« Mussig de 1939 à 1945, de l'Occupation à la Libération, 60ème Anniversaire de la Libération »*, Mussig, 2005.

Quetel Claude, *La seconde guerre mondiale* (Coll. L'œil des archives), Larousse/Éditions Mémorial de Caen, 2007.

Riedweg Eugène, *Les « Malgré Nous », Histoire de l'incorporation de force des Alsaciens-Mosellans dans l'armée allemande*, Éditions La Nuée Bleue, 1995.

Table des matières

Préface	5
Introduction	9

Première partie : 1936-1943 — 13
Juillet 1936	15
1939-1940 : Soldat du 42ème RIF, sur la Ligne Maginot	19
1940-1942 : De l'annexion à l'incorporation de force	27

**Deuxième partie : parcours de Maurice Reppel, incorporé de force
19 avril 1943-27 mai 1945** — 33
Ch. 1 : Incorporé de force le lundi 19 avril 1943. Premiers jours	35
Ch. 2. : Destination Pologne, la longue attente	47
Ch. 3. : L'attente se prolonge	75
Ch. 4. : C'est la guerre	89
Ch. 5. : Au cœur de l'hiver, des corps durement éprouvés	107
Ch. 6. : Printemps 1944, secteur de Polozk à l'ouest de Witebsk	133
Ch. 7. : Été 1944, des combats très durs	161
Ch. 8. : Des lendemains incertains	193
Ch. 9. : Dernière épreuve	223
Parcours chronologique de mon père	231

Troisième partie : Annexes — 233
Annexe 1 : Mémoires de Marcel ; de l'Alsace à Cluny	235
Annexe 2 : Le destin tragique de Julien ; le frère qui n'est pas revenu de la guerre	243
Annexe 3 : Mémoires d'Edmond ; de la Wehrmacht à la 1ère Armée Française	253
Annexe 4 : L'exceptionnel parcours de René ; avoir 16 ans en 1939	267
Annexe 5 : Robert, le frère cadet ; partir au RAD à 18 ans	283
Annexe 6 : Les années de jeunesse d'Hélène ; Hélène, le réconfort de la mère	285
Conclusion	287
Postface	289
Remerciements	293
Lexique	294
Bibliographie	296

Si vous désirez être tenu au courant des publications de l'éditeur du livre *"Mon père, une famille, la guerre..."* il vous suffit d'adresser votre carte de visite à : Jérôme Do. Bentzinger Editeur 8, rue Roesselmann 68000 Colmar ou 27, rue du Fossé des Tanneurs 67000 Strasbourg. Vous recevrez régulièrement, et sans aucun engagement de votre part, les informations sur toutes les nouveautés que vous trouverez chez votre libraire. Vous pouvez aussi consulter notre site internet www.editeur-livres.com.

Le code de la propriété intellectuelle interdit les copies ou reproductions destinées à une utilisation collective. Toute représentation ou reproduction intégrale ou partielle faite par quelque procédé que ce soit, sans le consentement des auteurs ou de leurs ayants cause, est illicite et constitue une contrefaçon sanctionnée par les articles L 335-2 et suivants du Code de la propriété intellectuelle.

Dépôt Légal 4ème trimestre 2012
Imprimé en CEE
9782849603437
© Norbert Reppel